GÖRLICH · HERRENRECHT UND SKLAVENPEITSCHE

ERNST JOSEPH GÖRLICH

Herrenrecht
und Sklavenpeitsche

Eine Geschichte der Sklaverei und Leibeigenschaft
von den ältesten Zeiten bis zur Gegenwart

FACKELVERLAG   BRUGG · STUTTGART · SALZBURG

Text- und Bildredaktion Fritz Siefert

Alle Rechte bei Fackelverlag Brugg / Stuttgart / Salzburg
Druck des Textes: Allgäuer Zeitungsverlag GmbH, Kempten/Allgäu
Druck der Bildtafeln: Feindruck Pistotnik, Gerlingen bei Stuttgart
Einbandentwurf: Klaus Dempel, Stuttgart
Bindearbeit: Großbuchbinderei Lachenmaier, Reutlingen
Printed in Germany 1971 — ISBN 3-87220-328-2

Inhalt

Von den Ursprüngen der Sklaverei

Die Sklaverei bildet eines der dunklen Kapitel der Menschheitsgeschichte. Dabei ist sie so alt, wie die Seßhaftigkeit der Menschen. Wandernde Nomadenstämme haben erst in späterer Zeit Sklaven in ihrem Besitz. Es wäre den einzelnen Horden der Urzeit zu beschwerlich gewesen, Gefangene mit sich zu führen. Wenn man einen Feind am Leben ließ, dann wurde er in den eigenen Stamm aufgenommen. Er war von diesem Augenblick an gleichberechtigt mit allen anderen Sippenmitgliedern.

In der ältesten Zeit tötete man den Gegner. Nicht bloß, um ihn unschädlich zu machen, sondern auch aus magischen Vorstellungen heraus; man glaubte nämlich, daß die Kraft des Getöteten und des Verzehrten in den Sieger übergehe. Es war also meist nicht ein primitives, ursprüngliches Gefühl des Hungers, das den Menschen dazu brachte, seinen Mitmenschen als Speise zu verwenden. Das mag ausnahmsweise nur in Zeiten von Hungersnot der Antrieb gewesen sein.

Wenn sich der Mensch auf einer gewissen Kulturstufe befindet, hat er Bedarf an Arbeitskräften. Sklaven finden wir — so wie den Adel — erst auf »einer ziemlich fortgeschrittenen Kulturstufe«, schreibt Kaj Birket-Smith, der bekannte dänische Ethnologe, — und sie sind bei Jägern und Nomaden unbekannt, mit Ausnahme ganz bestimmter Verhältnisse. Die Voraussetzung für das Aufkommen der Sklaverei ist zunächst, daß sie in die Wirtschaft der betreffenden Gesellschaft hineinpaßt. Wo die Bebauung des Bodens größeren Einsatz erfordert, als der Besitzer und seine Familie leisten können, und wo freie Arbeitskräfte schwierig zu beschaffen sind, wird die Sklaverei günstige Bedingungen vorfinden. Eine ebenso wichtige Voraussetzung ist jedoch, daß »die soziale Struktur der Gesellschaft scharf ausgeprägte Standesunterschiede aufweist.« Wir finden die Sklaverei schon in ältesten Zeiten in den wichtigsten Ländern des Vorderen Orients, in Süd- und Ostasien verbreitet. Auch im antiken Mittelmeerraum und darüber hinaus im ganzen frühmittelalterlichen Europa ist sie überall anzutreffen. Sie fehlt dagegen fast ganz — wenigstens in der uns bekannten Form — im vorkolumbianischen Amerika und in Australien. Von ihr muß der Zustand der Leibeigenschaft und der Hörigkeit ebenso unterschieden werden wie andere Abhängigkeitsverhältnisse, die bis ins 20. Jahrhundert fortbestanden haben.

Die erste Quelle der Sklaverei ist die Kriegsgefangenschaft. Sobald man den Gegner nicht mehr tötete, hielt man ihn über die Zeit der Kampfhandlungen hinaus fest und verwendete ihn als Arbeitskraft. Bei Eroberungskriegen versklavte man nicht nur den feindlichen Krieger, sondern auch dessen Frauen und Kinder. So gerieten die überlebenden Einwohner ganzer Städte in Knechtschaft.

Kaum zu trennen von den im Krieg gefangenen Sklaven sind die geraubten. In jenen früheren Zeiten ist eine genaue Unterscheidung zwischen Kriegs- und Raubzügen nicht immer möglich. Fanden z. B. Händler, die in die Fremde zogen, ein Volk, das begehrte Waren besaß, stark genug, sich zur Wehr zu setzen, so trieben sie mit ihm friedlich Handel. Erschien es ihnen schwach, so nahmen sie ihm die Waren mit Gewalt und versklavten die Landesbewohner. Goethe läßt in seinem »Faust« Mephistopheles die Worte sprechen:

> »Krieg, Handel und Piraterie,
> dreieinig sind sie, nicht zu trennen . . .«

Das stimmte für jene frühen Zeiten, und es traf auch später zu, sobald sich ähnliche Verhältnisse abzeichneten. Daß bei dieser Art des Sklavengewinns in der Hauptsache Wehrlose, Frauen und Kinder, in die Hände der Angreifer fielen, ist nur zu verständlich.

Der in der Ferne geraubte Sklave war somit auch der Fremde. Daß der Fremde ursprünglich mit dem Feind gleichgesetzt wurde, beweist noch heute die indo-europäische Urverwandtschaft der beiden Wörter hostis (lateinisch—Feind) und Gast. Die Sprachforscher haben festgestellt, daß sie ursprünglich ein- und dasselbe bedeuteten. Da der soziale Status des Sklaven erblich war und auf seine Nachkommen überging, wuchsen die ursprünglich aus der Fremde stammenden Kriegsgefangenen und erbeuteten Menschen allmählich in den eigenen Stamm hinein. Dazu kam noch, daß mit der Zeit auch Angehörige des gleichen Volkes in die sozial tiefstehende Gruppe der Entrechteten absinken konnten. Es gab Zeiten, in denen man freie Bürger bei bestimmten Verbrechen strafweise zu Sklaven machte. Da man vielerorts keine Gefängnisse und Kerker kannte, bot sich neben Geldstrafen, die sehr freigebig verhängt wurden, dieser Ausweg an. Eine weitere Quelle bildete die Schuldsklaverei. Wer seinem Gläubiger nicht das geborgte Geld samt Zins und Zinseszinsen rechtzeitig zurückzahlen konnte, lief Gefahr, zuerst Frau und Kinder und dann sich selbst in die Sklaverei wandern zu sehen. Bald wurde es auch Sitte, elternlose Kinder, die kein Vermögen besaßen, als Sklaven in das eigene Haus aufzunehmen. Denn Waisenhäuser kannte ja erst das späte Altertum. Schließlich stand es außerdem jedem Menschen frei, sich selbst freiwillig in die Abhängigkeit eines anderen zu begeben. Not und Elend waren oft die Gründe für eine solche verzweifelte Tat. Wer kein Dach über dem Kopf hatte und nicht wußte, wovon er leben sollte, wählte in seiner Lage nicht selten diesen Ausweg.

Sobald einmal Sklaven vorhanden waren, konnte man sie auch durch Kauf erwerben, so wie man Vieh, Haus und Feld kaufen konnte. Das galt als völlig natürlich, denn der Sklave war nach der Anschauung jener Zeiten keine Rechtspersönlichkeit. Er war nichts anderes als ein »sprechendes Werkzeug«, wie es einmal der griechische Philosoph Aristoteles formulierte. Er stand völlig unter der Gewalt seines Eigentümers, der mit ihm nach Gutdünken verfahren konnte. Selbst die Tötung eines Sklaven wurde nicht geahndet. Erst sehr spät begann man Sklavenbesitzer beim gewaltsamen Tod eines Sklaven zur Rechenschaft zu ziehen. Die Tötung eines fremden Sklaven wurde immer nur wie eine Sachbeschädigung beurteilt und verpflichtete den Täter zu nichts anderem als zu Schadenersatz an den Herrn des Getöteten.

Alles, was der Sklave erarbeitete, war Eigentum des Herrn. Dieser konnte ihn auf seinen Feldern und in seinem Haushalt arbeiten lassen. Er konnte ihm auch eine größere Freizügigkeit gewähren, ihm einen eigenen Haushalt gestatten, ihm die Führung eines Geschäftes anvertrauen oder übertragen. Was der Sklave produzierte, konnte ihm von seinem Herrn zu eigenem Gebrauch überlassen werden. Es gab im späten Altertum Sklaven, die so angesehen waren, daß sie sich selbst wieder Sklaven hielten. Wir dürfen nicht glauben, daß es nur grausame und barbarische Herren gegeben hat, die ihre Sklaven quälten und marterten. Vor allzu schlechter Behandlung schützte den Versklavten schon das finanzielle Interesse seines Eigentümers. Denn wenn dieser den Sklaven arbeitsunfähig schlug oder tötete, mußte er für ihn einen Ersatz herbeischaffen. Waren viele Sklaven vorhanden, so kam es einem Herrn zwar eher in den Sinn, mit seinen Sklaven hart umzugehen. Wurden die Sklaven aber selten, so besserte sich auch schlagartig ihr Los. Ja, es gab sogar Zeiten, wo Sklaven so kostbar waren, daß man an ihrer Stelle lieber freie Lohnarbeiter verpflichtete. In solchen Zeiten konnte man auch auf den Gedanken kommen, Sklaven wie Vieh »züchten« zu wollen und Sklavinnen für jedes Kind, das sie zur Welt brachten, Prämien zu versprechen.

Da der Sklave nach dem Gesetz zum Eigentum seines Herrn gehörte, hatte er kein Recht, eine Familie zu gründen. Der Herr konnte allerdings gestatten, daß Sklaven mit Sklavinnen zusammenwohnten und familienähnliche Zustände unter ihnen herrschten. Aber vor dem Auge des Gesetzes galt unter Sklaven auch ein jahrelanges Verhältnis von Mann und Frau nicht als Ehe. Niemand gab den Sklaven das Recht, Protest dagegen zu erheben, wenn die Frau vom Manne, die Kinder von den Eltern oder die Brüder von den Schwestern getrennt wurden. Dies war zweifellos die schrecklichste und erbarmungsloseste Seite der Sklaverei. Jeder Sklave und jede Sklavin lebte ständig in dieser Ungewißheit. Hatten sie einen noch so guten Herrn und befanden sie sich auch in noch so günstigen Umständen — es genügte der Wille eines fremden Menschen, um dieses verhältnismäßig friedliche Dasein zu zerstören. Der Herr brauchte nur zu sterben — sein Erbe löste die alte Ordnung auf und verkaufte die Sklaven. Der Herr brauchte nur in Schulden zu geraten — der Gläubiger kam und holte zusammen mit Vieh auch die »sprechenden Werkzeuge«, die gleichfalls zum Vermögen des Schuldners gehörten. Mochten grausame Behandlung und schwere Arbeit auch noch so selten sein — sie waren es durchaus nicht zu allen Zeiten der Geschichte —, diese Ungewißheit der eigenen Zukunft, die Unmöglichkeit über den Tag hinaus Vorsorge zu treffen, zehrte am Menschen. Wenn daher oft darüber Klage geführt wurde, daß Sklaven nur »in den Tag hinein lebten« — hier ist die entscheidende Ursache für dieses scheinbar unverständliche Verhalten zu suchen.

In den Tagen Hammurabis

Die Ausgrabungen und Entdeckungen des 19. und 20. Jahrhunderts haben unser Gesichtsfeld bedeutend erweitert. Hielt man noch vor hundert und mehr Jahren die Babylonier für das älteste Kulturvolk der Erde, so wissen wir heute, daß schon davor die Kultur der Sumerer blühte. In ihrer Sprache bedeutete ein Zeichen, das wir als »nitá kur« lesen, einen »Mann aus der Fremde« und »manus kur« ein »Weib aus der

Fremde«. Diese beiden Begriffe stehen aber auch für »Sklave« und »Sklavin«. Es waren also in erster Linie Ausländer, die in dieser sozial tief unten stehenden Schicht zu finden waren. Eine Reihe von Inschriften zum Ruhme sumerischer, babylonischer, assyrischer und ägyptischer Könige erzählt uns von der Anzahl der getöteten Feinde, aber auch von der Schar der Gefangenen, die in die Sklaverei abgeführt wurden.

König Rimush von Akkad berichtet uns, daß er die Mehrzahl seiner Feinde getötet habe; wer verschont wurde, ließ er als Sklaven davonführen. Puzur-Schuschinak, der Herrscher von Susa, ließ für den Tempel seines Gottes Schuschinak »Sklaven über Sklaven« herbeischaffen. Aus der Zeit des Königs von Kisch, Rim-Anum, erfahren wir von einem »bit asiri«, einem Lager, in dem die Sklaven gefangen gehalten wurden.

Eines der ältesten Gesetzbücher der Welt in Form einer über zwei Meter hohen Dioritstele stammt von dem babylonischen König Hammurabi (etwa 1728–1686 v. Chr.). In diesem Gesetzbuch wird dem Vater das unbedingte Recht zugesprochen, seine Kinder in die Sklaverei zu verkaufen.

Wir entnehmen einem erhaltenen Gerichtsprotokoll, daß ein junges Mädchen als Sklavin an einen Koch verhandelt worden war. Das Mädchen war ungehorsam und weigerte sich, seinem Herrn zu folgen. Daraufhin ging dieser vor Gericht, erbrachte den Beweis, daß das Mädchen von ihm gekauft worden war, worauf die Ungehorsame zur Strafe der Auspeitschung verurteilt wurde. In einem anderen Fall, der gleichfalls überliefert ist, verkaufte der Vater seine Tochter in die Knechtschaft, weil sie nicht von einem jungen Mann lassen wollte, dessen Bewerbung der Vater abgelehnt hatte.

Einen in Kriegsgefangenschaft geratenen Soldaten erklärte man für bürgerlich tot. Das Gesetzbuch des Hammurabi bestimmte, daß eine Frau, deren Gatte in Gefangenschaft geraten war, sich wiederverheiraten konnte, wenn sie nicht genügend Mittel für ihren und ihrer Kinder Lebensunterhalt besaß. Dieses Gesetz schützte auch den babylonischen Bürger. Es erklärte jeden Babylonier, der im Ausland als Sklave gekauft und von einem Händler in sein Heimatland zurückgebracht wurde, ohne Rückzahlungsverpflichtung der Kaufsumme für frei.

Das Los der Sklaverei traf auch Kinder, die ausgesetzt worden waren und um die sich niemand kümmerte. Eltern, denen ihre Nachkommenschaft zur Last fiel, konnten sie entweder »ina suqi« (auf der Straße) zurücklassen oder sie persönlich an irgend jemand verkaufen. Besonders junge Mädchen fielen diesem Los häufig zum Opfer. Denn im Notfall trennte man sich eher von den Töchtern als von den Söhnen. Eine solche Mädchensklavin hatte dann oft zwei verschiedene Aufgaben zu erfüllen, wie einem Kaufvertrag aus der Zeit des Königs Hammurabi zu entnehmen ist.

In ihm heißt es wörtlich: »Bunene-abi und Belisunu haben Schamasch-nuri, die Tochter von Ibbi-Scha'an, von ihrem Vater Ibbi-Scha'an gekauft. Sie soll für Bunene-abi eine Frau, für Belisunu eine Sklavin sein. Wenn Schamasch-nuri eines Tages zu ihrer Herrin Belisunu sagt: ›Ihr seid nicht mehr meine Herrin!‹, soll man ihr das Haar abschneiden und sie für Geld verkaufen...«

Haben wir es hier noch mit einem direkten Verkauf zu tun und bleibt das verkaufte Mädchen Sklavin, so kommen in den Babylon und Assyrien benachbarten Gebieten — unter anderem auch in Palästina — Verkäufe auf Zeit oder auch Käufe und Verkäufe von Kindern unter ganz bestimmten Vorbehalten vor. Es handelt sich dabei um eine Art Kauf-Adoption. Der Käufer erhält das Mädchen unter der Bedingung, es im heiratsfähigen Alter mit einer Mitgift auszustatten und ihm einen Mann zu suchen.

Eine ähnliche Bestimmung finden wir auch im Gesetzbuch des Moses. Hier heißt es (Exodus 21, 7—11): »Hat jemand seine Tochter als Sklavin verkauft, so soll sie nicht, wie die Sklaven, frei werden. Wird sie mißfällig in den Augen ihres Herrn, der sie für sich bestimmte, so soll er sie loskaufen lassen; aber an ein fremdes Volk sie zu verkaufen, soll er nicht Macht haben, wenn er sie verschmäht. Wenn er sie seinem Sohn bestimmt, so soll er sie nach dem Recht der freien Töchter behandeln ...«

Da in Babylon kein Rechtsgeschäft gültig war, wenn es nicht schriftlich beurkundet wurde, mußte auch der Sklavenkauf durch einen Vertrag bestätigt werden. Er hatte folgende Punkte zu enthalten: 1. den Namen des zu verkaufenden Sklaven; 2. die Namen der Käufer und Verkäufer; 3. den Preis; 4. eine Klausel bezüglich einer eventuellen Rückgängigmachung des Kaufes; 5. die Eidesformel für beide Parteien und 6. die Namen der Zeugen und das Datum.

Ein solcher Kaufvertrag lautet (nach den Veröffentlichungen der Babylonischen Sektion der Universität von Pennsylvanien, VIII, 157): »Ur-Kalkal, Sohn des Ur-Enil, hat von Ur-nigingar, Sohn des Ur-Babbar, eine Sklavin mit Namen A-a-zimu um zehn Schekel Silber gekauft. Sie haben beim König geschworen, nicht darüber zu streiten.«

Da der Sklave das Eigentum seines Herrn war — genau wie ein Stück Vieh — pflegte man ihm in Babylonien ein Sklavenzeichen aufzudrücken. Wir wissen nicht genau, worin dieses bestand. Die gängigste Meinung ist, daß dem Sklaven an irgendeiner Stelle seines Körpers, wahrscheinlich auf der Schulter, flüchtigen Sklaven auch auf der Stirn, mit einem Brandeisen eine Marke eingeprägt wurde, ähnlich der Marke, wie sie heute noch von den Besitzern großer Herden in den Vereinigten Staaten von Amerika oder in Australien verwendet wird. Eine andere Meinung sagt, daß es sich um keine Brandmarkung, sondern um eine Tätowierung an den Handgelenken gehandelt habe.

Die Behandlung des Sklaven hing im wesentlichen vom Charakter seines Herrn ab. Im Haus geborene Sklaven wurden im allgemeinen besser behandelt als gekaufte; sie galten bis zu einem gewissen Grad als Angehörige des Haushaltes. Sklavenmädchen genossen größeren Schutz, wenn sie Nebenfrauen ihres Herrn wurden. Ihre Kinder konnten — wenn sie vom Herrn als seine eigenen anerkannt worden waren — gesetzlich genauso erben wie die Kinder der Hauptfrau. Der

Begriff des »ehelichen« und des »unehelichen« Kindes existierte in diesem Fall nicht.

Wir kennen aus dem Alten Testament die Geschichte von Hagar und Ismael. Hagar war die ägyptische Sklavin Abrahams. Auf Wunsch der kinderlosen Hauptfrau Sarah nahm er sie zur Nebenfrau. Sie gebar ihm den Ismael. Als dann Abrahams Frau Sarah den Isaak zur Welt brachte, entstand zwischen den beiden Frauen Feindschaft, da Sarah fürchtete, Ismael könne das Erbe ihres eigenen Sohnes schmälern. Hagar aber erhob sich voll Stolz gegen ihre Herrin. Da wurde sie — wie es das Gesetz des Hammurabi vorschrieb — wieder von Sarah als Sklavin behandelt. Darauf floh sie mit Ismael in die Wüste.

Im Gegensatz zu anderen Ländern war es im Vorderen Orient üblich, den Sklaven Eigentum zu überlassen. Sie besaßen etwas Geld, ein kleines Stück Ackerland, ein Häuschen, über das sie frei verfügen konnten. Mit Hilfe von erspartem Geld konnten sie sich sogar selbst freikaufen.

So gibt in einer Urkunde aus der Zeit des Königs Rim-Sin (1825—1764 v. Chr.) eine Sklavin ihrer Herrin zehn Schekel Silber und erhält dafür die Freiheit. In den Gesetzen Hammurabis finden wir eine Bestimmung für den Fall, daß ein Sklave eine freigeborene Frau hat und stirbt. Dann erhält sie zuerst ihre Mitgift ungeschmälert zurück, das übrigbleibende gemeinsame Vermögen wird so geteilt, daß die Frau und ihre Kinder die Hälfte, der Herr des verstorbenen Sklaven die andere Hälfte des Nachlasses erhalten.

Sklaven traten somit im babylonischen Geschäftsverkehr durchaus gleichberechtigt mit Freien auf, sie konnten sogar reich werden. Es gab Sklaven, die selbst wieder Angestellte, sogar Privatsekretäre, beschäftigten. Ein kluger Herr lieh solch geschäftstüchtigen Sklaven Geld, allerdings zu hohen Prozenten. Dies stellte eine Art Rente für den Herrn dar. Und letztlich war doch der Herr des Sklaven der Eigentümer all dessen, was dieser besaß.

Der Sklave konnte auch freigelassen werden. Das Gesetz

Hammurabis kannte vier Freilassungsgründe: 1. Frau und Kinder eines Mannes, die wegen seiner Schulden dem Gläubiger als Sklaven überlassen worden waren, wurden nach dreijähriger Sklaverei frei. 2. Die Sklavin eines Mannes, die ihm Kinder geboren hatte, wurde samt ihren Kindern nach dem Tod des Herrn frei. 3. Kinder, die aus einer Ehe zwischen einer freigeborenen Frau und einem Sklaven stammten, waren von Geburt an ebenfalls frei, und 4. ein babylonischer Sklave, der im Ausland gekauft war und nach Babylon zurückgebracht wurde, erhielt mit dem Betreten des heimatlichen Bodens die Freiheit zurück.

Außer dieser gesetzlichen Art der Freilassung gab es auch die freiwillige durch den bisherigen Herrn. Sie erfolgte in Babylon in erster Linie in Form der Adoption. Der freigelassene Sklave trat dadurch in ein Verwandtschaftsverhältnis zu seinem bisherigen Herrn. Hinter dieser Bestimmung verbarg sich ein geschäftliches Interesse. Der Adoptivsohn oder die Adoptivtochter waren nämlich verpflichtet, den Adoptivvater oder die Adoptivmutter zu unterstützen, solange diese lebten. Wenn ein Sklavenmädchen aus Anlaß ihrer Hochzeit freigelassen wurde, fiel diese Verpflichtung nicht nur ihr selbst, sondern auch ihrem neuen Gatten zu. Erst mit dem Tode des ehemaligen Herrn erlosch jedes Verwandtschaftsverhältnis zwischen ihm und dem freigelassenen Sklaven.

Aus dieser Sicht heraus wird die ständig wiederholte Formel in den Freilassungsurkunden verständlich, der Sklave werde wieder in die Sklaverei zurückfallen, wenn er zu seinem Herrn spricht: »Du bist nicht mein Herr.« Mit dieser Erklärung des Freigelassenen ist nichts anderes gemeint, als daß er dem Herrn die weitere Unterstützung verweigert.

Seite 17: Kriegsgefangene wurden im Altertum vom Sieger in die Sklaverei abgeführt: die Männer in Fesseln, die Frauen ungefesselt, ihre Kinder und den notwendigsten Hausrat mit sich führend. Reliefdarstellung im Palast des Assyrerkönigs Assurbanipal zu Ninive, 7. Jh. v. Chr.

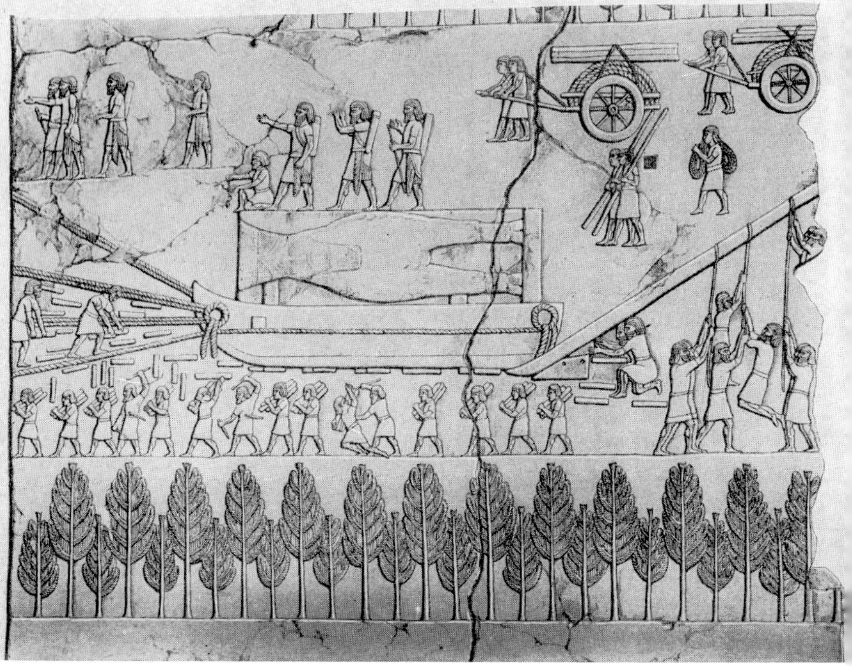

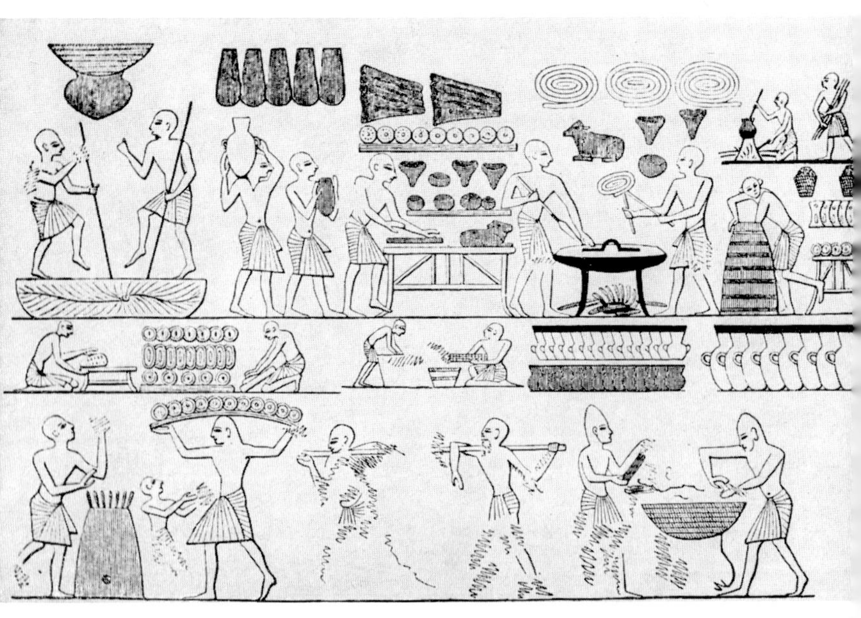

Die Rolle des Sklaven in der Wirtschaft des antiken Orients ist nicht abzuschätzen. Viele der gewaltigen Bauten, deren Überreste wir heute bestaunen, sind mit Schweiß und Blut unzähliger Sklaven geschaffen worden. Dieses Heer von Arbeitssklaven war dem König oder — modern gesprochen — dem Staat unterstellt. Daneben hatten die Göttertempel außer großen Ländereien auch Menschen zu ihrer Verfügung. Sie wurden ihnen von den Herrschern geschenkt oder auch von reichen Persönlichkeiten übereignet, die damit dem Gott oder der Göttin des Tempels ihren Dank aussprechen wollten.

Die Stellung der Tempelsklaven war schlechter als die der unfreien Knechte, die sich in privatem Besitz befanden. Eine Freilassung kam für diesen Sklaven kaum in Frage. Für ihn galten auch nicht die Gesetze, welche die rechtliche Stellung der Kinder aus einer Ehe zwischen einer freien Frau und einem Sklaven oder umgekehrt regelten. Kinder, deren einer Elternteil Tempelsklave war, blieben selbst Sklaven auf Lebenszeit. Die Tempelsklaven standen außerdem unter strengerer Aufsicht und waren härteren Arbeitsbedingungen unterworfen. Tempelsklavinnen wurden oft gezwungen, sich zu Ehren der Götter Tempelbesuchern preiszugeben, wie dies besonders bei den Mädchen der Ischtar-Tempel der Fall war. Diese Tempelmädchen hatten an den Handgelenken einen Stern, das Zeichen der babylonischen Liebesgöttin, eintätowiert.

Neben der Arbeit an großen Bauten war es vor allem die Landwirtschaft, in der zahlreiche Sklaven benötigt wurden.

Seite 18 oben: Transport einer kolossalen Steinfigur. Die Muskelkraft der Sklaven war die wichtigste Energiequelle des Altertums. Aufseher mit Peitschen sorgten dafür, daß die »menschlichen Maschinen« reibungslos funktionierten. Relief aus Ninive, um 850 v. Chr.

Seite 18 unten: Israelitische Bäcker in ägyptischer Gefangenschaft. Manchmal wurden einem ganzen Volk im Land des Siegers wichtige Arbeiten (als Handwerker oder Kolonisatoren) übertragen.

Die Großgrundbesitzer insbesondere waren auf Sklaven an-gewiesen, während sich der Klein- oder Mittelbauer zum Teil mit eigenen Familienmitgliedern behalf. Wenn er einen Skla-ven beschäftigte, dann hatte es dieser viel leichter als anders-wo. Er konnte bald mit seiner Freilassung rechnen und wurde auch schon vorher als Hausgenosse betrachtet und behandelt.

Im Handwerk finden wir nur vereinzelt Sklaven beschäftigt. Es gibt Dokumente, aus denen hervorgeht, daß es Herren gab, die Sklavenjungen zu einem Meister in die Lehre gaben.

In solchen Lehrverträgen, die gewöhnlich auf die Dauer von 2 bis 5 Jahren abgeschlossen wurden, verpflichtete sich der Lehrmeister, den Lehrling das Handwerk zu lehren. Der Herr des Sklaven kam während dieser Zeit für Nahrung und Klei-dung auf. Verwendete der Lehrmeister den Burschen zu an-deren Arbeiten als denen des zu erlernenden Gewerbes, so hatte er dem Herrn des Lehrlings den normalen Arbeitslohn zu bezahlen.

Wenn es im Gewerbe so wenig Sklaven gab, so sind die Gründe vor allem darin zu suchen, daß die Lehrzeit den Herrn des Sklaven Geld kostete, die Arbeitskraft des jungen Sklaven für Jahre fehlte, die Zahl der Sklaven in Durchschnittsfami-lien klein und kaum einer von ihnen entbehrlich war, und Sklavenhandwerker zudem nur um weniges billiger waren als freie Handwerker, die dafür besser und gediegener ar-beiteten.

Zahl und Kaufpreis der Sklaven schwankten in den Jahrhun-derten der altorientalischen Geschichte beträchtlich. Im allge-meinen kann man aber sagen, daß ein babylonischer Haushalt 2 bis 3, höchstens 5 Sklaven beschäftigte. Es gab natürlich reiche Leute, die mehr Sklaven besaßen. Anders kann man sich die durch Dokumente bezeugte Tatsache nicht erklären, daß Töchter reicher Eltern bei der Verheiratung 4 oder 5 Skla-ven als Mitgift bekamen.

So finden wir ausnahmsweise auch Besitzer von 25, 100, ja 118 Sklaven. In Kaufverträgen werden als Zahlen 5, 6, 7, 10, 11, 17, 20, 27 und 30 Sklaven genannt. Im Durchschnitt befanden sich in späterer Zeit in einem städtischen Haushalt nicht mehr als 3 bis 4 und auf dem Hof eines Bauern 5 bis 8 Sklaven.

Der Kaufpreis eines Sklaven betrug in der ältesten Periode des Alten Orients etwa 2 bis 3 Schekel. Er stieg später in der Zeit des Reiches von Akkad auf 10 bis 15 Schekel. Zur Zeit Hammurabis wird eine Sklavin oder ein Sklave bereits mit 20 Schekel gehandelt. Genausoviel kostete ein Ochse. In späterer Zeit erhöhte sich die Kaufsumme beträchtlich. Sie betrug 90 bis 120 Schekel für einen Sklaven und 60 bis 90 Schekel für eine Sklavin. Als höchsten Preis, der für einen Sklaven gezahlt wurde, finden wir 250 Schekel erwähnt. Die höchste Summe, die für eine Sklavin erzielt wurde, waren 172 Schekel. Diese Preisschwankungen sagen uns kaum etwas, wenn wir uns nicht auch über die Kaufkraft des Geldes informieren. In der ältesten Zeit war wenig Bargeld vorhanden, daher der Preis niedriger als später. Der beste Vergleich ergibt sich aber, wenn wir die genannten Summen mit den Löhnen freier Arbeiter vergleichen. Danach kostete ein Sklave etwa so viel wie drei bis vier Jahreslöhne eines freien Arbeiters. In dem Preis sind die Kosten für die Ernährung und Kleidung des Sklaven inbegriffen. Konnte der freie Arbeiter entlassen werden, wenn er krank wurde, so mußte der Sklave weiter Verpflegung und Unterkunft erhalten, wenn man ihn nicht töten wollte. Denn der Verkauf eines kranken oder sonst arbeitsunfähigen Sklaven kam kaum in Frage. In späteren Jahren, als der Kaufpreis der Sklaven stieg, war es sogar noch weniger rentabel, sich einen Sklaven zu halten als einen freien Lohnarbeiter zu beschäftigen. Dies galt vor allem für die Landwirtschaft und das Handwerk. Im häuslichen Dienst — wo die Hausfrau auf Mägde angewiesen war — fand man es dagegen noch immer bequemer, Sklaven und Sklavinnen statt freier Personen zu halten. Man war ihrer Dienste sicher, sie mußten alle Launen der Herrschaft ertragen und konnten nicht kündigen und davonlaufen, wie es bei gemieteten Dienern und Hausmägden der Fall hätte sein können. Außerdem spielte das Prestigebedürfnis eine Rolle, da der Besitz von Sklaven als ein Zeichen von Reichtum galt. Besonders vornehme und angesehene Personen hielten es daher für ihre standesgemäße Pflicht, sich mit einer möglichst großen Anzahl von unfreier Dienerschaft zu umgeben, selbst wenn für diese verhältnismäßig wenig Arbeit vorhanden war und sie mehr dem Luxus als einem wirklichen wirtschaftlichen Bedürfnis der Herrschaft dienten.

Wie Moses gebot . . .

Sklaven besaßen auch die alten Israeliten, die im Vorderen Orient eine der zahlreichen Völkerschaften zwischen Euphrat und Nil bildeten. Moses gab ihnen ihre Gesetze, die in den Büchern des Alten Testamentes überliefert sind.

Die Sklaverei in Israel war die mildeste, die uns aus dem Altertum bekannt ist. Grundsätzlich kamen auch hier die gleichen Formen der Versklavung wie im übrigen Orient vor — Kriegsgefangenschaft Verkauf, Schuldsklaverei —, aber die Gesetze sorgten für den Sklaven, besonders, wenn er ein gebürtiger Israelit war.

Für ihn galten Ausnahmebestimmungen (Exodus, 21. Kap. 2 ff.): »Wenn du einen hebräischen Sklaven kaufst, so diene er dir sechs Jahre; im siebenten Jahr soll er unentgeltlich frei sein. Wenn er ledig eintritt, so soll er ledig wieder austreten, war er verheiratet, so soll sein Weib mit ihm entlassen werden.«

Anders aber ist es, wenn er seine Frau aus der Hand des Herrn erhalten hat. Dann gilt das folgende Gesetz (Exodus, 21. Kap. 4 ff.): »Hat aber der Herr ihm ein Weib gegeben und hat es ihm Söhne und Töchter geboren, so sollen das Weib und die Kinder dem Herrn verbleiben; er aber soll allein entlassen werden. Sagt aber der Sklave: ›Ich liebe meinen Herrn und mein Weib und meine Kinder, ich will nicht frei werden‹, dann führe ihn der Herr vor Gott und stelle ihn an die Tür oder den Türpfosten und durchbohre sein Ohr mit einem Pfriemen, und er soll sein Sklave sein immer.«

Die Bestimmung, der israelitische Sklave solle im siebenten Jahr seine Freiheit wiedererhalten, bedeutete nichts anderes, als daß für den Israeliten die Knechtschaft nur auf Zeit bestand. Der Kaufpreis eines solchen Knechtes und einer solchen Magd richtete sich dann jeweils nach der Zeit, die sie noch zu dienen hatten.

Aber auch in anderer Weise schützte das mosaische Recht den Unfreien gegenüber Übergriffen seines Herrn.

»Wer seinen Sklaven oder seine Sklavin mit dem Stock schlägt«, heißt es weiter (Exodus 21. Kap., 20 ff.), »so daß sie unter seiner Hand sterben, der soll gestraft werden. Bleiben sie aber noch ein oder zwei Tage am Leben, soll er nicht gestraft werden; denn es geht um sein eigenes Geld.« Und einige Sätze weiter (Exodus 21. Kap., 26 ff.) heißt es: »Wenn jemand seinem Sklaven oder seiner Sklavin ins Auge schlägt und es zerstört, soll er sie freilassen zur Entschädigung für ihr Auge. Und wenn er seinen Sklaven oder seiner Sklavin einen Zahn ausschlägt, soll er sie freilassen zur Entschädigung für den Zahn.«

Diese letztgenannten Bestimmungen galten auch für die nichtisraelitischen Sklaven von Israeliten. Und wie für den Freien, bestand auch für den Unfreien — selbst für den ungläubigen Sklaven — das Gebot der Sabbatheiligung.

»Sechs Tage sollst du arbeiten« — heißt es Exodus 23. Kap., 12 — »am siebenten Tag aber sollst du feiern, daß dein Ochs und Esel ruhe und der Sohn deiner Sklavin und der Fremdling einmal aufatme...«

Freilich standen diese Gesetze oft nur auf dem Papier. Immer wieder mußten die Propheten vor ihrer Verletzung warnen und Gottes Strafgericht den Sündern androhen.

»Das ist das Wort, das von dem Herrn an Jeremias erging« — heißt es bei diesem Propheten (Jer., 34. Kap., 8 ff.) — »nachdem der König Sekedias mit allem Volk in Jerusalem einen Bund geschlossen hatte, eine Freilassung bei sich auszurufen.

Daß jeder seinen Sklaven oder seine Sklavin, soweit sie Hebräer und Hebräerinnen waren, freilasse, damit bei ihnen nicht länger ein Angehöriger des eigenen Volkes Sklavendienste leisten müsse. Es gehorchten alle Fürsten und alles Volk, die dem Bund beigetreten waren, daß jeder seinen Sklaven und seine Sklavin freilasse, damit sie ihnen nicht ferner Sklavendienste leisteten; sie gehorchten und entließen sie. Später aber änderten sie ihren Sinn und holten die Sklaven und die Sklavinnen, die sie freigelassen hatten, wieder zurück und machten sie mit Gewalt wieder zu Sklaven und Sklavinnen. Da erging das Wort des Herrn von dem Herrn an Jeremias: ›So spricht der Herr, der Gott Israels: Ich habe einen Bund mit euren Vätern geschlossen am Tage, da ich euch aus dem Land Ägypten und aus dem Sklavenhaus herausführte. Nach Ablauf von sieben Jahren soll jeder seinen hebräischen Bruder, der sich ihm verkauft hat, freilassen; hat er dir sechs Jahre als Sklave gedient, dann sollst du ihn frei von dir weggehen lassen. Aber eure Väter hörten nicht auf mich und neigten nicht ihr Ohr. Ihr waret anderen Sinnes geworden, ihr hattet getan, was recht ist in meinen Augen, und jeder hatte die Freilassung seines Bruders ausgerufen und ihr hattet vor mir in dem Hause, das meinen Namen trägt, einen Bund geschlossen. Nun aber entweiht ihr aufs neue meinen Namen, indem jeder von euch seinen Sklaven und seine Sklavin, die ihr freigelassen habt, wieder zurückholt und sie mit Gewalt wieder zu Sklaven und Sklavinnen macht. Darum spricht der Herr: Weil ihr mir nicht gehorchtet, daß ihr eine Freilassung ausriefet ein jeder seinem Bruder und seinem Nächsten, so verfüge ich nun eine Freilassung, spricht der Herr, für das Schwert, Pest und Hunger, und ich mache euch zum Schreckbild für alle Reiche der Erde.‹«
So sehr es das Gesetz verbot, so war man in Israel doch in Zeiten der Not immer bereit, auch die eigenen Kinder zu verkaufen. Nehemia (5. Kap., 2 ff.) klagt beredt darüber, während die aus der Babylonischen Gefangenschaft heimgekehrten Juden den Tempel wieder aufbauen.

»Es waren welche, die sagten:« — heißt es bei ihm — »Unsere Söhne und unsere Töchter sind zahlreich; wir wollen Getreide für ihren Wert nehmen und essen, daß wir leben! Und es waren welche, die sagten: Wir wollen unsere Äcker und Weinberge und unsere Häuser verpfänden, um Getreide zu bekommen in der Hungersnot! Und andere sprachen: Wir haben Geld entlehnt zur Steuer für den König auf unsere Äcker und Weinberge. Und nun, wie unserer Brüder Fleisch und wie ihre Söhne, so sind auch unsere Söhne; und siehe, wir unterwerfen unsere Söhne und unsere Töchter der Dienstbarkeit, und von unseren Töchtern sind einige geschändet, aber wir haben nichts mehr in unserer Hand, denn unsere Äcker und unsere Weinberge besitzen andere. — Da wurde ich sehr zornig, als ich ihr Geschrei hörte und diese Reden. Und ich konnte mich nicht halten, daß ich die Vornehmen und die Vorsteher schalt und zu ihnen sprach: Wollt ihr Wucher treiben einer mit dem anderen? Und ich brachte eine große Versammlung gegen sie zusammen und sprach zu ihnen: Wir haben nach unserem Vermögen, wie ihr wißt, unsere Brüder, die Juden, zurückgekauft, die den Heiden verkauft waren. Und ihr wollt nun eure Brüder verkaufen, daß wir sie loskaufen müssen?«

Hier ist wieder von der Pflicht des Israeliten die Rede, seinen in Sklaverei gefallenen Landsmann loszukaufen. Während er denjenigen, der sich ihm verkauft hat, wie einen gedungenen Lohnarbeiter halten soll, heißt es von den israelitischen Sklaven, die sich in fremder Hand befinden (Lev. 25. Kap., 47 ff.): »Wenn ein Zugewanderter und Fremdling mächtig wird bei euch, und dein Bruder verarmt und verkauft sich ihm oder einem seines Geschlechtes, so kann er nach dem Verkauf wieder eingelöst werden. Wer immer von seinen Brüdern ihn lösen will, kann ihn lösen. Entweder der Bruder seines Vaters oder der Sohn des Vaterbruders oder ein anderer Blutsverwandter und Anverwandter. Kann er aber sich selbst lösen, so soll er sich lösen.«

Anders verhält es sich mit den nichtisraelitischen Sklaven.

Auch wenn sie, was ihre Behandlung betrifft, unter dem Schutz des Gesetzes stehen, so brauchen sie doch nicht nach sieben Jahren freigelassen zu werden. Denn »Sklaven und Sklavinnen sollt ihr aus den Völkern nehmen, welche rings um euch sind. Und von den Fremden, die bei euch weilen oder die geboren wurden aus ihnen in eurem Lande, die sollt ihr zu Sklaven haben. Und sie erblich euren Nachkommen hinterlassen und sie besitzen ewiglich.« (Lev. 25. Kap., 44 ff.)

Die Könige Israels — vor allem David und Salomo — machten von diesem ihnen gegebenen Recht reichlich Gebrauch. Eine blühende Staatssklaverei in Palästina zur Zeit der Könige ist geschichtlich verbürgt. Die Reihe neuer Ausgrabungen und Funde haben dies deutlich gemacht. Nach den Kriegsgesetzen des 5. Buches Mose, des sogenannten Deuteronomiums, waren die Kriegsgefangenen Sklaven des Siegers.

Wenn eine Stadt erobert wurde, »dann sollst du«, so heißt es dort (Deut. 20. Kap., 13 ff.), »alles Männliche in ihr mit der Schärfe des Schwertes töten. Doch die Frauen und Kinder schone sowie das Vieh, und was sonst noch in der Stadt ist, die gesamte Beute sollst du unter dich teilen ...«

Mit den kriegsgefangenen Mädchen und Frauen hatte es dabei folgende Bewandtnis: »Wenn du gegen deinen Feind zu Kriege ziehst und der Herr, dein Gott, ihn dir in deine Gewalt gibt und du unter ihnen Gefangene machst, und wenn du unter den Gefangenen ein schönes Weib siehst und in Liebe zu ihm entbrennst und es dir zur Gattin nehmen willst, dann sollst du es in dein Haus führen, daß es sein Haupt schere, seine Nägel beschneide und seine Gefangenenkleidung ablege. Dann mag es in deinem Hause bleiben und Vater und Mutter einen Monat lang betrauern. Nachher magst du zu ihm eingehen und es ehelichen, und es sei dir dann Gattin. Findest du aber an ihr keinen Gefallen mehr, so kannst du sie entlassen. Doch darfst du sie nicht um Geld verkaufen.« (Deut. 21. Kap., 10 ff.)

Im Gegensatz dazu hatten die anderen Staatssklaven Israels schwer zu arbeiten, vor allem in den Minen von Ezion-Geber.

In ihnen fronten zum Beispiel kriegsgefangene Kanaaniter, aber auch andere Zwangsarbeiter.

Im ersten Buch der Könige (9. Kap., 20 ff.) heißt es von Salomo: »Allem Volke, das übrig war von Amoritern und Hethitern und Pheresitern und Hevitern und Jebusitern, die nicht von den Söhnen Israels waren, ihren Kindern, die übrig blieben nach ihnen im Lande, weil die Söhne Israels sie nicht verbannen konnten, denen legte Salomo Frondienst auf bis zu diesem Tag.«

Diese Verschlechterung des Loses der Sklaven hing mit der wirtschaftlichen Entwicklung und der Ausweitung des Handels zusammen, die unter den Königen seit David erfolgte. Die Ausbeutung der Minen und die gewaltigen Bauarbeiten, die Salomo durchführen ließ — wir brauchen nur an den Tempel in Jerusalem zu denken — waren nur möglich und finanziell erschwingbar, wenn sie von unbezahlten, versklavten Fronarbeitern geleistet wurden, denen man nichts als eine armselige Lagerstätte, einen Lendenschurz und das notwendige Essen zur Erhaltung der Arbeitskraft zu liefern hatte. So sehr war diese Entwicklung mit Salomos Regierungszeit verknüpft, daß bis zum Ende des israelitischen Königtums die Staatssklaven als »abde salomô«, d. h. ›Sklaven Salomos‹, bezeichnet wurden.

Im Reich der Mitte

Die Sklaverei war in Ostasien, vor allem im alten China, nicht so weit verbreitet wie im Vorderen Orient, aber sie bestand auch hier. Da das alte China nur wenige Eroberungskriege führte und sich meistens bloß gegen eingedrungene Feinde verteidigte, war die Zahl kriegsgefangener Sklaven, die der sozial am tiefsten stehenden Schicht der Bevölkerung angehörten, wesentlich geringer als in den Ländern um das Mittelmeer. Eine der Hauptquellen altchinesischer Sklaverei war dagegen der Verkauf der eigenen Person und der Verkauf der eigenen Kinder. Wenn der kleine Bauer und der kleine Handwerker vor dem Ruin standen, weil die Ernte schlecht ausgefallen war oder weil es keine Geschäfte gab, so zögerten sie nicht, sich selbst oder ihre Kinder als Sklaven anzubieten. In diesem Fall war es sogar die Pflicht eines Sohnes oder einer Tochter, sich selbst zum Verkauf zu stellen, um die hungernden Eltern zu ernähren und am Leben zu erhalten. Dies befahl jedenfalls der Moralkodex des chinesischen Philosophen Kungtse oder Kung-fu-tse (latinisiert ›Konfuzius‹, 551–470 v. Chr., genannt), der bis zum Untergang des chinesischen Kaiserreiches 1912 offiziell in Kraft blieb.

Da die männliche Nachkommenschaft höher bewertet wurde als die Töchter, kamen bei solchen Verkäufen in erster Linie Mädchen auf den Markt. Sie wurden sehr oft nicht bloß als gewöhnliche Sklavinnen verkauft, sondern als Nebenfrauen reicher Chinesen, die sich dies leisten konnten. Aber auch in dieser Eigenschaft unterschied sich ihr Los nicht allzusehr von dem wirklicher Sklavinnen. Die Nebenfrau, ob gekauft oder auf andere Weise zum Weib gemacht, war die gehorsame Dienerin der Hauptfrau oder der Mutter des Herrn, die bis zu ihrem Tod den weiblichen Teil des Haushaltes mit unbeschränkter Machtfülle beherrschten.

Der Großteil der Sklaven im alten China waren Leibeigene, die das Land ihrer Herren bebauten, das ihnen zugewiesen worden war und von dem sie auch ihren eigenen Lebensunterhalt gewinnen konnten. Das chinesische Gesetz verbot den Verkauf eines freien Mannes durch einen anderen, es erlaubte hingegen, daß man sich selbst zum Verkauf stellte oder daß der Familienvater einen Angehörigen seiner Sippe verkaufte. In Einzelfällen stellte der Verkauf in die Sklaverei allerdings auch eine gerichtlich angeordnete Strafe dar; sie wurde über eine ehebrecherische Frau oder über ein Mädchen verhängt, das seine Jungfräulichkeit verloren hatte. Der Verkauf der Kinder durch den Familienvater wurde zur Zeit der Han-Dynastie durch ein eigenes Gesetz vom Jahr 204 v. Chr.

geregelt. Es entsprach einem seit alters her geübten Brauch, dessen Grundlage die absolute und unbeschränkte Gewalt des Familienoberhauptes über Frau und Kinder war.

Das Recht des Herrn über den Sklaven war unbeschränkt: er konnte ihn kaufen und verkaufen, er konnte die Kinder seiner Sklaven verkaufen, ohne daß die Eltern dagegen etwas unternehmen konnten. Wer sich allerdings freiwillig selbst verkauft hatte, durfte das Recht des Freikaufes für sich in Anspruch nehmen. In späteren Zeiten der chinesischen Geschichte finden wir auch Beispiele, daß solche Freilassungen von Staats wegen durch den Kaiser erfolgten, besonders dann, wenn durch Bürger- oder andere Kriege größere Landstriche entvölkert waren. Der Freigelassene erhielt dann ein Stück Land, über das er als an den Boden gebundener Pächter verfügen konnte. Ein Gesetz der Dynastie T'ang (618–906) bestimmte außerdem, daß jeder Sklave im Alter von 70 Jahren frei sein sollte. Dies war jedoch eher zum Schaden als zum Nutzen der so befreiten Menschen. Der Herr war dann nämlich nicht mehr verpflichtet, seinen ehemaligen Diener zu ernähren und zu beherbergen.

Im übrigen war die Behandlung der Sklaven im alten China sehr milde. Die Gewohnheit, die humanen Gesetze und die Tatsache, daß viele Sklaven aus chinesischen Familien stammten, trugen zu dieser Erleichterung ihrer Lage bei. Zwei Gesetze des Kaisers Kuang-Wu (25–57 n. Chr.) nahmen Leben und Persönlichkeit des Sklaven mit der von großer menschlicher Gesinnung zeugenden Feststellung in Schutz: »Unter allen Geschöpfen des Himmels und der Erde ist der Mensch das edelste. Die, welche ihre Sklaven töten, können ihr Verbrechen nicht leugnen. Diejenigen, die sie mit Feuer brandmarken, werden durch das Gesetz zur gleichen Strafe verurteilt. Die gebrandmarkten Sklaven aber sollen in den Stand freier Bürger erhoben werden.«

Diese und ähnliche Gesetze zeugen wohl davon, daß es auch harte Herren in China gab, aber im allgemeinen konnte ein Sklave sich verheiraten und als solcher fast wie ein freier

Mann leben. Der Sklavenvater besaß die gleiche väterliche Gewalt über Frau und Kinder wie der freie Chinese. Nur mußte er unter Umständen damit rechnen, daß der Herr seine Kinder ohne seine Zustimmung verkaufte. Nach dem Gesetz der chinesischen Sittenlehrer war schon das Ausschelten eines Sklaven eine schwere Sünde; man durfte ihn auch nicht ohne Hilfe krank liegen lassen oder ihn in diesem Zustand zur Arbeit zwingen, wenn der Sklavenbesitzer sich nicht zehn schwerer Sünden schuldig machen wollte. Die Verhinderung der Heirat eines Sklaven gar galt als hundert schwere Sünden, und die Weigerung, seinem Freikauf zuzustimmen, war fünfzig schwere Sünden wert.

So zeigte sich die chinesische Sklaverei des Altertums in einem verhältnismäßig milden Licht, sie war jedenfalls weitaus humaner als die Sklavereisysteme jener Jahrhunderte in den um das Mittelmeer gelegenen europäischen und asiatischen Ländern.

Unter dem Gesetz Buddhas

In ihrem Buch »Buddhist India« schreibt Frau Rhys Davids im Jahre 1950: »Es gab (in Indien) Sklaven: Personen, die auf Raubzügen gefangen und in die Sklaverei geschleppt wurden, Menschen, die ihre Freiheit auf Grund eines Richterspruches verloren oder die sich selbst in die Knechtschaft begeben hatten. Kinder dieser Sklaven waren ebenfalls Sklaven; oft hören wir auch von der Freilassung von Sklaven. Aber wir vernehmen nichts von einer Entwicklung der Sklaverei, wie sie im griechischen Bergbau, auf den römischen Großgrundbesitzungen und bei den christlichen Sklavenhaltern anzutreffen war — es gab keine Szenen von Elend und Unterdrückung. Zum größten Teil wurden die Sklaven im Haushalt verwendet, nicht schlecht behandelt und ihre Zahl war niemals bedeutsam.« Im Gegensatz zu dieser wohlwollenden Beurteilung steht die Meinung eines anderen Forschers. Fick schrieb 1920, daß im alten Indien »alle Großgrundbesitzer und reichen Kaufleute Tagelöhner neben ihren Sklaven beschäftigten.« Nach ihm war ihr Los »bejammernswert, sie hatten Auspeitschung, Kerker und Hunger zu erdulden«. Nur die Haussklaven hatten es besser, denn auf ihre Dienste war man tagtäglich dringend angewiesen.

Die Gesetze, soweit sie die Sklaven betrafen, änderten sich im Laufe der Jahrhunderte indischer Geschichte. Sie wurden außerdem je nach der Region und dem Staat, in dem sie galten, verschieden gehandhabt. Denn Indien — selbst ein halber Erdteil — bildete nur in verhältnismäßig kurzen Zeiten seiner Geschichte ein einheitliches Reich. Ein solches Großreich existierte unter dem Begründer der Mauryadynastie, Tschandragupta (322–298 v. Chr.), dessen Machteinfluß vom Arabischen Meer bis zum Golf von Bengalen reichte. Sein Kanzler war jener Kautyla, aus dessen Werk über die Staatskunst wir viel über die Rechtsstellung und Behandlung der Sklaven erfahren.

Es gab danach folgende Arten von Sklaven: 1. den Kriegsgefangenen, der auf einem mit Einwilligung des Königs unternommenen Raubzug erbeutet worden war. Er konnte nur mit Erlaubnis des Königs in Besitz genommen werden. War der Gefangene hoher Abkunft, so sah sich sein neuer Herr verpflichtet, ein Lösegeld anzunehmen und ihn freizulassen. In der älteren Zeit konnte allerdings auch ein Königssohn oder eine Prinzessin in Sklaverei gehalten werden. 2. den zur Sklaverei verurteilten Verbrecher. Wir wissen nicht genau, welche Vergehen mit der Versklavung bestraft wurden, aber man ersparte sich auf diese Weise die Gefängnisse, wenn man den schuldigen Mann oder die schuldige Frau zur Sklavenarbeit verdammte. 3. gab es den Sklaven, der sich freiwillig in die Sklaverei gegeben hatte. In diesem Fall waren die Rechte seines Herrn allerdings beschränkt. Der Sklave erhielt nach einer bestimmten Anzahl von Jahren wieder die Freiheit. Er durfte zu verschiedenen Arbeiten nicht verwendet werden. So war es z. B. verboten, ein Sklavenmädchen dieser Kategorie als Badedienerin des Herrn zu beschäftigen. Schließlich müssen wir 4. noch auf den verpfändeten Sklaven hinweisen. Hatte er sich selbst verpfändet, so fiel er in die 3. Gruppe, war er aber verpfändet worden, so galten für ihn ebenfalls besondere Richtlinien. Gründe der Verpfändung boten sich in reicher Zahl an: Schulden, die man nicht bezahlen konnte, so daß man sich in die Hände des Gläubigers begeben mußte. Die Mutter verpfändete ihre Kinder, wenn sie sah, daß sie hungerten und von ihr nicht mehr ernährt werden konnten. Wenn der Herr ein verpfändetes Mädchen verführte, hatte er es sofort freizulassen, ihm eine Mitgift auszusetzen und es zu verheiraten. Kinder unter acht Jahren durften nicht verpfändet werden.

Der Fluchtversuch eines Sklaven, der sich selbst verpfändet hatte, wurde mit lebenslanger Sklaverei bestraft; der Sklave, der von einem anderen verpfändet wurde, konnte zwei Fluchtversuche unternehmen, ehe er lebenslänglich unfrei wurde. In beiden Fällen bedeutete ein Fluchtversuch ins Ausland jedoch sofortige Verurteilung zu lebenslanger Sklaverei.

Eine Eigenart der indischen Sklaverei war, daß es auch Sklaven gab, die ihre Freiheit durch eine Wette verloren hatten. Es kam vor, daß Inder in ihrer Wettleidenschaft ihre Kinder, ihre Frauen, ja sich selbst aufs Spiel setzten. So erging es z. B. der schönen Draupadi, die ihr Gatte Yudhishthira durch eine Wette verlor. Als sie gewaltsam davongeschleppt wurde, protestierte sie gegen die schmachvolle Behandlung mit der Begründung, sie sei eine freie, verheiratete Frau. Aber die Gewinner der Wette lachten sie aus und erklärten: »Da dich dein Gatte in der Wette eingesetzt und dich verloren hat, bist du nicht mehr seine Ehefrau. Du bist nichts als eine Sklavin, und wir können mit dir nach unserem Gutdünken verfahren!« Die Verwendung der Sklaven richtete sich nach dem sozialen Stand der Familie, zu der sie gehörten. In fürstlichen Haushaltungen wimmelte es von Mädchen, die die Prinzessinnen als Gefolge begleiteten. Es gab hier zahllose Kammerdiener und Kammermädchen. Jeder Sohn und jede Tochter des Hauses erhielten eine Dienerschaft, die ihrer Stellung angemessen war, sobald sie das vorgeschriebene Alter erreicht hatten. Es gab Sklaven-Ammen, die die Kinder der Herrschaft von Geburt an betreuten und — wenn es sich um Mädchen handelte — ihnen bei der Heirat in das Haus des Gatten folgten. Als die gefürchtetste Sklavenarbeit galt in Indien die Beschäftigung in der Küche. In den Jataka-Atthavannana heißt es bei der Beschreibung einer fürstlichen Küche: »Der Koch ist ermüdet..., er schneidet Holz, wäscht das Geschirr, holt Wasser..., schläft auf dem Gang, ohne sich zudecken zu können. Er muß in aller Frühe die yaagu (eine Art Suppe) kochen..., er müht sich ab, quält sich und trägt sein Bündel Ungemach immer mit sich.« Sklavinnen fürchteten vor allem die Arbeit des Reisschälens. Sie waren damit oft vom Morgengrauen bis spät in die Nacht beschäftigt. Besser hatte es da schon der Türhüter. Er empfing die Gäste und meldete sie der Herrschaft. Sein Amt war eine Vertrauensstellung. Er hatte nicht bloß unerwünschte Besucher abzuweisen, sondern auch die ausgehenden Hausbewohner zu kontrollieren. Vor allem oblag es ihm, jede Frau zu registrieren, die das Haus verließ.

In kleineren Haushalten gab es natürlich nicht so viel Gesinde. Hier überwogen bei weitem die Sklavinnen, die in der Hauswirtschaft mithalfen und unter der Kontrolle der Frauen des Hauses die Wohnung fegten, Wasser trugen, Feuer anzündeten, Gewänder ausbesserten und am Spinnrad saßen, wenn sie zu sonst keiner Arbeit gebraucht wurden. Händler und Kaufleute beschäftigten dagegen eine Vielzahl von Sklaven. Sie bewachten das Haus, begleiteten die Karawanen und waren oft für die ganze Geschäftsführung verantwortlich.

Manche von ihnen waren überaus treue Diener ihrer Herren. Sie opferten ihr Leben für das ihnen anvertraute Gut. Wir hören von einem Sklaven, durch dessen Tatkraft eine dem Verdursten nahe Karawane im letzten Augenblick Hilfe erhielt. Eine andere Geschichte berichtet von Sklaven, die den Mörder ihres jungen Herrn verfolgen und töten.

Wie anderswo nahmen sich auch in Indien die Herren oft Sklavinnen als Nebenfrauen. In der älteren Zeit bedeutete dies für sie und ihre Kinder keine Verbesserung ihrer sozialen Stellung. Zur Zeit der Maurya-Dynastie aber änderte sich das. Die Sklavin, die einen Sohn ihres Herrn zur Welt brachte, hatte jetzt das Recht auf Freilassung, ihr Sohn erbte Namen und Titel seines Vaters und war von Geburt an frei. Wenn sich die Sklavin entschloß, bei ihrem Herrn zu bleiben, konnte sie das Recht, freigelassen zu werden, auf einen ihrer Verwandten — Schwester, Bruder, Mutter — übertragen. Wer die Fehlgeburt einer Sklavin in die Wege leitete, wurde schwer bestraft. Der Vater des Kindes einer Sklavin — auch wenn er nicht ihr Herr war — mußte nach dem Gesetz Mutter und Kind vor und nach der Geburt mit allem versorgen, was sie zum Leben brauchten. Es geht allerdings aus den vorhandenen Quellen nicht hervor, ob diese Pflicht auch dann eintrat, wenn die Sklavin eine Tochter zur Welt brachte.

Daß die Sklaverei auch in jenen Fällen eine schwere Last war, wenn der Herr seine Dienerschaft gut behandelte, bezeugt eine Kennerin der Verhältnisse noch im 20. Jahrhundert. Lady Simon hat ihren Bericht in einem 1930 erschienenen Buch über die Sklaverei zitiert. Dort heißt es wörtlich: »Denken wir an das Leben eines Haussklaven. Wir wollen das Los der Kinder in Augenschein nehmen. Ein guter Herr wird immer ein freundliches Wort für sein Sklavenkind haben, doch dieses Kind wird durch seinen Instinkt rasch den Unterschied zwischen seiner Stellung und der der andern herausfinden. Wenn es aufwächst, wächst seine Sensibilität und seine Intelligenz

---

Seite 35: In den Haushaltungen indischer Fürsten war die Hausherrin von zahllosen weiblichen Dienstboten umgeben. Diese Moghul-Miniatur aus dem 18. Jahrhundert zeigt eine prächtig gekleidete Herrin, um die sich vier Sklavinnen bemühen. Eine Dienerin hält der Dame ein Tablett entgegen, damit sie eine Trinkschale absetzen kann, eine zweite fächelt ihr Kühlung zu, während im Vordergrund zwei Mädchen musizieren.

mit den Jahren, sein Herz wird von Ehrfurcht für seinen Herrn, seine Nachbarn, die ganze Welt erfüllt. Auch wenn das Sklavenkind zusammen mit freien Kindern aufwächst und ihre Spiele teilt, so besitzt es doch selbst nichts und es ist sich dessen bewußt ... Wenn das Kind halb erwachsen ist, stellt es die bittere Wahrheit fest und begreift, daß es ein Sklave ist; zu einer Knechtschaft ohne Hoffnung verdammt, weiß es, daß es das Sklavenmal auf seiner Stirne trägt.«

In ähnlicher Weise empfindet nach Lady Simon die indische Sklavenmutter: »Eine Sklavin hatte alle ihre Kinder verloren, da ihr Herr eins nach dem andern verkauft hatte. Als er ihr auch das letzte wegnehmen und auf den Markt bringen wollte, faßte sie sich ein Herz und wandte sich an die Behörden um Hilfe. Es wurde uns erzählt, wie sie versucht hatte, sich ihrem Geschick zu fügen und ihr Unglück hinzunehmen, indem sie sich selbst tröstete. Sie unterwarf sich den Schicksalsschlägen in der Meinung, es sei eben ihr ›karma‹ (Los, Verhängnis), das sie sich in früheren Leben zugezogen hatte und dessen Schatten sie jetzt umgab. Aber ihre Resignation wich, als ihr Herr, zu ihrem maßlosen Entsetzen und erbarmungslos wie er war, Anstalten traf, ihr Baby zu verkaufen, das sie noch stillte. Sie bat und bettelte, so wie wir zu Gott im Himmel flehen, wenn eines unserer Kinder mit dem Tode ringt. Sie flehte ihren Herrn an, der für sie in diesem Augenblick so allmächtig war wie der grausame Tod selbst.«

In Kleidung und Nahrung unterschieden sich die altindischen Sklaven kaum von der ärmeren freien Bevölkerung des Landes. Nur in reichen Häusern waren die Sklaven besser gekleidet. Manche Sklaven wurden durch eine Brandmarke gekennzeichnet.

So pflegte man besonders Sklaven zu brandmarken, die flucht-

Seite 36: Liebespaar auf rotem Teppich. Im Stockwerk darunter Haremsdamen. Wie anderswo nahmen sich auch in Indien vornehme und reiche Herren oft Sklavinnen als Nebenfrauen.

verdächtig waren. Freie, die in Knechtschaft gerieten, **wurden** ebenso behandelt. Von einem jungen Mädchen, das frei gewesen war und versklavt wurde, wird berichtet, daß ihm sein neuer Herr als erstes den Sklavenstempel mit einem rotglühenden Eisen eindrücken ließ.

Die Hauptnahrung der Sklaven bestand aus Reispüree mit Haferschleim. Das Gericht ist unter dem indischen Namen ›kanaajakam bilangu-dutiyamkam‹ bekannt. Es stellte auch die Hauptmahlzeit des armen Volkes dar. Reiche Leute aßen weitaus besser. Auf ihrem Tisch gab es Fisch, Fleisch, Wein, gekochten Reis, Gemüse. All dies mußten Sklavinnen zubereiten, ohne selbst etwas davon genießen zu dürfen.

In manchen Häusern verweigerte die Herrschaft noch das für die Sklaven bestimmte Reisgericht. Sie überließ den Sklaven lediglich die Überreste der eigenen Mahlzeit. Im Mahabharata, dem großen indischen Nationalepos, wird von dem Mädchen Damajanti berichtet, daß es, als es als Sklavin dienen mußte, sich hartnäckig weigerte, die Überbleibsel vom Teller seines Herrn aufzulecken.

Die Namen der Sklaven und Sklavinnen waren nicht typisch für ihre verachtete soziale Stellung. Wir finden sie auch bei anderen Indern, sogar bei Personen, die hochgestellt waren wie die Kusine Buddhas.

Der Sklave nannte in Indien seinen Herrn »ayyaputta«. Das bedeutete soviel wie »Herr« oder »Gnädiger Herr«. Der Herr selbst rief den Sklaven meist nicht mit seinem Namen, sondern er nannte ihn »bhane« oder »taata«, Ausdrücke, die soviel wie Bursche bedeuteten. Sklavinnen wurden »je« gerufen. Auch die Anreden »hambbo« und »amma« wurden gebraucht. Sie entsprachen ungefähr der Bezeichnung Mädel oder Dirne. Oft verwendete man auch bloß die Anrede du.

Die Freilassung von Sklaven ist in Indien verhältnismäßig selten bezeugt. Wenn der Fall doch eintrat, genügte es, wenn der Herr oder die Frau sagte: »Ich will dich zu einem Nicht-Sklaven machen.«

An Gründen für die Freilassung werden angegeben: Der

Sklave will Mönch werden; die Götter wollen es; der Herr schenkt seinem Sklaven aus Edelmut die Freiheit. Zwei Sklavenknaben werden freigegeben, damit sie in das Königreich ihres Großvaters zurückkehren können.

Die altindischen Schriften der Jataka enthalten eine Reihe von Geschichten, in denen Sklaven eine wichtige Rolle zukommt. Nach altindischer, aber auch nach buddhistischer Auffassung waren die Sklaven für ihr unfreies Dasein selbst verantwortlich, da man glaubte, daß sie in ihrem früheren Leben gesündigt hatten und zur Strafe bei der Wiedergeburt in ihre verachtete soziale Lage versetzt worden waren. Allerdings gab es auch Sklavinnen, die sich aus ihrer wenig geachteten Stellung wieder befreien konnten. Dies galt vor allem für die Hetären, die sich freikauften. Einige dieser Liebesdienerinnen brachten es zu großem Reichtum, der ihnen erlaubte, jeder Laune freien Lauf zu lassen. So hatte z. B. die Hetäre Sama in Benares 500 Sklavinnen zu ihrer Verfügung. Als sie eines Tages aus dem Fenster sah, bemerkte sie einen jungen Mann, der gerade zur Hinrichtung geführt wurde. Sie fand an ihm Gefallen und ließ fragen, was er verbrochen habe. Man erklärte ihr, es handle sich um einen gefürchteten Räuber. Sama bestach die Polizei mit 1000 Goldstücken, damit der Mann freigelassen und zu ihr gebracht wurde. Der Bestechungsversuch gelang — doch forderte der Henker einen anderen Mann, den er hinrichten könne. Sama schickte ihm daraufhin kurzentschlossen den Liebhaber, der gerade bei ihr weilte und völlig ahnungslos dem Tod entgegenging. Die Hetäre Kali, die gleichfalls in Benares lebte, hatte einen Tunichtgut als Bruder, den sie täglich mit 1000 Goldstücken unterstützte. Trotzdem war er ständig ohne Geld, weil er alles verspielte und vertrank. Als er eines Morgens wieder völlig zerlumpt in das Haus seiner Schwester kam, warfen ihn die Sklavinnen Kalis zur Tür hinaus. Ein Liebhaber Kalis, der gerade bei ihr weilte, bat aber für ihn. Da befahl Kali, dem Fürsprecher die Kleider zu nehmen und jagte ihn nackt zur Tür hinaus.

Im Palast von Pylos

Dank den archäologischen Entdeckungen des 20. Jahrhunderts sind wir heute in der Lage, Kulturen kennenzulernen, die uns früher nur aus Sagen oder gar nicht bekannt waren. So wissen wir inzwischen eine ganze Menge über die kretisch-minoischen und die mykenischen Kulturen, die lange vor der klassischen Zeit der Griechen und selbst vor der Zeit Homers existierten. In der Geschichtswissenschaft hat sich im Verlauf des 19. und 20. Jahrhunderts ein wissenschaftlicher Streit darüber entsponnen, ob in diesen frühen Zeiten bereits Sklaverei im größeren Ausmaß existierte. Heute jedoch sind wir, vor allem durch die Entzifferung der Linearschrift B, die seit 1950 im Gange ist, in der Lage, die Schriftdenkmäler jener frühen Epoche zu enträtseln, und aus ihnen ergibt sich unzweifelhaft, daß schon damals die Sklaverei im ägäischen Raum bekannt war.

Aus den Tafeln und Verzeichnissen, die wir im Palast von Pylos gefunden haben, wird die genaue Zahl der in diesem Herrenhaus beschäftigten Sklavinnen und Sklaven überliefert. Insgesamt werden 750 Frauen, 450 Mädchen und 300 Knaben genannt. Wir erfahren, welche Verpflegungsrationen an sie ausgegeben wurden. Es handelt sich um 1246 (unbestimmbare) Einheiten Getreide und eine ebenso große Menge Feigen. Aus den gefundenen Verzeichnissen geht außerdem hervor, daß ein größerer Teil, etwa 70% der Frauen, sich in Pylos selbst aufhielt; der Rest wohnte in den umliegenden ca. 13 Ortschaften. In Pylos befanden sich insgesamt 319 Frauen, 108 Mädchen und 107 Knaben; außerhalb von Pylos 181 Frauen, 102 Mädchen und 84 Knaben. Zweifelhaft ist noch der Beschäftigungsort von etwa 250 Frauen. Die Frauen wurden im Palast verpflegt. Da nur sie und Kinder aufgeführt werden, Männer jedoch völlig fehlen, handelt es sich zweifellos um Sklavinnen. Als Beschäftigung dieser Frauen werden Brotbacken, Spinnen, Kornmahlen, Nähen, Woll- und Flachskämmen und schließlich Badedienste genannt. Neben den

Frauen erscheinen die Mädchen und Knaben in den Verzeichnissen getrennt. Im Gegensatz zu Verzeichnissen in den kretischen Palästen von Knossos, wo ältere und jüngere Mädchen und Knaben getrennt aufgeführt werden, werden in Pylos keine Altersangaben gemacht. Man schließt daraus, daß hier die Knaben ihren Müttern schon sehr zeitig weggenommen und in den Arbeitsprozeß eingegliedert worden sind. Die Gesamtzahl der Jünglinge und der Knaben in Pylos selbst beträgt 176 Jünglinge und 58 Knaben, außerhalb des Palastes wohnten 48 und 22.

Die Sklaven dieser frühgriechischen Gesellschaft entstammten drei Quellen. Eine davon bildeten die Kriegs- und Raubzüge. Sie erklären, weshalb die Schriftdenkmäler eine so große Anzahl von Sklavinnen und fast kaum Sklaven nennen. Man brachte nämlich nur die Frauen und Mädchen von solchen Raubzügen heim, während die waffenfähigen Gegner niedergemetzelt wurden. Die zweite Quelle stellte der natürliche Nachwuchs der Sklaven dar. Es scheint, daß man in Pylos dem Zusammenleben der Sklavinnen mit Männern fast kein Hindernis in den Weg legte. Die Zahl der minderjährigen Kinder in den Verzeichnissen ist nur um etwas geringer als die Zahl der Frauen. Selbst wenn wir annehmen müssen, daß ein Großteil dieser Sklavenkinder schon im frühen Alter starb, wurden doch genügend viele von ihnen groß, so daß die Sklavenabteilungen immer wieder aufgefüllt werden konnten. Nach den uns vorliegenden Dokumenten scheint es auch zu eheähnlichen Verbindungen zwischen Freien und Sklavinnen gekommen zu sein. In diesen Fällen blieben die aus solchen Ehen stammenden Mädchen Sklavinnen, die Söhne können möglicherweise den sozialen Rang ihrer Väter als Freie geerbt haben. Eine dritte Quelle der Sklaverei war der Sklavenhandel, doch spielte er im Verhältnis zur Kriegsbeute und zur Aufzucht von Sklaven nur eine geringe Rolle.

Der Rangunterschied zwischen Sklaven und Freien kommt in den Verzeichnissen deutlich zum Ausdruck. Die Freien werden mit Namen genannt, die Sklaven sind eine namenlose

Masse, selbst die Töchter freier Väter aus Ehen mit Sklavinnen sind es nicht wert, mit Namen genannt zu werden. Die Verpflegungssätze der Sklaven betragen genau die Hälfte der Sätze für Freie. Unklar sind allerdings bis heute noch verschiedene andere Aspekte der Sklaverei in diesen frühgriechischen Siedlungen. So können wir z. B. nur rätseln, was mit den als Sklaven aufgeführten Jünglingen geschehen ist, nachdem sie herangewachsen waren. Bei diesen Jünglingen handelt es sich möglicherweise um Kinder, die Jahre zuvor zusammen mit ihren Müttern erbeutet und in die Sklaverei geschleppt wurden, unterdessen aber zu Jugendlichen herangewachsen waren. In den Knaben hätte man dann die Kinder der Frauen zu sehen, die sie bereits in der Sklaverei geboren hatten. Dies würde auch das Fehlen größerer Mengen von männlichen Sklaven erklären.

Diese frühgriechisch-mykenische Kultur brach allerdings so jäh zusammen, daß die später einwandernden Griechen nichts mehr vorfanden, auf dem sie hätten aufbauen können. Dabei sind nicht nur bestimmte frühgriechisch-mykenische Kulturelemente verschwunden, auch die Sklaverei scheint später nicht mehr die Rolle wie ehedem gespielt zu haben. Gab es in der mykenischen Zeit eine ausgesprochene Sklavenhaltergesellschaft, so werden danach die milderen Formen einer patriarchalisch bestimmten Sklaverei üblich.

Unter der Sonne Homers

>»Und in langen Reihen klagend,
> saß der Trojerinnen Schar,
> schmerzvoll an die Brüste schlagend,
> bleich, mit aufgelöstem Haar.
> In das wilde Fest der Freuden
> mischten sie den Wehgesang,

weinend um das eigne Leiden
in des Reiches Untergang.
Lebe wohl, geliebter Boden!
Von der süßen Heimat fern,
folgen wir dem fremden Herrn,
ach — wie glücklich sind die Toten!«

So läßt der Dichter Friedrich Schiller in seinem Gedicht »Das Siegesfest« die gefangenen Trojerinnen klagen. Im ältesten Epos, das auf europäischem Boden entstand, ist die Sklaverei eine selbstverständliche Einrichtung. Die Griechen des unbekannten Dichters, den wir Homer nennen, fanden die Knechtung des gefangenen Feindes so natürlich, daß sie darüber kein Wort verloren.

In der Ilias ist es der Kampf um eine schöne Sklavin, der den Streit zwischen den Helden entfacht. Agamemnon hat die Tochter des Apollopriesters Chryses, Chryseis, als Beute erhalten. Als ihr Vater kommt, sie mit reicher Schatzung loszukaufen, weigert er sich, das Mädchen freizugeben. Der Apollopriester wendet sich an seinen Gott um Hilfe. Apollo sendet daraufhin die Pest in das Lager der Griechen. Da steht Achilles auf und fordert, indem er sich auf die Weissagung des Sehers Kalchas beruft, die Freigabe der Chryseis ohne jedes Lösegeld. Aber Agamemnon gibt erst dann nach, als er die junge Sklavin des Achilles, Briseis, als Ersatz gewaltsam aus dem Zelt seines Widersachers geholt hat.

Was hier auffällt, ist die persönliche Beziehungslosigkeit zwischen Herrn und Sklavin. Agamemnon zeigt kein besonderes Interesse an dem Mädchen Chryseis. Er will eine Sklavin haben, sonst nichts, ob sie nun Chryseis oder Briseis heißt. Seine Ablehnung ist in erster Linie aus gekränktem Ehrgeiz und Selbstgefühl zu erklären. Andererseits scheint auch Achilles mehr darüber gekränkt zu sein, daß man ihm mit Briseis nicht einen liebgewordenen Menschen sondern eine von den Griechen geschenkte Ehrengabe wieder weggenommen hat. Diese Beziehungslosigkeit zwischen dem Kriegsgefangenen als

Individuum und seinem Besieger tritt auch sonst in dem Homerischen Epos zutage. Sklaven und Sklavinnen werden als Beutestücke nicht anders eingeschätzt als Rinder, Pferde, schöne Vasen und erzene Rüstungen. Wer zu alt ist, um dienen zu können, wird getötet; ebenso wer zu jung ist oder wer beim Transport dem Sieger beschwerlich werden könnte. Das Los der Sklaverei trifft alle, die bei der Eroberung einer Stadt lebend in die Hände der Sieger fallen. Die Prinzessin wird nicht anders behandelt als die Tochter des Hirten. Man reißt auch sie von Eltern und Geschwistern los, man legt auch ihr nach der Gefangennahme Fesseln an. Sie ist genau so ein Teil der Beute, wie die anderen Mädchen. Konnte sie daheim über Dienerinnen verfügen, so hat sie jetzt in der Kleidung der Sklavin Wasser zu tragen. Sie sitzt unter den strengen Augen der Hausfrau am Spinnrocken und webt wie jede andere gewöhnliche Magd. Wenn ihr Herr darauf besteht, hat sie alle Pflichten der Gattin zu erfüllen, ohne eines ihrer Rechte teilhaftig zu werden. War sie schon einmal vermählt und ist ihr der Ehegemahl durch den Tod entrissen worden, so kann es geschehen, daß man ihre kleinen Kinder tötet, weil man sich mit ihnen nicht belasten will.

Ähnliches ist von den Sklaven zu sagen. Der »göttliche Sauhirt Eumaios«, den Homer in seiner Odyssee auftreten läßt, ist ein von Seeräubern entführter Königssohn. Er hat jetzt die Aufsicht über die Schweine des Odysseus. Dies ist allerdings keine entwürdigende Beschäftigung. Hütet doch auch der trojanische Königssohn Paris auf dem Idagebirge die Herden seines Vaters, als die drei Göttinnen zu ihm kommen und auf Befehl des Göttervaters Zeus von ihm den Urteilsspruch verlangen, wer von ihnen die schönste sei. Auch sonst ist die Stellung des Sklaven zwar nicht sehr geachtet, aber sie entehrt nicht. Treue Diener und treue Dienerinnen genießen sogar das Wohlwollen ihrer Herrschaft, etwa im gleichen Sinne, wie sich heute der Mensch mit einem Hund oder mit einer Katze anfreunden kann, ohne sie deshalb für gleichberechtigt zu halten. In einer Welt, in der jeden Tag dem

Herrn oder der Herrin selbst das gleiche Schicksal zuteil werden konnte, war es keine Schande, Sklave oder Sklavin zu sein. Ein unglücklicher Krieg — ein geglückter Raubzug von Piraten — und das Königskind teilte das Los der Knechtschaft mit vielen anderen.

Daher haftet auch nach der Freilassung oder nach dem Freikauf kein Makel mehr an dem ehemaligen Sklaven. Die Götter haben ihn in die Knechtschaft geführt, die Götter haben ihn wieder aus ihr befreit. Es ist die »Moira«, das unerbittliche Schicksal, das nach griechischem Glauben selbst über den Göttern steht und dessen Willen sie sich beugen müssen. Zwischen dem Sohn der Sklavin und dem Sohn der Hauptfrau gibt es daher in späteren Zeiten keine gesellschaftlichen Unterschiede mehr. Der Sohn der Sklavin kann das Erbe und die Würde seines Vaters an sich bringen, wenn dieser es will oder wenn er stärker und tapferer ist als sein von der Hauptfrau geborener Halbbruder. Wohl entsteht dann Zwist zwischen ihnen, der oft im blutigen Kampf ausgetragen werden muß. Dieser Streit kann aber auch zwischen legitimen Geschwistern ausbrechen, die das Erbe des Vaters übernehmen sollen und nicht in gerechter Weise teilen wollen.

Wir hören in der griechischen Heldensage von mächtigen Fürsten, deren Mütter Göttinnen waren. Achilles selbst ist in der Sage der Sohn des Myrmidonenkönigs Peleus und der Meeresgöttin Thetis. Diese geheimnisvolle Abstammung von einer Meeresgöttin läßt nach einigen Forschern darauf schließen, daß es sich bei der Mutter des Achilles um eine über das Meer gekommene Sklavin handelte, deren Herkunft unbestimmt war. Da sich jeder altgriechische Held seiner Abstammung zu rühmen pflegte, wurde die unbekannte Fremde zu einer Meeresgöttin erhöht, um die dunkle Herkunft des Achilles zu vertuschen.

Die Behandlung der Sklaven war im übrigen, wie das Epos Homers überliefert, nicht allzu streng. Die Unfreien treten meist — was in der Agrarwirtschaft dieser Zeit begründet ist, die keine industrielle Entwicklung kannte wie später in den

Sklavenstaaten der Alten und der Neuen Welt — in der Rolle des unbezahlten Hausgesindes auf, so zum Hof gehörig wie das Vieh und das Werkzeug des Bauern, der Pflug. Die Kinder der Sklaven spielen mit den Kindern der Herrschaft, und daraus entwickelt sich so manches persönliche Verhältnis zwischen ihnen. Wir hören so gut wie nichts von körperlichen Züchtigungen. Allerdings kann der Herr seinen ungetreuen Diener töten. Als Odysseus heimkehrt und die Freier, die seine Gattin Penelope durch Jahre hindurch bedrängten, mit Pfeilen getötet hat, da hält er auch über die Sklavinnen des Hauses, die sich mit den Freiern eingelassen haben, ein furchtbares Strafgericht. Er legt sie weder in Ketten, noch läßt er sie peitschen oder verkaufen, er hängt sie einfach an den Giebeln seines Palastes auf, als abschreckendes Beispiel für alle, die an Untreue und Verrat denken.

Zu Homers Zeiten scheint die Zahl der Sklaven in Griechenland noch beschränkt gewesen zu sein. Die Zahl der Sklavinnen übertraf die der Sklaven. Bei ihrem Kauf und Verkauf wird an den Dienerinnen meist »ihre Schönheit, Handfertigkeit und Tugend« gerühmt. Sie sind für alle Arbeiten im Herrenhaus verantwortlich: für das Wassertragen, das Mehlbereiten, das Heizen der Feuerstelle, das Waschen, das Ankleiden und das Herrichten der herrschaftlichen Lagerstätte. Sie müssen die Amme und die Kinderfrau für die Söhne und Töchter des Hauses sein, ihnen werden sogar Vertrauensstellungen, wie das Amt der Beschließerin, die über alle anderen Dienerinnen eingesetzt ist, übertragen. Den männlichen Sklaven bleibt jene Arbeit vorbehalten, die nach der Anschauung der Zeit Frauen nicht leisten konnten: das Amt des Viehhüters, des Pferdedieners, des Holzspalters, des Stallaufsehers. Nur in der Küche sind neben den Mägden Speisediener (zumeist Knaben) und Köche beschäftigt.

Eine gesetzlich geregelte Freilassung der Sklaven gibt es zu Homers Zeiten noch nicht. Aber man gestattete bevorzugten Sklaven (wie etwa dem Eumaios) eine solche Freizügigkeit, daß sie praktisch der Stellung der freien Bewohner des Landes gleichkam. Solche privilegierten Sklaven konnten sich selbst einen Sklaven kaufen, sie erhielten Grundbesitz von der Herrschaft geliehen und Frauen geschenkt. Die Verhältnisse im Griechenland Homers scheinen sich somit nicht wesentlich von denen zu Abrahams Zeiten unterschieden zu haben.

Heloten und Spartiaten

Die älteste griechische Vormacht war Sparta. Nach den Überlieferungen des Altertums stammte seine Verfassung von einem gewissen Lykurg, in dem wir heute die Verkörperung einer Stammesgottheit sehen. Die Bevölkerung Spartas setzte sich aus drei sozialen Schichten zusammen: 1. aus den Spartiaten, die die eigentlichen Vollbürger und Herren des Landes waren; 2. den Periöken, die die persönliche Freiheit besaßen, aber politisch nichts zu sagen hatten und 3. den Heloten, den Staatssklaven. Der spartanischen Überlieferung nach — die aber in diesem Punkt ein falsches Bild gibt — soll der Unterschied zwischen Periöken und Heloten davon herrühren, daß bei der Landnahme der Spartiaten die eingesessene Bevölkerung, die sich freiwillig unterwarf, zu Periöken und die, welche mit Gewalt unterworfen werden mußte, zu Heloten erklärt wurde.
Der Helote war Staatssklave in dem Sinn, daß er und seine Familie jeweils einem Spartiaten zugeteilt wurden. Er saß auf seinem Stückchen Land, das er als Untereigentum oder in erblicher Pacht — wie man es eben bezeichnen will — zugeteilt erhielt und das er für den Spartiaten zu bearbeiten hatte. In dieser Hinsicht glich er dem mittelalterlichen Hörigen oder Leibeigenen. Da er nicht dem Herrn, für den er arbeiten mußte, persönlich gehörte, konnte er auch nicht von ihm freigelassen werden. Dieses Recht stand nur der Volksversammlung aller Spartiaten zu. Daß es unter diesen Voraussetzungen für den einzelnen Heloten schwerer war, eine Frei-

lassung zu erreichen, ist leicht einzusehen; ist es doch bestimmt einfacher, von einem einzelnen Herrn die Freiheit zu erlangen als von einer ganzen Gruppe, welche die Dienste, um derentwillen die Freilassung erfolgen soll, meist wenig zu schätzen weiß.

Der Helote war der einzige Sklave, den Sparta kannte. Neben der Landarbeit war es seine Pflicht, für die Dienerschaft im Haushalt seines spartiatischen Herrn die nötigen Personen zu stellen. Der Sohn des Heloten wurde daher schon als Knabe dazu angehalten, im Herrenhaushalt mitzuhelfen, bis er soweit war, zur Arbeit auf die Felder geschickt zu werden. Das Helotenmädchen diente als Hausmagd und Kammerzofe gleichfalls schon von zarter Jugend an. Der Herr des Hauses, der spartiatische Grundbesitzer, gab es dann, wenn es heiratsfähig wurde, einem seiner Helotenknechte zur Frau mit der ausdrücklichen Bestimmung, Kinder zu gebären und so die Zahl der Dienstleute zu vermehren. Persönliche Wünsche wurden bei diesen Zwangsheiraten nicht berücksichtigt. Eine Heirat mit einem Heloten, der einer anderen Herrschaft gehörte, war ein Ausnahmefall. Darüber hinaus hatte die junge Helotin auch die Pflicht, ihrem Herrn als Nebenfrau zu Gefallen zu sein, wenn er dies wünschte. Kinder aus solchen Verbindungen folgten der »schlechteren Hand«; sie wurden wie ihre Mutter Heloten, auch wenn von väterlicher Seite spartiatisches Blut in ihren Adern floß. Doch konnte ihnen später ihr Vater die spartiatische Erziehung zukommen lassen. Durch sie erhielten sie ihre Freiheit, doch gelangten sie nicht in den Genuß der vollen Bürgerrechte. Solche Kinder von spartiatischen Vätern und Helotensklavinnen wurden Mothakes genannt.

Die Behandlung der Heloten war hart, ja grausam. Da der einzelne Herr nur der augenblickliche Verwender, aber nicht der Eigentümer der für ihn arbeitenden Arbeitssklaven war und auf Wunsch jederzeit andere Helotenfamilien zur Arbeit zugewiesen erhielt, fehlte der wirtschaftliche Hauptgrund, der anderswo die mildere Behandlung der Sklaven erzwungen hatte. Wer einen Sklaven kaufen mußte, für den stellte er einen Wertgegenstand dar, den man nicht unnötigerweise strapazierte. In Sparta aber konnte der Helote ohne weiteres und ohne persönlichen Nachteil für den Herrn durch harte Frondienste vorzeitig zugrunde gerichtet werden.

Da die Spartiaten in den wiederholten und oft langwierigen Kriegen, die sie führten, große Menschenverluste erlitten, während die Heloten, die nur als Troßknechte auf den Feldzügen mitgeführt wurden, im allgemeinen verschont blieben, wuchs die Zahl der Arbeitssklaven im Verhältnis zu den Spartiaten zuweilen sehr stark an. Um dieser zahlenmäßigen Überlegenheit zu steuern, veranstalteten die Spartiaten — wie uns berichtet wird — von Zeit zu Zeit Helotenjagden. Man ließ die spartiatische Jugend auf die Sklaven los, sie rannte gewissermaßen Amok. Jeder Helote, der einem spartiatischen Burschen oder Mädchen in den Weg kam, wurde erbarmungslos niedergemacht. Denn die spartiatische Jugenderziehung bestand unter anderem auch in der Erweckung und Wachhaltung von Blutdurst und Grausamkeit dem Gegner gegenüber. Die spartiatischen Mädchen wurden im gleichen Sinn und auf die gleiche Art wie die männliche Jugend erzogen. Das war deshalb notwendig, weil die verheiratete Spartiatin während der Abwesenheit des Mannes, der auch in Friedenszeiten einen Teil seines Lebens in der Kaserne und der sogenannten »Zeltgenossenschaft« zubringen mußte, den Hof und die zum Hof gehörigen Heloten zu leiten und zu beaufsichtigen hatte. Von ihr erwartete man, daß sie einem ungebärdigen Sklaven mit der Waffe in der Hand entgegentreten konnte.

Die furchtbare Grausamkeit der Spartiaten war selbst gegenüber den spartiatischen Kindern nichts Ungewöhnliches. Eine Mutprobe der spartianischen Knaben und Mädchen bestand darin, sich im Tempel der Göttin Artemis blutig peitschen zu lassen. Wer am längsten aushielt, ohne einen Schrei auszustoßen, bekam eine Auszeichnung. Es wird berichtet, daß es 13jährige Spartaner und Spartanerinnen gegeben haben soll, die sich eher zu Tode peitschen ließen, als daß sie einen Schmerzenslaut von sich gegeben hätten.

Die Arbeitskraft der helotischen Knechte und Mägde wurde bis aufs äußerste ausgenutzt. Der Spartiate überwachte die Arbeit, er selbst legte keine Hand an. Da ihm der Staat jede Eigenbewirtschaftung verboten hatte, er aber andererseits verpflichtet war, bestimmte Naturalabgaben zu leisten, hielt er seine Heloten zu oft übermenschlichen Arbeitsleistungen an, dies um so mehr, als er den Verlust seiner Vollbürgerrechte zu befürchten hatte, wenn er seinen Verpflichtungen dem Staat gegenüber nicht nachkam.

Da der Spartiate ständig am Staatsleben teilnehmen mußte, war er gezwungen, im Hauptort des Landes, dem unbefestigten Sparta, zu wohnen. Im Gegensatz dazu lebten die Heloten — soweit sie nicht im Haus des Herrn als Gesinde beschäftigt waren — in kleinen, armseligen Hütten auf dem flachen Land. Neben ihnen konnten sich freie Landarbeiter nicht behaupten. Auch der ärmere Spartiate war gegenüber seinem reicheren Bürgergenossen im Nachteil. Der Besitz macht den Mann — dieser Satz stammt aus Sparta und offenbart den Geist der dort herrschenden Gesellschaftsordnung. Nach dieser Ordnung waren Handel und Gewerbe eines Vollbürgers unwürdig. Beide Berufszweige wurden den persönlich freien Periöken überlassen, von denen schon die Rede war.

Vergrößerung des eigenen Besitzes konnte nicht durch Arbeit und Fleiß, sondern nur durch Raub und Krieg erfolgen. Das beste Beispiel eines solchen Raubkrieges war die Eroberung der Sparta benachbarten Landschaft Messenien. In langen, blutigen Kämpfen unterwarf man dieses Gebiet, wobei die Einwohner das gleiche Schicksal wie die unterworfene und zu Heloten gemachte Urbevölkerung Spartas erlitten. Auch ihr Landbesitz wurde in »Lose« aufgeteilt, in deren Besitz die spartiatischen Eroberer kamen und die fortan von messenischen Heloten bebaut und für ihre Herren bearbeitet wurden. Auf ähnliche Weise wie in Sparta ging die Inbesitznahme des

Landes auch in den übrigen von Dorern besiedelten Gebieten Griechenlands vor sich, vor allem auf der Insel Kreta, die neben Sparta der bedeutendste dorische Besitzstand war. Die Dorer bildeten bekanntlich einen der drei — gewöhnlich so genannten — »Stämme« der Griechen, zu denen außerdem noch die Joner (mit Athen als Hauptort) und die Äoler (oder Nordwestgriechen) zählten. Die Gesinnung der Dorer gegenüber ihren Sklaven, ihr Herrenbewußtsein, ihr Stolz, »auserwählt« zu sein, drücken sich am deutlichsten in einem Kriegslied der Kreter aus, das uns überliefert ist (Anthologia Lyrica Graeca, II, 128). In ihm heißt es:

»Ein großer Reichtum ist mir Speer und Schwert
und das schöne Schildchen, das die Haut beschützt,
damit pflüge ich, damit ernte ich,
damit pflück' ich mir den süßen Wein von der Rebe,
deshalb heiße ich der Herr des Sklavenvolks.

Aber die es nicht wagen dürfen, Speer und Schwert zu tragen
und das schöne Schildchen, das die Haut beschützt,
sie alle liegen mir zu Füßen, küssen meine Knie
und nennen mich Herr und großen König!«

Wir finden bei den Dorern nichts von dem orientalischen Brauch, dem Sklaven bei fleißiger Arbeit nach einigen Jahren die Freiheit zu schenken. Hier ist der Gegensatz zwischen Knecht und Herr unüberbrückbar, hier präsentiert sich eine auf Sklaverei beruhende Gesellschaft, die ihre Herrscherrolle ausschließlich von den Aspekten der Macht und Abstammung herleitet.

Der Markt von Delos

Der größte Sklavenmarkt Griechenlands war die Insel Delos. Hier sollen nach glaubhaften Berichten täglich 10 000 Menschen — Männer, Frauen und Kinder — ihre Besitzer gewechselt haben. Denn nicht nur Sparta und Kreta, ganz Griechenland hatte die Einrichtung der Sklaverei übernommen. Je weiter die griechischen Händler zogen, je mehr sich der griechische Handel ausbreitete, um so stärker wuchs auch die Sklavenbevölkerung im Mutterland, allerdings nicht so sehr infolge eines natürlichen Geburtenüberschusses von Sklavenkindern als vielmehr durch immer neue Sklaveneinfuhren aus aller Herren Ländern. Zur Zeit der kulturellen Blüte Athens unter Perikles, die noch heute als eine der Glanzzeiten der Menschheitsentwicklung gilt, gab es in Attika und dessen Hauptstadt Athen neben 20 000 Bürgern 350 000 Sklaven. Ähnliche Zahlen werden uns aus anderen griechischen Stadtstaaten genannt: So zählte man in Korinth 400 000, in Ägina 460 000 und in Arkadien 300 000 Unfreie. Wie sehr selbst der Staat auf sie angewiesen war, bezeugt die Mitteilung, daß die athenische Staatspolizei aus von der Schwarzmeerküste gekauften skythischen Sklaven bestand.

Der Handel mit Sklaven war sehr lebhaft. Ihr Durchschnittspreis betrug je Kopf 300 Drachmen, das war ein Fünftel des Wertes eines Pferdes. Wurden nach einem Kriegszug neue Menschenmassen auf den Markt gebracht, so sank ihr Preis. Kamen Friedenszeiten und verminderte sich das Angebot, so stiegen die Sklaven im Wert.

Eine der Hauptquellen des nachklassischen griechischen Sklavenhandels war die Massenversklavung ganzer Städte und Völkerschaften. So zerstörte Alexander der Große 335 v. Chr.

Seite 53: Römischer Sklavenmarkt. Nach einem Gemälde von G. R. Boulanger. Die zum Verkauf ausgestellten Sklaven trugen um den Hals Täfelchen, auf denen ihr Name, ihr Alter und ihre guten und schlechten Eigenschaften aufgezählt werden mußten.

Auch in römischer Zeit wurde der Kriegsgefangene als Sklave behandelt. Auf
dieser Gemme »Triumph des Tiberius« (Wien, Kunsthistorisches Museum) zeigt
der untere Fries, daß man den gefangenen Gegner mit voller Absicht demütigte,
um ihm sein Sklavenlos von Anfang an vor Augen zu führen.

Die Römer ließen die kräftigen Kriegsgefangenen als Zirkusfechter ausbilden:
Die Gladiatoren traten mit scharfen Waffen gegeneinander an.

das aufständische Theben und ließ alle seine Einwohner, mit Ausnahme der Nachkommen des Dichters Pindar, im ganzen etwa 30 000 Menschen, als Sklaven verkaufen. Etwa hundert Jahre später (223) wurde die Stadt Mantinea, die vom Achaiischen Bund abgefallen war, in gleicher Weise entvölkert. Als dann die Römer Griechenland besetzten, nahmen die Massenversklavungen so überhand, daß der römische Senat seine Feldherren tadeln mußte, da durch das brutale Vorgehen sich die belagerten Städte bis zum letzten Mann verteidigten. Zwischen den Jahren 200 bis 150 v. Chr. überschwemmte eine Flut von in die Sklaverei verschleppten Menschen den ganzen Mittelmeerraum; die Preise für die Sklaven fielen in dieser Zeit immer tiefer.

Solche Massenversklavungen wurden von den Zeitgenossen als Völkerrecht akzeptiert. Der griechische Geschichtsschreiber Polybios (ca. 200 — ca. 120 v. Chr.) erklärte ausdrücklich, »nach Kriegsrecht müssen Menschen, die durchaus kein Verbrechen begangen haben, das Schicksal hinnehmen, verkauft zu werden.«

Man trieb nach der Eroberung einer Stadt alle Einwohner auf dem Marktplatz zusammen. Der Oberbefehlshaber und seine Offiziere, manchmal auch die Soldaten, suchten sich aus der Menge die ihnen zusagenden Gefangenen heraus. Die übrigen wurden in Gruppen geteilt. Alte Leute und Kinder, die den Strapazen des Marsches in die Gefangenschaft nicht gewachsen waren, wurden auf der Stelle getötet. Oft machte man auch die gesamte waffenfähige Mannschaft — Männer und Jugendliche vom 14. Lebensjahr an — nieder. Die Frauen und Kinder teilte man den verschiedenen Transportkolonnen zu. Knaben vom 12. Lebensjahr an und Frauen wurden in Ketten gelegt, Kinder und junge Mädchen gingen ungefesselt im Zug. Mädchen, die während der Eroberung der Stadt nicht vergewaltigt worden waren, hatten auf dem Weg zum Sklavenmarkt nichts zu befürchten, da eine Jungfrau auf dem Markt einen höheren Preis erzielte. Eltern und Kinder, Brüder und Schwestern teilte man verschiedenen Transportkolonnen zu, damit sich die Blutsverwandten gegenseitig keine Hilfe leisten und keine Fluchtpläne schmieden konnten. Mütter und Geschwister versuchten daher ihre Verwandtschaft vor den Siegern möglichst zu verheimlichen, um nicht getrennt zu werden. Manchmal entging der eine oder andere der Sklaverei durch einen Zufall oder einen besonderen Glücksumstand. So wird etwa berichtet, daß L. Mummius, der römische Feldherr, sich nach der Zerstörung Korinths (146 v. Chr.) die korinthischen Knaben einzeln vorführen ließ und sie nach ihrem Wissen befragte. Wer von ihnen schreiben und einige Verse Homers zitieren konnte, verließ das Gefangenenlager als freier Mann.

Dadurch, daß Sklaven alle Arbeiten, vor allem die körperlichen, verrichteten, sank das Ansehen der Arbeit beträchtlich. Sie galt als eines Freien unwürdig. Der griechische Philosoph Demokrit prägte den Satz: »Bediene dich der Sklaven wie der Kleider deines Leibes, eines jeden zu einem anderen Zweck.« Humanität im modernen Sinn des Wortes war unbekannt.

Selbst der griechische Geschichtsschreiber Plutarch, der den Sklaven im allgemeinen freundlich gesinnt war, schrieb über ihre Behandlung folgendes: »Entgeht uns nicht gar zu oft die Gelegenheit, einen Bedienten seiner Verfehlungen wegen zu bestrafen, wenn jener, durch unsere Drohungen geschreckt, davonläuft? Wie also die Ammen zu den Kindern sagen: ›Schrei nicht, du sollst es haben!‹, so können wir auch ganz füglich zum Zorn sagen: ›Übereile dich nicht, laß das Schreien und Toben, desto eher und besser wird das geschehen, was du verlangst!‹ Wenn ein Vater sieht, daß ein Kind mit einem Messer etwas spalten oder schneiden will, so nimmt er das Messer und tut es selbst. So muß man auch dem Zorne das Recht, zu bestrafen, nehmen, dann wird man selbst auf weit sicherere Art, ohne Schaden und Gefahr, den Schuldigen strafen, nicht aber sich selbst, wie es gar oft im Zorn zu geschehen pflegt.«

Es ist also ein reiner Nützlichkeitsstandpunkt, der den Herrn bewegen soll, sich gegenüber dem Sklaven im Zaum zu halten.

Aus ähnlichen Gründen erließ man in einigen griechischen Städten Schutzgesetze für die Unfreien. Solon, der berühmte Gesetzgeber Athens, der seinen Bürgern gegenüber so großzügig war, daß er alle in Schuldknechtschaft geratenen und als Sklaven ins Ausland verkauften Athener auf Staatskosten wieder nach Athen zurückbringen und in ihren vorigen Stand setzen ließ, verbot den Eltern den Verkauf ihrer Kinder — ausgenommen sollten jene Mädchen sein, die sich gegen den Willen des Vaters mit einem Liebhaber einließen —, aber den nicht-athenischen Sklaven gegenüber beschränkte er sich darauf, den Herren zu verbieten, sie in Kriegszeiten zu schlagen. Selbst das geschah nur aus Gründen der Zweckmäßigkeit, weil in diesen Zeiten die Möglichkeit des Aufruhrs und der inneren Wirren besonders groß war und die Sklaven nicht provoziert werden sollten. Dagegen durften die Sklaven zu jeder Arbeit verwendet werden. Es gab keine Feiertage für sie — außer, wenn ihr Herr sie ihnen zugestand. Sie durften keinen Wein trinken, sich nicht salben, kein Zeugnis vor Gericht ablegen und an gewissen religiösen Festen der Athener nicht teilnehmen. Im Gegensatz zu den Freien hatten die Sklaven kurz geschnittene Haare und ein einfaches Gewand zu tragen. Man nahm ihnen sogar den Namen und rief sie nach ihrer Herkunft — etwa den aus Asien stammenden »Asiaticos«, den aus Sizilien kommenden »Sikelos«. Als der Herrscher von Sykion, Euphron, einem Mordanschlag zum Opfer fiel, wurde als Grund dafür allen Ernstes vorgebracht, er habe seine Macht dazu mißbraucht, Sklaven freizulassen und ihnen sogar das Bürgerrecht der Stadt zu verleihen versucht. Der bedeutende Philosoph Platon, eine der Zierden der abendländischen Philosophie, war der Meinung, daß Sklaven nicht einmal das Recht auf Notwehr hätten, wenn es um ihr Leben ginge. Daß Aristoteles sie verächtlich als »sprechende Werkzeuge« bezeichnete, haben wir schon an anderer Stelle erwähnt.

Angesichts dieser Geringschätzung der Sklaven mußte ihr Verkauf unter den denkbar ungünstigsten und unhygienischsten Verhältnissen vor sich gehen. Der Rhetor Dion von

Prusa hat diese unwürdigen Verhältnisse in einer scharfen Rede angeprangert: »Es ist ein schmählicher und schamloser Erwerb, wenn man kriegsgefangene Frauen und Knaben oder auch sonstige erworbene Individuen auf schändliche Weise in schmierigen, überall zugänglichen Buden, am Markt und dort, wo die Vornehmen vorbeigehen, in der Nähe der öffentlichen Gebäude und der Tempel, inmitten dessen, was den Menschen vor allem heilig ist, ausstellt. Weder Barbaren noch Griechen, die, vorher ganz frei, jetzt in einer überaus elenden Knechtschaft leben, sollten jene einen so schimpflichen Zwang auferlegen . . .«

Wie sehr die Sklaverei das ganze Gesellschaftsleben der Zeit beherrschte, zeigt sich auch beim Studium der griechischen Komödie. In fast allen Lustspielen Menanders und seiner Zeitgenossen und Schüler kommt das unglückliche Mädchen vor, das auf irgendeine Weise — durch Raub in der Kindheit, durch Kriegsgefangenschaft, durch Verkauf seitens seiner armen Eltern — in die Sklaverei geraten ist. Es liebt den edlen Jüngling. Der Vater des jungen Mannes widersetzt sich jedoch einer legalen Verbindung, weil sie ihm unstandesgemäß erscheint. Ein listiger Sklave hilft dem Liebhaber, ein gieriger Schmarotzer, der im Hause des Vaters verkehrt, ist der Gegenspieler. Zuletzt wird der Knoten in der Weise gelöst, daß des Mädchens gute Herkunft bekannt wird und der junge Mann die nunmehr Freigelassene zur standesgemäß ebenbürtigen Gemahlin erheben kann.

Die Sklavenwirtschaft der Griechen hatte dagegen kaum einen Einfluß auf die industrielle Entwicklung der altgriechischen Stadtstaaten. Die industriellen Unternehmen blieben Klein oder bestenfalls Mittelbetriebe mit zwanzig, dreißig oder in Ausnahmefällen auch hundert beschäftigten Sklaven. Am häufigsten kam jedoch der sogenannte »Einmannbetrieb« vor. In ihm stellte der Arbeiter das ganze Arbeitsprodukt in aufeinanderfolgenden Arbeitsvorgängen her. Dort jedoch, wo mehrere Sklaven beschäftigt waren, hatte man eine Art Arbeitsteilung eingeführt. Hier machte der eine etwa die Eisenstange bereit, ein zweiter glühte sie, ein dritter versah sie mit dem Griff — und ein Schwert war entstanden. Interessanterweise waren es gerade »Waffenfabriken«, wenn wir diesen Ausdruck gebrauchen wollen, die im Mehrmannverfahren zu arbeiten pflegten. In diesem Falle liegt also schon eine Arbeitsrationalisierung in primitiver Form vor.

Andere Gebiete handwerklicher Tätigkeit waren für den Sklaven vor allem die Textil- und Lederbranche. Unter der Aufsicht eines Werkmeisters, der gewöhnlich der Besitzer des Unternehmens war, arbeitete der Sklave als Tuchweber oder er war mit Färben und Walken, mit der Erzeugung von Lederwaren, von Hausrat aller Art, von Lampen, Flöten und Leiern beschäftigt. Besonders gefürchtet war die Zwangsarbeit im Müller- und Bäckergewerbe. In den Mühlen wurde das Korn von den großen Mahlsteinen zerrieben, die meist von menschlicher Muskelkraft in Bewegung gehalten werden mußten. Der größte Teil der gewerblichen Erzeugnisse diente der Ausfuhr. So kam es, daß Sklavenhandwerker vor allem in Handelsstädten wie Athen oder Korinth zu finden waren. Die Großwerkstätte hieß bei den Griechen »Ergasterion«. Da Sklavenarbeit billig war — man brauchte dem Sklaven nur Nahrung und Kleidung zu geben und hatte für ihn weder Abgaben noch andere Soziallasten aufzubringen — konnte der Herr praktisch den gesamten Reingewinn der Arbeit, an der er persönlich keinen Anteil hatte, kassieren. Dennoch widmete sich der Grieche, vor allem in Athen, lieber dem Staatsdienst, oder er diente bei der Flotte und Armee oder war auf seinem Landgut tätig, als daß er kleinen Betrieben vorstand, denen immer etwas »Sklavisches« anhaftete, auch wenn der Besitzer selbst nicht mitarbeitete. Am ehesten fand man außer dem Zwangsarbeiter noch Fremde in diesem Gewerbe tätig, die den Schutz der athenischen Gesetze genossen, im übrigen aber keinerlei bürgerliche Rechte besaßen.

Der Handel selbst erfolgte längs der Meeresküsten auf kleineren oder größeren Schiffen. Da man es nicht verstand, die Segel nach dem Wind zu stellen, sondern sie nur dann verwendete, wenn der Wind in die gewünschte Richtung blies, blieb das ganze Altertum über das Ruder das Hauptfortbewegungsmittel des Ein-, Zwei- oder Dreiruderers. Auch hier wurde der Sklave als Arbeitskraft verwendet. Ihn erwartete eine harte und todbringende Arbeit. Selbst kräftige Männer hielten das Leben auf der Ruderbank nicht viel länger als vier bis fünf Jahre aus. Diese Rudersklaven, ständig zur Revolte bereit, waren angekettet. Ging das Schiff während eines Sturmes oder einer Schlacht unter, war das Schicksal der Ruderknechte besiegelt, während Kapitän und Matrosen immer noch den Versuch machen konnten, sich zu retten.

Römische Triere. Die riesigen, schwer beweglichen Ruder wurden von Galeerensklaven bedient.

Sklavenkriege

Wenn Menschen in elenden Verhältnissen leben, suchen sie ihnen zu entkommen. Der Sklave flüchtete daher, sobald er konnte. Um ihn daran zu hindern, legte man ihm Fußeisen an und brandmarkte ihn mit einem großen »F«, dem Anfangsbuchstaben des lateinischen Wortes »Fugitivus« (Flüchtling). Wenn sich mehrere Sklaven gegen ihre Herren zusammentaten, kam es zum Aufruhr, zur Meuterei, zur Rebellion, zum offenen Krieg. In einem solchen Sklavenkrieg gab es kein Erbarmen. Der aufständische Sklave wußte, daß er am Kreuz sterben mußte, wenn er gefangen wurde. Der Herr sah sich ebenfalls unsagbaren Grausamkeiten der erbitterten Sklaven preisgegeben, wenn er von ihnen überwältigt wurde. Sizilien war die Insel, auf der es am blutigsten herging. Immer wieder erhoben sich hier die geknechteten Menschen und suchten die Freiheit zu erlangen. Sizilien war nach dem Ende des Ersten Punischen Krieges (241 v. Chr.) in die Hände der Römer gefallen. Diese hatten daraus ihre erste Provinz gemacht. Selbst für die Freien war das Leben in einer Provinz unerträglich, wenn sie nicht römische Bürger und dadurch vor den Übergriffen der Statthalter, der römischen Beamten und vor allem der römischen Steuerpächter geschützt waren. Es war in Sizilien mehr als anderswo Sitte, die Sklaven mit glühendem Eisen zu kennzeichnen. Die reichen römischen Großgrundbesitzer kauften Scharen von Gefangenen und ließen durch sie ihre Felder bearbeiten und ihre Bergwerke betreiben. Die Unglücklichen arbeiteten sich bei karger Kost und endlosen Strapazen zu Tode. Einer dieser tyrannischen Ausbeuter war ein gewisser Demophilus von Enna, ein unendlich reicher, hochmütiger und erbarmungsloser Händler und Grundbesitzer. Kein Tag ging vorüber, an dem nicht einer seiner Sklaven bis aufs Blut gepeitscht wurde, darunter junge Mädchen und halbwüchsige Knaben. Gegen ihn erhoben sich eines Tages seine Sklaven und versuchten die Freiheit zu erlangen.

Auch in anderen Teilen des römischen Weltreiches brachen immer wieder Sklavenunruhen aus. In Griechenland bemächtigte sich ein gewisser Aristonikos, der sich für den Sohn des letzten Königs von Pergamon ausgab, der Stadt Leukas und sammelte in ihr alles, was mit seinem Los unzufrieden war. Der Aufstand breitete sich aus und konnte erst unter Aufgebot eines großen römischen Heeres niedergeworfen werden. Auf der Halbinsel Attika empörten sich 20 000 Unglückliche, die in den Bergwerken von Laurion kaum jemals das Tageslicht erblickten. Selbst in der Hauptstadt Rom wurde ein Sklavenkomplott entdeckt und mit blutiger Strenge vor Ausbruch der Rebellion unterdrückt.

Gewaltige Anstrengungen mußte Rom in Sizilien unternehmen, als sich dort der Aufstand gegen die Freveltaten des Demophilus auch auf andere Teile der Insel ausdehnte. Ein syrischer Sklave aus Apamea mit Namen Eunus ließ sich als Wundertäter und Zauberer von seinen Leidensgenossen bestaunen und schließlich von ihnen zum König ausrufen. Er rückte mit den Aufständischen in Enna ein, brandschatzte die Stadt und nahm Demophilus samt Frau und minderjähriger Tochter in dessen Landhaus nahe der Stadt gefangen. Unter Schlägen und anderen Mißhandlungen brachte man die Gefangenen in die Stadt, wo Eunus im Theater eine streng nach römischem Gesetz vorgehende Gerichtsverhandlung veranstaltete. Demophilus wurde für schuldig befunden und zum Sklaventod verurteilt. Seine Gattin überließ man ihren bisherigen Dienerinnen, die ihre Herrin qualvoll zu Tode marterten. Ihre Tochter aber wurde, als sie schon auf der Folterbank lag, auf Wunsch und Bitten der Sklavinnen, denen sie immer mit Freundlichkeit und Mitleid entgegengekommen war, begnadigt und freigelassen.

Der Sklavenkönig nahm nach diesen Ereignissen, die ihm Mut gemacht hatten, den Namen Antiochus an und nannte sich »König der Syrer«. Die Bewohner der Stadt Enna wurden — so weit sie in seine Gewalt geraten waren — ohne Gnade und Erbarmen niedergemacht mit Ausnahme der Waffenschmiede, die fortan für ihn arbeiten mußten. In drei Tagen hatte Eunus allein aus der Gegend von Enna 1700 Sklaven um sich versammelt, wenig später wuchs sein Heer auf 10 000 Mann an. Mit dieser Truppe schlug er einige römische Heere in offener Feldschlacht. Die Situation schien für Rom aussichtslos zu sein, als sich noch ein weiterer Sklavenführer namens Kleo mit Eunus verbündete und ihm Hilfstruppen zuführte. Ganz Sizilien stand in Flammen. Zuletzt hatten an die 20 000

Sklaven — Männer, Frauen und Kinder — die Bergwerke, Äcker und Felder verlassen und schrien nach der ihnen vorenthaltenen Freiheit.

Trotz dieser Anfangserfolge blieben die Aufständischen am Ende doch nicht siegreich. Rom sandte ein Heer nach dem anderen nach Sizilien, und der Schlagkraft und militärischen Disziplin der Legionen widerstanden die Haufen der rebellischen, untereinander zerstrittenen Sklaven zuletzt nicht mehr. Nach der Niederwerfung des Aufstandes wurden 20 000 Gefangene von den Siegern ans Kreuz geschlagen. König Eunus, der mit 600 Mann geflohen und eingeholt worden war, warfen die Römer in den Kerker von Murgantia, wo ihn Ratten bei lebendigem Leibe auffraßen.

Dieser Zusammenbruch der Revolte bedeutete aber nicht das Ende der Unruhen unter der unfreien Bevölkerung. Immer wieder flammten einzelne Aufstände auf. Auch wenn es oft bloß 300 oder 400 Sklaven waren, die sich gegen ihre Peiniger erhoben, so genügte dies doch, den römischen Senat zu einem Beschluß zu veranlassen, wonach aus keinem mit Rom verbündeten Land Sklaven nach Italien gebracht werden durften, und alle aus diesen Gebieten stammenden versklavten Männer, Frauen und Kinder sofort in Freiheit zu setzen waren. Gerade diese Maßnahme aber, als deren erste Folge die Freilassung von 800 bithynischen Sklaven verfügt wurde, weckte den Zorn der anderen Unfreien, die nicht unter dieses Gesetz fielen.

Selbst römische Adelige stifteten Sklaven zu Rebellionen an. Sie taten dies allerdings nicht aus uneigennützigen Gründen und keineswegs, um das Los der Geknechteten zu verbessern. So wissen wir z. B. von einem Titus Minutius Vetius, der sich in die junge Sklavin eines römischen Herrn verliebt hatte, daß er aus Rache einen Sklavenaufstand entfesselte. Der Herr des Mädchens hatte allein für die Erlaubnis, daß Titus sich der Angebeteten nähern durfte, den Betrag von sieben Talenten verlangt, eine für die damalige Zeit ungeheure Summe. Darauf bewaffnete der junge Liebhaber, der sich eine Frist von 30 Tagen für die Begleichung der Forderung ausgebeten hatte, eine Schar von Sklaven, mit deren Hilfe er das geliebte Mädchen gewaltsam entführte, wobei er zugleich die Villen und Landgüter seines Gläubigers plündern und brandschatzen ließ.

Als dann zu seiner Räuberschar immer mehr Sklaven stießen, mußte gegen ihn ein Heer aufgeboten werden, das dem Spuk ein Ende bereitete. Nachdem Titus in einer entscheidenden Schlacht besiegt worden war, beging er Selbstmord, um nicht lebend in die Hände der Regierungstruppen zu fallen.

Der größte und gefährlichste Sklavenkrieg, den die Römer zu bestehen hatten, war der Aufstand des Thrakers Spartakus. Als Sklave hatte man Spartakus für die blutigen Gladiatorenspiele vorgesehen.

Diese Gladiatoren waren Kampffechter, die im römischen Zirkus mit scharfen Waffen gegeneinander antreten mußten. Sie leisteten bei ihrer Indienststellung den Eid: »Ich schwöre, den Tod zu erdulden im Feuer, in den Ketten, unter der Peitsche oder durch das Schwert, und mich mit dem Leib und der Seele durchaus dem Willen des Herrn zu unterwerfen als wahrer Gladiator.« Auch arme Freie konnten sich zu diesem Bluthandwerk verdingen, die Mehrzahl der Fechter aber bestand aus Sklaven. Sie kämpften in der Arena mit verschiedenen Waffen gegeneinander, der eine mit Netz und Dreizack, der andere mit Schild und Kurzschwert. Der Besiegte wurde auf Wunsch der Zuschauer entweder begnadigt — dann streckten die Römer den Daumen in die Höhe — oder vom Sieger getötet — in diesem Fall hielten die Zuschauer den Daumen nach unten gerichtet.

Spartakus gelang es, seine Leidensgefährten vor den Fechterspielen zum Aufstand zu bewegen. Er hielt ihnen vor Augen, es sei besser, im Kampf um die Freiheit zu fallen, als sich gegenseitig zum Vergnügen des römischen Pöbels abschlachten zu lassen. Mit 200 seiner Gefährten brach er aus dem Gladiatorengefängnis von Capua aus, das einem gewissen Lentulus Buriatus gehörte. Er flüchtete mit seinen Anhängern zunächst auf den Vesuv. Von allen Seiten eilten weitere Sklaven herbei, um sich ihm anzuschließen. Daraufhin begann man die Güter der römischen Großgrundbesitzer in Kampanien zu plündern. Auch Sklavenfrauen und -kinder schlossen sich den Rebellen an. Das Heer des Spartakus wurde immer größer, es wuchs schließlich auf die beachtliche Zahl von 10 000 Bewaffneten an. Mit diesen schlug Spartakus als geborener Feldherr zwei römische Heere, die sich ihm auf seinem Weg durch Italien entgegenstellten. Jenseits der Alpen hoffte er die endgültige Freiheit zu gewinnen und die Heimat der meisten seiner Gefährten, die aus Gallien (dem heutigen Frankreich) stammten, zu erreichen.

Einer seiner Unterführer war ihm jedoch nicht gefolgt. Knixus — wie der Unterfeldherr hieß — lockten nicht so sehr Freiheit und Heimat, sondern der Reichtum und die Schätze der Römer. Er machte Miene, die Stadt Rom selbst anzugreifen, doch wurde er, bevor er seinen Plan in die Tat umsetzen konnte, von einem römischen Heer unter dem Konsul Gellius geschlagen. Spartakus fühlte sich verpflichtet, den fliehenden Resten des Heerhaufens zu Hilfe zu kommen, den Knixus gegen Rom geführt hatte. Er kehrte vor den Alpen um und drang wieder nach Süden vor. Gellius und ein zweiter Konsul namens Lentulus, die Spartakus entgegenzogen, wurden von ihm vernichtend geschlagen. Doch dann überfiel ihn der Übermut des Siegers, nachdem er die bisher für unbesiegbar gehaltenen römischen Legionen mit seinem zusammengewürfelten Sklavenheer mühelos geschlagen hatte. Statt abermals umzukehren und — von den Römern nicht länger verfolgt — über die Alpen zu gehen, begann er wie zuvor Knixus Italien zu verwüsten. Alle Römer, auch die Frauen und Kinder, sollten erbarmungslos ausgerottet werden. An der Spitze von 20 000 Kriegern schlug Spartakus ein Lager nahe am Meer in Lukanien auf. Seeräuber, mit denen er in Verbindung getreten war, versorgten ihn mit Lebensmitteln, und Boten des Spartakus eilten durch ganz Italien und Sizilien, wo sie die sizilianischen Sklaven, die eben einen ihrer wiederholten Aufstände hinter sich hatten, von neuem zu den Waffen zu rufen versuchten.

Für Rom war eine äußerst gefährliche Lage entstanden. Das Ansehen der mächtigen Tiberstadt stand auf dem Spiel, wenn es ihr nicht gelang, mit dem Sklavenheer fertig zu werden. Und je länger sich Spartakus hielt, um so weniger war man der übrigen Sklaven sicher, die noch bei ihren Herren verblieben waren. Inzwischen liefen auch Frauen, Mädchen und Knaben von den Webstühlen, Spinnrocken und aus den Ställen weg, wo sie bisher ihrer Arbeit nachgegangen waren. Plündernde Sklaven zwangen ihre früheren Herren, ihnen so zu dienen, wie sie ihnen gedient hatten. Sie folterten die Männer und vergewaltigten Mädchen und Frauen.

Die römische Regierung übertrug schließlich Licinius Crassus, der Überlieferung nach einem der reichsten Römer, den es jemals gegeben hat, den Oberbefehl im Sklavenkrieg. Crassus war sich der Größe der Gefahr so sehr bewußt, daß er von der Regierung verlangte, sie solle die beiden Generale, die im Felde standen — Pompejus in Spanien und Lucullus in Kleinasien — mit ihren Heeren zurückbeordern. Als ein Unterführer des Crassus Spartakus mit zwei Legionen angriff, wurde er geschlagen. Aber Crassus war gewillt, dem Spuk ein Ende zu bereiten. An der Spitze von zehn römischen Legionen rückte er gegen die Rebellen vor. Achthundert seiner Soldaten, die vor Spartakus geflohen waren, ließ er zur Abschreckung der übrigen hinrichten. Danach griff er überraschend die Sklaven an. Gegen die gewaltige Übermacht konnte sich Spartakus trotz seiner großen militärischen Fähigkeiten nicht behaupten. Er wurde besiegt. Das Schlachtfeld bedeckten 10 000 erschlagene Sklaven.

Doch damit war der Kampf noch nicht zu Ende. Spartakus versuchte, sich nach Sizilien durchzuschlagen. Crassus eilte wieder hinter ihm her und drängte ihn auf eine Halbinsel bei der Stadt Rhegium ab. Ein Teil der Sklaven wollte schon die Waffen strecken, als Spartakus einen gefangenen Römer kreuzigen ließ und auf ihn mit den Worten wies, dies sei ihrer aller Schicksal, wenn sie nicht weiterkämpften. So brachte er noch einmal seine Anhänger dazu, einen beinahe aussichtslosen Durchbruchsversuch durch die römische Umklammerung zu unternehmen. Der Ausbruch gelang, aber 12 300 Sklaven wurden von den Legionen des Crassus erschlagen. Vor der letzten Entscheidungsschlacht tötete Spartakus sein Pferd und rief seinen Leuten zu, wenn er siege, werde er schon ein anderes Tier finden, falle er, so benötige er keines mehr. Doch diesmal verließ ihn sein Glück, Crassus siegte über die abgehetzten und entmutigten Haufen. Mehr als 40 000 Gefallene bedeckten die Walstatt, Spartakus befand sich unter den Toten. Einen flüchtenden Rest von etwa 5 000 Mann vernichtete wenige Tage später der von Spanien herbeigeeilte römische Feldherr Pompejus mit seinen Legionen. Der Aufstand des Spartakus hatte damit nach über zweijähriger Dauer sein Ende gefunden. Das Los der Sklaven wurde, wenn dies überhaupt noch möglich war, schlimmer als zuvor. Die lebend in die Hand der Sieger gefallenen Anhänger des Spartakus aber schlugen die Sieger längs der Straße Rom-Capua ans Kreuz, wie es ihr Führer vorausgesagt hatte.

Sklavenhandel der Römer

Wenn es Menschen gibt, die wie Vieh verkauft oder gekauft werden können, so muß es auch Menschen geben, die den Handel mit solcher »Ware« besorgen. Und wenn der Sklavenhändler — bei den Römern »mango« genannt — auch von den Sklavenhaltern verachtet wurde, so war er dennoch notwendig, nachdem man sich für die Sklaverei entschieden hatte.
Den römischen Heeren folgten daher die Händler. Es war Brauch, daß der römische Soldat, nach einem Opfer für die Götter und einem Beuteanteil für den Feldherrn und die Offiziere, das von ihm geraubte Plündergut und die Gefangenen als sein persönliches Eigentum betrachten durfte. Nun war es dem

Soldaten kaum möglich, solche Gefangene persönlich mit sich zu führen. Er stand in Reih und Glied, mußte den Befehlen seiner Vorgesetzten gehorchen und konnte deshalb nicht gleichzeitig auf seine Gefangenen achten, die — vor allem in der Nähe ihrer Heimat — aufsässig und rebellisch waren und ständig an Flucht dachten.

Diesem Übelstand halfen die Sklavenhändler ab. Sie nahmen dem Soldaten die Sorge für seine Beute und deren Verwertung ab. Zwar bekam er für die Gefangenen nicht so viel, wie sie auf dem Sklavenmarkt wert waren — aber das machte ihm wenig aus. Er selbst hatte ja für sie kein Bargeld gezahlt. Die Sklavenhändler führten ihre menschliche »Ware« in langen Zügen auf die Märkte. Meist erfolgte schon kurz nach der Gefangennahme die Trennung von Eltern und Kindern, von Brüdern und Schwestern, von Freunden und Verwandten. Je weniger menschliche Beziehungen zwischen den Gefangenen bestanden, um so leichter ging der Transport vonstatten. Ein Mädchen, das klug war, ließ daher unter keinen Umständen erkennen, daß der Bursche, der neben ihm ging, sein Bruder oder gar sein Verlobter war.

Der Sklavenmarkt selbst war ein Teil des allgemeinen Marktes. Er fehlte in keiner größeren Stadt. Man besuchte ihn so, wie Landleute heutzutage Rinder- und Pferdemärkte aufsuchen, wenn sie eine Kuh oder ein Pferd zu kaufen im Sinn haben. Die Sklaven wurden während der Verkaufszeit in kleinen, käfigähnlichen Gitterzellen gehalten. Sie waren alle — auch Frauen und Mädchen — meist völlig nackt. Ihre Hände waren zusammengebunden. Um den Hals trugen sie Täfelchen, auf denen — nach einer Verordnung der römischen Behörden — ihr Name, ihr Alter und ihre guten und schlechten Eigenschaften aufgezählt werden mußten. Solche ›Anzeigen‹ sahen etwa folgendermaßen aus:

Syrus
13 Jahre alt, aus der Provinz Asia stammend,
gesund, ohne Körperfehler, guter Mundschenk,
redselig, leicht zu lenken.

Ein kriegsgefangenes Mädchen wurde so angepriesen:

Dionysia
ungefähr 15 bis 16 Jahre alt, aus der
Provinz Ägypten, gesund, ohne Körperfehler,
gute Kammerzofe, pflegt öfters zu
widersprechen, hat Peitschennarben.

Sklaven, die zum erstenmal auf den Markt kamen, wurden die Füße mit weißer Kreide bestrichen. In diesem Fall brauchte der Verkäufer nicht für ihre Eigenschaften zu garantieren. Bei den anderen Sklaven aber mußte er dies tun. Hatte er falsche Angaben gemacht, so konnte der Käufer auf Schadenersatz, unter Umständen auch auf Rückgängigmachung des Kaufes klagen. Besonders widerspenstigen Sklaven wurden außer den Händen noch die Füße gebunden. Ausgesucht teure menschliche »Ware« war nicht allgemein zugänglich. Für sie wurden Sonderausstellungen veranstaltet, zu denen nur zahlungskräftige und ernsthafte Kunden Zutritt hatten.

Man hatte verschiedene Ansichten über den Charakter der Sklaven und Sklavinnen, je nach Alter und Herkunft. Phrygier und Kappadokier kamen so zahlreich zum Verkauf, daß sie keinen besonderen Wert darstellten. Auch spanische Sklaven waren billig zu haben; ihnen sagte man nach, daß sie sich der Knechtschaft oft durch Selbstmord entzogen. Geschätzt waren Kleinasiaten, Knaben aus Sardes und Mädchen aus Milet, die als besonders schön und fügsam galten. Viele Käufer bevorzugten solche Sklaven, die zum erstenmal verkauft wurden. Von ihnen versprach man sich eine größere Regsamkeit als von denen, die schon als Sklaven geboren worden waren. Allerdings mußte man bei ihnen mit größerem Widerspruchsgeist rechnen. Daher zog man unter den neu angekommenen Kriegsgefangenen die halbwüchsigen 12 bis 15jährigen Knaben und Mädchen vor, die man an ihren neuen Stand leichter als Erwachsene gewöhnen konnte.

Die Preise der Sklaven wechselten nach dem Gesetz von Angebot und Nachfrage. Zur Zeit der Punischen Kriege (etwa 264–146 v. Chr.) kaufte der Censor Cato keinen Sklaven unter 1500 Drachmen (was heute ungefähr einer Kaufkraft von 2000 Mark entspricht). Zwei kleine Mädchen von 4 und 5 Jahren kosteten zusammen mit ihrer Amme 18 Minen (ungefähr 2500 Mark). Eine hübsche junge Sklavin von 17 Jahren brachte dem Händler 20 Minen, ein im Krieg gefangenes gleichaltriges Mädchen 40 Minen, eine Leierspielerin 50 Minen. Daneben kam es aber auch vor, daß man — wie in Afrika oder auf der Balkanhalbinsel — ein halbwüchsiges Mädchen schon für eine Handvoll Salz oder einen Trunk Wein aus ›erster Hand‹ erwerben konnte.

Es sind jedoch auch Verkaufspreise überliefert, die sich nur sehr reiche Römer leisten konnten. Der Dichter Martial berichtet von einem ausnehmend schönen zwölfjährigen Mädchen, das 100 000 Sesterzen (ungefähr 25 000 Mark) gekostet haben soll. Der Schriftsteller Plinius, wie Martial im 1. Jahrhundert n. Chr. lebend, kannte zwei 14 und 15 Jahre alte, aus Gallien bzw. Kleinasien stammende Knaben, für die ihre Herren 200 000 Sesterzen bezahlen mußten. Für gelehrte Sklaven, die einer Universität Ehre gemacht hätten, waren Beträge von 700 000 bis 800 000 Sesterzen aufzuwenden. Was aber soll man erst sagen, wenn ein reicher Römer eine Gladiatorentruppe von 13 Mann für die schwindelerregende Summe von 8 Millionen Sesterzen (ungefähr 2 Millionen Mark) aufkaufte? Daneben muß ein Betrag von 8 000 Sesterzen (ungefähr 2000 Mark) für einen tüchtigen Weinbauern fast lächerlich gering erscheinen.

Die Sklavenhändler bemühten sich verständlicherweise, möglichst hohe Preise für ihre »Ware« herauszuschlagen. Deshalb gaben sie den zum Verkauf stehenden Sklaven meist gutes und reichliches Essen. Sie wendeten auch allerlei Tricks an, um ältere Menschen jünger und häßlichere schön erscheinen zu lassen. Wehe aber dem Sklaven, der nicht selbst beim Verkauf mithalf, den höchstmöglichen Preis zu erzielen. Den

Ein Heer von unfreien Dienstboten wartete bei den Gastmählern der reichen und vornehmen Römer auf.

Für ausnehmend schöne, gut gewachsene Mädchen wurden auf den Sklavenmärkten des römischen Weltreiches Phantasiepreise gefordert, die nur sehr
reiche Römer zahlen konnten. Der Genremaler Jean-Léon Gerome versuchte mit
den Mitteln der klassizistisch-realistischen Malerei des 19. Jahrhunderts, die
Verkaufsatmosphäre eines solchen Handels darzustellen.

Versuchen der Händler, die Käufer zu täuschen, suchten diese wiederum durch gründliche körperliche Untersuchungen der »Ware« vorzubeugen.

Römischer Sklavenluxus

Nach altrömischem Recht war der Sklave eine Sache. Der Herr konnte mit ihm nach Gutdünken verfahren. Wie sehr dieses Gefühl für die Rechtlosigkeit der Unfreien in allen freien Römern ausgeprägt war, zeigte sich z. B. nach der Schlacht bei Vercellae (101 v. Chr.), in der der römische Feldherr C. Marius die Kimbern vernichtend schlug. Nach der Niederlage und dem Tod ihrer Männer hatten sich die kimbrischen Frauen und Mädchen mit den Kindern in die Wagenburg zurückgezogen, die vor der Schlacht nach alter Sitte errichtet worden war. Die Hoffnungslosigkeit ihrer Lage einsehend, sandten die Frauen eine Abordnung zu Marius und ließen ihm sagen, sie seien bereit, sich widerstandslos in die Knechtschaft abführen zu lassen und das Los von Sklavinnen auf sich zu nehmen, wenn ihnen die Römer eidlich zusagten, daß den Mädchen in der Sklaverei keine Gewalt angetan würde und die Frauen nichts für ihre Ehre zu fürchten hätten. Marius lehnte eine Übergabe unter diesen Bedingungen ab, da nach römischem Recht die Herren über ihre Sklaven unbeschränkte Macht besäßen und keine Ausnahme gemacht werden könne. Daraufhin mußten die Römer die von den kimbrischen Frauen und Mädchen verteidigte Wagenburg erstürmen. Als sie eindrangen, töteten die Verteidigerinnen ihre Kinder und dann sich selbst, weil sie nicht in die Hände der Feinde fallen wollten.

Nach solch unerbittlichen Grundsätzen pflegten die Römer ihre Sklaven zu behandeln. Nahrung, Kleidung und Wohnung erscheinen uns mehr als armselig. Die Werkstätten, in denen die Sklaven zu arbeiten hatten, waren unsauber, lichtarm und bar aller hygienischen Maßnahmen. Keine Polizei, kein Gesundheitsamt kümmerte sich um das Wohlergehen der zusammengepferchten Menschen. Als Kleidung wurde ihnen bloß ein kurzes, ärmelloses Gewand, manchmal sogar nur ein Lendenschurz, zugestanden, damit sie Hände und Beine bei der Arbeit frei bewegen konnten. Sklavinnen, die bei der Toilette der Herrin beschäftigt waren, trugen ausnahmslos Kleider, die den Oberkörper völlig unbedeckt ließen, denn es war üblich, daß die Römerin während des Ankleidens einen kurzen Dolch oder eine Nadel in der Hand hielt und die Sklavin, die etwas nicht zu ihrer Zufriedenheit ausführte, rücksichtslos in die Schulter oder in die Brust stach. Schuhe oder Sandalen wurden an Sklaven nur in besonderen Fällen ausgegeben und galten als große Vergünstigung. Für einen in der Landwirtschaft beschäftigten Sklavenknecht rechnete man jährlich ein Ober- und ein Unterkleid und einige Flickenröcke. Als Nahrung wurde dem Sklaven täglich Brot, Gemüse und Essigwein gereicht, auf Besseres hatte er keinen Anspruch. Die Arbeitszeit war unbeschränkt; sie reichte von Sonnenaufgang bis zum Sonnenuntergang. Die schmutzigsten und niedrigsten Arbeiten wurden ihm aufgebürdet. Der römische Staatsmann Cato erklärte wörtlich: »Sklaven müssen entweder arbeiten oder schlafen, denn jede Muße verführt sie zu jeder Schlechtigkeit.« Da es in Rom keine Sonntags- oder Sabbatruhe (wie in Israel) gab, hatte der Sklave nie einen freien Tag. Die einzige Zeit, in der er nach römischem Brauch nicht zu arbeiten brauchte, war das Fest der Saturnalien, das ungefähr zur Zeit der späteren christlichen Weihnachtstage gefeiert wurde. In Erinnerung an das »goldene Zeitalter«, von dem die römische und griechische Mythologie berichteten, nahmen an diesen Tagen die Sklaven die Plätze ihrer Herren ein und wurden von diesen bedient.

Der Unterschied in der Behandlung zwischen den Sklaven, die auf den Großgrundbesitzen reicher Römer beschäftigt wurden und den Sklaven, die in den Stadthäusern dienten, war beträchtlich. Auf der einen Seite gab es schwerere Arbeit und härtere Lebensbedingungen. Der Sklave auf dem Lande arbeitete gewöhnlich mit Ketten um die Fußknöchel, damit er nicht fliehen konnte. Nachts sperrte man ihn in halbunterirdische Gefängnisse ein, die schlimmer als Viehställe waren. In diesen Ergastula lagen Männer und Weiber auf bloßem Stroh wild durcheinander. Aber dafür sah der Sklave auf dem Land seinen eigentlichen Herrn oft sein ganzes Leben nicht. Der Aufseher, dem er unmittelbar unterstand, oft ein ehemaliger Sklave, war wohl verpflichtet, den Sklaven bis zum äußersten seiner Arbeitskraft auszunutzen, doch mußte er sich auch hüten, ihn willkürlich zu töten oder tödlich zu verletzen, da er sich vor dem Herrn für die verlorene Arbeitskraft hätte verantworten müssen.

Im Haushalt eines reichen Römers war es anders. Hier traten sich die Diener gegenseitig auf die Füße. Sie hatten im allgemeinen nicht unter Überarbeitung zu leiden, aber sie waren allen Launen des Herrn und der Herrin ausgesetzt. Sie konnten sich vor allem nicht vor unsittlichen Anträgen retten. Wenn der Herr selbst einen Sklaven tötete, hatte ihm niemand etwas vorzuwerfen, so daß es oft gefährlicher war, bei jähzornigen Römern Dienst zu tun, als draußen auf dem Lande unter der Peitsche der Aufseher.

Jugendliche Sklaven wurden in besonderen Erziehungsanstalten ausgebildet, die die Römer »paedagogia« nannten. Da die gleichgeschlechtliche Liebe bei Griechen und Römern gang und gäbe war, wurden die in den Sklavenschulen erzogenen Kinder oft geschlechtlich mißbraucht. Der römische Philosoph Seneca, der Erzieher Kaiser Neros (54–68 n. Chr.), sagt von den homosexuellen Verhältnissen, sie seien für den Freien eine Schande, für den Sklaven ein Zwang und für den Freigelassenen eine Pflicht aus Dankbarkeit gegenüber dem Herrn. Nach griechischer und römischer Auffassung waren Sklavenknaben im Alter von 12 oder 13 Jahren am besten für den homosexuellen Umgang geeignet; sobald den Knaben der Bart sproßte, verlor man das Interesse an ihnen. Die Knaben waren als Mundschenken und Pagen tätig, die Mädchen als Kammerzofen und Zimmermädchen. Reiche Römerinnen huldigten der Mode, 6 bis 8jährige Sklavenkinder wie Schoßhunde zu halten, mit ihnen zu spielen und sie zu verhätscheln, bis sie ihrer überdrüssig wurden. In einem vornehmen römischen Haushalt gab es ein Heer von unfreien Dienern. An der Haustür wurde man vom Torwart empfangen, der an der Hauswand festgekettet war, damit er seinen Posten nicht verlassen konnte. Danach trat die Sklavin in Erscheinung, die beim Eintritt das Oberkleid des Herrn oder des Gastes abnahm und es versorgte. Sonst hatte diese Dienerin den ganzen Tag über nichts zu tun. Bei Tisch wartete als Mundschenk ein 13 bis 14jähriger, meist aus Kleinasien stammender Knabe mit langen Locken auf, an denen sich die Gäste nach der Mahlzeit die Hände wie an einem Handtuch abtrockneten. Während nächtlicher Feste standen Dutzende solcher Knaben an den Wänden des Saales, jeder eine Fackel oder einen anderen Beleuchtungskörper in der Hand. Sie mußten stundenlang unbeweglich aushalten. Selbst unfreiwilliges Husten oder Niesen wurde mit Peitschenhieben bestraft. Es gab unter den Sklaven außerdem Köche und Vorschneider, Kammerdiener und Zofen, Kutscher und Fuhrknechte, Sänftenträger und vor allem den berühmten Namenausrufer, lateinisch »nomenclator«, der vor der Sänfte oder dem Wagen des Herrn herlaufen mußte und ihm die Namen derer zurief, die er zu grüßen hatte. Seneca berichtet, manche reichen Römer wären bereits so verweichlicht gewesen, daß sie es für zu anstrengend fanden, sich vom Bad aus selbst in einen Sessel zu setzen. Sklaven, die das taten, fragte der Herr jedesmal: »Sitze ich schon?«, weil er keinerlei Kontrolle mehr über seinen Körper hatte. Und hundert Jahre nach Seneca machte sich der griechisch schreibende Schriftsteller Lukian darüber lustig, daß es in Rom Leute gäbe, die sich erinnern lassen, daß sie gehen und die sich führen lassen, als seien sie blind.

Die Zahl der Sklaven in vornehmen Häusern wechselte nach der Mode und nach der jeweiligen Zeit. Während der Bürgerkriege im ersten vorchristlichen Jahrhundert bekämpften sich die römischen Parteiführer in den Straßen der Stadt, wobei ihnen Sklaven Waffendienste leisten mußten. Dabei wurden bewaffnete Scharen bis zu 4 000 Mann aufgeboten. Zur Zeit Kaiser Neros (54—58 n. Chr) gab es einen reichen Römer, auf dessen Gütern an einem einzigen Tag 70 Sklavenkinder geboren wurden. Der römische Dichter Horaz, der immerhin 12 Sklaven besaß, galt in der römischen Gesellschaft, in der er verkehrte, als ›armer Mann‹. Man schätzte, daß auf ein Vermögen von je 6 000 bis 8 000 Denare 1 Sklave kam.

Je größer die Zahl der Sklaven war, um so größere Rangunterschiede gab es zwischen ihnen. Vor dem Gesetz waren sie zwar alle unfrei, aber in der Praxis genossen manche von ihnen große Privilegien. Die oberste Stelle in der Öffentlichkeit nahmen die Staatssklaven ein. Sie stellten bei den Behörden und Ämtern die Diener, die Schreiber, die Henker, die Gefängniswärter, die Kassen- und Magazinverwalter. Sie bezogen staatliche Gehälter und hatten das Recht, selbst wieder Sklaven zu beschäftigen. Wenn sie Gelegenheit hatten, Freien ihre Macht fühlen zu lassen, taten sie das besonders gern, um sich für alle Demütigungen zu rächen, die sie selbst zu erdulden hatten.

Auch in den Privathaushaltungen gab es privilegierte Sklaven. Dazu gehörten jene Mädchen, die sich der Herr und seine Söhne als Nebenfrauen hielten. Sie wurden mit Schmuck und schönen Kleidern beschenkt, hatten nichts zu arbeiten und konnten sich von anderen Sklaven bedienen lassen — aber auch sie trugen als Zeichen der Knechtschaft den eisernen Ring am Oberarm, auf dem gewöhnlich die Worte eingraviert waren: »Ich bin das Eigentum des . . . Wenn ich entflohen bin, bring mich zurück.«

Solche bevorzugte Sklavinnen waren z. B. Claudia Acte, die Geliebte Kaiser Neros, die später die Freiheit erhielt, und Marcia, die Sklavin des Kaisers Commodus (180—193 n. Chr.), die wie Claudia Acte dem Christentum nahestand.

Einen höheren Rang unter der unfreien Dienerschaft nahmen auch die sogenannten Pädagogen ein, wörtlich übersetzt die

Knabenführer. Es handelte sich bei ihnen meist um hochgebildete, aus Griechenland stammende Männer, welche die Söhne ihrer Herrschaft unterrichten und in die Schule begleiten mußten. Sie erhielten bei zufriedenstellenden Leistungen meist die Freiheit, wenn ihre Zöglinge dem Jugendalter entwachsen waren. Angesehen waren auch Sekretäre, welche die Korrespondenz ihrer Herren besorgten. Ein solcher Schreibsklave war z. B. der Sekretär des Redners und Staatsmannes M. Tullius Cicero (106–43 v. Chr.), Tiro mit Namen. Er gab nach dem Tod seines Herrn, der ihn um seiner Verdienste willen freiließ, die Briefe und andere Schriften Ciceros heraus und erfand die römische Stenographie, die sogenannten »Tironischen Noten«, die bis weit ins Mittelalter verwendet wurden.

Auch Schauspieler, Schriftsteller und Dichter befanden sich unter den Sklaven. Manches römische oder griechische Werk des Altertums, das wir heute bewundern, wäre vielleicht ohne die Mitarbeit eines gelehrten Sklaven gar nicht zustande gekommen. Schreibgewandte Sklaven waren oft das, was wir heute »ghostwriter« (Geisterschreiber) nennen, nur daß sie ihre Arbeit im Gegensatz zu den heutigen Schriftstellern, die für andere schreiben und ihnen die Ehre des Autorennamens überlassen, nicht freiwillig, sondern gezwungenermaßen verrichteten. Einer der großen Sklavendichter des Altertums war der römische Komödienschreiber P. Terentius Afer (ungefähr 185–159 v. Chr.), uns auch als Terenz bekannt, dessen Latein vor allem im Mittelalter als vorbildlich galt. Der Dichter war karthagischer Abkunft; er wurde von Seeräubern entführt und auf einem Sklavenmarkt in Süditalien im Alter von 10 oder 11 Jahren feilgeboten. Ein römischer Senator sah den weinenden Knaben und kaufte ihn. Er behandelte ihn gut, ließ ihn zusammen mit seinen eigenen Kindern unterrichten und schenkte ihm schließlich die Freiheit, als er erwachsen war. Aber auch solch bevorzugte Sklaven waren jeder Strafe unterworfen, die ihre Herren über sie zu verhängen beliebten. Man war dabei sehr erfinderisch im Ausdenken von grausamen

Martern, welche die Unglücklichen ertragen mußten. »Widerwärtig«, schreibt der Dichter Ovid, »ist mir die Dame, welche mit ihren Nägeln der Kammerjungfer das Gesicht zerkratzt, ihr mit der Nadel Stiche in den Arm gibt, so daß sie blutend und unter Verwünschungen und Tränen das verhaßte Haar aufbindet.« Erst Kaiser Constantin I., der Große (307 bis 337 n. Chr.) verbot die unmenschlichsten Quälereien und Strafen. Es war Sklavenhaltern nun nicht mehr erlaubt, Unfreie aufzuhängen, sie von einem Abhang herabzustürzen, durch Einflößung von Gift in die Adern zu töten, langsam verbrennen oder verdursten zu lassen. Als grausamer Herr machte in dieser Beziehung der Römer Pollio von sich reden, der Muränen im Gartenteich mit Sklavenfleisch zu mästen pflegte, da die Fische auf diese Weise seiner Meinung nach einen besonders delikaten Geschmack bekämen. Gegenüber solchen Grausamkeiten mußten andere Strafarten geradezu harmlos erscheinen: die Auspeitschung, die zum Alltag eines Sklavendaseins gehörte, die Fesselung, die fluchtverdächtigen Sklaven drohte, oder der Brauch, naschhaften Küchenmädchen während der Arbeit eine Mundsperre anzulegen, so daß sie nichts heimlich zu sich nehmen konnten. Bei wertvolleren Sklaven und Sklavinnen gab der Herr manchmal den Befehl, die Peitsche nicht zu heftig anzuwenden, damit die Haut nicht verletzt wurde.

Es waren oft die klügsten und geschicktesten Sklaven und die hübschesten Sklavinnen, die bestraft wurden. Die einen, weil man von ihnen annahm, sie schmiedeten ständig Fluchtpläne, die anderen, weil sie die Eifersucht der Hausfrau hervorriefen. Die Sklaven taten im allgemeinen alles, um ihren hartherzigen und grausamen Herrschaften zu schaden. Der schon erwähnte Philosoph Seneca prägte das Wort, man habe so viel Feinde als Sklaven. Sie galten als falsch, lügenhaft, rebellisch und sittlich verdorben. Mußten Menschen aber nicht so werden bei einer Behandlung, wie wir sie geschildert haben? Es war daher auch nichts Ungewöhnliches, daß der Herr seinen Dienern in allem mißtraute.

Der hübsche Knabe mit langen Locken, der den Weinbecher kredenzte, mußte zuerst selbst einen Schluck trinken, um zu beweisen, daß er keinen vergifteten Wein überreichte. Das römische Gesetz bestrafte alle Sklaven eines Hauses, in dem der Herr, seine Gattin oder sein Sohn gewaltsam ums Leben kamen, mit dem Tod. Denn man hielt in solchen Fällen von vornherein für erwiesen, daß die Diener des Hauses ihrem Herrn nicht beistehen wollten. Nur bei Giftmord wurde von dieser Bestimmung Abstand genommen, weil man den schuldlosen Sklaven zubilligte, sie hätten den Mordanschlag nicht beobachten können. Wenn ein Sklave vor Gericht als Zeuge auftrat, galt seine Aussage nur, wenn sie auf der Folter erfolgte. Wurde ein Sklave hingerichtet, so hatte er die Strafe der Kreuzigung zu erleiden.

Erst in der Kaiserzeit, die mit der Machtergreifung von Augustus nach der Schlacht bei Actium (30 v. Chr.) begann, milderte sich allmählich das Los der unfreien Bevölkerung im Römischen Reich. Menschenfreundlichere Herren sorgten sich nun mehr um das Schicksal ihrer Dienerschaft und gewährten ihr — zumindest den bevorzugten Haussklaven — manche Erleichterung. So ließ z. B. der römische Staatsmann Plinius (um 100 n. Chr.) seine Sklaven frei, wenn sie sich etwas gespart hatten. Er sandte lungenkranke Diener zur Kur nach Ägypten, schickte sie zu Ärzten und gewährte ihnen Ruhetage nach der Arbeit.

Ursprünglich hatte das römische Recht den Sklaven den menschlichen Status abgesprochen. Vor dem Gesetz konnte es daher keine Sklavenehen und keine Sklavenverwandtschaften geben. So hätte sich theoretisch ein Sklave mit seiner Tochter oder seiner Schwester einlassen können, ohne daß man ihn der »Blutschande« hätte bezichtigen können. Diese rechtliche Einstufung der Sklaven war so widersinnig, daß die römischen Juristen eines Tages zu dem Eingeständnis kommen mußten, ein Sklave könne vom Rechtsstandpunkt aus gesehen auch Kinder haben. Mit dieser Feststellung waren aber notwendigerweise weitere Rechtsverhältnisse gegeben. So bildete sich der Brauch heraus, den Sklaven den Besitz von Eigentum zu gestatten. Auch über Geld durfte ein Sklave verfügen, denn die Trinkgelder der Hausklaven waren kaum kontrollierbar, und die Sklaven gaben ihre Ersparnisse einem Tempel zur Aufbewahrung, wo sie vor den Herren sicher waren. Man erlaubte den Sklaven später sogar, Vereinen beizutreten und Vereine zu gründen. Dabei handelte es sich in erster Linie um Begräbnisbrüderschaften, die dafür sorgten, daß die verstorbenen Mitglieder mit allen Ehren zu Grabe getragen wurden. Manchmal ließ der Herr einen begünstigten Sklaven in der eigenen Gruft bestatten. So ist z. B. die Grabinschrift eines siebzigjährigen Mannes erhalten, aus der hervorgeht, daß der Herr ein fünfzehnjähriges Sklavenmädchen, das ihm treu gedient hatte, im eigenen Grab zur letzten Ruhe betten ließ.

Ein menschlich-herzlicheres Verhältnis scheint auch zwischen jenem jungen Sklaven und seinem Herrn bestanden zu haben, auf den M. Valerius Martial (geboren zwischen 38 und 41 n. Chr., gestorben spätestens 104 n. Chr.) ein wehmütiges Gedicht verfaßte. Wir führen die Verse des Dichters, der durch seine meisterhaften Satiren, in denen er die Laster und Unsitten der vornehmen römischen Gesellschaft zu geißeln pflegte, berühmt geworden ist, in der Übersetzung von Hermann Swoboda an:

Auf den Tod eines Sklavenkindes

Von anderer Art als jene sind,
die auf dem Markte man begehrt,
war Glaucius, das Sklavenkind,
der Liebe seines Herren wert.

Im zarten Knabenalter schon,
kaum fähig, diese Gunst zu fassen,
hat ihn sein gütiger Patron
mit vollen Rechten freigelassen.

Die edelmütge Gabe galt
dem Reiz von Seele und Gestalt.
Wer war so aller Grazien voll?
So schön von Antlitz wie Apoll?

Ach, leider nicht von ungefähr
welkt Überschönes so geschwind,
drum hänge nicht dein Herz so sehr
an Wesen, die dir teuer sind.

Ebenfalls von ihrem Herrn besungen wurde Jahrhunderte
später das suebische Mädchen Bissula, das in römische Kriegsgefangenschaft geraten und an den Dichter D. Magnus Auso-
nius (geboren um 310 n. Chr., gestorben bald nach 393 n.
Chr.) verkauft worden war, der sie gut behandelte und schließlich freigab. Wir bringen seine schwärmerischen Distichen in
der Übersetzung von Felix Dahn.

Bissula! Jenseits des Rheins, du, des kalten, gezeugt und ent-
[sprossen
Bissula! Die du erblühst nah des Danubius Quell:
Kriegsgefangene, du hast, aus der Knechtschaft entlassen, ge-
[fangen
deinen Besieger: sein Herz ward der Erbeuteten Raub.
Pflegender Mutter verwaist hast du nie doch die Herrin er-
[duldet,
als du in Knechtschaft gerietst, wurdest Gebieterin du.
Ob du durch römische Gunst so, Germanin, wurdest verwandelt,
blieb doch des Auges Blau, blieb dir das rötliche Haar.
Zwiefach erscheinst du uns nun und dir schmücken mit dop-
[peltem Vorzug
Latiums Sprache den Geist, suebischer Reiz die Gestalt.

Solche Verse erhellen etwas das düstere Kapitel römischer
Sklaverei, das auch dann noch finster genug war, als die
ersten römischen Kaiser Schutzgesetze für die Armen und

Entrechteten erließen. Seit der Regierung Kaiser Neros konnten die Gerichte Klagen von Sklaven annehmen, wenn ihre Herren sie mißhandelt hatten. Kaiser Hadrian (117–138 n. Chr.) bestrafte den Römer, der seinen Sklaven ohne schwerwiegenden Grund tötete, so, als hätte er einen freien Mann getötet. Kaiser Antoninus Pius (138–171 n. Chr.) schützte Sklavinnen vor sexuellem Mißbrauch durch ihre Herren, indem er die Schändung eines unfreien Mädchens durch seinen Gebieter mit dem gleichen Strafsatz belegte, den ein Täter erhielt, wenn er ein freies römisches Mädchen vergewaltigte. Eltern wurde nun auch verboten, ihre Kinder auszusetzen, zu verpfänden oder zu verkaufen. In den Sklavenmagazinen durften Eltern und Kinder nicht mehr voneinander getrennt werden. Kindesräuber, die ihre Beute auf den Sklavenmarkt brachten, wurden schwer bestraft, und Händler, die Knaben entmannen ließen, um sie als Eunuchen zu verkaufen, wurden zur Strafe in die Bergwerke geschickt.

Von noch größerer Bedeutung allerdings war, daß sich in der Folge die Erkenntnis durchsetzte, die Sklaverei könne nicht naturgegeben sein, wie dies noch die großen griechischen Philosophen angenommen hatten. Dio Chrysostomus, der Ratgeber Kaiser Trajans (98–117 n. Chr.), behauptete als erster, die Sklaverei verstoße gegen das Naturrecht. Ihm folgte der bedeutende Rechtsgelehrte Ulpian zu Beginn des 3. nachchristlichen Jahrhunderts mit der Feststellung: »Die Sklaverei ist eine Einrichtung menschlichen Rechtes.« Damit zeichnete sich die Möglichkeit ab, sie eines Tages abzuschaffen.

Eine allmähliche Umgestaltung und Milderung der frühen Sklavereiform erfolgte zunächst auf dem Land. Hier entwickelten sich die Urzellen mittelalterlicher Leibeigenschaft. Die Großgrundbesitzer, die ihre Felder nicht mehr ausschließlich von Sklaven bewirtschaften lassen konnten, führten ein System von Ganz- und Teilverpachtungen, von Ganz- und Halbverpfändungen ein. Der unter solchen Bedingungen angesiedelte Halbfreie hieß Kolone. Er war ›an den Boden gebunden‹, wie der juristische Ausdruck dafür lautete. Persönlich frei, mußte er doch gewisse unentgeltliche Dienstleistungen für den Grundherrn vollbringen. Meist war er diesem auch durch Schulden verpflichtet, die er nur über lange Zeit zurückzahlen konnte. Aber im Gegensatz zum echten Sklaven wurde seine Ehe vom Staat anerkannt. Seine Kinder waren von Geburt an frei. Sie durften weder verkauft, noch verpfändet, noch den Eltern ohne ihren Willen weggenommen werden. Später pflegte man besiegte und unterworfene feindliche Stämme — vor allem Germanen — auf diese Weise innerhalb des Römischen Reiches anzusiedeln. Geschichtsschreiber des 4. nachchristlichen Jahrhunderts berichten als Augenzeugen von Scharen kriegsgefangener Germanen, die müde und verdrossen des Weges dahinzogen, während ihre Frauen weinend folgten und Mädchen und Knaben sich schreiend an die Mütter drängten, sobald die Peitschenhiebe der Treiber zu hören waren. Ziel der Kolonnen waren kaum besiedelte Räume innerhalb des Römischen Reiches, wo die Unterlegenen auf zugewiesenen Äckern für die römischen Grundherren zu arbeiten und zu fronen hatten.

Unfreiheit bei den Germanen

Vor nicht allzu langer Zeit war eine bestimmte Geschichtsschreibung darum bemüht, die Germanen und ihre Kultur in romantischer Verklärung darzustellen. Wir wissen heute, daß die Germanen nicht besser, aber auch nicht schlechter als andere Völkerschaften waren, die auf gleicher Kulturstufe standen. Beim Untergang des Römischen Reiches spielten sie sicher eine entscheidende Rolle, obwohl wir die Meinung früherer Historiker nicht mehr teilen, daß sie jede Spur römischer Kultur ausgetilgt und gewissermaßen ›ganz von neuem‹ begonnen hätten. Die Kontinuität der Kulturentwicklung vom Altertum zum Mittelalter ist heute historisch gesichert. Allerdings dürfen wir sie uns nicht in der Form eines Fortlebens der römischen Hoch-, sondern nur in der Form des Überdauerns der römischen Provinzialkultur vorstellen.

Der römische Geschichtsschreiber P. Cornelius Tacitus zeichnete um das Jahr 100 n. Chr. in seiner »Germania« ein Bild der germanischen Völkerschaften, mit denen die Römer nun schon seit vielen Jahrzehnten im Krieg lagen. Tacitus war unseres Wissens allerdings selbst niemals in Germanien gewesen, er hatte seine Informationen von Offizieren, Soldaten und Kaufleuten, die er befragte. Sein Werk sollte auch keine völkerkundliche Monographie werden, sondern war als zeitüblicher Sittenspiegel gedacht, der dem Römer seine eigenen Fehler am Beispiel der sittlich höher stehenden Germanen aufzeigen sollte. Wir müssen daher alles, was Tacitus schreibt, unter diesem besonderen Aspekt beurteilen.

Der Autor vergleicht unter anderem die römische Sklaverei mit der germanischen. Es hat den Anschein, daß er dabei dem römischen Leser den Begriff germanischer Leibeigenschaft klarmachen wollte, doch hatte die lateinische Sprache zu seiner Zeit für diese Form der Knechtschaft noch keinen eigenen Ausdruck. Der Begriff Sklaverei war zu hart dafür, das Wort Kolonat zu milde. Tacitus beschreibt die Unfreiheit bei den Germanen so: »Jeder Sklave waltet in eigener Wohnung, am eigenen Herd. Der Herr legt ihm nur wie einem Pächter eine bestimmte Leistung an Getreide, Vieh oder Gewändern auf; weiter geht die Botmäßigkeit nicht. Die sonstigen Dienstleistungen besorgen Weib und Kinder des Herrn. Daß ein Sklave gepeitscht, in Fesseln geworfen, mit Zwangsarbeit bestraft wird, ist ein seltener Fall. Häufiger kommt es vor, daß man einen Sklaven tötet, nicht zur Strafe oder aus Strenge, sondern in der Hitze des Jähzorns.« Da viele Sklaven demselben oder wenigstens einem benachbarten germanischen Stamm angehörten, gab es äußerlich kaum Unterschiede zwischen Freien und Unfreien. Auch die Sklavenkinder hatten blonde Haare und blaue Augen, wie sie von den Römern den Germanen nachgerühmt wurden. Sie spielten zusammen mit den Herrenkindern und fanden manchmal, wenn sie tüchtig genug waren, den Weg zum Gefolge eines Häuptlings und damit in die volle Freiheit. Denn ein lediglich Freigelassener stand sich nicht besser als der Unfreie. »Er« — so lesen wir wieder bei Tacitus — »steht nicht viel höher als ein Knecht; selten haben Freigelassene einigen Einfluß im Hause, niemals in der Gemeinde ...«

Während die germanischen Knechte und Mägde von ihren Herren verhältnismäßig gut behandelt wurden, fanden es eben diese Herren ganz in der Ordnung, Kriegsgefangene an die Römer zu verkaufen, obwohl sie wissen konnten, wie diese ihre Sklaven zu behandeln pflegten. Caesar berichtet in seinem »Gallischen Krieg« von den Sueben, mit denen er zusammenstieß: »Handelsleuten öffnen sie ihr Land, jedoch nicht, um etwas von ihnen zu kaufen, sondern um ihre Kriegsbeute an sie abzusetzen.« Da man genügend eigene Unfreie hatte und die Landwirtschaft noch nicht so weit vorgeschritten war, um Großgüter, wie im Römischen Reich, von Tausenden von Sklaven bewirtschaften zu lassen, half man sich auf diese Art, die Gefangenen los zu werden. »In jedem Sommer sind«, schreibt Eccardus in seiner »Geschichte des niederen Volkes in Deutschland«, »sobald die Sueben ihre hermundurischen oder langobardischen Nachbarn wieder einmal überfallen hatten, lange Züge in Ketten geschlossener germanischer Männer, oft genug wohl auch Frauen, Mädchen und Kinder westwärts getrottet, um in der italischen Kultur zu verdorren, in ihren Lastern eingeschmolzen zu werden. Die jungen, kräftigen Männer wurden meistens zu Gladiatoren abgerichtet und verröchelten eines Tages in der Arena; andere mußten lernen, auf den Latifundien (Großgrundbesitzen) irgendeines römischen Senators für drei zu arbeiten, andere schleppten Steine und Säcke, drehten Handmühlen, setzten Hebelwerke in Bewegung oder ruderten römische Galeeren. Wir wollen schweigen von dem abscheulichen Lose, das der goldlockigen zarten Knaben und Mädchen in den Badestuben verwahrloster Patrizier wartete.«

Als die Germanen im 4. Jahrhundert über das Weströmische

Reich hereinbrachen, vergaßen auch sie ihren angeborenen Respekt vor dem weiblichen Geschlecht: Die römischen Frauen und Mädchen wurden zum Freiwild der gewalttätigen Sieger. Aber selbst bei den Germanen dürfen wir die Stellung der Frauen nicht in einem allzu rosigen Licht sehen. Die germanischen Frauen standen z. B. unter ewiger Vormundschaft, zuerst unter der des Vaters oder des nächsten männlichen Verwandten, die sie auch verheirateten, ohne sich viel um die Wünsche des Mädchens zu kümmern; später unter der Vormundschaft des Gatten, und wenn dieser vor ihr starb, unter der Vormundschaft des ältesten Sohnes.

Diese germanischen Krieger nun führten sich während der Völkerwanderungszeit durchaus nicht als Engel auf; sie verübten dieselben Grausamkeiten an der Zivilbevölkerung wie alle Kriegsheere des Altertums.

So schleppten die Westgoten unter Fritiger 376 alles, was unter ihre Hände kam, Vieh, Menschen, Kostbarkeiten, mit sich fort. Der römische Geschichtsschreiber Ammianus Marcellinus (gest. um 400 n. Chr.) schildert in seiner Zeitgeschichte, wie die Goten »die Mütter und Witwen von ihren erschlagenen Männern« und »Knaben und Mädchen von den Leichen ihrer Eltern« wegzerrten und mit auf den Rücken gebundenen Händen in die Sklaverei abführten. Als der im römischen Dienst stehende wandalische Feldherr Stilicho 405 n. Chr. eine große Heerschar von Ostgoten zur Kapitulation zwang, nahm er zwar 12 000 von ihnen, die adeliger Abstammung waren, in sein Heer auf, die übrigen mit allen Frauen und Kindern aber ließ er verkaufen. Ein Zeitgenosse berichtet, man hätte »Herden von Menschen wie minderwertigstes Vieh« verschachert. Von besonderer Grausamkeit war die Plünderung Roms durch den Wandalenkönig Geiserich im Jahre 455. Tausende von Römern wurden in das Wandalenreich nach Nordafrika verschleppt, wobei es die Sieger vor allem auf vornehme Frauen und Mädchen abgesehen hatten, die ihnen später zu Hause in zerlumpter Kleidung die niedrigsten Dienste leisten mußten. Unter den von den Wandalen verschleppten Sklavinnen befand sich auch eine römische Kaisertochter, die später einen wandalischen Prinzen heiraten mußte. Nach wandalischem Brauch wurden auf den Sklavenmärkten Kinder von den Eltern und Brüder von den Schwestern getrennt. Hundert Jahre später fiel dann das Wandalenreich in die Hände der Oströmer (543/544). Nun wurden alle wandalischen Frauen, Mädchen und Knaben in die Sklaverei geführt. Sie waren so billig, daß man einen 12- bis 13jährigen Knaben für den Preis eines Schafes oder einer Ziege kaufen konnte.

Die von der katholischen Kirche als Heilige verehrte Julia war ebenfalls ein Opfer germanischer Brutalität. Das Mädchen entstammte einem vornehmen römischen Geschlecht; es wurde von den Wandalen gefangengenommen und auf dem Sklavenmarkt zu Karthago feilgeboten. Ein syrischer Kaufmann namens Eusebius, der selbst noch Heide war, erwarb Julia zu dem Zweck, sie auf dem Sklavenmarkt von Konstantinopel mit Gewinn wieder weiterzuverkaufen. Aber die Unschuld und die Demut des Mädchens, das sich ohne Zögern in sein Los ergab, und die Erinnerung an eine frühverstorbene Tochter, die gleichaltrig mit Julia gewesen wäre, brachte Eusebius dazu, Julia nicht abermals auf einem Markt auszustellen, sondern sie bei sich zu behalten. Er behandelte sie gut, mehr wie ein Vater als wie ein Herr, trat ihr in keiner Weise nahe, und das Mädchen lohnte es ihm dafür mit hingebungsvoller Treue und Dienstfertigkeit. Auf einer Geschäftsreise nach Korsika fiel Julia dem dort residierenden gotischen Statthalter auf. Der heidnische Potentat bot Eusebius vier andere junge Sklavinnen, wenn er ihm Julia als Eigentum überließe. Aber der Kaufherr weigerte sich, den Tausch einzugehen. Da lud ihn der Statthalter zu einem Fest, machte Eusebius trunken und entführte Julia mit Gewalt vom Schiff. Da sich die Geraubte weigerte, ihm zu Willen zu sein und sich nicht einmal dazu bereit fand, den heidnischen Göttern zu opfern, wurde sie auf Befehl des Statthalters grausam gemartert und hingerichtet.

Als die germanischen Völker das Römische Reich überrannt

Der französische Maler und Zeichner Gustave Doré (1832–1883) zeichnete im historisierenden 19. Jahrhundert eine Folge von Illustrationen über die Kreuzzüge, darunter die beiden Szenen, wie gefangene Mädchen und Frauen aus dem

Gefolge der Ritter vor den abgeschlagenen Köpfen ihrer Männer und Brüder
klagend zusammenbrechen (Bild auf Seite 89) und danach sich den arabischen
Siegern präsentieren müssen, die ihre Wahl treffen (Bild oben).

hatten, belebten sich die Sklavenmärkte aufs neue. Unmittelbar vor Beginn der Völkerwanderung war der Strom an menschlicher »Ware« nach Rom stark zurückgegangen; dies hatte dazu beigetragen, daß sich die Lage der Sklaven besserte, weil sie einen wertvollen Besitz darstellten. Nun aber gab es wieder reichlich Sklaven im Mittelmeergebiet. In dieser Zeit scheuten sich die Römer nicht, ihre von den Eindringlingen gefangenen Landsleute wie alle anderen Sklaven zu kaufen und zu verkaufen. Infolge des Umsturzes der bestehenden Eigentumsverhältnisse fiel es Geschäftemachern außerdem leicht, ärmere Bürger zum Schuldenmachen zu bewegen. Die Gläubiger, die von vornherein wußten, daß ihre Schuldner die ungeheuren Zinsen, die gefordert wurden, nicht mehr zurückzahlen konnten, kamen schließlich den Zahlungsunfähigen in der Weise »entgegen«, daß sie ihnen die Kinder wegnahmen, die auf den Sklavenmärkten verkauft wurden.

Mit dem Seßhaftwerden der germanischen Eroberer auf römischem Reichsboden verschmolzen allmählich die Formen altgermanischer Leibeigenschaft und antiker römischer Sklaverei. Die Vermischung bedeutete eine Verbesserung der sozialen Lage der Sklaven und eine Verschlechterung des Loses der Leibeigenen. Der Unterschied zwischen Sklaven und Leibeigenen war bald nur mehr in der alten Heimat der Wanderstämme festzustellen.

Der Zustand der Rechtlosigkeit blieb auch weiterhin erblich. Aber in viel größerem Ausmaß als zuvor konnten nun auch Freie aufgrund eines gerichtlichen Urteils zu Sklaven gemacht werden. Die germanischen Volksrechte sühnten viele Straftaten mit Geldbußen, da sie keine Strafhaft kannten. Viele Schuldiggesprochene konnten aber die Summe, zu der sie verurteilt worden waren, nicht bezahlen. In diesem Falle durfte sich der Kläger an der Person des Schuldners schadlos halten. Strenger auch als die Römer ahndeten die Germanen den Versuch eines freien Mädchens, sich mit einem Sklaven zu verehelichen. In diesem Fall wurde nach fränkischem Recht der Braut die Wahl zwischen einer Spindel und einem Schwert gelassen: griff sie nach der Spindel, so verlor sie im gleichen Augenblick ihre Freiheit; griff sie nach dem Schwert, so hatte sie damit den Sklaven, den sie ehelichen wollte, auf der Stelle zu töten.

Die Stellung der Unfreien zwischen Sklaven und Leibeigenen äußerte sich jetzt auch darin, daß sie auf der einen Seite wie Sachen, auf der anderen wie Personen behandelt wurden. Als Sache galten sie nach germanischem Recht im Hinblick auf alle Grundbesitzverträge, in die sie ebenso einbezogen wurden wie der Hausrat und das Vieh. Als Sache sah man sie an, wenn sie verwundet oder getötet wurden, weil die dafür festgesetzte Entschädigungssumme nicht ihnen oder ihren Angehörigen sondern ihrem Herrn zugute kam. Der Herr war dafür auch — wie beim Vieh — selbst für jeden Schaden verantwortlich, den sie anrichteten. Als Personen wurden sie andererseits gewertet, weil man ihnen rechtlich die Möglichkeit zugestand, Grundbesitz zu erwerben und zu besitzen. Sie durften sogar nach Abzug des dem Herrn gebührenden Zinses über den weiteren Reingewinn frei verfügen. Sie konnten erben und vererben, kaufen und verkaufen, selbst Sklaven, die dann ihnen gehörten.

Die Rechte des Herrn an den Sklaven waren gesetzlich geregelt, so daß wenigstens in diesem Fall Willkür ausgeschlossen erschien und der Sklave sich mit einer Klage an das Gericht wenden konnte. Der Herr durfte seinen Sklaven jedoch körperlich züchtigen (wobei bei den Burgundern der Stock, bei den Franken die Geißel benutzt wurde), doch war es Brauch, daß Knaben bis zum 12. und Mädchen bis zum 14. Lebensjahr nur mit der Rute geschlagen wurden. Bei den Franken konnte der Sklave der Züchtigung entgehen, wenn er seinem Herrn für jeden Geißelhieb einen Heller zahlte. Die Ehe der Sklaven wurde anerkannt und geschützt. Wenn der Herr mit einer Sklavin Ehebruch beging, verlor er alle Rechte über sie und ihren Mann. Wenn der Herr die Braut eines Sklaven verführte, mußte er dem Betrogenen eine Entschädigung zahlen; wurden sie in flagranti ertappt, hatte der Sklave sogar das Recht, Herrn und Braut auf der Stelle zu töten. Schlug ein Herr seinen Sklaven, der ihn verklagt hatte, so war der Sklave frei, und wenn ein Herr seinem Sklaven die Freiheit versprach und plötzlich verstarb, bevor er sein Wort einlösen konnte, erhielt dieser gleichwohl die Freiheit.

Erlangte ein Sklave die Freiheit, gab es für ihn zur Zeit der Völkerwanderung zwei Existenzmöglichkeiten. Die mindere Art war die, daß der ehemalige Sklave wohl persönlich zu einem freien Mann wurde und dem Herrn keine Frondienste mehr zu leisten hatte. Er blieb aber weiterhin auf dem vom Herrn überlassenen Grund und Boden sitzen und ging ein gewisses Treueverhältnis zu seinem ehemaligen Gebieter ein. Starb der auf diese Weise freigelassene Sklave, so erbte der Herr sein gesamtes hinterlassenes Vermögen. Die höhere Art der Freilassung brachte dem Sklaven die volle Entscheidungsfähigkeit; er war jeder Abhängigkeit von seinem bisherigen Herrn enthoben, konnte gehen, wohin er wollte und tun, was er wollte. Sein Vermögen erbten seine Kinder und nicht der Herr.

Als Zeichen der Freilassung überreichte man in den meisten germanischen Ländern dem bisherigen Sklaven eine Waffe (bei den Langobarden einen Pfeil, bei den Angeln Schwert und Lanze), denn es war das Vorrecht des freien Mannes, Waffen tragen zu dürfen. Später wurde auch die römische Art der Freilassung üblich. Man führte dabei den Sklaven unter Beiziehung eines Zeugen an einen Kreuzweg und entließ ihn dort mit den Worten: »Geh nun, wohin du willst!« Es gab keine Bestimmung, daß ein dem Herrn gegenüber undankbarer Freigelassener wieder in seinen vorigen Stand zurückversetzt werden konnte. Wohl aber konnte der Herr zur Bedingung der Freilassung machen, daß ihm der bisherige Sklave lebenslänglich gewisse Dienstleistungen versprach. Automatisch frei wurden diejenigen Sklaven, die sich dem christlichen Priester- und Ordensstand widmen wollten.

Im Schatten des Kreuzes

Das Christentum entstand in einer Zeit und in einer Gesellschaftsordnung, in der die Sklaverei eine selbstverständliche Einrichtung des Lebens war. Dies wird manchmal deshalb nicht ganz deutlich, weil viele Bibelübersetzungen dort, wo eigentlich von Sklaven die Rede ist, Ausdrücke wie »Knecht« oder »Magd« verwenden. Unter Knecht und Magd versteht man heute aber im allgemeinen etwas wesentlich anderes.

Es besteht kein Zweifel darüber, daß sich schon unter den ersten Christen sowohl Sklaven wie Herren befanden. Der beste Beweis dafür und zugleich für die Stellung des Urchristentums zur Frage der Sklaverei ist der Brief des Apostels Paulus an Philemon, einer der kürzesten, den Paulus geschrieben hat. In diesem Brief bittet der Apostel Philemon, einen vornehmen Christen von Kolossae in Kleinasien, den Überbringer des Schreibens, seinen geflüchteten Sklaven Onesimus, wieder in Gnaden und als seinen Bruder im Herrn aufzunehmen. Wer die Behandlung wiedereingefangener flüchtiger Sklaven bei den Römern kannte, zweifelte nicht daran, daß Onesimus die Strafe der Kreuzigung erwartete. Paulus muß daher überzeugt gewesen sein, daß Philemon seiner Bitte Gehör schenken werde, denn sonst hätte er Onesimus bestimmt nicht in einen geradezu sicheren Tod geschickt.

Die kritische Einstellung des Paulus gegenüber der Sklaverei geht auch aus einem Bekenntnis hervor, das seinem Galaterbrief zu entnehmen ist. Hier heißt es wörtlich: »Da ist nicht mehr Jude und Heide, nicht Sklave und Freier, nicht Mann und Weib; denn ihr seid alle in und mit Christus eine lebendige Einheit.« Um so mehr mag es uns wundern, daß Paulus von Philemon nicht direkt die Freilassung des Onesimus forderte. Aber das Urchristentum stand sehr stark unter dem Einfluß eschatologischer Erwartungen — man glaubte, das Weltende stünde unmittelbar bevor — so daß es völlig unnötig erschien, noch im letzten Augenblick auf eine juristische Änderung des bestehenden Zustandes Wert zu legen. Die Sklaverei blieb überdies ein bloßer Name, wenn man den Sklaven als Bruder behandelte. Diese Nächstenliebe aber forderte das Christentum von Anfang an.

Solange das Christentum ein verfolgter Glaube war, konnte es zur sozialen Besserstellung der Sklaven in keiner anderen Weise als eben in der beitragen, daß man den Sklaven innerhalb der christlichen Gemeinschaft dem Herrn gleichstellte. Ja, ihn unter Umständen sogar bevorzugte, wenn der Sklave bereits getauft, der Herr aber erst Taufbewerber (Katechumene) war. So durfte z. B. der Sklave dem Heiligen Meßopfer von Anfang bis Ende beiwohnen, während sein Herr den Gottesdienst mit den anderen Katechumenen vor der Feier der heiligen Geheimnisse zu verlassen hatte. Die Praxis, seine Sklaven freizulassen, fand unter Christen weite Verbreitung. So ließ der römische Präfekt Hermes bei seiner Taufe im 2. nachchristlichen Jahrhundert 1250 Sklaven frei. Ein gewisser Chromatius folgte seinem Beispiel im 3. nachchristlichen Jahrhundert und ließ 1400 Sklaven frei. Ein häufiger Vorwurf, den Heiden gegenüber dem christlichen Glauben erhoben, war der, daß er die Sklaven begünstige oder gar eine Sklavenreligion sei. Schon der altchristliche Kirchenschriftsteller Origenes mußte sich gegen derartige Vorstellungen verteidigen. Christliche Sklaven lebten in einem heidnischen Haus dennoch relativ sicher, da sie sich im allgemeinen bei Verfolgungen nicht bedroht sahen. Unglücklich daran waren nur die Sklavenmädchen, die sich aufgrund ihres Glaubens mit dem allgemein anerkannten Recht des Herrn, über ihren Körper zu verfügen — sie geschlechtlich zu mißbrauchen, Gästen des Hauses zu überlassen oder gar sie zur Prostitution zu zwingen —, nicht abfinden konnten. In den Verzeichnissen der christlichen Märtyrer findet sich eine Reihe von Frauennamen, deren Trägerinnen sich lieber töten ließen, als daß sie sich den Wünschen ihrer Herren gefügt hätten. In christlichen Häusern schien diese Gefahr gebannt, wenngleich auch der christliche Herr es für sein gutes Recht ansah, beim Sklavenkauf die menschliche Ware in unbekleidetem Zustand in

Augenschein zu nehmen. In den christlichen Häusern gab es dafür manchmal eine Wirrsal von gegenseitigen Eifersüchteleien und Anzeichen von Hochmut, die von den Kirchenvätern hart gerügt wurden. Auch war es durchaus noch so, daß selbst christliche Kreise die von der Kirche von allem Anfang gebilligte Ehe zwischen Sklaven und freien Frauen nicht gerne duldeten. Dagegen war in den Augen vieler sozial hochstehender Christen die (legitime oder illegitime) Verbindung eines freien Mannes mit einer Sklavin unbedenklich. Dies rührte daher, daß nach dem damals geltenden Recht das Kind dem Stand der Mutter folgte und daher Kinder von Sklavinnen der herrschenden Gesellschaft nicht gefährlich werden konnten.

Daß sich später mit der Gleichstellung der Sklaven innerhalb der jungen Christenheit gewisse Probleme abzeichneten, geht z. B. aus einer Mahnung des heiligen Ignatius aus dem 2. Jahrhundert hervor, in der er die Sklaven der Gemeinde auffordert, die Freiheit innerhalb der Kirche nicht zu mißbrauchen und in Übermut zu verfallen.

Andererseits mißbilligten auch manche Christen der Urgemeinden, daß Sklaven gleiches Ansehen und gleiche Rechte wie die freien Bürger haben sollten. Über diese und andere Fragen kam es zu einem heftigen Streit zwischen dem Priester (und Gegenpapst) Hippolytus (217—235) und Papst Calixtus I. (217—222 n. Chr.), der zur ersten Spaltung innerhalb der römischen Christengemeinde führte.

Hippolyt stammte aus vornehmem römischen Geschlecht; Calixtus war Sklave. Neben theologischen Meinungsverschiedenheiten entzündete sich der Zwist der beiden Kirchenmänner vor allem daran, daß Hippolyt nicht mit der Praxis des Papstes einverstanden war, Verbindungen adeliger römischer Mädchen mit Sklaven als vollgültige Ehen anzuerkennen, da dies im strengen Gegensatz zum geltenden römischen Eherecht stand.

Mit dem Sieg des Christentums unter Constantin dem Großen 313 n. Chr. und der Erhebung des katholischen Glaubens zur

Staatsreligion im Römischen Reich durch Theodosius den Großen 380 n. Chr. setzte eine große Bekehrungswelle unter den Heiden ein. Daß dabei viele aus rein eigensüchtigen Gründen die Taufe nahmen, ist nicht zu bezweifeln. Daraus ergaben sich aber schwerwiegende Folgen für die Christenheit. Nicht bloß, daß gegensätzliche Meinungen aufkamen, die von Kirchenversammlungen für irrig erklärt werden mußten, auch der Lebenswandel und die geistige Haltung der neugetauften Christen ließ oft sehr zu wünschen übrig. So bemühte man sich durchaus nicht mehr selbstlos um die Freilassung der Sklaven, auch wenn diese Christen waren, und bald fand man es auch als Christ selbstverständlich, weiterhin Sklaven als Diener zu halten. Manche christliche Dame behandelte ihre Sklavinnen nicht viel besser als die heidnische Römerin.

In den Schriften des heiligen Johannes Chrysostomus, des mutigen Bischofs von Konstantinopel um die Wende des 4. und 5. Jahrhunderts, finden wir Anklagen gegen christliche Herrinnen, die ihre Kammerzofen an die Füße des Bettes banden und eigenhändig prügelten, wenn sie ihnen irgend etwas nicht recht gemacht hatten.

Wir dürfen dabei nicht außer acht lassen, daß die Kirche damals keineswegs jene unbeschränkte Machtfülle besaß, die man ihr zuschreiben mag. Sie konnte auf die Änderung der Gesetze und noch mehr auf die Lebensgewohnheiten und Lebensanschauungen nur durch ihr Beispiel wirken. Sie war es aber, die immer wieder auf die Milderung des Loses der Unfreien drang und auch tatsächlich manches in dieser Beziehung erreichte.

Es war vor allem Kaiser Justinian I., der Große (527—565), der den Sklaven durch eine Reihe von Gesetzen erhöhten Schutz bot und ihre Freilassung begünstigte. Durch ihn wurde die Aussetzung der Kinder verboten, und der Findling durfte nicht mehr ohne weiteres zum Sklaven erklärt werden. Niemand war es erlaubt, sich vor seinem 25. Lebensjahr freiwillig in die Knechtschaft zu verkaufen. Das Kloster und die Kirche wurden zur Freistatt erklärt, aus der ein Herr seinen entflohenen Sklaven nur unter gewissen Bedingungen zurückerhalten konnte. Um möglichst vielen Entrechteten die Freiheit zu schenken, gestattete der Kaiser die unbeschränkte Freilassung der Sklaven. Dabei brauchte der Sklavenbesitzer nur noch 17 Jahre alt zu sein, um solche Freilassungen zu verfügen. Es genügte nun, wenn fünf Zeugen anwesend waren oder der Sklave mit Wissen und Willen der Erben an der Leichenfeier für seinen Herrn teilgenommen hatte. Die Sklavin wurde frei, wenn sie ihr Herr einem Freien zur Ehe gab.

Andererseits aber folgte die Kirche selbst dem Brauch der Zeit und übernahm Grundbesitz und Sklaven. Dabei kam es auf Kirchenversammlungen (wie auf den Synoden von Sevilla 500 und Toledo 633) vor, daß man sich gegen die wahllose Freilassung von Kirchensklaven wandte, weil dadurch der kirchliche Besitz und die kirchlichen Aufgaben in Gefahr gerieten. Den Bischöfen wurde aufgetragen, Sklaven nur dann in die Freiheit zu entlassen, wenn gesichert war, daß für die verlorengehenden Arbeitskräfte Ersatz beschafft werden konnte. Da Sklaven bis dahin automatisch freigeworden waren, wenn sie sich dem Kirchendienst als Priester oder Mönche widmeten, hatten zahlreiche Unfreie die geistliche Laufbahn eingeschlagen. Als die Kirche alle diese Bewerber kaum noch unterbringen konnte, wurden auch hier auf Konzilien Verbote erlassen: so sollten in Zukunft keine Sklaven zu Priestern geweiht oder zu den Mönchsgelübden zugelassen werden, die nicht die Erlaubnis ihrer Herren dazu erhalten hatten.

Im Gegensatz zu den abendländischen Klöstern verfocht der christliche Osten unter dem Einfluß des heiligen Platon und seines Neffen, des großen Theodor von Studion, seit dem 8. Jahrhundert die These, daß ein christliches Kloster überhaupt keine Sklaven halten dürfe. Alle Arbeit sei von den Mönchen selbst zu verrichten.

Wenn somit schon die Sklaverei als solche nicht ganz abgeschafft werden konnte, so suchte die Kirche doch immerhin die Sklaven vor Schäden für Leib und Leben zu bewahren.

Auf der Kirchenversammlung von Agde wurde 506 eine Bestimmung erlassen, nach der es einem Herrn unter allen Umständen verboten wurde, seinen Sklaven zu töten. Er sollte gegebenenfalls vor ein ordentliches Gericht gestellt und von diesem nach dem Gesetz abgeurteilt werden. Wer einen Sklaven tötete, verfiel der kirchlichen Exkommunikation. An allen kirchlichen Festtagen war es außerdem verboten, den Sklaven zur Arbeit anzuhalten. Wenn ein Mensch sich selbst in die Unfreiheit verkaufte, sollte er jederzeit das Recht haben, sich gegen Rückgabe der Kaufsumme wieder aus der Sklaverei zu befreien. Wer einen freien Mann, eine freie Frau, ein freigeborenes Kind als Sklave oder als Sklavin verkaufte, wurde mit der gleichen Strafe belegt wie ein Mörder. Bischöfe, Priester und Mönche durften Sklaven keinesfalls an Nicht-Christen verkaufen. Den Bischöfen war darüber hinaus überhaupt jeder Verkauf von Sklaven verboten. Die Kirchenversammlung von Mâcon in Burgund bestimmte 581, daß jeder einen christlichen Sklaven, der an einen Nicht-Christen verkauft worden war, um den Betrag von 12 Solidi loskaufen könne. Es sei ihm dann überlassen, dem Freigekauften die Freiheit zu schenken oder ihn für sich als Sklaven zu verwenden. Wenn ein Herr einen christlichen Sklaven zum Abfall vom Glauben verleiten wollte, wurde er damit bestraft, daß man dem Sklaven die Freiheit schenkte. Schließlich verbot die Kirche im Frankenreich überhaupt den Verkauf von Sklaven außerhalb des Landes. Wer dies dennoch tat, verfiel der Exkommunikation. Lange allerdings blieben im Frankreich Ehen zwischen Sklaven und Freien von Staats wegen verboten, und die Zulassung von Unfreien als Zeugen und Ankläger vor Gerichten war gleichfalls nicht gestattet. Noch Karl der Große (768 bis 814) erneuerte in seinen Gesetzessammlungen diese Bestimmungen. Aber diese Verordnungen beweisen andererseits, daß das, wogegen man sich wandte, in der Praxis immer wieder vorkam.

Zwei Königinnen

Aus der Fülle unbekannter Schicksale und vergessener Not treten die Namen zweier Frauen hervor, die aus der Knechtschaft kamen und bis auf den Thron des Frankenreiches gelangten. Legenden und Sagen haben sich um die beiden Königinnen geschlungen. Manches ist nur in dunklen Andeutungen überliefert und sorgsam zu prüfen. Aber im wesentlichen mag stimmen, was wir von diesen Frauen wissen.

Es war Sitte der Frankenkönige aus dem Haus der Merowinger, die seit Chlodwig I. (482—511) über das alte römische Gallien geboten, sich neben den legitimen Frauen Kebsweiber zu halten. Diese stammten meist aus den unteren Schichten des Volkes oder waren gar leibeigene Mägde oder gekaufte Sklavinnen. Auch Fredegund war solch ein unfreies Mädchen, aber sie war schön, klug und vor allem ehrgeizig. Als sie an den Hof des Königs Chilperich gebracht wurde, war sie von Anfang an darauf aus, nicht bloß in der Küche zu arbeiten, die Öfen zu heizen oder bestenfalls während der Mahlzeit nach fränkischer Sitte gehorsam hinter einem der Gäste zu stehen und ihm als Mundschenkin den Trunk zu reichen. Wenigstens sollte es der König selbst sein, dem sie diente. Fredegund erreichte auch tatsächlich, was sie sich vorgenommen hatte. Chilperich bemerkte das stolze Mädchen, das so unnahbar den Wein reichte. Er nahm nur noch aus ihrer Hand den Becher, und bald konnte er ohne Fredegund nicht mehr sein. Sie war ihm als Sklavin gehorsam und wurde die unebenbürtige Frau des Königs, ohne mit ihm nach kirchlichem Ritus verbunden zu sein. Es gelang ihr, eine andere Nebenfrau, die Chilperich vor ihr und neben ihr hatte, aus der Gunst des Herrschers zu verdrängen. Da kam plötzlich ein Umschwung. Der Bruder König Chilperichs, Sigibert, hatte als ebenbürtige Frau eine westgotische Prinzessin aus Spanien geehelicht. Nun lag er seinem Bruder ständig in den Ohren, er möge das Haus der Merowinger nicht weiter durch seine schändliche Verbindung mit Fredegund entwürdigen. Nach langem Drängen gab Chilperich dem Wunsch Sigiberts nach. Er beschloß, um die Schwester seiner Schwägerin, die westgotische Königstochter Galeswintha, zu werben. Nur zögernd wurde er erhört. Unter dem Vorbehalt, daß Chilperich seiner Nebenfrau entsagen und Fredegund den Hof räumen werde, sollte er die Prinzessin zur Gemahlin erhalten. Gegen ihren heftigen Widerstand schickte der König daraufhin die Buhlerin fort, um sich Galeswintha vermählen zu können. Doch schenkte er Fredegund zum Abschied die Freiheit. Galeswintha reiste ins Frankenreich, und ihre Hochzeit mit Chilperich wurde mit ungeheurer Pracht gefeiert. »Alle Vasallen von Neustrien leisteten den Treueid«, heißt es in einer zeitgenössischen Quelle, »schwangen ihre Schwerter, indem sie eine alte heidnische Formel wiederholten, die den Meineidigen der Schneide des Schwertes weihte.«

Fredegund wartete unterdessen nur auf eine günstige Gelegenheit, den verlorenen Einfluß auf den König und die verlorene Machtstellung zurückzugewinnen. Sie erschien ungerufen wieder am Hof, und es gelang ihr tatsächlich, den König seiner eben angetrauten Gattin abspenstig zu machen. Chilperich machte Fredegund wieder zu seiner Nebenfrau. Königin Galeswintha war so empört über den Ehebruch ihres Gemahls, daß sie die Volksversammlung der freien Männer, die ihr und dem König bei ihrer Hochzeit den Treueid geleistet hatten, zusammenrufen ließ, um ihre Klage gegen den untreuen Gemahl vorzubringen. Damit jedoch hatte sie das Schicksal herausgefordert. Einige Tage nach der Volksversammlung wurde Galeswintha tot in ihrem Gemach aufgefunden. Niemand zweifelte daran, daß sie auf heimtückische Weise ums Leben gekommen war. Strittig war nur, ob sie auf Befehl des Königs oder von Fredegund ermordet worden war.

Fredegund saß nun wieder dort, wo sie sein wollte. Sie setzte diesmal sogar durch, sie war ja keine Sklavin mehr, daß Chilperich sie feierlich und nach dem Recht der Zeit zur Gemahlin und zur Königin der Franken erhob. Aber Galeswinthas Schwester Brunhilde, die mit Sigibert vermählt war, beschloß, den Tod Galeswinthas zu rächen. Sie drängte ihren Gatten so lange, bis er sich zum Bruderkrieg bereitfand. Mehr als dreißig Jahre lang tobte der Kampf zwischen Chilperich und Sigibert und später zwischen ihren Söhnen und Nachkommen. Im Hintergrund standen die beiden Königinnen, die nicht von ihrem Haß und von ihrer Feindschaft lassen wollten, auch als sie alt und grau geworden waren. Schien es anfangs, als wäre Sigibert im Vorteil und wurde er sogar nach der Niederlage Chilperichs zum Herrscher über das Gebiet seines Bruders ausgerufen, so fand er doch wie Galeswintha nach seiner Thronerhebung schnell den Tod von der Hand zweier Meuchelmörder. Auch hier ging im Volke das Gerücht um, die Mörder seien von der geflohenen Fredegund gedungen worden. Selbst noch eine Reihe weiterer Morde und Mordanschläge — so gegen ihren Stiefsohn aus Chilperichs erster Ehe — werden Fredegund von den Zeitgenossen zugeschrieben. Allerdings gibt es ebensoviel Indizien für ihre Schuld wie für ihre Unschuld. Es ist heute fast unmöglich, den historischen Kern der Fredegund-Legende freizulegen, weil die Königin zuletzt als eine wahre Teufelin galt und alles, was sich damals an Üblem ereignete, auf ihr Eingreifen und ihre Pläne zurückgehen sollte. Historisch verbürgt jedenfalls ist, daß sie am Ende noch ihren eigenen, in rechtmäßiger Ehe mit Chilperich gezeugten Sohn, Chlothar II., auf den Thron seines Vaters erheben konnte. Dieser Chlothar war es auch, der nach dem Tod seiner Mutter ihre Feindin, Königin Brunhilde, gefangennahm und sie von wilden Pferden zu Tode schleifen ließ. Wahrscheinlich ist manches von diesen grausamen Geschehnissen in die spätere Nibelungensage eingeflossen.

Wie ein Lichtblick erscheint in diesem düsteren Gemälde der Zeit die Gestalt einer anderen Herrscherin, die gleichfalls einen märchenhaften Aufstieg von der Sklavin zur geachteten Königin erlebte. Bathilde war von Geburt Angelsächsin. Nach der einen Überlieferung wurde sie von Seeräubern ihren Eltern entführt, nach einer anderen nach dem Tod ihrer Eltern von Verwandten, die sie um ihr Erbe betrügen wollten, verschachert. Eine dritte Lesart will gar wissen, daß das Mädchen von seinen eigenen Eltern verkauft worden sei.

Dies klingt nicht so unglaublich, wie man annehmen könnte, wenn man weiß, daß es bei den Angelsachsen üblich war, überzählige Kinder — und dazu gehörten in erster Linie die Mädchen — an vorüberziehende Händler loszuschlagen. Angelsächsische Sklavenkinder waren in ganz Europa bekannt. Angelsächsische Knaben sollen z. B. der Anstoß gewesen sein, daß Papst Gregor I. der Große (590—604) den Mönch Augustinus als Missionar nach England sandte, damit er den Inselbewohnern das Evangelium predige. Gregor, so überliefert die Legende, sah noch vor seiner Wahl zum Papst auf dem Sklavenmarkt zu Rom zum Verkauf ausgestellte Kinder, deren blendendweiße Haut und strohblondes Haar ihm aufgefallen waren. Auf die Frage, woher sie stammten, erhielt er die Antwort, sie seien »Angeln« (angli sunt). Daraufhin habe Gregor mit einem Wortspiel erklärt: »Sie sollen Engel werden!« (angeli sint).

Wie immer es sich mit dem Kind Bathilde verhalten haben mag, sicher ist, daß es aus seiner angelsächsischen Inselheimat auf einem jener Schiffe davongeführt wurde, die angelsächsische Gefangene zum Verkauf über das Meer brachten. Wie alt Bathilde damals war, ist nicht überliefert. Sie dürfte aber schon 10 bis 11 Jahre alt gewesen sein; sie war somit durchaus in der Lage, alles zu begreifen, was um sie vorging.

Auf dem Festland wurde das Mädchen mit anderen Leidensgenossen zusammen auf den Markt gebracht. Die Leute, in deren Händen Bathilde sich befand, hielten sie für den wertvollsten Teil ihrer menschlichen »Ware«. Sie stellten sie deshalb gut sichtbar aus, so daß sie von allen Vorübergehenden und Kauflustigen gesehen werden konnte. Da stand nun das Mädchen, wie bei Sklavenverkäufen noch immer üblich: unbekleidet oder höchstens sehr mangelhaft bekleidet, die Hände mit einem Lederriemen zusammengebunden. Bathilde mußte sich anstarren lassen und hören, wie Käufer und Händler über sie und ihren Preis laut und rücksichtslos feilschten. Sie mußte lächeln, wie schwer es ihr auch ums Herz war, denn wenn sie zu weinen begann, erhielt sie Hiebe. Welch ein Wechsel! Noch vor wenigen Monaten ein fröhliches Mädchen, ein Kind, das sorglos mit seinen Spielkameraden in der Heimat umhertollte, unter Verwandten und Freunden lebte, jetzt aber wehrlos war, ein Geschöpf, das seine Freiheit verloren hatte und bald in das Eigentum eines anderen Herrn übergehen würde, von dem es nicht wußte, wie er es behandeln werde.

Der Herr, der Bathilde schließlich kaufte, war ein mächtiger fränkischer Edelmann namens Erchinwald. Er hatte das Kind wohl aus einer augenblicklichen Laune und nicht aus Mitleid gekauft. Dies darf daraus geschlossen werden, daß Bathilde anfangs im Hause ihres neuen Herrn keine Vorzugsstellung genoß. Sie war eine Sklavin wie viele andere, und für ein Mädchen, das einst bessere Tage gesehen haben mochte, das vielleicht selbst aus einem vornehmen Hause stammte, waren die ersten Jahre sicher eine bittere Lehrzeit. Sie mußte lernen, Befehlen zu gehorchen und Arbeiten zu verrichten.

Doch Bathilde war flink und anstellig. Sie führte jeden Befehl rasch und gewissenhaft aus. Sie hatte sich in ihr Schicksal ergeben und sie wußte, daß sie nichts weiter als eine Sklavin war.

In der Überlieferung findet sich allerdings kein Hinweis, daß sie im Hause Erchinwalds jemals mit der Rute gestrichen oder in das Sklavengefängnis geworfen worden wäre, das es in jedem vornehmen Hause gab. Die Jahre gingen dahin. Bathilde wuchs heran und war bald kein Kind mehr, sondern ein erwachsenes Mädchen von auffallender Schönheit. Wenn Gäste kamen, nahm sie ihnen die Kleidung ab, säuberte ihre Schuhe und Gewänder und wusch ihnen die Füße, Arbeiten, die man den weniger bevorzugten Sklaven zuzuteilen pflegte. Ein Wandel in ihrem Leben scheint erst eingekehrt zu sein, als Erchinwalds Frau schwer erkrankte. Das stille und ruhige Mädchen wurde beauftragt, sich um die Kinder ihres Herrn zu kümmern. Diese hingen bald ebenso an ihr wie an der

eigenen Mutter. Jetzt wurde sich auch Erchinwald der segens-
reichen Gegenwart Bathildes bewußt. Als seine Frau starb,
sah er keinen besseren Ausweg, als der jungen Sklavin einen
Heiratsantrag zu machen. Er sagte ihr, er wolle sie freilassen
und zu seiner rechtmäßigen Gemahlin erheben. Bathilde aber
lehnte — wir sind über die genauen Gründe nicht unterrichtet — dieses Angebot Erchinwalds ab. Sie bat ihn sogar, nicht
an ihre Freilassung zu denken. Sie werde sich vielmehr weiter
als einfache Sklavin um seine Kinder kümmern. Doch fügte
es sich bald, daß das ganze Hauswesen Erchinwalds von Bathilde geleitet wurde. Alle Sklaven anerkannten ihre natürliche
Autorität, auch wenn sie nichts anderes war, als sie selbst.
Eines Tages sagte der Frankenkönig Chlothar II. seinen Besuch an. Er mußte mit allen Ehren empfangen werden, die
ihm gebührten. Als er Bathilde erblickte, erregte sie sein
Gefallen. Er wollte sie jedoch nicht zu seiner Nebenfrau machen, sie sollte ihm in rechtmäßiger Ehe angetraut werden.
Auch jetzt können wir nicht mit Sicherheit sagen, welche
Gründe Bathilde bewogen haben, die Werbung des Herrschers
anzunehmen. Vielleicht konnte sie — noch immer eine Sklavin
Erchinwalds — dem Wunsche des Königs keinen Widerstand
leisten, zumal es sich ja um kein frivoles Liebesverhältnis
handeln sollte, gegen das sie den Schutz der Kirche hätte
anrufen können.
Im Jahre 649 wurde sie Chlothar II. angetraut und zur Königin der Franken erhoben. Sie verstand es als Gattin des Herrschers, den Sinn Chlothars II. zum Guten und Edlen zu
lenken.
Nachdem der König gestorben war, übernahm Bathilde die
Regentschaft für ihre unmündigen Söhne. Als Minister rief
sie ihren früheren Herrn Erchinwald an den Königshof. Wohl-
taten spendend zog sie durch das Land. Ihre besondere Fürsorge galt den Sklaven, vor allem den angelsächsischen. Sie
verbot im gesamten Frankenreich den Sklavenhandel und
ließ die Kopfsteuer aufheben, die viele arme Eltern gezwungen hatte, ihre Kinder zu verkaufen. Als ihr ältester

Sohn großjährig geworden war, zog sich die Königin von den Reichsgeschäften zurück und begab sich in das von ihr gegründete Kloster Chelles bei Paris. Hier starb sie hochbetagt im Ruf der Heiligkeit am 30. Januar 680.

Märchen aus Tausendundeiner Nacht

In den Wüsten Arabiens hatten die Stämme jahrhundertelang ihr einfaches Nomadenleben geführt. Sie hatten ihre Herden geweidet, ihre Blutfehden gegeneinander ausgetragen und die Götter des Himmels in der Gestalt der Sterne verehrt. Dann kam Abdallah aus dem Stamm der Koreischiten, den seine Anhänger später Mohammed (den Gepriesenen) nannten und der sich als der erwartete »Tröster« ausgab, der die letzte, von Gott erlassene Offenbarung auf die Erde bringen sollte. Von Arabien zogen nun Muslims aus, den Erdkreis zu erobern und überall das Gesetz Allahs, des einzigen Gottes, zu verkünden. Ein Jahrhundert lang hielt der Siegeszug der muslimischen Reiterheere an. Ganz Nordafrika und Vorderasien bis zum Taurusgebirge geriet unter arabische Vorherrschaft. Die Nachfolger Mohammeds überschritten die Meerenge von Gibraltar, die nach dem Feldherrn Tarik Dschebel-al-Tarik (der Berg des Tarik) genannt wurde, und eroberten Spanien. Erst in der Ebene von Tours und Poitiers hielten die Franken ihren Ansturm auf. Und im Osten Europas wurde der Ansturm des Islams, wie der neue Glaube genannt wurde, erst an den Mauern von Konstantinopel, der Hauptstadt des Oströmischen Reiches, und am Griechischen Feuer des Ingenieurs Kallinikos, zunichte.
Mohammeds Gesetz galt nun von den Oasen Innerasiens bis an den Atlantischen Ozean, von den Pyrenäen bis in die Wüste Sahara. Dieses Gesetz, das nicht bloß den Glauben, sondern das gesamte öffentliche Leben der Mohammedaner regelte, nahm die Sklaverei als gegeben hin.

Die Araber verschifften die geraubten Negersklaven auf dem Nil und entlang
der ostafrikanischen Küste nach Südarabien auf wendigen Dhaus, kleinen Schiffen mit dreieckigem Lateinsegel an einer langen Rah.

Verkauf eines Knaben an einen vornehmen Türken. Holzschnitt nach einem Gemälde von Wasili Wereschagin (1842–1904).

Wir dürfen um der geschichtlichen Wahrheit willen allerdings nicht verschweigen, daß Mohammed selbst alles tat, was in seiner Macht stand, den Sklaven wenigstens ihr Los zu erleichtern. So sind sie z. B. auf religiösem Gebiet wie im Christentum den freien Bekennern des Islams völlig gleichgestellt. Es gilt als Vergehen gegen den Glauben, wenn man einen Mohammedaner zum Sklaven macht. Die Freilassung von Sklaven ist ein gottgefälliges Werk, sie kann den Herrn von der Verdammung zur Hölle nach seinem Tod befreien. »O ihr Leute« — sagt Mohammed im Koran — »wir haben euch von einem Mann und von einem Weib geschaffen und in verschiedene Völkerschaften und Stämme geteilt, damit ihr einseht, daß ohne Rücksicht auf Abstammung nur der Gottesfürchtigste unter euch der angesehenste vor Gott ist.«

Durch die Eroberungskriege gelangten freilich immer mehr Scharen von Gefangenen in die Städte des arabischen Weltreiches. Die reichen Muslims gewöhnten sich an eine große und zahlreiche Dienerschaft, die ein Zeichen ihres Ansehens und Reichtums war. Insbesondere führte die von Mohammed beibehaltene Einrichtung der Vielweiberei zu einer starken Förderung und Verbreitung der Sklaverei.

Auch hier müssen wir zur Ehre Mohammeds feststellen, daß er die Vielweiberei unter den Arabern nicht gefördert, sondern sogar beschränkt hat. Vor ihm konnte der arabische Mann sich so viele Frauen nehmen, wie er wollte. Mohammed beschränkte ihre Zahl auf vier. Er hob diese Beschränkung jedoch dadurch wieder auf, daß er den Gläubigen gestattete, sich Sklavinnen als Nebenfrauen zu halten. Allerdings durfte nach Mohammeds Gebot die Sklavin zu ihrem Buhlgeschäft nicht gezwungen werden. Die Kinder der Sklavin waren nach der Geburt frei und erbten Titel und Vermögen des Vaters zusammen mit den Kindern der Hauptfrauen.

In den Adern vieler mohammedanischer Herrscher floß daher auch europäisches und Negerblut. Die Mutter des Kalifen Al Muktadir, der 907 den Thron bestieg, war eine Griechin, die Mutter des Kalifen Al Muti eine slawische Sklavin. Auch bei den späteren Großsultanen der Türkei sind ähnliche Blutsverhältnisse anzutreffen. Unter den Müttern dieser Herrscher gibt es Griechinnen, Armenierinnen, Tscherkessinnen, Italienerinnen; sie alle sind Sklavinnen gewesen.

Außerhalb der Türkei wurde die russische Priestertochter Roxolane (mit ihrem Sklavinnennamen Churrem) bekannt, die den Sultan Suleiman II. den Großen (1520–1566) so beherrschte, daß er seinen ersten, talentierten Sohn Mustapha erwürgen ließ, damit Roxolanes Kind den Sultansthron besteigen konnte.

Einige Jahrhunderte später übte eine Französin eine ähnliche Macht in Konstantinopel aus. Aimée Dubucq de Rivery war eine Kusine der ersten Gemahlin Kaiser Napoleons. Geboren in den westindischen Kolonien Frankreichs kam sie 1776 als 13jähriges Mädchen in das Pensionat der Dames de la Visitation nach Nantes in Frankreich. Bei der Rückreise in die Heimat 1784 wurde das Schiff, auf dem sie fuhr, von nordafrikanischen Seeräubern gekapert. Aimée geriet mit den anderen Reisenden in Gefangenschaft. Man brachte sie nach Konstantinopel und übergab sie dem Harem des Sultans. Hier wurde sie Naksch (die Schöne) genannt. Sultan Abdul Hamid I. fand an der jungen und klugen Französin großes Gefallen; sie wurde bald eine einflußreiche Frau im Serail. Dieser Einfluß steigerte sich noch, als später ihr Sohn Mahmud II. (1808–1839) die Regierung übernahm, der als erster »Reformsultan« in die türkische Geschichte eingegangen ist.

Mahmud II. lebte übrigens auf Wunsch seiner Mutter mit einer armenischen Sklavin namens Besma in Einehe. Er erlaubte, daß ein katholischer Priester der Sultanin, die niemals das Christentum verleugnet hatte, die Sterbesakramente reichte.

Wie die Mohammedaner die Vorzüge und Mängel der Mädchen und Frauen aus den verschiedenen Ländern beurteilten, geht aus einem »Sklavinnenkatalog« hervor, den der arabische Arzt Ibn Botlan im 11. Jahrhundert aufgestellt hatte. Nach diesem Katalog sind die »Inderinnen friedlich, doch

verwelken sie zu schnell. Die Weiber von Sind werden wegen ihrer schmalen Taille und ihrer langen Haare geschätzt. Die Medinerin vereinigt süße Sprache und Anmut des Körpers mit Schalkhaftigkeit und Witz. Die Mekkanerin hat einen weichen Körper, feine Gelenke und schmachtende Augen. Die Taifitin ist goldbraun und schlank, leichtsinnig, zu Spiel und Scherz aufgelegt, sie vernachlässigt jedoch ihre Mutterpflichten. Dagegen ist die Berberin am folgsamsten.«
Der Sklavenhändler Abu Muthman rät, ein Berbermädchen am besten im Alter von neun Jahren einzufangen und es drei Jahre in Medina und drei Jahre in Mekka erziehen zu lassen. Mit etwa 16 Jahren solle die Sklavin dann nach Bagdad gebracht werden. Wenn sie schließlich ein Alter von 25 Jahren erreicht habe, werde sie das Ideal einer Frau darstellen.

Im Jahr 981 bewegte sich ein trauriger Zug von den Bergen Navarras auf die Grenze des von den Arabern beherrschten Gebietes der spanischen Halbinsel zu. Aufgrund eines Vertrages, den der besiegte König Sancho Garcia von Navarra mit dem mächtigen Kalifen von Córdoba abschließen mußte, war eine der Töchter des Königs an die Muselmanen auszuliefern. Dem unterlegenen König war nicht einmal zugesagt worden, daß die Prinzessin ihrem Rang entsprechend eine der Frauen des Herrschers von Córdoba werden würde. An der Grenze erwartete den Zug eine mohammedanische Reiterschar. Die Königstochter wandte sich noch einmal weinend um, bevor sie von ihren Begleitern und den Bergen ihrer Heimat endgültig Abschied nahm. Dann ritt sie zu den Wartenden hinüber. Blaß, hochaufgerichtet, entschlossen. Sie kannte den Vertrag und wußte, daß sie sich bedingungslos ihren bisherigen Feinden auslieferte. Eine harte Stimme befahl ihr, vom Pferd abzusitzen. Als sie gehorchte, standen plötzlich zwei baumlange Neger in der Tracht von Haremswächtern neben ihr und packten sie an den Armen. »Vorwärts, Mädchen!«, sagte der eine zu ihr, und: »Du hast uns von diesem Augenblick an zu gehorchen«, fügte der andere hinzu, »wir sind die Wächter des Harems!« Man führte sie zu einem in der Nähe aufgerichteten Zelt, das sie bisher noch nicht beachtet hatte. Als sie es verließ, trug sie nicht mehr die Kleider der Königstochter von Navarra. Man hatte sie wie eine mohammedanische Sklavin in ein einfaches Gewand gehüllt. Sie wußte inzwischen auch, daß der Kalif eine besonders demütigende Arbeit für sie vorgesehen hatte: sie sollte in seinem Harem in die Schar der gewöhnlichen Dienerinnen eingereiht werden, jener Mädchen, die bei Tisch die Speisen auftrugen und den Frauen des Herrschers den Spiegel hielten, wenn sie sich ankleideten.

Der Harem, das Frauengemach der Mohammedaner, hat seit jeher die Phantasie der Europäer erregt. In vielen Büchern und Filmen wurde dem Leser und Zuschauer ein romantisch-phantastisches Bild von den orientalischen Frauenhäusern entworfen, das alles andere als der Wirklichkeit entsprach. Nur ein bescheidener Prozentsatz der Bekenner des Islams konnte sich überhaupt die Vielweiberei und einen Harem leisten. Denn Mohammed hatte den ausdrücklichen Befehl gegeben, alle Frauen gleich zu behandeln. Jede von ihnen habe Anspruch auf standesgemäße Kleidung und Ernährung und keine von ihnen dürfe bevorzugt werden. So war der Besitzer eines Harems an bestimmte Regeln und überkommene Gewohnheiten gebunden. Es traf keinesfalls zu, daß der Herr ständig von einer Schar leichtbekleideter Mädchen umgeben war. Im Harem regierten die Frauen: die Mutter des Herrn, wenn sie noch lebte. Andernfalls seine Lieblingsgemahlin, seine Lieblingssklavin oder die Mutter des ältesten Sohnes. Der Herr erfuhr vieles nicht, was im Harem vor sich ging. Er sollte sich, wenn er das Frauenhaus besuchte, von den Mühen des Alltags ausruhen und sie vergessen können. Zänkereien unter den Mädchen und der Klatsch der Frauen, die es nirgends so reichlich gab wie hier, sollten ihn keinesfalls belästigen.

Das gekaufte oder gefangene Mädchen, das in einen Harem eintrat, kam in eine Welt, die ihre eigenen Gesetze, ihre besonderen Zeremonien und Gebräuche hatte. Man mußte sich ihnen unterwerfen und anpassen. Wer sich widerspenstig zeigte, wurde notfalls mit Gewalt dazu gezwungen. Die neu-angekommene Sklavin war anfangs nicht dazu ausersehen, eine der Nebenfrauen ihres Herrn zu werden. Oft dauerte es Wochen, ja Monate oder Jahre, ehe ihr Herr und Eigentümer auf sie aufmerksam wurde und sie vielleicht Gelegenheit fand, ihm zu gefallen. Denn die Kleidung der Sklavinnen war durchaus nicht aufreizend, sondern eher schlicht und züchtig. In den ägyptischen Häusern des 19. Jahrhunderts trug die Haremsbewohnerin ein hochgeschlossenes, langärmeliges und bis zu den Füßen reichendes Waschkleid. Nur an Fest- und Besuchstagen war es gestattet, Seidenkleider anzulegen.

Der Harem besorgte sich seinen Nachwuchs an Sklavinnen über einen Händler. Dieser hatte überall seine Agenten. Sie folgten den mohammedanischen Heeren auf ihren Kriegs-zügen und suchten sich unter den Gefangenen die schönsten und geschicktesten Mädchen aus. Sie verschmähten es aber auch nicht, armen Eltern ihre Kinder abzuschwatzen, denen eine märchenhafte Zukunft vorgegaukelt wurde. Wenn die Gelegenheit günstig war, stahlen sie sogar spielende Kinder von der Straße weg. Meist wußten die Verkäufer nichts von der Herkunft, der Religion und der Abstammung der Sklaven, die sie dem Vertreter des Harems — meist dem Vorsteher der Haremswächter oder Eunuchen, nur in Ausnahmefällen dem Herrn selbst — anboten. Käufer und Verkäufer verstanden oft nicht einmal die Sprache des verschüchterten, jammernden Wesens, das zunächst auf Herz und Nieren auf seine Taug-lichkeit hin geprüft wurde. War der Kauf abgeschlossen, so brachte man das völlig verstörte und sich verzweifelt weh-rende Kind in den Harem. Der Verkauf wurde durch einen sogenannten Sklavenbrief legalisiert, in den für das Mädchen gewöhnlich ein Phantasiename eingetragen wurde. Dies ge-schah nicht aus betrügerischen Motiven, sondern weil der Händler — wie bereits erwähnt wurde — meist den richtigen Namen der Sklavin gar nicht kannte. Wenn der gewählte Name dem Haremsaufseher nicht zusagte, wurde er nach Gutdünken noch einmal geändert.

Es war die Aufgabe der älteren Sklavinnen, neuen Insassinnen die wichtigsten Vorschriften und Gebote des Harems beizubringen. Schon das kleine Kind wurde zu einfachen Dienstleistungen herangezogen. Lieber kaufte man freilich 12 bis 14jährige Mädchen, die zwar mehr kosteten, aber sofort zu richtigen Arbeiten herangezogen werden konnten. Es gab im Harem so viel zu tun, daß man sich wegen der Beschäftigung kein Kopfzerbrechen zu machen brauchte. Da gab es die Sofradji-Kalfa, die den Tisch deckte und die Speisen auftrug, die Kahwedji-Kalfa, der die Bereitung und Servierung des Kaffees oblag, die Tschmaschirdji-Kalfa, die zu persönlichen Dienstleistungen, etwa im Bad, herangezogen wurde. Außerdem gab es Wäschesklavinnen und Musiksklavinnen, in ganz vornehmen Häusern auch Tänzerinnen und Schauspielerinnen. Jede Sklavin hatte ein Anrecht auf Nahrung und Kleidung in genügender und für den Harem standesgemäßer Menge. Für einen gewöhnlichen Harem in Ägypten bedeutete dies im 19. Jahrhundert, daß jeder Sklavin jährlich folgende Dinge geliefert werden mußten: ein schwarzseidener Tscharschaf (eine Art Umhang), ein Seidenrock, ein langer schwarzer Seidenmantel, genannt Färadje, kleine Hüte, die Hotos aus farbigen künstlichen Blumen, dazu ein weißer Gesichtsschleier, der Öffnungen für die Augen hatte, außerdem zwei Seidenkleider für Empfänge und sechs waschbare Hauskleider für die Arbeit. Wäsche, Strümpfe und Schuhe vervollständigten die Garderobe.

Manchmal erhielt ein Teil der Sklavinnen besondere Trachten. So ließ z. B. die Hauptfrau des bedeutenden Kalifen Harun-al-Raschid (771—801), Zobaide, überall auf den Sklavenmärkten schlanke junge Mädchen aufkaufen. Sie mußten im Harem in einer schmucken Knabentracht als weibliche Pagen Dienst tun. Diese Sklavinnen nannte man gulamijjat (Knabenmädchen). Vom Hof Harun-al-Raschids aus verbreitet sich diese Mode im folgenden Jahrhundert über die gesamte islamische Welt.

Für die Ordnung im Harem sorgten die Haremswächter, die

Eunuchen. Auch sie waren Sklaven. Meist handelte es sich bei diesen Wächtern um Neger ostafrikanischer Stämme. Am türkischen Sultanshof späterer Jahrhunderte war der ›Kislar Agha‹ (Herr der Mädchen), der Aufseher über alle Eunuchen, einer der höchsten Würdenträger des Reiches.

Eunuchen hatten meist im Alter zwischen 10 bis 12 Jahren die Kastration über sich ergehen lassen müssen. Die gefährliche Operation, die unter Mißachtung jeglicher hygienischer Maßnahmen ausgeführt wurde, war äußerst schmerzhaft; viele Knaben starben an den Folgen des Eingriffes. Daher waren die Preise für Eunuchensklaven, die bevorzugt behandelt wurden, immer besonders hoch. Phantasiepreise gar erzielten weiße Eunuchen.

Schwere Vergehen im Harem wurden mit der Todesstrafe gesühnt. Man brauchte dabei kein Gericht zu bemühen, da dem Herrn das absolute Recht über Leben und Tod seiner Sklaven zustand. Die Todesstrafe wurde meist verhängt, wenn man einer Sklavin eine Liebesbeziehung zu einem Mann außerhalb des Harems nachweisen konnte, ja oft genügte nur der Verdacht, sie könnte eine solche gehabt haben. In Konstantinopel wurde das als schuldig überführte Mädchen in einen Sack gesteckt, der zugenäht und dann in die Fluten des Bosporus geworfen wurde. Körperliche Züchtigungen waren im Harem häufig, meist in Form der sogenannten ›Bastonade‹, d. h. von Schlägen auf die nackten Fußsohlen.

Der Willkür launenhafter Haremsinsassinnen waren keine Schranken gesetzt. Die ägyptische Prinzessin Djavidan Hanum, Gemahlin eines der früheren Khediven von Ägypten, berichtet in ihren Erinnerungen von zwei besonders krassen Fällen boshafter Launenhaftigkeit. Die Dame eines Harems, welche die Prinzessin öfters besuchte, hatte eine Anzahl kleiner Mädchen dazu abgerichtet, ihr die Zigarette anzuzünden und in den Mund zu stecken. Wenn eines der Kinder dies nicht geschickt genug tat, drückte ihr die Herrin die brennende Zigarette an die Lippen. Im zweiten Fall wurde eine Sklavin, die von ihrem Herrn einen Gunstbeweis erfahren hatte, von der Hauptfrau in eine abseits gelegene Kammer verbannt, wo sie wochenlang von frühmorgens bis spätabends nichts anderes zu tun hatte, als feinen weißen Tüll in endlosen Nähten zu einem zeltartigen Gebilde zusammenzunähen.

Als besondere Auszeichnung für eine verdiente Sklavin galt, wenn sie vom Harem aus verheiratet wurde. Eine solche Heirat bedeutete praktisch die Freilassung. Nach den Geboten Mohammeds war sie ja ein verdienstlicher Akt der Barmherzigkeit. Manche Haremsbesitzer waren allerdings so egoistisch, daß sie die Freilassung und Verheiratung ihrer Sklavinnen hinauszögerten, bis die Frauen keine Kinder mehr bekommen konnten.

In einigen Häusern wurde der Sklavin von dem Augenblick an, da sie den Harem betrat, ein monatliches Taschengeld bewilligt, das von Jahr zu Jahr erhöht wurde. Manche Sklavin war so stolz darauf, daß sie auch nach ihrer Heirat pünktlich im Haus ihrer ehemaligen Herrschaft erschien, um sich das Monatsgeld abzuholen. Denn man zahlte es ihr lebenslänglich aus.

Selbstverständlich wurde die Sklavin nicht gefragt, ob sie den Mann heiraten wollte, den man für sie vorgesehen hatte. Man stellte ihr nur frei, eine Ehe einzugehen oder nicht. Stimmte sie zu, dann mußte sie eben den Gatten nehmen, den ihr die Herrschaft bestimmt hatte.

Als eine große Ehre galt es, wenn ein verdienter Muslim eine Sklavin aus dem Harem des Kalifen oder (später) des türkischen Sultans zur Frau erhielt. Sie wurden meist nur an hohe Würdenträger des Reiches, Minister oder Feldherren vermählt. Oft betätigten sich diese ehemaligen Haremsinsassinnen in ihrer neuen Stellung als Geheimagentinnen des Kalifen oder Sultans, dem sie alles aus dem Haus ihres Gatten berichteten.

Die Preise für eine Sklavin entsprachen dem Gesetz von Angebot und Nachfrage. Im allgemeinen lagen sie über den Preisen für einen männlichen Sklaven. Während ein gewöhnlicher Neger schon um 200 Dirhem zu haben war, kostete ein Negermädchen mindestens 300 Dirhem. Im Jahr 912 wurde in Bagdad eine Sängerin um 13 000 Dinare und eine musikerfahrene Sklavin um 17 000 Dinare auf den Sklavenmarkt gebracht. Dieser Dinar, der nicht mit der modernen jugoslawischen Währung zu verwechseln ist, wurde von Kalif Abd al-Malik (685—705) als Geldmünze eingeführt; er sollte nicht weniger als 3,11 g Gold enthalten. Die entsprechende Silbermünze war der »Dirhem«, nach einem verderbten Ausdruck für das griechische Wort »Drachma«, die 3,11 g Silber enthielt. Für 90 000 solcher Dirhem wurde von dem Händler Ibn Zamyn die Sklavin Sada und für 100 000 Dirhem die Sklavin Robeiha, beide unbekannter Herkunft, aber der Überlieferung nach von weißer Hautfarbe (vielleicht Europäerinnen?), wohlunterrichtet und jungfräulich an einen Harem verkauft.

Neben den weiblichen spielten auch die männlichen Sklaven in den mohammedanischen Ländern eine wichtige Rolle. Man fand sie in allen vornehmen Haushalten. Sie waren Köche und Boten, Kammerdiener, Eseltreiber und Karawanenbegleiter. Wenn sie den mohammedanischen Glauben annahmen, konnten sie ohne Rücksicht auf ihre Abstammung die höchsten Würden im Reich der Kalifen und später unter den türkischen Sultanen erlangen. So mancher gefangene Christenknabe machte eine steile Karriere vom gewöhnlichen Hausdiener zum Großwesir des Sultans.

Um vor Verschwörungen sicher zu sein, umgaben sich die mohammedanischen Herrscher mit einer Leibgarde von Sklaven. Die Männer dieser Garde hatten keinen Kontakt zur einheimischen Bevölkerung, bei der sie verhaßt waren. So konnten sie sich nur auf die Autorität des Herrschers stützen, weshalb sie ihrem Herrn blind ergeben waren. Solch eine Leibwache unterhielten zuerst die mohammedanischen Kalifen im spanischen Córdoba. Hier wurden sie ›Ssakaliba‹ (Slawen) genannt. Das Wort deutet darauf hin, daß die Mehrzahl der Soldaten aus dem slawischen Osteuropa stammte. Die Venezianer — Venedig war eine der Städte, die im Mittelalter mit Sklaven handelten — sahen die östlichen Küstengebiete der Adria, die zum heutigen Jugoslawien gehören, als Jagdrevier ihrer Sklavenjäger an. Nicht von ungefähr wurde später auch in der deutschen Sprache der Begriff ›Sklave‹ vom Volksnamen ›Slawe‹ abgeleitet.

Die bedeutendste Sklaventruppe der muslimischen Reiche war das türkische Korps der Janitscharen (eigentlich Jeni tscheri). Es bestand aus gefangenen Christenknaben, welche die Türken von ihren Feldzügen heimbrachten, sowie aus den Söhnen christlicher Untertanen des türkischen Reiches, die von ihren Eltern als Knabenzehnt (Devschirme) abgeliefert werden mußten. Diese Kinder waren 4 bis 6 Jahre alt, wenn sie in die Kasernen kamen. Ihre Ausbildung und Erziehung war sehr streng, geradezu barbarisch. Sie mußten auf bloßer Erde schlafen und trugen im Sommer wie im Winter nur leichte Kleidung.

Während der Nacht blieben die Schlafsäle hell erleuchtet. Aufseher mit Peitschen gingen auf und ab. Wer sich bewegte, wurde geschlagen. Man erzog die erbeuteten oder abgelieferten Kinder zu fanatischen Anhängern des Islams, die nichts anderes kannten als den Krieg gegen die ›Ungläubigen‹ — wie man alle Nichtmohammedaner verächtlich nannte — und den Mord. In Friedenszeiten in harter Zucht gehalten, ewig mit militärischen Übungen beschäftigt, sehnten die Janitscharen den Krieg herbei. Denn im Kampf war ihnen gestattet, was ihnen in der Kaserne verboten war: das Schlafen in weichen Betten, ein Übermaß an Getränken und Speisen, die Plünderung von Städten und Dörfern. Der kämpferische Geist dieser Kerntruppe türkischer Heere ist aber auch in dem unerschütterlichen Glauben des Muslim begründet, in den islamischen Himmel mit seinen irdischen Freuden einzuziehen, sollte er während eines ›heiligen Krieges‹ sein Leben einbüßen. Solche Todesverachtung war für das osmanische Reich zudem noch insofern ohne Schaden, als alle Verluste der Janitscharenregimenter immer wieder durch neue Knaben aus den tributpflichtigen oder vom Krieg heimgesuchten Ländern wettgemacht werden konnten.

In der Kaserne wurden die Kinder nach einer ersten Überprüfung in zwei Grupen geteilt. Diejenigen, die intelligenter und bildungsfähiger schienen, erhielten nicht die gewöhnliche soldatische Ausbildung, sondern kamen in die Pagenschule des Sultans, wo sie in allen Wissenschaften und Künsten unterrichtet wurden. Sie hatten – sobald sie 11 oder 12 Jahre alt geworden waren – in den Gemächern des Sultans Dienst zu tun. Wenn sie herangewachsen waren, berief der Sultan aus diesen Pagen seine höheren Offiziere, seine höheren Beamten, seine Wesire und Großwesire. So waren von 47 Großwesiren, die im Osmanischen Reich von 1453 bis 1623 regierten, nur 5 Türken; 10 blieben unbekannter Herkunft, von den übrigen waren 6 griechischer, je 11 albanischer und serbokroatischer und je einer armenischer, georgischer, tscherkessischer und italienischer Abstammung.

Die Janitscharen, deren Kampfkraft und militärische Disziplin in älterer Zeit selbst von christlichen Geschichtsschreibern gerühmt wurde, entarteten später zu einer rebellischen Söldnertruppe, die oft genug den Sultanen zum Verhängnis wurde. Das Zeichen der Rebellion war der umgestürzte große Kochkessel in der Janitscharenkaserne. An solchen Tagen des Aufruhrs schlossen alle Kaufleute in Konstantinopel rasch ihre Läden, und alles verschwand von den Straßen. Der regierende Sultan konnte froh sein, wenn die Rebellen nur den Kopf des Großwesirs oder eines anderen Würdenträgers und nicht seinen eigenen forderten. Erst 1826 wurde die Truppe gewaltsam aufgelöst, nachdem sie noch vorher rebelliert und die Errichtung einer reinen Janitscharenherrschaft gefordert hatte, wobei die Aufrührer nach der Machtübernahme die Ermordung aller in der Türkei lebenden männlichen Europäer sowie den Verkauf ihrer Frauen und Töchter in die Sklaverei planten. Auf Befehl Sultan Mahmuds II. wurde das Janitscharenkorps damals bis auf den letzten Mann niedergemacht.

Das Herrenrecht

Im mittleren und westlichen Europa verschwand die Sklaverei in ihrer eigentlichen Form schon im frühen Mittelalter. In Italien und Spanien, in England und in den nordischen Ländern hielt sie sich noch bis gegen Ende des 15. Jahrhunderts, ja sie war sogar noch in den ersten Jahrzehnten der Neuzeit anzutreffen. Daß Heiden, die nicht getauft waren, als Sklaven zu gelten hatten, war für die europäische Christenheit des Mittelalters selbstverständlich. Doch scheute man sich auch nicht, Christen, ja selbst eigene Landsleute in Knechtschaft zu halten oder in Knechtschaft zu bringen.

Im Jahre 1147 überfielen Genuesen die Stadt Almeria. Bei der Plünderung und Brandschatzung wurden 20 000 Menschen getötet. 10 000 Frauen und Kinder führten die Sieger mit sich und verkauften sie als Sklaven. Im Jahre 1310 ereilte die Bewohner der Insel Dscherba an der nordafrikanischen Küste, die mitten im Frieden von einer Flotte italienischer Seestädte überfallen wurden, ein ähnliches Schicksal. 12 000 Frauen und Kinder wanderten in die Sklaverei. Noch 1447 ließ der Söldnerführer Francesco Sforza nach der Eroberung der Stadt Piacenza 10 000 gefangene Frauen und Kinder auf einem zu diesem Zweck abgehaltenen Sklavenmarkt verkaufen. Im Jahre 1458 zählte man in Genua 1518 Sklavinnen und 63 Sklaven, die sich auf 1200 Besitzer verteilten. Es ist in diesem Zusammenhang interessant, daß die Kirche im Mittelalter in ihrer Haltung gegenüber der Sklaverei immer duldsamer wurde, während sie die Knechtschaft eines Menschen im Altertum noch unmißverständlich abgelehnt hatte. Sie verhängte sogar jetzt selbst für gewisse Vergehen die Strafe der Sklaverei über Schuldige oder auch Unschuldige.

Im Jahre 655 wurde auf einer spanischen Kirchenversammlung in Toledo beschlossen, daß Kinder von Priestern zu Sklaven erklärt werden sollten. Die Bestimmung wurde später öfters erneuert. Dies war deshalb erforderlich, weil die

Kirche in ihrem Kampf um die Ehelosigkeit der Priester (Zölibat), die bekanntlich für die Ostkirche auch heute noch nicht besteht, immer wieder zu Repressalien greifen mußte, denn der Zölibat war in der Praxis nur schwer durchzusetzen. Auf späteren Kirchenversammlungen (Melfi 1089, Etampes 1099, London 1108, Rouen 1231, Canterbury 1236) ging man sogar so weit, daß man die Frauen der Priester, selbst wenn sie in bis dahin tolerierten Ehegemeinschaften gelebt hatten, zu Sklavinnen erklärte. Dem jeweiligen Landesherrn wurde zugestanden, über sie nach Gutdünken zu verfügen.

Mit der Sklaverei wurden durch Verordnungen von Papst Gregor VII. (1073—1085) auch alle diejenigen bestraft, die Nichtchristen — in erster Linie waren damit die Mohammedaner gemeint — Eisenwaren, Waffen und Holz verkauften oder auf den Schiffen der Feinde Steuermannsdienste leisteten. 1309 verfügte Papst Clemens V. im Streit mit der Republik Venedig, daß jedermann berechtigt sei, einen Venezianer gefangenzunehmen und zu seinem Sklaven zu machen.

Dennoch waren im mittelalterlichen Europa nicht diese Verordnungen, sondern die verschiedenen Formen der Leibeigenschaft die Hauptquellen der Unfreiheit. Dies hängt damit zusammen, daß nach der Völkerwanderung in weiten Teilen Europas eine reine Agrarwirtschaft aufgebaut wurde. Sklaven waren dabei als Arbeitskräfte nicht so brauchbar wie Leibeigene, die in der Praxis freilich oft ein Sklavenleben führten. Eigentliche Sklaven wurden im Mittelalter daher dort, wo sie noch üblich waren, überwiegend als Haus- und nicht als Feldsklaven verwendet. Haussklaven durften jedoch nicht in unbeschränkter Zahl gehalten werden.

Es ist eine unbestrittene Tatsache, daß im späten Mittelalter die Zahl der Leibeigenen rasch zunahm. Diese Entwicklung kann seit Karl dem Großen (768—814) eindeutig belegt werden. Sie hängt mit der Verpflichtung des freien Mannes zusammen, sich für den Heerbann des Königs bereit zu halten. Das Recht, Waffen zu tragen, ursprünglich ein sorgsam ge-

hütetes Vorrecht des freien Mannes, wurde bald zur drücken-
den Last, wenn es Jahr für Jahr Krieg gab, der König seine
Mannen aufbot und mit ihnen ins Feld rückte.

Nach einem Erlaß Karls des Großen hatte jeder, der vier Hufen (unter einer Hufe verstand man eine bäuerliche Hofstätte
mit Feldern in der Größe von 30 bis 60 Morgen) Land besaß,
ins Feld zu rücken. Besaß einer drei Hufen, so hatte er sich
mit einem zusammenzutun, der nur eine Hufe besaß; von
diesen rückte dann einer ein. Ähnlich verfuhr man mit Besitzern von zwei Hufen.

So kam es, daß viele freie Leute, die sich in den Schutz eines
mächtigeren Mannes begaben, unfrei wurden. Manche mußten es auch tun, weil sie — wie es vor Jahrhunderten in der
altrömischen Republik der Fall gewesen war — infolge des
ewigen Kriegsdienstes ihr kleines Besitztum vernachlässigt
hatten und mit ihrer Familie nicht mehr existieren konnten.
Die Romantik des 19. Jahrhunderts hat ein Bild des Mittelalters gezeichnet, das noch heute in der populären Literatur
nachwirkt, uns jedoch eine falsche Vorstellung von dieser
Zeitepoche vermittelt. So war z. B. zu keiner anderen Zeit
die Trennung zwischen den einzelnen Ständen so streng wie
im Mittelalter. Frei und unfrei waren Begriffe, die Welten
trennten. Die Gleichheit aller Menschen vor Gott, die das
Christentum verkündete, stand zwar theoretisch fest, in der
Praxis des Alltags sah es jedoch ganz anders aus. So schloß
etwa ein freier Mann, der ein unfreies Mädchen zur Frau
nahm, zwar eine gültige und anerkannte Ehe, aber seine
Kinder und er selbst mußten vom Augenblick der Heirat
an den minderen Stand des unfreien Mädchens teilen.

Zu den unfreien Leuten gehörten auch die sogenannten »Ministerialen«, aus denen später die Ritter hervorgingen. Sie
besaßen das Recht, Waffen zu tragen und leisteten ihren
Herren Kriegsdienste, wofür sie sogenannte »Lehen« (mittel-
lateinisch »feuda«) erhielten, die ihnen den Lebensunterhalt
sicherten. Aus dem Wort »feudum« (Lehen) ist der Begriff
Feudalismus abzuleiten, mit dem wir heute die gesamte, auf

herrschaftsständischer Grundlage aufgebaute Gesellschaftsordnung bezeichnen, die ihren reinsten Ausdruck im abendländischen Mittelalter gefunden hat.

Die patriarchalische Gewalt eines Lehensherrn entschied auch darüber, wer die Hand der Tochter eines Ministerialen erhalten sollte. Oft ergaben sich daraus langwierige Verhandlungen, bei denen sich sogar auswärtige Mächte einschalteten. Als 1172 Matthäus von Boulogne gestorben war und nur eine zwölfjährige Tochter Ida hinterließ, entbrannte um ihre Heirat ein Streit zwischen Flandern, Frankreich und England. Ihr Vormund zwang sie aber, bis zu ihrem 20. Lebensjahr unvermählt zu bleiben, damit er weiterhin ihre Güter verwalten konnte. Als sie dann heiraten sollte und dem Bewerber des Königs von Frankreich eine Absage erteilte, wurde das Mädchen einfach gefangengenommen und so lange im Kerker festgehalten, bis sie den ungeliebten Mann ehelichte.

Wenn dies bereits in einflußreichen Kreisen üblich war, so konnte natürlich ein unfreies Bauernmädchen und ein unfreier Bauernbursche ohne Einwilligung der Herrschaft schon gar nicht heiraten. Der Herr besaß das Recht, jeden leibeigenen Burschen vom 18. und jedes leibeigene Mädchen vom 14. Lebensjahr an, ohne sie auch nur um ihre Zustimmung zu fragen, mit irgend jemanden zu verheiraten. Man übte dieses Recht auch sehr häufig aus, da jedes von einem leibeigenen Mädchen geborene Kind den Besitzstand der Herrschaft vermehrte.

In manchen Gebieten war es üblich, daß das leibeigene Mädchen ein Jahr vor seiner Verheiratung — also gewöhnlich im Alter von 13 oder 14 Jahren — auf den Gutshof kommen und in der Zeit bis zu seiner Vermählung im Haus der Herrschaft Dienste leisten mußte.

Wenn Leibeigene heiraten sollten, die zwei verschiedenen Herrschaften gehörten, so wurden die aus der Ehe hervorgehenden Kinder gewöhnlich zwischen dem Herrn des Vaters und dem Herrn der Mutter geteilt. Doch ist über die Art der Teilung wenig bekannt. Ein Vertrag über eine solche

Heirat enthält die Bestimmung, daß Kinder aus der Ehe »gleichmäßig, jedoch so geteilt werden, daß der Teil das erste Kind als Leibeigenen erhält, der der Herr der Braut ist.«

Bei der Verheiratung von Leibeigenen beanspruchten ihre Herren eine Hochzeitsgabe, die anstelle des selten geübten ›Ius primae noctis‹ gefordert wurde. Eine Bratpfanne von der Größe des Gesäßumfanges der Braut war dabei ein durchaus angemessenes Geschenk.

Lange stritt man sich auch darüber, ob jemals ein Rechtsgrundsatz existierte, demzufolge der Herr anläßlich der Hochzeit eines leibeigenen Mädchens das Recht gehabt habe, die erste Nacht mit der Braut zu verbringen (das sogenannte ›Jus primae noctis‹).
Daß derartige Bräuche geübt wurden, steht außer Zweifel. Ob dieses Herrenrecht aber wirklich in einem Gesetzbuch niedergelegt war, ist heute nicht mehr festzustellen. Der deutsche Rechtslehrer Justus Möser (1720–1794) glaubt, daß der Ausdruck ›Recht der ersten Nacht‹ mißverständlich aufgefaßt wurde. Es wäre damit vielmehr um den Grundsatz ›Der Erbe muß huldig und hörig sein nach dem Hof‹ gegan-

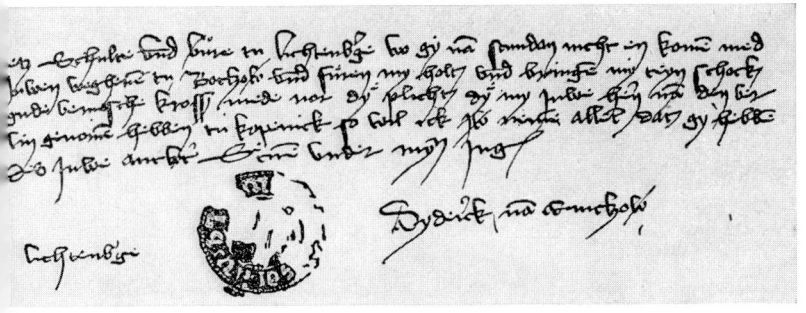

Die Bauern Europas standen im Mittelalter meist in einem persönlichen Abhängigkeitsverhältnis zu geistlichen oder weltlichen Grundherren. Die Ablieferung des Zehnten in Geld oder Naturalien war die wichtigste Abgabe, die der Leibeigene seinem Herrn gegenüber zu leisten hatte. Nach einem Augsburger Holzschnitt von 1479.

Der leibeigene Bauer war im Mittelalter das Freiwild gewalttätiger Grundherren. Dieser Drohbrief Dietrich von Quitzows an die Bauern von (Berlin-)Lichtenberg um 1400 beweist, daß der Kampf um Vorrechte und Macht auf Kosten der Schwächsten geführt wurde: »Wisset, Schulze und Bauern zu Lichtenberg, wenn Ihr nicht sogleich mit Euren Wagen nach Bötzow kommt und mir Holz und zehn Schock gute böhmische Groschen mitbringt für die Abgaben von Köpenick, welche Eure Herren, die Rathmannen von Berlin, mir genommen haben, so werde ich Euch alles nehmen, was Ihr habt. Darauf erwarte ich Eure Antwort! Geschrieben unter meinem Insiegel. Dietrich von Quitzow.«

gen, der bedeutete, daß ein Mädchen, das außerhalb der eigenen Herrschaft heiratete, normalerweise jeden Anspruch auf das Besitztum der Eltern verlieren mußte. Das ›Recht der ersten Nacht‹ habe nur darin bestanden, daß das neuvermählte Brautpaar die Hochzeitsnacht auf dem Gut des Herrn der Braut verbrachte und damit der jungen Frau das Recht auf die Erbschaft ihrer Familie sicherte. Die darüber ausgestellte Urkunde der Herrschaft sei das später mißverstandene ›Recht der ersten Nacht‹ gewesen.

Allerdings hinterlassen manche den Leibeigenen auferlegte Hochzeitsabgaben den zwiespältigen Eindruck, als würden sie tatsächlich nur eine Milderung eines ursprünglich in seiner ganzen Strenge ausgeübten Herrenrechtes darstellen. Solche Heiratsabgaben führten verschiedene Namen wie Abzugsgeld (Bayern), Beddemund (Westfalen), Brautlauf (Schwaben), Frauenzins (Niedersachsen), Klauentaler (Mecklenburg). Sie waren in Deutschland und Frankreich, aber auch in Spanien und Italien, England, Österreich und den übrigen Donauländern üblich.

Mit den Heiratsabgaben war übrigens die Verpflichtung gegenüber dem Leibherrn nicht erledigt. Trat ein leibeigener Bauer seinen Besitz an und leistete dafür dem Gebieter die Huldigung, so hatte er das »Besthaupt« zu zahlen. Das bedeutete, daß sich der Herr die beste Kuh oder das beste Pferd aus der Habe des Leibeigenen auswählte und damit andeutete, daß er eigentlich alles für sich beanspruchen dürfe und nur aus Gnade dem Bauern das übrige lasse. Dann gab es noch während des Jahres regelmäßige Abgaben von Vieh und Na-

---

Seite 126: Übergriffe der ersten Konquistadoren sorgten dafür, daß zwischen der eingeborenen Bevölkerung und den spanischen Eroberern rasch ein gespanntes Verhältnis herrschte. Die unterjochten Eingeborenen der Neuen Welt mußten als Lastenträger das Beutegut, Waffen und Verpflegung der Spanier auf den Kriegszügen mitschleppen, wobei sie oft genug von der rohen Soldateska mißhandelt wurden. Nach einer zeitgenössischen Darstellung.

turalien: eine bestimmte Anzahl von Kühen, Schweinen, Schafen, Hühnern wanderte auf den herrschaftlichen Hof, außerdem Wolle, Felle, Leder und Pelzwerk. Dazu kam noch der persönliche Zwangsarbeitsdienst: Anbau- und Erntefron, Jagd- Fischerei-, Hirten- und Wachtdienst. Wenn es Jagdzeit war, hatten die Bauern die Treiber zu stellen. Die Jagdgesellschaft ritt durch ihre Felder, ohne daß sie sich beim Herrn beschweren durften. Ja, es kam vor, daß die Grundherren den Bauern verboten, sich gegen das Wild zur Wehr zu setzen, das sich auf ihren Äckern gütlich tat. Denn das Wild mußte für die nächste Herrenjagd geschont werden. Im Gesindedienst des Hofes arbeiteten die Leibeigenen beim Holzmachen, Feueranzünden, Wäschereinigen und was es sonst noch in einem Haushalt zu tun gab.

Die wirtschaftliche Basis der Grundherrschaft waren die Fronhöfe. Jeder von ihnen stellte ein eigenes Wirtschaftsgebiet dar und war in sich autark, von jedem anderen Fronhof unabhängig. Auf diesen Höfen wimmelte es von Leibeigenen, die hier die verschiedensten Dienste taten. Auch die ersten, noch leibeigenen Handwerker waren hier beschäftigt. Man brauchte nämlich Leute, die sich auf allerlei verstanden: auf das Verfertigen von Latten, Fackeln, Körben, Butten, Dauben, Reifen, Fässern, aber auch auf die Herstellung von Hakken, Beilen, Sensen, Messern, Spießen und Kesseln. Schmiede, Förster und Müller hatten unter den Leibeigenen eine besondere Vorzugsstellung. Die Mädchen und die jungen Frauen, die sonst keine besondere Arbeit hatten, wurden in den Spinnstuben und Frauenhäusern dazu angehalten, für die Herrschaft zu arbeiten. Sie stellten Gewebe aus Flachs und Wolle her. Manche Herrschaften besaßen nicht nur zwei oder drei, sondern eine große Anzahl von Fronhöfen. So das Kloster St. Germain des Près bei Paris allein 39. Jeder dieser Höfe umfaßte etwa durchschnittlich 250 Hektar Ackerland, einige Wiesen und Weinberge und viel Wald. Für die Bewirtschaftung von ca. 17 Hektar Boden (was ungefähr einer Hufe entsprach) wurden vier Leibeigene benötigt.

Der Herr besaß über seine Leibeigenen fast unbeschränkte Macht. Er konnte sie zu jeder Arbeit zwingen, verkaufen, verschenken, vererben und natürlich auch züchtigen. Unter solchen Bedingungen gab es immer wieder einige, die der Leibeigenschaft zu entrinnen suchten. Ein altes Sprichwort stellt in diesem Zusammenhang fest: »Stadtluft macht frei.« Ein Leibeigener, dem es glückte, »ein Jahr und einen Tag« in den Mauern einer Stadt zu leben, ohne daß er von seinem Herrn zurückgefordert wurde, war frei. Daß die Sympathien der Stadtbürger meist auf seiten der Geflüchteten waren, geht daraus hervor, daß derjenige, der einen in den Schutz der Mauern geflüchteten Leibeigenen verriet, als Denunziant und Feind der Bürgerschaft galt.

Nach einer Urkunde der Stadt Lindau aus dem 13. Jahrhundert mußte ein Denunziant, der dem Herrn einen geflüchteten Leibeigenen verriet, der Frau und den Kindern des Leibeigenen den entstandenen materiellen Schaden ersetzen. Außerdem hatte er der Stadt eine Buße von fünf Pfund zu bezahlen. Konnte er den Betrag nicht aufbringen, wurde er aus Lindau für so lange verbannt, bis er seine Strafe bezahlt hatte.

Um die Flucht von Leibeigenen zu erschweren, wandte man verschiedene Mittel an. So wurde ihnen in einigen Gegenden ein eiserner Ring um den Hals geschmiedet, der nicht abgenommen werden konnte, in anderen Bezirken brannte man ihnen wie bei den alten Römern das Besitzzeichen des Herrn ein (in die Handflächen, zwischen die Schulterblätter, auf die Stirn). Zu Fluchtversuchen kam es bei Leibeigenen besonders häufig in Frankreich. Der Kirchenlehrer Beda der Ehrwürdige (673—735) schreibt in einem seiner Briefe: »Niemandem sind die Mißhandlungen unbekannt, welche die weltlichen Herren ihre Leibeigenen beiderlei Geschlechts erleiden lassen. Nicht zufrieden mit den Diensten, die sie von ihnen erwarten dürfen, beanspruchen sie ohne Erbarmen die Güter samt den Personen, die Personen samt den Gütern. Sie fordern nicht bloß mit Härte den herkömmlichen Zins ein, sondern bemächtigen sich auch drei- oder viermal im Jahr, und so oft es ihre Laune will, ihrer Habe; sie drücken sie mit unerträglichen und zahllosen Lasten nieder. Daher sieht man diese Unglücklichen den Boden verlassen, auf dem sie geboren sind, und weit fortfliehen. Noch gräßlicher aber ist es, daß man mit diesen Seelen, die Christus durch sein Blut erkauft hat, Handel treibt und sie für Geld veräußert.«

Das ist die große Schattenseite des Mittelalters, die man über der glänzenden Außenseite der Ritterkultur nur zu oft vergißt. Hier wie in der Zeit der griechischen Klassik war die von uns bewunderte Höhe der geistigen Entwicklung nur auf Kosten der breiten Volksmasse möglich. Da man ferner der Ansicht war, daß körperliche Arbeit Sklavenarbeit darstellt — und diese Meinung selbst von kirchlichen Theologen vertreten wurde — konnte auch von dieser Sicht her mit einer Wertschätzung der »poor labourers« (armen Arbeiter), wie sie in England genannt wurden, gar nicht gerechnet werden.

Deutliche Hinweise über die Mißachtung der körperlichen Arbeit von Leibeigenen finden sich immer wieder in der Literatur des Mittelalters. So wird z. B. in der Gudrun-Sage die Heldin als kriegsgefangene Magd am Hof der Normannenkönige mit Waschen von schmutziger Wäsche am Meeresufer beschäftigt. Als Kundschafter aus ihrer Heimat kommen, schämt sie sich vor ihnen vor allem deshalb, weil sie bei einer »knechtischen« Arbeit angetroffen wird.

Im Spätmittelalter wandelt sich das Bild. Jetzt kam es vor, daß ein verarmter Ritter weniger besaß als ein leibeigener Bauer. Besonders seit den Kreuzzügen verschmolzen allmählich die verschiedenen Unterschiede zwischen Leibeigenen, Hörigen, Zinsbauern und Freibauern. Einzelne unfreie Bauern brachten es sogar zu großem Ansehen, einige erhielten den Ritterschlag. Rudolf von Habsburg (1271—1293) bestellte (als König) einen leibeigenen Bauern zum Amtmann von Freiburg. Eine Chronik rühmt den Mann wegen seiner Tüchtigkeit und zwar gerade »weil er ein Bauer« war. Sonst aber galten Leibeigene im Urteil der freien Zeitgenossen als Speichellecker, die sich das Vertrauen ihrer Herrschaft durch Unterwürfigkeit und knechtische Dienstfertigkeit zu erschleichen suchten, um es dann bei günstiger Gelegenheit in unverschämter Weise zu mißbrauchen. Damals kam der Glaube auf, daß nur edle Geburt auch einen edlen Charakter bedingen könne.

»Als Adam grub und Eva spann ...«

>»Als Adam grub und Eva spann,
wo war denn da der Edelmann?«

Unter diesem Motto erhoben sich am Ausgang des Mittelalters in verschiedenen Ländern Europas die leibeigenen Bauern gegen die ihnen auferlegten Lasten und Fronden. Sie trugen auf ihren Fahnen den Bundschuh, den sie im Gegensatz zu den sogenannten Schnabelschuhen ihrer Herrschaft bei ihrer Arbeit trugen. Zu Bauernaufständen kam es z. B. im ausgehenden 14. Jahrhundert in England, als der englische Adel die teilweise aufgehobenen Frondienste wiederherzustellen versuchte. Schon zuvor war es in Nordfrankreich und Flandern zu großen Bauernunruhen gekommen.

In den Jahren 1324–1328 machten die flämischen Bauern auf die Ritter Jagd und verweigerten alle Abgaben. Aus dem sogenannten »Kerelslied« (Lied von den Bauernkerlen), das aus ritterlichen Kreisen stammt, spricht unauslöschlicher Haß gegen die Leibeigenen.

Bei den späteren Unruhen vermischten sich soziale mit religiösen Forderungen und verbanden sich so miteinander, daß man sie kaum voneinander trennen konnte. Die Anhänger des zu Konstanz hingerichteten tschechischen Professors und Predigers Jan Hus versuchten ein ›Reich Gottes‹ auf Erden zu errichten. Sie nahmen eine vom Alten Testament inspirierte Verfassung an, verjagten den Adel und plünderten seine Güter. Ihre radikalste Gruppe, die sogenannten ›Adamiten‹ wollten den ursprünglichen Zustand des Paradieses wiederherstellen, indem sie u. a. auf jegliche Kleidung verzichteten. Der Einfluß der Hussiten reichte weit, ihre Kriegszüge führten sie in fast alle benachbarten Länder, und sie fanden auch außerhalb Böhmens — so unter österreichischen Bauern — manche Anhänger. Ihre Kraft wurde erst gebrochen, als der tschechische Adel, der zuerst die Hussiten unterstützt hatte, unter dem Eindruck der fortschreitenden sozialen Revolution eine Partei der Gemäßigten — die sogenannten ›Utraquisten‹ — bildete und sich mit dem Königtum und der Kirche verständigte.

Schon gegen Ende des 14. Jahrhunderts kam es auch in einigen deutschen Ländern zu Bauernunruhen. Im Jahr 1391 erhoben sich die thüringischen Bauern in der Gegend von Gotha; 1431 kam es in der Kurpfalz zu Aufständen. Eine der gefährlichsten Erhebungen vor Beginn des großen Bauernkrieges verursachte der sogenannte ›Pfeifer von Niklashausen‹.

Dieser Revolutionär hieß Hans Böhaim; er begann 1476 zu Niklashausen an der Tauber seine ersten Ansprachen an das Volk zu halten. Auf Befehl seines Landesherrn, des Bischofs von Würzburg, wurde er verhaftet. Daraufhin zogen Tausende gegen das bischöfliche Schloß, um die Freilassung des Verhafteten zu erzwingen. Sie wurde ihnen versprochen, doch erfüllte man die Zusage nicht, sondern ließ die friedlich abziehenden Bauern durch nachgesandte Reiter niederhauen oder gefangennehmen. Der Pfeifer selbst starb auf dem Scheiterhaufen.

Von elsässischen Bauern, die seit 1493 zu rebellieren begannen, stammt der Bundschuh, das Abzeichen der späteren Erhebungen. Unruhen entstanden bald überall, und die Herren und Fürsten mußten bald da bald dort vereinzelt aufflackernde Erhebungen niederwerfen.

Eine der häufigsten Beschwerden der unzufriedenen Leibeigenen und hörigen Bauern richtete sich gegen die Einführung des ›Römischen Rechtes‹ und die Verwendung von Berufsjuristen in der Rechtspflege und bei den Behörden. Im Zusammenhang mit der Wiederentdeckung des römischen und griechischen Altertums waren die Gelehrten des ausgehenden Mittelalters auch auf das römische Recht gestoßen. Sie hatten es nicht nur studiert, sondern brachten es, überzeugt davon, daß das Altertum in jeder Beziehung höher stünde als die eigene Zeit, wieder zur Geltung. Das bisherige Recht war ein Volksrecht gewesen, das oft gar nicht in genau ausgearbeiteten Paragraphen, sondern nur als Gewohnheitsrecht überliefert war. Das römische Recht war dem Volke daher vollkommen fremd und schien nur zugunsten der Herren und der Juristen geschaffen worden zu sein.

Das römische Recht kannte auch verschiedene Begriffe nicht, die es in den Volksrechten gab. Die Vielseitigkeit der mittelalterlichen Eigentumsbeziehungen hatte z. B. der starren Auffassung vom absoluten Eigentumsrecht, wie es das römische Recht allein kannte, zu weichen, und die verschiedenen Abhängigkeitsabstufungen der Leibeigenen wurden nunmehr unter dem gemeinsamen Begriff des römischen Sklavenrechtes zusammengefaßt.

Immer wieder tauchen in den Forderungsprogrammen der aufständischen Bauern deshalb Bedingungen auf wie die ›Wiederherstellung des alten Rechtes‹ oder die ›Anerkennung des alten Rechtes‹. So erhoben sich mit dem Ruf nach der »stara pravda« (dem alten Recht) 1515 die Bauern Sloweniens. Schon ein Jahr zuvor war der große ungarische Bauernaufstand unter der Führung von Georg Dócsa ausgebrochen. Dócsa nannte sich in seinem Aufruf ›nur des Königs von Ungarn und nicht der Herren Untertan‹. Seine Ideen von Gleichheit und Gütergemeinschaft, von einer allgemeinen Kirche, der nur ein einziger Bischof vorstehen sollte und in der alle Geistlichen gleich sein müßten, verschafften ihm einen gewaltigen Zulauf von Bauern. Der ungarische Adel benötigte vier Monate, um Georg Dócsas Heerhaufen zu besiegen und auseinanderzujagen. Er selbst wurde gefangengenommen und unter gräßlichen Martern hingerichtet.

Die ungarischen Bauern gerieten danach in eine noch härtere Leibeigenschaft. Der ungarische Reichstag von Buda beschloß, die Freizügigkeit der Bauern aufzuheben, das Schulzenamt in den Dörfern abzuschaffen und außerdem zu verfügen, daß kein Geistlicher bäuerlicher Herkunft jemals eine höhere kirchliche Würde erhalten dürfe. Zu gleicher Zeit verschlimmerte sich auch — ohne daß es zu größeren Aufständen gekommen wäre — die Lage der polnischen Bauern. Sie durften seit 1496 nicht mehr über freien Grundbesitz verfügen, sondern mußten nach dem Thorner Statut von 1520 harte Fronarbeiten leisten. Wenn ein Herr einen Bauern freiließ, mußte dieser binnen drei Tagen einen anderen Dienst gefunden haben, oder man führte ihn in Ketten zu öffentlicher Zwangsarbeit ab. Seit 1512 besaßen polnische Bauern auch nicht mehr das Recht, ihre Kinder bis zum 12. Lebensjahr in eine Schule zu schicken.

Der deutsche Bauernkrieg begann mit den blutigen Ostern des Jahres 1525 zu Weinsberg. Hier griffen etwa 6 000 bis 8 000 Bauern das Schloß des Grafen Helfenstein an, der mit einer unehelichen Tochter des Kaisers Maximilian I. (1493—1519) verheiratet war. Der Graf mußte nach der Einnahme des Schlosses Spießruten laufen und starb eines elenden Todes, nachdem sich seine Frau den Bauern zu Füßen geworfen und um das Leben ihres Mannes gebeten hatte. Man riß der um Gnade Flehenden Kleider und Schmuck vom Leib, setzte sie auf einen Mistwagen und schickte sie in diesem Aufzug davon. Mit dem Grafen von Helfenstein büßten zugleich ein Dutzend Mitglieder des ältesten schwäbischen Adels ihr Leben ein. Die Söldner des Grafen wurden in der ganzen Stadt gejagt und erstochen, bis auf einige wenige, die mitleidige Weinsberger Bürger versteckt hatten.

Die Bluttat zu Weinsberg brachte den Bauern allerdings nur Nachteile. Denn sie wurde — oft ausgeschmückt — überall bekannt und brachte die Aufständischen um die Sympathien, die sie bis dahin genossen hatten. Auch Martin Luther, der zuerst der Sache der Bauern gewogen war, nahm von da an scharf gegen sie Stellung, und Fürsten und Ritter, die sich noch wenige Jahre vorher aufs heftigste befehdet hatten, fanden sich nunmehr zusammen mit dem einen Ziel, die Bauern niederzuwerfen und an ihnen Rache zu nehmen. Es war aber nicht bloß die Empörung über die Schreckenstaten der Bauern, die eine solche Gegenaktion des Adels auslöste, sondern auch die große Sorge der Ritter und Fürsten, sie könnten ihren eigenen Besitz nicht mehr halten, falls die Bauern keine Abgaben und Frondienste mehr leisteten. Denn wir dürfen über allem nicht vergessen, daß es die Leibeigenschaft und die Unterdrückung durch die Herren waren, welche die Bauern zur Erhebung trieben. Vor allem die Abschaffung der Leibeigenschaft war immer wieder eine der ersten Forderungen der Bauern. Schon in der sogenannten ›Reformation Kaiser Sigismunds‹, einer der ältesten sozialrevolutionären Flugschriften in deutscher Sprache, heißt es unmißverständlich: »Es ist eine unerhörte Sach, daß man es in der heiligen Christenheit öffnen (bekanntmachen) muß, das große Unrecht, so gar fürgeht, daß einer so geherzt (mutig) ist vor Gott, daß er getar (sich getraut) sprechen zu einem: du bist mein eigen!« Und in den 12 Artikeln, die von den schwäbischen Bauern formuliert wurden, sind folgende Forderungen enthalten:

1. Recht der freien Pfarrerwahl durch die Gemeinde, die den Seelsorger auch wieder absetzen kann. Der Pfarrer hat das Evangelium lauter und klar, ohne alle menschlichen Zusätze, zu predigen und den wahren Glauben begründen zu helfen, durch den allein man mit Gottes Barmherzigkeit selig werden kann.

2. Der Kornzehent (Großer Zehent) soll dem Pfarrer entrichtet werden, aber nur wenn er zu seinem Lebensunterhalt notwendig ist. Was übrig bleibt, möge unter die Armen verteilt oder als Vorrat im Hinblick auf etwa notwendige Kriegsdienste aufgehoben werden, damit dann keine eigene Reissteuer mehr eingefordert zu werden braucht. Kann eine Herrschaft nachweisen, daß sie den Zehent von einem Dorf gekauft hat, so soll dieses das Recht haben, ihn wieder einzulösen; kann die Herrschaft einen solchen Erwerb nicht nachweisen,

so ist er ganz abgetan, ebenso wie jede Art des Kleinen Zehent; denn Gott hat das Vieh frei erschaffen.

3. Lösung der Leibeigenschaft, worunter aber nicht die Aufhebung aller Obrigkeit verstanden wird, der die Verfasser der Artikel nach dem Gebot Gottes gehorsam sein wollen in allen ziemlichen und christlichen Sachen.

4. Gott hat den Menschen über alle Tiere Gewalt gegeben, daher ist es unchristlich und unbrüderlich, das Jagen und Fischen zu verbieten, gar dann, wenn das Vieh die Ernte verdirbt. Wer also nicht urkundlich beweisen kann, daß er ein Wasser erkauft hat, soll es der Gemeinde überlassen.

5. Die Herrschaften haben sich der Forste allein bemächtigt und die Bauern müssen, was sie an Holz brauchen, bezahlen. Wenn eine Herrschaft nicht beweisen kann, daß sie ihren Waldbesitz erworben hat, soll das Recht am Wald der Gemeinde wieder zurückgegeben werden, die dann seine Benutzung regeln wird. Die Mitbenutzung aber an zu Recht besessenem Wald soll brüderlich geregelt werden.

6. Bezüglich der Dienste soll man ein Einsehen haben und den Bauern nicht mehr aufbürden, als bei den Vorfahren gebräuchlich war.

7. Willkürlich verlangte Dienste sind abzuschaffen. Es soll so bleiben, wie es zwischen Herrn und Bauern ausgemacht ist. Wenn aber die Herrschaft die Dienste der Bauern ausnahmsweise nötig hat, so sollen sie dienstbar sein, aber ohne daß ihr eigenes Gut geschädigt werde und gegen ein geziemendes Entgelt.

8. Die Gülten (Abgaben, Zinsen) sind zu hoch. Es soll deshalb eine Kommission ehrbarer Leute die Güter besichtigen und danach die Gülten nach der Ertragsfähigkeit bestimmt werden.

9. Es soll gerichtet werden nach der Schwere der Tat und nach herkömmlich aufgeschriebenem Recht, nicht aber nach Gunst und Laune.

10. Wiesen und Äcker, die eigentlich einer Gemeinde gehören und dieser unbilligerweise entfremdet worden sind, sollen zurückgegeben werden.

11. Es ist zu fordern, die vollständige Abschaffung des Todfalls (d. h. der Abgaben, die anläßlich des Todes eines Leibeigenen dem Grundherrn zu bezahlen waren).

12. Diese Artikel gelten insofern und insoweit, als sie aufgrund der Heiligen Schrift berechtigt sind.

Keine der genannten Forderungen wurde erfüllt — im Gegenteil, die Bedrückung wurde noch unerträglicher. Nachdem die einzelnen lokalen Bauernaufstände niedergeworfen waren, ließen die Sieger ihren Rache- und Haßgefühlen freien Lauf. Die Berner Chronik des Valerius Anselm berichtet: »Die Bauern, die sich durch ihren Aufstand gegen den Karren gesträubt, wurden nach der Niederlage vor den Wagen gespannt. 130 000 wurden in Oberdeutschland erschlagen. Große Teuerung und Seuchen folgten. Nach dem Kriege wurden selbst jene Grundherren hart, die vordem redlich und gütig waren.« Gegenüber diesen phantastisch aufgeblähten Zahlen kann man an Menschenverlusten der Bauern vielleicht 100 000 Tote nachweisen, die in den Kämpfen gefallen oder nach ihrer Beendigung erschlagen, zum Tode verurteilt und hingerichtet worden waren. Dazu kamen noch an 50 000 Frauen und Kinder der Bauern, die im Verlauf der Kampfhandlungen und in noch größerer Zahl bei den nachfolgenden Strafaktionen der Fürsten und Ritter ermordet wurden oder verhungerten, weil man sie von ihren Wohnstätten vertrieben hatte. Nach Meinung der Herren brauchte man Aufständischen und Leibeigenen gegenüber keinen Eid zu halten. Man versprach Gnade walten zu lassen, und erschlug dann doch diejenigen, die sich aufgrund dieser Zusage ergeben hatten. Man versprach Gewährung der Forderungen und erfüllte sie dann nicht, nachdem die Bauern die Waffen niedergelegt hatten. Man erfand die heimtückischsten Martern und Foltern, um Geständnisse zu erpressen. Eine Verordnung des Schwäbischen Bundes, in dem die Reichsstädte und die Ritter vereinigt waren, bestimmte, daß jedes Bauernhaus sechs Gulden Brandschatzung zu entrichten hätte. »Und welches Dorf« — so hieß es wörtlich — »oder welcher Fleck seine Summa auf die

Zeit, wie es ihm die Verordneten auflegen, nicht würde geben, dieselben sollen geplündert und verbrannt werden.« Diese gewaltigen Auflagen machten die Bauern auf Jahrzehnte hinaus fast zu Bettlern. Sie waren in dieser Zeit nicht einmal imstande, sich die primitivsten Ackergeräte zu kaufen oder irgendwelche Verbesserungen auf ihren Höfen durchzuführen. In einer Fuldaer Handschrift aus dem 16. Jahrhundert finden wir folgende Verse über den Bauernkrieg und seine Folgen:

»Man hatt' ein gutes Leben
geführet lange Zeit,
da wollt' man nichts mehr geben,
vergaß all Pflicht und Eid.
Man brannt' und raubt' wie Türken,
ging wütiglich voran,
all Obern sollten mirken (merken)
die G'walt des gemeinen Mann.
Der wollt' die Güter teilen,
wollt' Herr und Meister sein,
doch kam' die Straf' mit Eilen,
ach Herrgott, steh itzt drein.
Mit Strafen itzt sie wüten,
beschweren alle Last,
niemand sich mag behüten,
er wird erdrücket fast.
So ist das End' vom Liede
ein grause Tyrannei —
ach Herrgott, gib uns Friede
und bring' die Straf' vorbei.«

Unter dem Eindruck der Verschlechterung ihrer Lage erschien den Bauern mit einemmal die Zeit vor dem großen Aufstand als die ›gute alte Zeit‹. Sie dachten nicht mehr an die Qual, die Not und die Bedrückung, unter der sie geseufzt und die sie zum Aufstand bewogen hatten. Sie sahen nur mehr das gegenwärtige Elend und die gegenwärtige Not. Leibeigenschaft und Dienstbarkeit blieben jetzt erst recht das Los des Bauern, und die von ihnen so heftig abgelehnten gelehrten Juristen setzten nun ihre Dienstpflichten nach den strengen Pflichten fest, die einst der römische Sklave seinem Herrn gegenüber schuldig war.

Ein Kampf für das Menschenrecht

Als Cristoforo Colombo, der unter seinem latinisierten Namen Kolumbus weltberühmt werden sollte, am 10. Oktober 1492 eine der Inseln der Bahamagruppe erreicht hatte und dort die Fahne Kastiliens aufpflanzte, ahnte er nicht, daß er einen neuen Erdteil entdeckt hatte. Kolumbus starb in der Meinung, einen westlichen Seeweg nach Indien gefunden zu haben. Zu dieser Zeit strömten bereits spanische Abenteurer, Goldsucher und Kolonisten über den Ozean, um eines der mächtigsten und größten Kolonialreiche der frühen Neuzeit zu errichten. Als die Spanier amerikanischen Boden betraten, sahen sie sich dort Menschen einer bisher unbekannten Rasse gegenüber. Der Araber, der Neger und auch der Asiate waren dem Europäer seit langem bekannt, nicht aber der Eingeborene Amerikas, den wir noch heute, dem Irrtum des Kolumbus folgend, ›Indianer‹ (Eingeborener von Indien) nennen. Die Indianer empfingen die Europäer ohne jedes Mißtrauen. Sie sahen in ihnen zunächst sogar Götter oder zumindest Göttersöhne. Für die Spanier waren die Indianer dagegen nur Objekte der Ausbeutung. Ja, sie zweifelten sogar daran, ob es sich bei ihnen überhaupt um Menschen handelte.

Königin Isabella von Kastilien hatte ursprünglich auf die Mahnung der Missionare hin die Indianer für frei erklärt und ihre Versklavung verboten. Aber die Nutznießer der Ausbeutung, Soldaten, Kaufleute, Kapitäne und Kolonisten, die an einem raschen Reichwerden interessiert waren, dachten nicht daran, auf die Arbeitskraft der Eingeborenen zu verzichten. Sie setzten bei der Königin durch, daß sie in einem zweiten Gesetz die Indianer verpflichtete, acht Monate im Jahr für die Spanier zu arbeiten.

Die Indianer kannten schon vor der Ankunft der Europäer die Sklaverei. Aber sie war milde im Vergleich zu der Form der Knechtschaft, in die sie jetzt gerieten. Im Mayareich vor der Entdeckung von Mittelamerika hatten nur Adelige das Recht, Sklaven zu halten. Diese Sklaven waren meist Kriegsgefangene oder Verbrecher. So konnten Diebe zur Strafe zu Sklaven erklärt werden. In Mexiko war die Sklaverei nicht erblich: Kinder von Sklaven waren daher von Geburt an frei. Bei den Inkas in Peru und Bolivien war lebenslängliche Sklaverei unbekannt. Hier wurden selbst Kriegsgefangene nach Beendigung der Feindseligkeiten nach Hause entlassen.

Die spanischen Eroberer dagegen verteilten die gefangenen und unterworfenen Indianer unter sich. Sie hatten für ihre neuen Herren Zwangsarbeit auf den Feldern und in den Bergwerken zu leisten. Wenn sie starben, erhielt der spanische Grund- oder Bergwerksbesitzer die Erlaubnis, wieder eine Anzahl von Indianern einzufangen und sie als Arbeiter und Arbeiterinnen einzusetzen.

Der spanische Herr hieß nach zeitgenössischem Kolonialrecht ›Comendador‹. Er erhielt von der spanischen Kolonialverwaltung folgende Urkunde als Zeichen der Berechtigung, Indianer als Sklaven zu verwenden: »Hiermit sind Dir ... (folgt Name) als Depositum der Häuptling und die Eingeborenen des Dorfes (folgt wieder Name) anvertraut, daß Du Dich ihrer bedienest und sie Dir beistehen in der Bearbeitung Deiner Ländereien gemäß der seinerzeit erlassenen oder zu erlassenden Verordnungen, mit der Bedingung, daß Du sie in den Lehren unseres heiligen Glaubens unterweisest und nichts unterlässest, sie für ihn zu gewinnen.«

Sicherlich war es der Wille der spanischen Könige, den Indianern ein erträgliches Los zu sichern, aber Amerika war weit und die Kolonisten taten, was ihnen gefiel. Welcher Indianer hatte wohl auch nur eine Ahnung, unter welchen

Bedingungen er dem spanischen Grundherrn übergeben worden war! Er war der schweren körperlichen Arbeit, die ihm zugemutet wurde, völlig ungewohnt. Die eingeborenen Arbeiter wurden zudem schlecht ernährt, fast gar nicht gekleidet und häufig mißhandelt. Die Spanier hielten Bluthunde, die man mit dem Fleisch von getöteten Indianern fütterte, damit sie bei der Verfolgung von Flüchtlingen die Witterung beibehielten.

Es sind Beispiele unmenschlicher Grausamkeit aus dieser ersten Periode der spanischen Kolonialtätigkeit überliefert. Ein spanischer Grundherr drangsalierte seine indianischen Sklaven so, daß nach wenigen Monaten von 300 Arbeitern, die ihm übergeben worden waren, nur noch 30 am Leben waren. Ein anderer verlor einmal auf einer Wanderung einen Dolch, der im Sumpf verschwand. Da es dunkel und die Suche vergeblich war, steckte er zur Kennzeichnung der Stelle einfach den Säugling einer indianischen Sklavin in den Sumpf, um am anderen Morgen nach der verlorenen Waffe weiterzusuchen. Ein Indianer besaß so wenig Wert, daß man eine junge Häuptlingstochter schon für ein Stück Käse kaufen konnte.

Der gepeinigten Eingeborenen nahmen sich einzig und allein die Missionare an, vor allem die Mitglieder des Dominikanerordens. Sie verweigerten jedem Sklavenhalter die Lossprechung in der Beichte. Als man die Angelegenheit in Rom vorbrachte, entschied der Papst, daß die Einrichtung der Sklaverei nicht nur gegen die Religion sondern auch gegen das Naturrecht verstoße.

Der bedeutendste und unermüdliche Verteidiger der Indianer wurde der Priester Fra Bartoloméo Las Casas (1474–1566), der später als Dominikanermönch und zuletzt als Bischof der Diözese Chiapa in Mexiko tätig war. Er setzte sich bereits als Laie für die Indianer ein und verbrachte einen großen Teil seines Lebens damit, den Indianern die Menschenrechte zu sichern. In seinem Kampf für eine Reform der Indianergesetzgebung redete er eine so offene Sprache und brachte er als Augenzeuge so viele unwiderlegbare Beweise vor, daß die spanische Regierung aus Furcht sein Buch ›Allgemeine Geschichte Indiens bis zum Jahr 1520‹ nicht drucken ließ. König Ferdinand und der mächtige spanische Kanzler Kardinal Ximenes anerkannten jedoch zum Teil die Forderungen von Las Casas. Eine Kommission, die nach Amerika geschickt wurde, hatte erklärt, daß man ohne die Arbeit von Sklaven nicht auskommen könne. Daher wurden vorerst nur jene Indianer freigelassen, die sich im Besitz von Spaniern befanden, die nicht in Amerika ansässig waren.

Las Casas war mit diesem Teilerfolg nicht zufrieden. Er kehrte nach Ferdinands Tod wieder nach Spanien zurück und traf hier mit dem neuen König, dem Habsburger Karl zusammen, der als Kaiser Karl V. (1519–1556; gest. 1558) der Begründer eines Weltreiches wurde, in dem ›die Sonne nicht unterging‹. In seiner Audienz beim Kaiser schloß Las Casas seinen Vortrag über das elende Los der Indianer mit den Worten: »Nachdem ich Eure Majestät hiervon unterrichtet habe, bin ich sicher, Ihr den wichtigsten Dienst erwiesen zu haben, so ein guter Untertan seinem König erzeigen kann; nicht trachte ich nach deren Gnaden und Gunstbezeigungen, denn ich handle nicht in deren Dienst, unbeschadet des Gehorsams, den ich ihr als Untertan schuldig bin, sondern zufolge meiner Überzeugung, daß Gott dies große Opfer gebührt. Und um zu bestätigen, was sie darzulegen mir verstattet, sage und erkläre ich von neuem, daß ich auf jedwede zeitliche Gnade oder Gunst verzichte, und sofern ich jemals mittelbar oder unmittelbar auch nur die geringste Belohnung verlange, bin ich

---

Seite 143: Wer sich dem spanischen Joch widersetzte, wurde von den Eroberern auf grausame Weise gequält und getötet. Es war der Dominikanermönch Fra Bartoloméo Las Casas, der bei König Ferdinand wegen der unmenschlichen Behandlung der Eingeborenen vorstellig wurde. Als Augenzeuge berichtete er, daß die Spanier Bluthunde, die man mit dem Fleisch getöteter Indianer fütterte, zur Verfolgung flüchtiger Sklaven hielten.

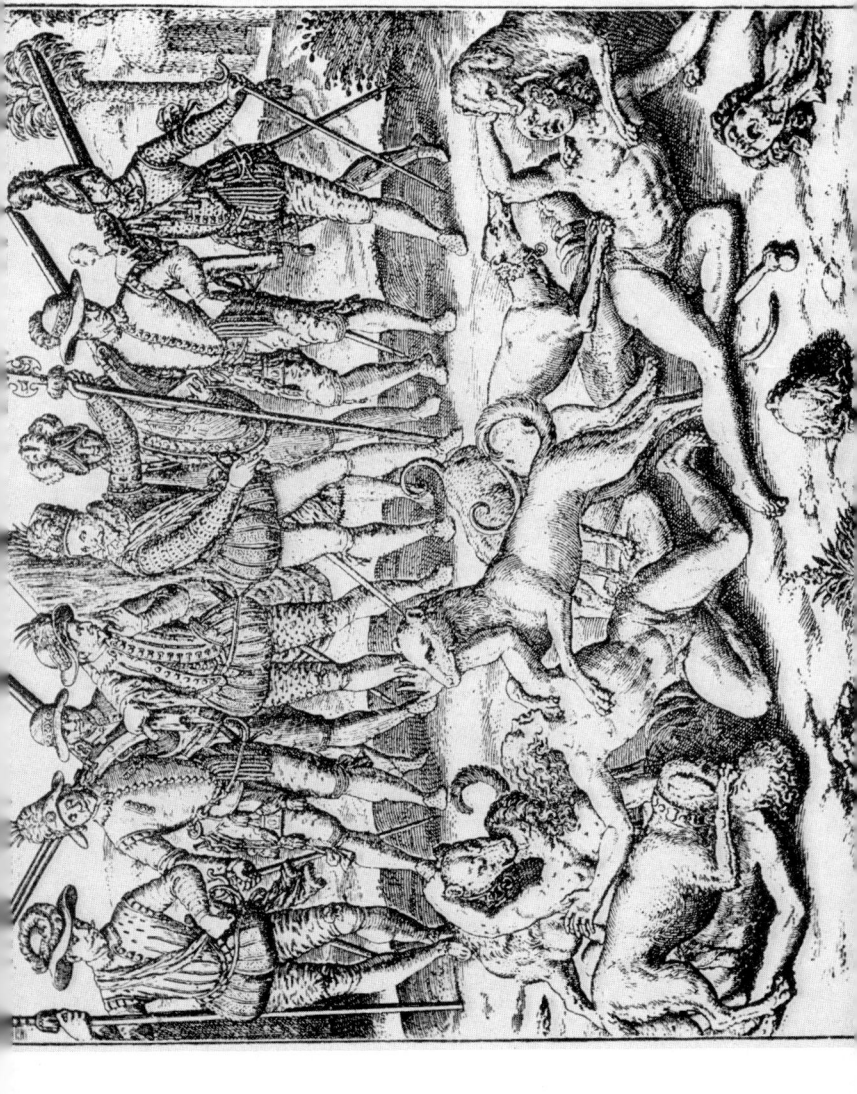

bereit, mich der Lüge und der Treulosigkeit gegen meinen König zeihen zu lassen.«

Diese wahrhaft unerschrockene Haltung eines einfachen Ordenspriesters mußte über alle Intrigen und Kabalen den Sieg davontragen. Denn selbstverständlich setzten die Nutznießer der Indianersklaverei alles daran, Kaiser Karl V. dazu zu bewegen, auf Las Casas nicht zu hören.

Einer der gefährlichsten Gegner von Las Casas war der kaiserliche Hofhistoriker und Humanist Juan Ginés de Sepúlveda (1490–1573), der in erster Linie nur an die Größe Spaniens und der habsburgischen Dynastie dachte. In seiner Darstellung »Democrates alter sive de justis belli causis apud Idos« (Über den gerechten Krieg gegen die Indianer) behauptete er, daß sich Spanien in einem ›gerechten Krieg‹ gegen die Indianer befinde und daher auch das Recht habe, die Unterworfenen zu versklaven. Der Druck dieses Manuskriptes wurde, wie die Schrift von Las Casas, ebenfalls verboten.

Der Kaiser selbst war über die wirklichen Vorgänge in den überseeischen Kolonien nicht oder nur ungenau unterrichtet. Es war also für ihn schwierig, eine gerechte und richtige Entscheidung zu treffen. Im Jahr 1530 kam es zu einer öffentlichen Disputation zwischen den Anhängern und Gegnern der Indianersklaverei. Dabei verstieg sich Sepúlveda zu der Behauptung — sie ist für die Denkweise auch kluger und gescheiter Männer dieser Epoche kennzeichnend — daß der Krieg gegen die Indianer schon deshalb gerecht genannt werden müsse, weil die Eingeborenen ›keine Christen‹ seien. Er erklärte weiter, es sei der Wille des verstorbenen Papstes Alexander VI. (1492–1503) gewesen, »daß die Barbaren zunächst den Königen Kastiliens unterworfen würden und daß man

---

ihnen erst dann das Evangelium predige«. Wenn nun Las Casas behaupte, die spanischen Eroberungen seien ›ungerecht, tyrannisch und höllisch‹, so verunglimpfe er damit den Willen des Papstes und das Recht der verstorbenen spanischen Könige und stelle einen Satz auf, ›der falsch und skandalös ist und geradezu auf einer häretischen Verwegenheit beruht.‹

Las Casas zerpflückte spielend die Behauptungen seines Gegners und gebrauchte dabei Argumente, wie wir sie heute noch verwenden würden. Er ging dabei so weit, das Recht des Herrn gegenüber seinem Untertan einfach zu bestreiten und zu erklären, dieses Recht sei nichts anderes als Tyrannei, weil es sich ausschließlich auf die nackte Gewalt stütze. Las Casas brachte dies alles leidenschaftslos vor, während seine Gegner rote Köpfe hatten und ihn beschimpften. Seine Rede schloß er mit den Worten: »Ich beteure vor Gott, vor seinen Engeln, vor den Heiligen des himmlischen Reiches, vor allen Menschen, die jetzt leben und die nach uns leben werden, daß keinerlei persönliche Rücksicht diese Gedanken mir eingibt, daß sie einzig das Seelenheil des Königs, der Spanier und der Indianer bezwecken; denn ich habe erkannt, wie in diesen fünfundvierzig Jahren die Mißregierung, die Grausamkeiten und die Vergewaltigungen, welche die Autorität in Amerika im Namen des Königs von Spanien übte und noch übt, mehr als fünfzehn Millionen Indianer hat ohne Religion sterben lassen.«

Kaiser Karl V. erließ dann tatsächlich eine Reihe von Gesetzen, die das Los der Indianer milderten. Sie erhielten zwar nicht die unbeschränkte Freiheit, aber anstelle der Willkür einzelner regelte nunmehr ein Gesetz der Krone die Beziehungen zwischen spanischen Kolonisten und Eingeborenen. Die Zuteilung von Indianern an spanische Grundbesitzer wurde eingeschränkt. Beim Tod eines Pflanzers fielen seine Besitzungen an die Krone, Güter durften nicht mehr Beamten oder Vertretern der spanischen Königreiche übergeben werden. Die Indianer wurden von jeder persönlichen Dienstleistung befreit. Schon 1526 hatte Karl V. verfügt: »Es nuestra voluntad ..., que los Indios sean libres y no sujetos a servidumbre« (Es ist unser Wille, daß die Indianer frei und keine Sklaven seien). Sie hatten jetzt nur mehr Abgaben zu leisten. Indianische Dörfer erhielten einheimische Bürgermeister, die oft aus den alten Häuptlingsgeschlechtern stammten.

So sehr die erste Generation der spanischen Eroberer in Amerika gewütet hatte, so sehr veränderte sich das Bild in den nachfolgenden Jahrzehnten. Paul Leroy-Beaulieu weist in seinem Buch über die Kolonisationssysteme der Neuzeit darauf hin, daß »trotz aller Mängel, die dem spanischen Kolonialsystem anhafteten, dieses als das einzige unter denen aller modernen Nationen anerkannt werden muß, das in seinen Beziehungen zu den Eingeborenen tatsächlich die Grundsätze der Humanität, der Gerechtigkeit und der Religion walten ließ.« In Spanien selbst sollten die Rufe nicht verstummen, die jede Inbesitznahme indianischen Bodens als gegen das Recht verstoßend verurteilten. Die Indianer sollten wieder über das Land verfügen dürfen, das ihnen mit Gewalt genommen worden war.

Im Jahr 1604 erließ Francesco de Alfaro für das heutige Bolivien folgende Bestimmungen, die auch den Sklaven und Indianern zugute kamen: Arbeitsverbot für Kinder und Jugendliche unter 18 Jahren (von bestimmten, genau beschriebenen Ausnahmefällen abgesehen); Verbot der Frauenarbeit in den Zuckermühlen; Viertagewoche für die Arbeiter in den Zuckermühlen bei einer täglichen Arbeitszeit von 11 Stunden (44-Stundenwoche); zweimaliger obligatorischer Urlaub im Jahr (je 8—10 Tage zu Weihnachten und zu Ostern); Verbot der Errichtung neuer Zuckermühlen, sofern sie nur mit Sklaven betrieben werden können; strenge Einhaltung der Sonntags- und Feiertagsruhe auch für die Sklaven.

Es versteht sich, daß viele dieser gutgemeinten Verordnungen und Gesetze nur auf dem Papier blieben. Die spanischen Kolonien waren weit von Madrid entfernt und die Einhaltung der erlassenen Gesetze vom Mutterland aus schwer zu überwachen. Aber immerhin wurden die Verordnungen verkündet, während andere europäische Kolonialmächte nicht einmal auf dem Papier stehende Schutzgesetze für die Indianer erließen. Daß solche Gesetze für die spanischen Kolonien möglich waren, ist allerdings ohne das Wirken von Fra Bartoloméo Las Casas nicht denkbar, der auf diese Weise den Fortbestand der indianische Rasse in Mittel- und Südamerika sicherte. Noch heute leben in den ehemals spanischen Kolonien von Mexiko bis Feuerland einige Indianerstämme, wenn auch christianisiert, hispanisiert und oft mit Weißen vermischt, wie vor Kolumbus in ihren ursprünglichen Lebensräumen. Um so tragischer mußte es sein, daß gerade Las Casas in seinem Eifer, die Indianer vor der Versklavung zu schützen, der ungewollte Urheber einer neuen Grausamkeit wurde, indem er der spanischen Krone empfahl, Negersklaven in die spanischen Kolonien einzuführen, damit sie die schwere Arbeit auf den Feldern, in den Bergwerken und Zuckermühlen verrichteten. Denn ihnen, so glaubte die Zeit, würde die harte Arbeit und das heiße Klima aufgrund ihrer robusteren Natur weit weniger anhaben als den sensibleren, anfälligeren Bewohnern der Neuen Welt.

Die schwarze Odyssee

Viele Menschen sind noch heute gewohnt, spöttisch zu lächeln oder ungläubig den Kopf zu schütteln, wenn man von einer Negerkultur spricht. Man anerkennt die altorientalischen, die ostasiatischen, die indischen, ja sogar die altamerikanischen Kulturen, weil man von ihnen irgendwann einmal etwas gehört hat — aber Afrika ist für viele nur der ›schwarze Erdteil‹, in dem es immer nur Nacht gewesen sei, in dem es niemals eine höhere Kultur gegeben habe. Der Neger, so lautet das Vorurteil, besäße dafür nicht die geistigen Voraussetzungen. Er habe die Intelligenz eines zehnjährigen Kindes und werde es nie zu etwas Höherem bringen. Trotzdem werden auch jene, die solche Ungereimtheiten von sich geben, die erstaunlichen Entdeckungen zur Kenntnis nehmen müssen, die Jahr für Jahr auf dem afrikanischen Kontinent gemacht werden. Sie tragen dazu bei, die afrikanische Geschichte vor der Ankunft der Europäer weithin zu erhellen.

Wir wissen heute mit Sicherheit, daß südlich der Wüste Sahara mächtige Negerreiche schon zu einer Zeit bestanden, als sich im nördlichen Europa erst die Anfänge einer höheren Kultur abzeichneten. Namen alter Negerreiche wie Ghana oder Mali sind inzwischen nach jahrhundertelanger Vergessenheit wieder zum Begriff geworden. 1067 nennt der arabische Geschichtsschreiber El Bekri den König Tenkaminen von Ghana »den Herrn eines weiten Reiches und von ansehnlicher Machtfülle«. Als einer der mächtigsten schwarzen Herrscher wird auch König Asaman (1295—1325) erwähnt.

Es soll hier nicht behauptet werden, daß die Europäer der Entdeckungszeit die altafrikanische Geschichte bewußt nicht zur Kenntnis genommen haben; sie waren jedoch von ihrem eigenen Wert und der Unübertrefflichkeit ihrer eigenen Kultur so überzeugt, daß sie sich gar nicht die Mühe machten, nach der Vergangenheit der Völker zu forschen, in deren Länder sie einbrachen und deren Bewohner sie versklavten.

Sicherlich — Negersklaven gab es bereits im Altertum. Wir wissen, daß schwarze Sklaven in Griechenland, in Rom, in Persien bekannt waren. Sie wurden als seltene Exoten bestaunt. Der Chinese, der Japaner, der Inder fällt unter Weißen ja auch weniger auf als ein ›Schwarzer‹. Das Verhängnis wollte es nun, daß eine frühe Bibelauslegung den Neger als Nachkommen Kains oder zumindest als den jenes »Kanaan« ansah, über den Noah den Fluch ewiger Knechtschaft ausgesprochen hatte. Noch im 19. Jahrhundert beriefen sich daher Männer der amerikanischen Südstaaten auf diese Bibelstelle, um die Negersklaverei zu rechtfertigen.

Dem Sklavenhandel und der Sklavenjagd in Afrika hat jedoch vor allem Bartoloméo Las Casas entscheidende Impulse gegeben, als er seinen verhängnisvollen Ratschlag gab, anstelle der Indianer Neger die schweren Arbeiten auf den Feldern der spanischen Pflanzer ausführen zu lassen. Sicher wäre man auch ohne diesen ausdrücklichen Ratschlag allmählich auf den Gedanken gekommen, zwangsweise Arbeitskräfte in die überseeischen Kolonien zu holen. Schon sieben Jahre vor seinem Vorschlag arbeiteten auf der westindischen Insel Haiti Negersklaven. Von da an hört der Zustrom aus Afrika durch Jahrhunderte nicht auf. Das Geschäft mit der schwarzen Haut wird eines der schäbigsten und zugleich gewinnbringendsten, das jemals von weißen Männern und Christen besorgt wurde. An ihm beteiligten sich selbst hochgestellte und gebildete Persönlichkeiten, allerdings nicht in der Weise, daß sie selbst Sklavenschiffe geführt oder daß sie sich an Sklavenjagden persönlich beteiligt hätten, sondern indem sie ihr Geld im Sklavenhandel anlegten und nichts dabei fanden, vom Unglück zahlloser Menschen zu profitieren.

So waren Kaiser Ferdinand I. (1556–1564) und Königin Elisabeth I. von England (1558–1603) am Negerhandel finanziell interessiert. Elisabeth besaß Aktien eines Sklavenschiffes, das den blasphemischen Namen »Jesus of Lubeck« führte. Auch der Vorkämpfer der Aufklärung im 18. Jahrhundert, Voltaire, beteiligte sich mit 5 000 Francs an einem in Nantes ausgerüsteten Sklavenhändlerschiff und schrieb an dessen Kapitän Michaud: »Ich wünsche mir mit Ihnen viel Glück zu dem glücklichen Erfolg des Schiffes ›Congo‹, das gerade rechtzeitig an Afrikas Küsten landete, um so viele unglückliche Neger dem Tod zu entreißen. Ich weiß, daß man die Neger, die auf Ihren Fahrzeugen eingeschifft werden, mit ebensoviel Milde als Menschlichkeit behandelt, und in solchem Falle freut es mich, gleichzeitig ein gutes Geschäft gemacht, aber auch eine gute Handlung verrichtet zu haben.«

Diese Argumentation, daß man im Grunde doch nur ein gutes Werk tue, wenn man die meist kriegsgefangenen Neger ihren grausamen Siegern entrisse, war eine beliebte Entschuldigung für das eigene unmenschliche Handeln. Man wollte nicht wahrhaben, daß gerade infolge der Nachfrage der Europäer viele Negerhäuptlinge erst dazu gebracht wurden, Kriege mit ihren Nachbarn zu beginnen, um auf einfache und billige Art sich die Gefangenen zu verschaffen, die man dann den Weißen weiterverkaufen konnte. So wurden die Europäer auch mitschuldig an vielen innerafrikanischen Kriegen, die sonst überhaupt nicht oder doch mit weniger Grausamkeit geführt worden wären.

Das Haupthandelsgebiet mit Negersklaven war Westafrika. Noch heute sind die Küstenstriche westlich des Nigerdeltas als ›Sklavenküste‹ auf unseren Atlanten vermerkt. Die ersten Neger wurden bereits 1440 nach Portugal gebracht. Ein alter portugiesischer Geschichtsschreiber berichtet in seiner ›Eroberung von Guinea‹ zum erstenmal von einer Sklavenversteigerung mit den Worten: »Die Angst der Gefangenen stieg auf das höchste, als der Augenblick der Trennung kam, da Kinder von den Eltern, Frauen von ihren Männern, Brüder von ihren Brüdern weggerissen wurden. Jeder wurde dorthin gestellt, wohin ihn sein Schicksal trieb. Väter und Söhne, die auf verschiedenen Seiten aufgestellt worden waren, wollten mit aller Macht wieder zueinander. Mütter wollten ihre Kinder in den Armen festhalten und warfen sich auf den Boden, um sie mit ihren Leibern zu schützen, jede Gewalttat gegen ihre eigene Person hinnehmend, nur damit sie die Kinder behalten dürften. Der Prinz (Heinrich der Seefahrer) befand sich auf einem prachtvollen Pferd mit seinem Gefolge dabei und teilte seine Geschenke aus. Er gab auf der Versteigerung die 46 Seelen weg, die ihm als ein Fünftel zugefallen waren...« Und dann heißt es im gleichen Bericht weiter: »Von da an wuchs die Begeisterung immer mehr, da sie sahen, wie die Häuser der anderen voll von Sklaven waren und ihre Ländereien sich vergrößerten. Und unser Herr und Gott, im Willen sie (die Portugiesen) für alle Arbeit in seinem Dienst zu entschädigen, überantwortete ihnen als Gefangene — Männer, Weiber und Kinder — die Zahl von 165 Menschen.«

Wie gering erscheint uns diese Ziffer, wenn wir später von tausenden Negern hören, die von ihrer Heimat Afrika nach der Neuen Welt verschifft wurden. Schon Kaiser Karl V. erlaubte seinen flämischen Untertanen, Negersklaven in die spanischen Kolonien Mittel- und Südamerikas einzuführen. Dann erhielten die Genuesen das Recht, 80 000 Neger in die überseeischen Gebiete zu verkaufen. In späterer Zeit wurden in die Friedensverträge europäischer Mächte manchmal Klauseln aufgenommen, in denen dem Vertragspartner besondere Vorrechte bezüglich des Sklavenhandels gewährleistet wurden — ein derart lukratives Geschäft war der Handel mit der menschlichen Ware inzwischen geworden. So machte man England, Frankreich und Holland zu verschiedenen Zeiten solche Zugeständnisse. Die Versuche einzelner Seemächte (Holland 1637, England 1664, Schweden 1652, Dänemark 1657), sich an der westafrikanischen Küste festzusetzen, waren in erster Linie durch die Interessen der Sklavenhändler bedingt. Da die Händler Kopfsteuern für die Sklaven zu zahlen hatten, lag es auch im Interesse der Regierungen, den Menschenhandel unter besonderen Schutz zu stellen.

Es sind uns aus dem 18. Jahrhundert einige Zahlen überliefert, die den Umfang des transatlantischen Sklavenhandels ersichtlich machen. So wurden auf die englische Insel Jamaika in der Zeit von 1702 bis 1775 insgesamt 497 736 Negersklaven gebracht. Die jährliche Quote afrikanischer Sklaven, die nach dem Erdteil Amerika verschleppt wurde, betrug in den Jahren 1700 bis 1786 etwa 74 000 Personen. Für einzelne Jahre sind allein für die Vereinigten Staaten folgende Zahlen überliefert:

Jahr	Sklaven	Wert	
1783	9 370	15 650 000	Francs
1784	23 025	43 702 000	
1785	21 762	43 634 000	
1786	27 648	54 420 000	
1787	30 839	60 563 600	
1788	29 506	61 936 000	

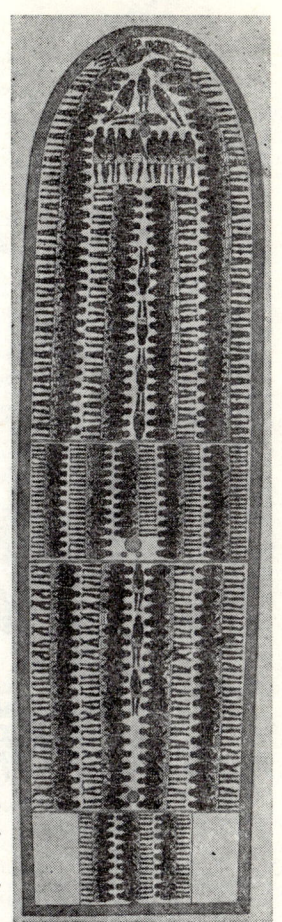

Der Kapitän des Liverpooler Seglers »Brookes« ließ diese schematische Zeichnung anfertigen, auf der das Deck seines Schiffes mit einer nach genauer Berechnung maximal beladenen Negersklavenfracht eingezeichnet ist. Die Antisklavereigesellschaft ließ die Zeichnung verfielfältigen und als Schanddokument überall in England verbreiten.

Die Gewinne bei diesem Handel waren groß, obwohl ein Teil der Neger auf der Überfahrt zugrunde ging. Dabei waren die Sklavenschiffe oft kaum noch seetüchtig. Die Räume unter Deck teilte man durch dünne Zwischenwände in kleine Zellen ein. In diese Löcher wurden die neuerworbenen Sklaven gepfercht. Manchmal lagen sie auch wie Heringe dicht aneinandergepreßt unter Deck in einer Luft, in der man kaum atmen konnte. Die Männer waren mit schweren Ketten versehen, die Frauen leichter gefesselt. Kleine Kinder ließ man gewöhnlich ohne Fesseln. Es gab so gut wie keine hygienischen Maßnahmen gegen den Schmutz und den Unrat, der sich im Verlauf der wochenlangen Überfahrt in diesen Räumen anhäufte. Nur wenige Kapitäne von Sklavenhändlerschiffen waren so menschlich, daß sie die schwarzen Sklaven von Zeit

The ABOLITION of the SLAVE TRADE.

Während der wochenlangen Fahrten über den Atlantik kam es häufig zu Mißhandlungen der Negersklaven durch die rohe Schiffsbesatzung.

zu Zeit an Deck Luft schnappen und einige Stunden im Sonnenschein oder gegen Abend in der kühlen Brise verbringen ließen. Doch standen dann immer schwerbewaffnete Matrosen bereit, um einen etwaigen Versuch der Neger, gegen ihr Schicksal zu rebellieren, im Keim zu ersticken. Auch die Nahrung der Unglücklichen war gewöhnlich von minderer Qualität und genügte kaum, die Gefangenen am Leben zu erhalten. Wenn ein Sturm ausbrach und die Mannschaft des Schiffes selbst mit sich zu tun hatte, kümmerte sich niemand um die unter Deck eingeschlossenen Sklaven. Ging das Schiff unter, fiel es keinem von der Schiffsbesatzung ein, sich um das Schicksal der angeketteten Sklaven zu kümmern, die elend ertrinken mußten.

Die Kapitäne der Sklavenschiffe rechneten von vornherein damit, daß ein Teil der Neger auf der Überfahrt starb. Die spanische Brigantine »Christina« hatte 1831 348 Sklaven an Bord, von denen 132 während der Fahrt starben. Eine andere spanische Brigg mit Namen »Midas« verlor auf der Reise von 562 Negern nicht weniger als 193 Menschen. Dennoch warf ein Sklaventransport gewöhnlich einen Reingewinn von ca. 30% ab. Die normale Rechnung eines Sklavenhändlers sah ungefähr folgendermaßen aus:

Einkaufspreis	90 Livres
Überfahrt	45 Livres
Kopfsteuer (an die spanische Krone zu zahlen)	100 Livres
=	235 Livres

Da man einen gutgewachsenen Neger in Amerika für 300 bis 400 Livres verkaufen konnte, ergab sich ein Reingewinn von 65 bis 165 Livres pro Kopf.

Der Negerhandel wurde bald von großen Gesellschaften in eigener Regie durchgeführt. Er war z. B. eine der Haupteinnahmequellen der Holländisch-Westindischen Kompanie (gegründet 1621), der Französisch-Westindischen Kompanie (1664) und der Königlich-Afrikanischen Kompanie (1672). Im Jahr 1726 waren in den Hafenorten Bristol, Liverpool und London 171 Schiffseigentümer am Sklavenmarkt beteiligt.

Wenn die Neger in Amerika ankamen, waren sie schwach, ausgehungert, oft krank. In diesem Zustand wäre es unmöglich gewesen, sie auf den Markt zu bringen, denn niemand hätte sie gekauft. So nahmen sich die Händler ihrer an. Sie wurden gefüttert, ja geradezu gemästet. Man nahm allerlei Prozeduren an ihnen vor, um ihnen ein gesundes Aussehen zu geben. Älteren Männern wurden die Haare gefärbt, und der ganze Leib mit Öl eingerieben, damit sie möglichst frisch und kräftig aussahen. Man erlaubte den Sklaven in den Höfen, in denen sie festgehalten wurden, zu tanzen und Feste zu feiern, ja man forderte sie geradezu dazu auf. Denn sie sollten nicht nur ein gesundes, sondern auch ein fröhliches Aussehen haben, wenn sie zum Verkauf kamen.

Schließlich war es dann soweit. Die Pflanzer der näheren und der weiteren Umgebung, die man von dem bevorstehenden Markt verständigt hatte, kamen in großer Zahl an. Die Neger wurden einzeln — manchmal auch in Gruppen — auf eine Art Podest gestellt und ausgeboten. Man zog ihnen alle Kleider aus, ließ sie springen, um ihre Gelenkigkeit zu zeigen, forderte sie auf, zu singen, zu tanzen, Grimassen zu schneiden, alles nur, um ein möglichst hohes Kaufangebot von den Pflanzern zu hören. Ihr neuer Herr legte ihnen dann Ketten an und führte sie auf seine Besitzung, wo sie bis an ihr Lebensende dazu verurteilt waren, Zuckerrohr zu schneiden oder Baumwolle zu pflücken. Über sie wachte der Aufseher — meist ein Weißer, der sonst zu keinem anderen Geschäft taugte — und trieb sie mit der Peitsche an, wenn sie ihm zu wenig zu arbeiten schienen. Jeden Abend wurde

Die Peitsche — das barbarische Symbol des Sklavenhandels und der Sklaverei.

ihre Arbeitsleistung mit den festgesetzten Normen verglichen. Hatten sie zu wenig geleistet, erhielten sie Schläge. Die Nacht mußten sie in elenden Holzhütten verbringen. Die Nahrungsmenge, die ihnen zugeteilt wurde, reichte meist nicht aus. Ihr Brot mußten sich die Sklaven selbst backen, auch Fleisch hatten sie sich selbst zuzubereiten.

Bald beherrschten die auf Sklavenarbeit beruhenden Pflanzerbetriebe das gesamte wirtschaftliche Leben Mittel- und Südamerikas. Um 1550 gab es auf der westindischen Insel St. Thomas bereits 60 Plantagen und Zuckermühlen, die jährlich 1000 Tonnen Zucker produzierten. Als die Engländer den Spaniern Jamaika entrissen, fanden sie drei Zuckersiedereien vor. Vierzehn Jahre später gab es bereits 75 Siedereien auf der Insel. Auch die Franzosen bemühten sich um den Anbau von Zuckerrohr. Der Pariser Handelsrat erklärte 1701: »Frankreichs Schiffahrt verdankt ihren Glanz dem Handel seiner Zuckerinseln und kann nur durch diese erhalten und erweitert werden.« Virginia wurde durch seinen Tabak, Carolina durch den Reisanbau bekannt. In Surinam (Holländisch-Südamerika) wurde Kaffee angebaut, desgleichen in Cayenne und in Martinique. Später sollte Brasilien eines der größten Kaffeexportländer der Welt werden.

Die Behandlung der Negersklaven, die auf den überseeischen Plantagen arbeiteten, war durchaus nicht überall gleich. Der amerikanische Geschichtsschreiber Frank Tannenbaum unterschied in seinem 1947 erschienenen Buch »Sklave und Bürger« drei Zwangssysteme. Am schlimmsten waren die Negersklaven daran, die unter holländischen, englischen, amerikanischen oder dänischen Herren dienen mußten. Für sie gab es keine Schutzgesetze, und auch das Christentum trug nur wenig zur Milderung ihres Loses bei. Der englische Kapitän Stedman, der in der zweiten Hälfte des 18. Jahrhunderts die holländische Kolonie Surinam besuchte und darüber später eine Reisebeschreibung veröffentlichte, schildert, wie hart die Sklaven von ihren weißen Besitzern behandelt wurden. Er sah Sklavinnen, die einen schweren Stein mit sich herumschleppten, an den sie mit einer Fußkette gebunden waren. Hübsche Quadronenmädchen, fast wie ihre europäischen Herrinnen gekleidet, gingen ohne Strümpfe und Schuhe, denn das Tragen dieser beiden Kleidungsstücke war Sklaven unter allen Umständen verboten. Die Strafen für ungehorsame Sklaven waren hart. »So bemerkte ich einmal auf einer benachbarten Pflanzung« — berichtet Stedman — »eine Sambosklavin, ungefähr 18 Jahre alt (Sambo nannte man die Kinder eines Mulatten und einer Negerin), die man völlig unbekleidet mit den Armen an einen Baumstamm gefesselt hatte. Sie war schon von den Peitschen zweier Neger fürchterlich zugerichtet, das Blut rann von ihrem Körper herab. Als ich dazukam, hatte die Unglückliche schon 200 Peitschenhiebe erhalten, der Kopf war auf ihre Brust gesunken, und sie bot das bejammernswerteste Schauspiel, das man sich denken kann. Ich ging auf den Kommandanten zu und bat ihn, das Mädchen sofort losbinden zu lassen, da es seine Strafe schon völlig abgebüßt habe. Er antwortete, Fremde hätten sich nicht in die Administration einzumischen, und es sei ein unwiderrufliches Gesetz, die Strafe zu verdoppeln, wenn sich ein Auswärtiger für die Schuldige einsetze. Und sofort begann der Barbar mit der Fortsetzung der Auspeitschung.«

Menschlicher verfuhren die Franzosen mit ihren Sklaven. Es existierten zwar auch bei ihnen in der ersten Zeit des Sklavenhandels keine ausdrücklich erlassenen Schutzgesetze, doch behandelten sie ihre Sklaven schon aus religiösen Gründen milder als Angelsachsen und Holländer.

Erst 1724 veröffentlichte König Ludwig XV. von Frankreich den sogenannten »Code Noir«, eine Sammlung von Bestimmungen, welche den Status der Sklaven in den französischen Kolonien regeln sollten. Danach war jeder Neger in der katholischen Religion zu unterrichten. Er konnte kein persönliches Eigentum besitzen und keine öffentlichen Funktionen bekleiden. Doch wurde genau bestimmt, was ihm an Nahrung und Kleidung zustand. Den Pflanzern war es streng verboten, Sklavenmädchen zu heiraten oder sie auch nur zu ihren Mätressen zu machen. Eheleute durften beim Verkauf nicht voneinander getrennt werden, ebenso Sklavenkinder unter 14 Jahren nicht von ihren Müttern. Für flüchtige und wieder eingefangene Sklaven waren als Strafen Ohrenabschneiden und Brandmarkung, nach dem dritten Fluchtversuch der Tod vorgesehen.

Noch am humansten gingen die Spanier und Portugiesen mit ihren Sklaven um. Sie gewährten ihnen Schutz und anerkannten ihre menschliche Persönlichkeit. Die Portugiesen hatten — vielleicht in noch größerem Maße als die Spanier — auch keine Rassenvorurteile, weshalb Negersklaven einen bedeutenden Einfluß auf die Entwicklung der portugiesisch-brasilianischen Kultur nehmen konnten. Freigelassene Neger waren ohne weiteres in den höchsten Stellen von Kirche und Staat zu finden. Es gab im Vizekönigreich Brasilien bereits im 18. Jahrhundert Negeroffiziere, die weiße Truppen kommandierten, und Negerbischöfe, die weiße Gläubige betreuten. Kinder zwischen Weißen und Schwarzen, sogenannte »Mulatten«, schienen geradezu privilegiert zu sein. 1711 schrieb der Jesuitenprovinzial P. João Antonio Andreoni in einer Beschreibung Brasiliens, das Land sei ein »Paradies für die Mulatten«. Pflanzer schickten ihre Kinder, die sie mit ihren Mulattensklavinnen hatten, zur Erziehung nach Europa. Die kleinen ›Piccaninnis‹, wie man im spanischen Kuba die Negerbabys nannte, wurden genauso wie die weißen Kinder des Hauses aufgezogen, verwöhnt und verhätschelt. Die junge Sklavin, die dem Herrn gefiel, räkelte sich bequem auf dem Diwan, ließ sich bedienen und ging in Samt und Seide. An den kirchlichen Feiertagen — es gab deren außer den 52 Sonntagen im Jahr noch 84 andere — arbeiteten auch die Negersklaven nicht. Sklavenkinder mußten bei der Geburt gegen eine genau festgesetzte Summe freigegeben werden. Die Sklavin, die einen Weißen als Taufpaten gewann, konnte mit Sicherheit mit dem Freikauf ihres Kindes rechnen. Dies war nämlich gewöhnlich das Taufgeschenk. So konnten auch die weißen Herren am bequemsten und unauffälligsten ihre von Sklavinnen geborenen Kinder in Freiheit setzen. Es war den Sklaven auch gestattet, eigene Vereine zu haben und besondere Feste zu feiern. Unter solchen Umständen waren herzliche Beziehungen zwischen Weißen und Negern nichts Außergewöhnliches. Echte Zuneigung und Liebe kennzeichnete oft die Verbindung zwischen dem Herrn und einem Sklavenmädchen. Besonders das Neger- oder Mulattenmädchen sah zu ihrem Herrn oder seinem Sohn mit fast abgöttischer Verehrung auf, wenn er sich ihm gegenüber freundlich und liebevoll zeigte. Ein Liebeslied aus der Sklavenepoche Brasiliens schildert das Glück eines Negermädchens, das sich von einem zartfühlenden Weißen geliebt weiß:

> Mein süßer kleiner Weißer,
> mein Bruder und mein Herr,
> es liebt dich niemand heißer
> als deine Sklavin mehr.

> Du nennst das Negermädel
> dein kleines Schwesterlein —
> mir will's kaum in den Schädel —
> darf ich so glücklich sein?

> Du wirst mich nicht vergessen,
> fängst abends du den Fisch,
> ihn dann mit mir zu essen,
> der Negerin am Tisch.

Neben diesen lichten Seiten dürfen aber auch die Schatten nicht übersehen werden, die es auch in den portugiesischen und spanischen Kolonien gab. So sind für die Sklavenkinder in den iberoamerikanischen Kolonien erschreckend hohe Sterblichkeitsziffern überliefert. Sie sind nicht nur darauf zurückzuführen, daß in den Negerquartieren alles andere als vorbildliche hygienische Verhältnisse herrschten, ja unter den jeweiligen Umständen gar nicht herrschen konnten, sondern auch darauf, daß die Negerinnen schon frühzeitig die Last der Mutterschaft auf sich nehmen mußten. Der amerikanische Soziologe Calhoun stellte fest, daß »Sklavinnen darüber belehrt wurden, es sei ihre Pflicht, Jahr für Jahr ein Kind zur Welt zu bringen, wobei es wenig ausmache, wer der Vater sei.« Es war daher keine Seltenheit, daß 13jährige Sklavinnen, selbst noch Kinder, Kinder zur Welt brachten.

Die Behandlung der Sklaven entsprach aber auch in den menschenfreundlicheren Kolonien nicht immer den bestehenden Gesetzen. In den für den Verkehr fast unzugänglichen Teilen des Landes wäre es dem Sklaven auch kaum möglich gewesen, sich bei den Behörden zu beschweren, ganz abgesehen davon, daß er die Gesetze oft überhaupt nicht kannte, die zu seinem Schutz erlassen worden waren. Wie in allen Sklavenstaaten waren es meist Frauen, die mit den Sklaven weit grausamer und härter verfuhren als die Männer. Wir hören von Mißhandlungen aller Art. Erwachsene junge Damen der besten Gesellschaft schlugen ihren Kammerzofen mit Schuhabsätzen die Zähne aus, oder sie zerkratzten ihnen das Gesicht mit den Fingernägeln, fügten ihnen aus Sadismus Brandwunden zu oder verkauften bedenkenlos 13- und 14-jährige Mädchen an Wüstlinge.

Die Sklaven nahmen die Launen und Quälereien ihrer Herrschaft ergeben hin. Wenn im Herrenhaus ein Kind geboren wurde, sorgte man dafür, daß ihm ein etwa gleichaltriges oder höchstens einige Monate älteres Sklavenkind des gleichen Geschlechts beigegeben wurde. Der kleine Sklave wuchs mit seinem Herrn, die kleine Sklavin mit ihrer Herrin zusammen auf. Sie spielten und teilten alle ihre Zeit miteinander. Aber das Sklavenkind erfuhr bald auch, daß es zu gehorchen hatte und sich von seinem jungen Herrn oder von seiner jungen Herrin wie eine lebende Puppe behandeln lassen mußte — ob das Herrenkind seinem Begleiter nun ein Zuckerplätzchen in den Mund steckte oder es wild an den Haaren riß. War der junge Herr oder das gnädige Fräulein faul und vielleicht ungehorsam und sollte bestraft werden, so war es selbstverständlich, daß der Sklavenjunge oder das Sklavenmädchen die dem Gefährten zustehende Tracht Prügel bekam, wobei das Herrenkind dabeistehen und zuschauen mußte. Man glaubte nämlich, der kleine Übeltäter werde durch die Bestrafung eines Unschuldigen von Mitleid ergriffen und nehme sich vor, sich selbst zu bessern. In Wirklichkeit aber wurde dadurch in den Herrenkindern ein Gefühl der eigenen Unverletzlichkeit und Überlegenheit über die Sklaven wachgerufen.

In den »Erinnerungen« von Bras Cubas, die 1881 in Rio de Janeiro erschienen sind, erzählt der Pflanzerssohn von sich selbst: »Von meinem 5. Lebensjahr an verdiente ich den Spitznamen ›der kleine Teufel‹ . . . Eines Tages hämmerte ich einer Sklavin auf den Kopf, weil sie sich weigerte, mir einige Kokosnüsse zu geben, die sie gerade auslöste. Nicht genug damit, ich warf ihr auch noch einen Haufen Asche in den Kessel mit den Kokosnüssen. Dann lief ich obendrein zu meiner Mutter und erzählte ihr, daß es das Mädchen gewesen wäre, die das Zeug unbrauchbar gemacht habe. — Als ich dann sechs Jahre alt wurde, machte ich Prudencio, unseren Hausdiener, zu meinem Pferd. Er mußte sich auf allen vieren niederlassen; dann legte ich ihm einen Strick als Zaumzeug durch den Mund und kletterte, eine Reitgerte in der Hand, auf seinen Rücken. Ich prügelte ihn bald auf der einen, bald auf der anderen Seite. Er mußte tun, was ich wollte. Einige Male jammerte er, aber er mußte trotzdem gehorchen. Er durfte keine Widerrede wagen und höchstens ein ›Oh — oh, kleiner Herr‹ stammeln. Ich aber schrie ihn an: ›Halt dein Maul, Bestie!‹ — Ich versteckte zu dieser Zeit die Hüte von Besuchern, schleuderte Papierpfeile aus dem Hinterhalt auf mir unliebsame Personen, riß ihnen die Perücken von rückwärts herunter, zwickte ältere Damen in die Arme und tat viele Dinge ähnlicher Art — alles Zeichen meiner Verrohung. Aber auch Zeichen meiner robusten Haltung, wie ich noch jetzt glaube. Wenn mich mein Vater auch hie und da in der Öffentlichkeit tadelte, so war dies nur eine rein formelle Angelegenheit. Unter vier Augen küßte er mich gleich danach immer wieder ab.«

Wir berichteten bereits, daß sich nur die Ordensleute von allem Anfang an der versklavten Neger und Indianer annahmen. Sklaven und Sklavinnen ersehnten nichts mehr als den Verkauf an Franziskaner, Dominikaner oder Jesuiten. Sie fühlten sich bei ihnen sicher. Ein Weiterverkauf kam bei den Ordensmännern kaum in Frage. Die Neger fühlten sich nicht mehr recht- und schutzlos, wenn sie zum Besitzstand der Ordensleute gehörten. Sie glaubten, sie wären Unterworfene der jeweiligen Ordensheiligen, die in den Klöstern verehrt wurden.

Auch die Päpste wandten sich früh gegen den Handel mit schwarzen Sklaven. Pius II. erließ am 7. Oktober 1462 ein Breve gegen die Portugiesen, weil sie die Eingeborenen Westafrikas in die Sklaverei führten; Paul III. verurteilte in einem Schreiben vom 29. Mai 1537 die Negereinfuhr nach Amerika, und Urban VIII. veröffentlichte am 22. April 1639 ein Rundschreiben, in dem er alle jene verdammte, die Eingeborene, ob sie nun Christen oder Heiden waren, versklavten, sie kauften oder verkauften, tauschten oder verschenkten, von ihren Frauen und Kindern trennten, ihrer Besitztümer beraubten, an andere Orte brachten und in fremde Länder verschleppten. Der gleichen kirchlichen Verdammung unterlagen alle, die in irgendeiner Weise an den oben erwähnten Vorgängen mitwirkten, sei es durch Ratschläge, durch Mithilfe, durch moralische Unterstützung oder unter irgendeinem anderen Vorwand.

Allerdings hatten diese päpstlichen Weisungen selbst bei den katholischen Regierungen Europas so gut wie keinen Erfolg. Als der päpstliche Nuntius das Rundschreiben vom 22. April 1639 in Lissabon öffentlich bekanntmachen wollte, wurde er am 18. August 1639 mit sofortiger Wirkung aus Portugal ausgewiesen. Man geht nicht fehl, wenn man die 1640 erfolgte Erhebung der Portugiesen gegen den spanischen König, der gleichzeitig Herrscher ihres Landes war, mit dem päpstlichen

Antisklavereischreiben in Zusammenhang bringt. Portugiesische Kreise, die am Sklavenhandel beteiligt waren, befürchteten nämlich nicht ohne Grund, die spanische Regierung werde schließlich doch den päpstlichen Forderungen entsprechen. Trotzdem ließen die Päpste nicht ab, ihre Stimme zu erheben. Am 17. Februar 1687 veröffentlichte das Heilige Offizium in Rom im Namen des Papstes Innozenz XI. eine Erklärung, die man als die große Charta der Negerrechte bezeichnen kann. Sie umfaßt folgende 11 Punkte:

1. Es ist nicht erlaubt, Neger oder Angehörige unzivilisierter Völker mit Gewalt gefangenzunehmen.

2. Es ist nicht erlaubt, Neger oder Angehörige anderer unzivilisierter Völker, die mit Anwendung von Gewalt gefangengenommen wurden, zu kaufen, zu verkaufen oder mit ihnen Handel zu treiben.

3. Wenn Neger oder Angehörige anderer unzivilisierter Völker mit anderen Sklaven zusammen verkauft werden, die gerechterweise in Sklaverei geraten sind, so ist es ebenfalls nicht erlaubt, mit ihnen Handel zu treiben.

4. Jeder, der Neger oder Angehörige anderer unzivilisierter Völker mit Gewalt gefangengenommen hat, muß sie freilassen.

5. Wer Neger oder Angehörige anderer unzivilisierter Völker kauft, ist verpflichtet, sich darüber zu unterrichten, ob sie rechtmäßigerweise verkauft wurden.

6. Diejenigen, die Neger oder Angehörige anderer unzivilisierter Völker gegen das Recht gefangengenommen oder als Sklaven gehalten haben, sind verpflichtet, ihnen allen erlittenen Schaden zu ersetzen.

7. Es ist Besitzern von Negern und anderen Sklaven nicht erlaubt, sie der Todesgefahr auszusetzen, sie zu verwunden, zu verbrennen oder zu töten.

8. Es ist nicht erlaubt (es sei denn in Todesgefahr) Neger und andere Heiden, die im Besitz der Vernunft sind, ohne vorherigen christlichen Unterricht zu taufen, oder sie, wenn sie getauft sind, ohne Unterweisung zu lassen.

9. Die Besitzer von Negern und anderen Sklaven sind verpflichtet, sie von einem Leben in wilder Ehe abzuhalten.

10. Es ist nicht erlaubt, Gefangene nach der Taufe zu Sklaven zu machen, wenn die Gefangennahme unrechtmäßig war.

11. Es ist nicht erlaubt, Neger mittelbar oder unmittelbar von Häretikern zu kaufen und sie dann als Sklaven zu halten; ebenso ist es nicht erlaubt, sie an Häretiker zu verkaufen.

Unter dem Begriff Häretiker verstand man im damaligen Sprachgebrauch der katholischen Kirche alle nicht-katholischen Christen. Rechtmäßigerweise aber waren nur jene in Sklaverei geraten, die — ebenfalls im Sprachgebrauch der katholischen Kirche — entweder in einem rechtmäßig geführten Krieg gefangengenommen oder durch eine von einem rechtmäßig urteilenden Richter verhängte Strafe zur Sklaverei verurteilt worden waren.

Die Nachfahren der schwarzen Sklaven, die in Nord- und Südamerika einen bedeutenden Bevölkerungsanteil ausmachen, geben den Regierungen heute die schwierigsten Probleme auf. In der jüngsten Gegenwart haben die Probleme sich vor allem in den USA, wo Präsident John F. Kennedy ein Opfer des Rassenstreites wurde, zur Existenzfrage einer ganzen Nation zugespitzt. Daß es zu dieser Eskalation kommen konnte, ergab sich aus der historischen Entwicklung des Verhältnisses zwischen Weißen und Negern, wie sie der Jesuitenpater John LaFarge schon 1937 überzeugend dargestellt hat. Die Sklaverei in den amerikanischen Staaten war nämlich keine Leibeigenschaft im Sinne des mittelalterlichen Feudalismus in Europa, sondern das Resultat der kapitalistischen Wirtschaftsgesinnung der neuen Zeit. Der Unternehmer des 16. Jahrhunderts und der folgenden Epochen investierte in Amerika sein Kapital in Land und in Sklaven. Beide sollten ihm einen möglichst hohen Gewinn bringen. Bei der Verfolgung dieses Zieles konnten keine Rücksichten genommen werden. Für die heimatlos gewordenen schwarzen Sklaven hatte dies schwerwiegende Folgen: 1. Die Familienbande der Neger wurden gewaltsam gelöst. Es war den Sklaven auch nicht möglich, auf amerikanischem Boden ein neues Familiengefühl zu entwickeln. Nur in jenen Gebieten, in denen eine weniger ausgeprägte kapitalistische Wirtschaftsordnung herrschte, gab es auch einen neuen Familienzusammenhalt unter den Sklaven. 2. Da die Sklaven nichts besitzen durften und selbst Eigentum waren, standen sie in ökonomischer Hinsicht auf der untersten Stufe der sozialen Leiter. Sie wurden daran gehindert, ein wirtschaftliches Selbstbewußtsein zu entwickeln, das für die Zukunft vorsorgte und nach einem höheren sozialen Status strebte. 3. Die psychologische Folge der Sklaverei war ein Gefühl der Unterlegenheit der Neger und der Glaube an die Überlegenheit der Weißen. Daraus entstanden auf seiten der Neger Minderwertigkeitskomplexe, die sich allmählich in ihr Gegenteil verkehrten. Die harten Rassenauseinandersetzungen im Süden der Vereinigten Staaten haben zum Teil auch ihre Ursache in diesen Komplexen. 4. Die Neger wurden von einem ungeheuren Durst nach Wissen erfüllt, weil nur durch die Aneignung von Wissen, das sich in Kapital umsetzen ließ, eine Gleichstellung mit den Weißen erreicht werden konnte; und 5. die Bildung einer sozialen Mittelschicht war in der Sklaverei nicht möglich, so daß sich die Negerbevölkerung Amerikas heute einerseits aus einer kleinen, hochgebildeten, schwarzen Intelligenzschicht und andererseits aus der in ärmlichsten Verhältnissen lebenden, verproletarisierten Masse der Farbigen zusammensetzt.

Weiße Sklaven

Es wäre falsch, wollten wir den Glauben erwecken, es habe in den überseeischen Besitzungen der europäischen Seemächte vom 16. bis 19. Jahrhundert nur Neger und Negermischlinge als Sklaven gegeben. Man benötigte in den Kolonien dringend Arbeitskräfte, und wenn schon keine Neger zur Verfügung standen, griff man auf Weiße zurück. Da aber Weiße sich kaum — den Fall der äußersten Not ausgenommen — dazu hergaben, auf den Zuckerrohr-, Reis- oder Baumwollfeldern schwer zu arbeiten, mußte man sehen, wie sie mit Gewalt dazu gebracht werden konnten.

Gewalt — das bedeutete einmal die strafweise Verurteilung zur zeitweisen Zwangsarbeit in den Kolonien. Schon bald kam man auf den Gedanken, Verbrecher in der Weise zu bestrafen, daß man sie für längere Zeit nach Amerika sandte. Man ersparte sich dadurch die Gefängnisse im Mutterland und sorgte zugleich für die Vermehrung der Bevölkerung in den überseeischen Gebieten. Der zur Sklaverei verurteilte Weiße konnte nach den ihm auferlegten Jahren der Knechtschaft als freier Mann am Aufbau der Kolonie mitwirken.

Aber man verschickte nicht bloß Verbrecher — Diebe, Landstreicher und andere asoziale Elemente — als sogenannte »bondsmen« über den Ozean. Als in England die Bürgerkriege begannen und königstreue Anhänger gegen Parlamentstruppen kämpften, pflegte man ohne Skrupel die besiegten Gegner samt ihren Frauen und Kindern zu deportieren. Der Markt, auf dem alles zusammenkam, was zwangsweise nach Amerika verschifft wurde, war Bristol. Hier hatten die englischen Behörden schon zu Beginn des 17. Jahrhunderts drei Händler, deren Namen überliefert sind, damit beauftragt, das Geschäft mit der menschlichen Ware im Auftrag der Krone durchzuführen.

So trafen sich dann in den neuenglischen Kolonien Amerikas der Reihe nach Iren und Katholiken, Königstreue und Republikaner, Quäker und Nonkonformisten. Wurden sie von einem Pflanzer gekauft, der ihnen gesinnungsmäßig nahe stand, dann hatten sie ritterliche Behandlung zu erwarten, und man erleichterte ihnen das Los nach Möglichkeit. War es aber der weltanschauliche oder politische Gegner, in dessen Hände man gefallen war, dann konnten die Jahre der Sklaverei hart und erbarmungslos sein.

Die ›bondsmen‹ waren während der Zeit ihrer Zwangsarbeit so rechtlos wie die Negersklaven. Sie konnten wie diese verkauft, getauscht, verschenkt, zu jeder Arbeit angehalten und bestraft werden. Wenn Schiffe aus England ankamen, strömten die Pflanzer ebenso auf diesen Menschenmärkten zusammen, als sei ein Sklavenschiff aus Afrika gemeldet worden.

Es war für manchen königlichen Kavalier, für manche Edeldame eine bittere Enttäuschung, wenn sie nach wochenlanger Überfahrt auf einem der schwerfälligen Segelschiffe, wie sie damals verwendet wurden, an Land gingen und sich dem Haufen der Männer gegenübersahen, unter denen schon einer war, für den man arbeiten mußte.

Die Zahl der über den Ozean geschickten Kriegsgefangenen war zeitweise außergewöhnlich groß. Während der Herrschaft des Lord-Protektors Oliver Cromwell (1648–1658) wurden allein 20 000 irische Frauen und Kinder nach Amerika verschleppt und auf den Märkten Virginiens und Carolinas öffentlich als Sklaven und Sklavinnen verkauft.

Seite 169: Negersklaven unter Deck eines Sklavenschiffes. Auf portugiesischen Schiffen wurden nur die renitenten Sklaven angekettet. Auf englischen, niederländischen und französischen Seglern pferchte man die Menschen in kleine, durch Zwischenwände abgeteilte Zellen. Gewöhnlich kam ein Drittel der gefesselten Menschenfracht infolge von Entbehrungen und Krankheiten während der Überfahrt ums Leben. Nach einer Lithographie von Johann Moritz Rugendas.

Seite 170/171: Sklavenmarkt an der westafrikanischen Küste, Ende des 18. Jhs. Der französische Kapitän des Sklavenschiffes feilscht um den Preis der Menschenware mit Caboceers, schwarzen Unterhändlern, die gewöhnlich im Auftrag eines lokalen Häuptlings oder Königs mit den europäischen Aufkäufern verhandelten. Vor dem Kapitän liegt ein Sklave, dessen Gebiß geprüft wird, da es über das Alter des Opfers am sichersten Aufschluß gab. Links oben werden bereits gekaufte Sklaven in ein Boot getrieben, das die Menschenfracht zu dem im Abenddunst liegenden Sklavenschiff bringen wird. Links vom Kapitän markiert ein Matrose die gekauften Sklaven mit einem Brandmal der Handelsgesellschaft, die das Sklavenschiff ausgerüstet hat.
Nach einem zeitgenössischen Gemälde von A. F. Biard (Wilberforce Museum, Hull).

Rast von Negersklaven auf dem Weg zum Markt. Kupferstich von Johann M. Rugendas aus dem Werk »Voyage pittoresque dans le Brésil«, Paris, 1835.

Öffentliche Auspeitschung von Negersklaven in einem Marktflecken in Brasilien. Kupferstich von Johann Moritz Rugendas.

Unter ihnen befand sich Mary Anne, die Tochter eines wohlhabenden irischen Landedelmannes. Eines Tages erschienen Soldaten auf dem väterlichen Gut. Der Vater Mary Annes wurde beschuldigt, an einem Komplott zur Wiederherstellung des Königtums teilgenommen zu haben. Als er verhaftet werden sollte, leistete er Widerstand. Im Verlauf des kurzen Kampfes wurde er von den Soldaten getötet, die anschließend das ganze Haus plünderten, das Vieh fortschleppten und Frau und Tochter des Toten mitnahmen. Mary Anne war gerade 12 Jahre alt geworden. Man brachte sie und ihre Mutter in ein Gefängnis, wo sie viele Leidensgefährten antrafen. Wenige Tage später wurden sie ohne gerichtliche Verhandlung und ohne richterliches Urteil auf ein Schiff gebracht, das sie nach den nordamerikanischen Kolonien bringen sollte. Während der wochenlangen Überfahrt lagen die Gefangenen — Männer, Frauen und Kinder — bunt durcheinandergewürfelt im untersten Raum des Schiffes, der Hitze, dem Hunger, der Verspottung durch die Matrosen und Krankheiten hilflos preisgegeben. Als die amerikanische Küste in Sicht kam, war ein Drittel der Gefangenen gestorben oder lag gerade im Sterben. Die Überlebenden wurden schon am nächsten Tag zur öffentlichen Versteigerung gebracht, nachdem man ihnen einige mit Wasser gefüllte Bottiche zur notdürftigen Reinigung zur Verfügung gestellt hatte. Anstelle der Lumpen, die sie anhatten, erhielten die Gefangenen auch neue Kleider: die Männer Hosen und Hemden, die Frauen und Mädchen einen knielangen, ärmellosen Kittel, die Kinder unter 10 Jahren ließ man nackt gehen. Mary Anne wurde von einem Pflanzer aus der Umgebung gekauft. Ihre flehentliche Bitte, auch die Mutter zu ersteigern, fand bei dem gefühllosen Mann kein Gehör. Er band die sich heftig Sträubende und nach ihrer Mutter Jammernde mit den Händen am Steigbügel seines Pferdes fest und ritt mit ihr fort. Da das Mädchen bei der Ankunft auf der Pflanzung seines neuen Herrn noch immer weinte und klagte, legte sie der Pflanzer unter dem beifälligen Gemurmel seiner Frau und seiner Kinder auf eine Bank und schlug sie mit der Reitgerte. Später wurde Mary Anne die Leibdienerin der gleichaltrigen Pflanzerstochter. Sie mußte oft den ganzen Nachmittag damit verbringen, ihrer in der Hängematte liegenden jungen Herrin mit einem Wedel Kühlung zuzufächeln. Hörte sie nur einen Augenblick mit dem Fächeln auf, regnete es Ohrfeigen und Schimpfworte. Als Mary Anne einmal aus Unachtsamkeit eine Schüssel zerbrach, befahl man ihr, eine Stunde lang auf einem Bein zu stehen und den Fuß des anderen Beines mit der Hand hoch zu halten.

In dieser Zeit war es auch üblich, arme elternlose Kinder wie die Kriegsgefangenen in die Kolonien abzuschieben. Dachte man sich doch nichts dabei, Kinder im zartesten Alter arbeiten zu lassen. In England war die Polizei ausdrücklich befugt, Arbeitereltern zu zwingen, ihre Kinder zu einem Lehrherrn oder in eine ›Manufaktur‹ (eine Vorläuferin der Fabrik) zu schicken. Durch ein Gesetz König Eduards VI. vom Jahr 1547 konnte jeder Arbeitsscheue dem als Sklaven zugeteilt werden, der ihn bei der Behörde anzeigte. Wenn er fliehen wollte, sollte ihm ein großes »S« (slave = Sklave) auf die Stirn eingebrannt werden. Geschäftstüchtige Händler fingen fortan Jungen und Mädchen ein und stellten sie zu ganzen Karawanenzügen zusammen, die nach den Hafenorten dirigiert wurden, wo die Deportationsschiffe bereitlagen. Man bezahlte in den Kolonien Einheitspreise für einen Burschen bis zu 14 Jahren und Mädchen bis zu 16 Jahren. Ihr Sklavendasein sollte mit erreichter Volljährigkeit oder bei Mädchen mit erfolgter Heirat zu Ende gehen. Der Herr mußte aber in jedem Fall seine Zustimmung zur Verheiratung der Sklaven geben. An solchen Geschäften beteiligten sich sogar Stadtgemeinden und zogen aus ihnen Gewinn.

Den Mädchen, die auf diese Weise über See geschickt wurden, machte man zur Auflage, zur Vermehrung der Bevölkerung in den Kolonien beizutragen. Wenn ein Schiff mit halbwüchsigen Mädchen eintraf, fand unter den unverheirateten Pflanzern häufig eine Art Verlosung statt. Man pflegte dann den zu verheiratenden Mädchen Nummernschilder um den Hals zu hängen, und der Pflanzer, der die betreffende Nummer zog, wurde auf der Stelle mit der Frauensperson getraut, die ihm auf diese Weise zugefallen war.

Das Geschäft, arme Kinder als Sklaven in die amerikanischen Kolonien zu verfrachten, nahm zeitweise einen erstaunlichen Umfang an. Kinder unter fünf Jahren wurden auf den Märkten ohne jede Geldforderung an den gegeben, der sie haben wollte; er durfte sie bis zum 21. Lebensjahr als Sklaven behalten. Kinder zwischen 5 und 10 Jahren wurden ebenfalls — aber gegen einen festgesetzten Preis — verkauft, und ihre Sklaverei endete gleichfalls mit dem 21. Lebensjahr. Für Mädchen bestand die Ausnahme, daß sie freigelassen wurden, wenn sie sich — mit Erlaubnis ihrer Herrschaft — verheirateten. Mädchen, die ohne diese Zustimmung heirateten, wurden durch eine Verlängerung ihrer Sklavenzeit bestraft. Ihre Kinder galten als unehelich. Wenn ein Sklavenmädchen ein Kind zur Welt brachte, ohne verheiratet zu sein, wurde sie zu 21 Peitschenhieben und einem Jahr zusätzlicher Zwangsarbeit verurteilt. Solche Kindertransporte in die amerikanischen Kolonien folgten zu Beginn des 17. Jahrhunderts fast Jahr für Jahr. 1617 wurden 100 arme Kinder nach Virginien verkauft, 1622 bewilligte der Gemeinderat von London 500 Pfund für den Transport von weiteren 100 Kindern. Im Jahre 1627 erfahren wir aus einem Brief, daß 1 400 bis 1 500 Kinder nach Virginien verschickt wurden, damit sie dort verkauft würden. Im Jahr 1640 hinterließ der Bürger und Gemeinderat Anthony Abdy in London 120 Pfund zu dem Zweck, daß seine Testamentsvollstrecker ungefähr 20 arme Jungen und Mädchen, die in den Straßen von London umherirrten, aufnehmen, neu einkleiden und nach Virginia oder in eine andere Kolonie in Amerika senden konnten. Im Januar 1642 bewilligte das englische Unterhaus die Summe von 832 Pfund, 9 Shilling und 5 Pennies, um elternlose Kinder in die Kolonien zu schicken. Der Verkaufspreis für diese Sklaven betrug im frühen 17. Jahrhundert zwischen 12 und 15 Pfund für männliche und zwischen 10 und 12 Pfund für weibliche Personen.

Das Geschäft mit halbwüchsigen Kindern brachte so viel ein, daß man vor Verbrechen nicht zurückschreckte. Aus dem 17. Jahrhundert sind uns eine Reihe von Prozessen bekannt, in deren Verlauf einwandfrei der Beweis erbracht wurde, daß Kinder, die gar nicht für die Verschickung in Frage kamen, ihren Eltern entführt und in die Kolonien verschleppt worden waren. Im Jahr 1685 zog der Richter Jeffreys in Bristol eine ganze Reihe solcher Kinderräuber vor Gericht und verurteilte sie zu schweren Geldstrafen. Unter den Schuldigen befanden sich Angehörige der besten Gesellschaft, so der Bürgermeister von Bristol und sechs seiner Gemeinderäte. Richter Jeffreys verstand es, durch sein energisches Eingreifen unter den gewissenlosen Händlern einen solchen Schrecken zu verbreiten, daß die Fälle von Kinderraub von da an bedeutend zurückgingen. Immerhin wird noch 1744 eine solche Affäre in England vor Gericht gebracht und verhandelt.

Es gab außer den von uns schon erwähnten noch eine Gruppe von Weißen, die sich freiwillig und mit vollem Bewußtsein dessen, was ihnen bevorstand, für ein Sklavenleben in den überseeischen Kolonien entschieden. Es waren dies arme Auswanderer aus verschiedenen europäischen Ländern, die das Geld für die Überfahrt auf keine andere Weise aufbringen konnten. Gewissenlose Agenten versprachen ihnen jenseits des Atlantischen Ozeans goldene Berge. Als Gegenleistung für die Fahrspesen hatten sie einen Vertrag zu unterschreiben, der den Agenten oder dessen Auftraggeber berechtigte, den Einwanderer samt seiner Familie für eine gewisse Zeit — meist handelte es sich um fünf oder sieben Jahre — als Sklaven zu verkaufen. Erst danach sollte er die Freiheit und zugleich das Recht erhalten, sich anzusiedeln.

Auch auf diese Weise kamen Hunderte und Tausende von Europäern nach Amerika. An den Anlegeplätzen der Schiffe, die solche Einwanderer brachten, ging es wie auf richtigen Sklavenmärkten zu. Die Pflanzer, die sich eine billige Arbeitskraft sichern wollten, nahmen dabei keine Rücksicht auf Familienbindungen. Es war meist auch unmöglich, alle Angehörigen auf dem gleichen Gut zu beschäftigen. So mußten sich Eltern und Kinder, Bruder und Schwester voneinander trennen, wobei allerdings die Hoffnung bestand, daß man nach fünf oder sieben Jahren wieder zusammentraf.

Für minderjährige Auswanderer, die allein reisten — auch so etwas kam vor — gab es spezielle Verträge, in denen die Rechte und Pflichten der Herrschaft gegenüber dem Sklavenkind genau festgelegt waren.

Als Beispiel mag eine Urkunde zitiert werden, die über eine kleine französische Hugenottin ausgefertigt wurde. Das Mädchen war, um den Protestantenverfolgungen nach der Aufhebung des Ediktes von Nantes (1685) in ihrer Heimat zu entgehen, nach Massachusetts gebracht worden. In dem Dokument heißt es wörtlich: »Hiermit wird bezeugt, daß Felicitas Charreau, ein minderjähriges Mädchen, 13 Jahre alt, als Haussklavin in die Hand von Ephraim Todd gegeben wird und in diesem Stand zu verbleiben hat, bis sie zwanzig Jahre alt ist oder mit Erlaubnis ihres Herrn heiratet. Sie hat treu und redlich zu dienen, ihrem Herrn und ihrer Herrin gegenüber demütig und gehorsam zu sein und dem Eigentum ihrer Herrschaft weder Schaden zuzufügen noch zufügen zu lassen. Ephraim Todd verspricht seinerseits, sie in allem Guten anzuleiten, sie Lesen und Schreiben lernen zu lassen, sie zu verpflegen, zu bekleiden, zu beherbergen, bis sie aus dem Stand einer Sklavin entlassen wird. Sollte sie jemals ungehorsam und aufsässig sein, so wird er sie väterlich belehren und züchtigen.«

Vom weiteren Schicksal der kleinen Felicitas Charreau erfahren wir, daß das Mädchen, das im Haus einer angesehenen Kaufmannsfamilie aufgewachsen war, den Vertrag zunächst für nichts anderes als eine bloße Formalität hielt. Es hatte aus ihrem elterlichen Haus eine Anzahl hübscher Kleider und Schmuckstücke mitgebracht. Die Frau von Ephraim Todd nahm diese kleinen Besitztümer in Verwahrung und verlangte, daß Felicitas den groben Baumwollkittel einer Sklavin anziehen und ohne Schuhe und Strümpfe umherlaufen sollte. Als sich Felicitas weigerte, dies zu tun, bekam sie Prügel. Sie mußte das Vieh füttern, den Stall ausmisten, das Zimmer fegen und schmutzige Wäsche waschen. Wenn sie ein französisches Lied sang, gab es Schelte und Ohrfeigen. Sie sollte die Sprache der französischen ›Ketzer und Götzendiener‹ nicht gebrauchen. Denn dafür hielt Ephraim Todd alle Franzosen, die er nur als Katholiken kennengelernt hatte. Schließlich versuchte Felicitas zu entfliehen. Sie wurde zurückgebracht und zuerst einmal ausgepeitscht. Von jetzt an legte man das Mädchen nachts wie einen Hund an die Kette. Da sie hübsch und zierlich war, warf der jüngere Sohn der Familie Todd ein Auge auf sie. Er ließ nicht nach, bis der Vater der Heirat zwischen ihm und der jungen französischen Emigrantin zustimmte. Noch ehe die Sklavenzeit von Felicitas Charreau abgelaufen war, wurde sie ein Glied der Familie und später selbst eine wohlhabende und kinderreiche Kolonistenfrau.

Zwei kleine Türkinnen

Wir Europäer sind so erzogen worden, daß wir die Türkenkriege gewöhnlich nur aus der Sicht der abendländisch-christlichen Geschichtsschreibung und unter christlichen Moralvorstellungen kennen. Wir erinnern uns der Vorstöße der militanten Muslims bis vor die Tore Wiens, der Not- und Drangzeiten, die über die europäische Christenheit kamen, als sie täglich befürchten mußte, daß sich der Halbmond und der Roßschweif als Siegeszeichen der osmanischen Macht auf einer Stadtmauer oder einer Burgzinne zeigen würden, auf der noch gestern das Kreuz geglänzt hatte. Wir wissen von Zügen armer christlicher Gefangener, die in Ketten über lange, mühselige Wegstrecken hinweg auf die Sklavenmärkte des türkischen Reiches getrieben wurden, die oft genug von Sklaven und Sklavinnen aus Ungarn, Österreich, Kroatien, Polen,

Italien und süddeutschen Ländern beschickt waren. Wir empfinden Genugtuung und Stolz, wenn wir von den Siegen der christlichen Heere hören — von der Schlacht bei St. Gotthardt an der Raab im Jahre 1664, von der Befreiung Wiens 1683, von der Eroberung Budas durch Herzog Karl V. von Lothringen und von der ersten Erstürmung Belgrads 1688 durch Max Emmanuel von Bayern. Noch höher schlägt unser Herz, wenn wir von den Ruhmestaten des Prinzen Eugen von Savoyen sprechen, vom Sieg zu Zenta an der Theiß 1697, oder von der zweiten glorreichen Eroberung Belgrads 1718, von der es im Prinz-Eugen-Lied eines unbekannten Reiters aus dem kaiserlichen Heer heißt:

>»Prinz Eugen, der edle Ritter,
> wollt' dem Kaiser wiedrum kriegen,
> Stadt und Festung Belgerad...«

Es ist daher nicht verwunderlich, daß wir die Gegenseite nur wenig oder verzerrt kennen. Sie muß aber auch berücksichtigt werden, wenn wir gerecht sein und die ganze geschichtliche Wirklichkeit erfassen wollen. Dann aber zeigt sich, daß nicht nur christliche Männer, Frauen und Kinder in die türkische Sklaverei verschleppt wurden, sondern umgekehrt auch in den Jahrzehnten osmanischer Niederlagen und Verluste türkische Gefangene in die Gewalt von Europäern kamen und von ihnen ebenfalls als Sklaven, zumindest der Praxis nach, behandelt wurden. Noch heute erinnert der fast 150 m tiefe Brunnen auf Schloß Forchtenstein im Burgenland an die türkischen Zwangsarbeiter, die ihn in jahrelanger Fron gebaut haben — ein Zeugnis dafür, daß es Leid und Elend, Not und Bedrängnis auch auf der Gegenseite gegeben hat.

Wir haben durch die Veröffentlichung türkischer Berichte aus dem 17. und 18. Jahrhundert in den letzten Jahren manchen Einblick in das Fühlen und Denken unserer damaligen Gegner gewonnen. So ist uns das Schicksal zweier türkischer Mädchen bekannt geworden, die in Gefangenschaft gerieten. Es wird uns kein Name genannt — sie mögen Fatme, Aischa, Bülbül oder sonstwie geheißen haben, die in Wien im Haus eines Grafen Schallenberg als Sklavinnen lebten. Die ältere von ihnen ist die Tochter des Schatzmeisters Ali Agha aus Aràd. Sie war während des Feldzuges des Generals Heißler 1686 im Alter von nur sieben Jahren erbeutet worden. Man hatte sie der Gräfin Schallenberg geschenkt oder sie war von ihr gekauft worden, vielleicht hatte aber auch ihr Mann die kleine Türkin aus dem Feldzug heimgebracht. Zur Zeit des Berichts ist sie bereits 14 Jahre alt, klug und anstellig. Sie wird im gräflichen Haus als Kammerzofe beschäftigt, und sie weiß, daß sie niemals mehr in ihre Heimat zurückkehren kann. Sie ist eine Sklavin, auch wenn man sie freundlich behandelt. Das Gefühl, gehorchen zu müssen, ist schon so stark in ihr, daß sie keine größeren Schwierigkeiten macht, als der Hausverwalter, Seyfried von Eyrsperg, auf sein Herrenrecht pochend, an sie herantritt. Sie gibt seinen Werbungen Gehör.

Das andere Mädchen stammt aus dem 1686 eroberten Buda. Als die siegreichen kaiserlichen Truppen die alte ungarische Hauptstadt erobern und für die Christenheit zurückgewinnen, wird es mit seiner Mutter in einem der Häuser von Buda von plündernden Soldaten gefunden. Es ist noch ein kleines Kind, 4 oder 5 Jahre alt. Die Mutter hält das Mädchen an ihre Brust gepreßt, als man sie aus dem Hause davonschleppt, in dem sie jahrelang gelebt hat, sie weiß, nun ist alles zu Ende. Sie sieht sich plötzlich in eine ihr völlig fremde Welt versetzt, als Gefangene von Menschen, deren Sprache sie nicht versteht, deren Sitten nicht die ihren sind, deren Glauben sie nicht teilt. Es wird ihr genau das gleiche Schicksal zuteil, das christliche Mütter durch Jahrhunderte getroffen hat, wenn sie von türkischen Streifscharen aus dem Frieden ihres Zuhauses gerissen wurden.

Die türkische Mutter hat — wie jede andere Mutter der Welt — in diesem Augenblick nur eine einzige Sorge. Sie liest angstvoll in den Augen der Männer, die sie fortführen, ob sie ihr Kind behalten darf. Ihr einziges Kind, das eben erst zaghaft gelächelt hatte. Als sie dann in das kaiserliche Lager kommen, betrachtet sie argwöhnisch jedes fremde Gesicht, das auftaucht, fährt vor jeder Hand zurück, die Miene macht, das kleine Mädchen zu streicheln.

Sie weiß nicht, daß ihr Schicksal bereits entschieden ist. Für die Sieger ist es selbstverständlich, daß das Kind eine christliche Erziehung erhält, und da man von der Bekennerin des Islams nicht erwarten kann, daß sie das Mädchen im Glauben der Feinde unterrichten läßt, wird es der jammernden Mutter genommen. Ist es doch erste Pflicht und Schuldigkeit eines Christenmenschen, ein so armes, unschuldiges Wesen im wahren Glauben zu unterweisen. Nimmt man dem Kind die irdische Mutter, so wird es dafür um so inniger an der himmlischen Mutter, der Mutter des Herrn, hängen. Was schert man sich um das Weinen der armen Frau, der man das Mädchen aus den zitternden Händen reißt. Auch für sie kommt die Stunde, da ihr Los entschieden wird. Sie wird an einen Offizier des kaiserlichen Heeres verkauft, der sie zu seiner Frau nach Hause schickt, die sich fortan vor allen Damen der Gesellschaft brüsten kann, eine ›echt türkische Dienerin‹ zu besitzen. So trennen sich die Wege von Mutter und Kind und finden niemals mehr auf dieser Erde zusammen.

Das kleine Mädchen aber wächst im Kloster auf. Die Schwestern nehmen sich des armen ›Waisenkindes‹ an. Bald plappert die Kleine in der Sprache ihrer neuen Erzieherinnen und vergißt das Türkische ganz. Sie vergißt auch ihre Mutter — was keine Lieblosigkeit bedeutet, sondern in ihrem Alter nur zu verständlich ist. Manchmal allerdings kommt es ihr im Traum vor, daß sie einmal in einer völlig anderen Welt gelebt und in einer anderen Sprache gesprochen hat.

Die Jahre vergehen. Das kleine Türkenmädchen wächst heran. Es ist ein anstelliges, geschicktes Ding, und es verspricht hübsch zu werden. Es weiß nicht, daß es kein freies Mädchen, sondern eine Gefangene ist. Die Schwestern glauben in ihm eine neue Novizin für das Kloster zu gewinnen. Nur noch einige Jahre — dann ist es soweit. Dem Ruf des Herrn darf niemand widersprechen. Wer immer noch auf das Mädchen

Anspruch haben mag, wird ihn später zugunsten des Klosters fallen lassen müssen.

Aber ehe es soweit ist, wird das Schicksal der Kleinen in andere Bahnen gelenkt. Die kleine Türkin zählt elf oder zwölf Jahre, als eines Tages eine vornehme Dame im Kloster vorspricht. Die Besucherin ist die Gräfin Schallenberg. Sie weist einen Kaufvertrag vor. Der Besitzer des Mädchens hat die kleine Türkin an sie verkauft. Sie aber möchte das Kind mit in ihr Palais nehmen. Sie meint, man könne nie früh genug damit anfangen, das junge Mädchen als künftige Kammerzofe heranzuziehen. Die Nonnen würden das Kind gerne behalten, aber die Gräfin besteht auf ihrem Willen und auf der Erfüllung des Kaufvertrages, den sie in Händen hat.

So gibt es einen tränenreichen Abschied. Das Türkenmädchen empfindet das Kloster als seine Heimat und nimmt weinend von den guten Schwestern Abschied. Es ahnt noch nicht, daß es einer harten Dienstzeit entgegengeht. Die gnädige Frau Gräfin aber erkennt, daß sie viel Mühe haben wird, aus der Kleinen eine gehorsame Dienerin zu machen. Denn im Kloster hat ihr niemand gesagt, daß sie eigentlich eine Gefangene ist, die man kauft und verkauft und die ihrer Herrschaft zu gehorchen hat. Daher ist sie erstaunt, als ihr die Frau Gräfin verbietet, ungefragt zu reden. Sie kann jedoch den Mund nicht halten. Immer wieder mischt sie sich in das Gespräch der Erwachsenen ein.

Die Gräfin Schallenberg sieht nicht allzu lange zu. Wenn die Türkin nicht begreifen will, daß sie eine gekaufte Magd ist, so wird man sie das eben lehren. Das Mädchen schreit empört, als es eines Tages von der gnädigen Frau eigenhändig wegen seines vorlauten Wesens geschlagen wird. Die Hiebe schmerzen, und von da an begreift das Mädchen allmählich den Unterschied zwischen Herren und Dienstleuten. Aber schon einige Tage später kann sie wieder den Mund nicht halten. Und wieder gibt es Schläge.

In dieser Zeit lernt Osman Agha die beiden Türkenmädchen kennen. Auch er ist Gefangener und dient im Haus Schallenberg als Läufer und Sänftenträger. Viele Jahre später wird er — in die Freiheit zurückgekehrt — von den Jahren seiner Sklaverei unter den Christen und von den beiden türkischen Mädchen erzählen. Die kleine lebhafte Türkin, die so vorlaut ist, hat ihm übrigens, ohne daß sie es je erfahren hat, zur Flucht verholfen. Osman Agha wurde nämlich Zeuge, wie der Verwalter der Familie Schallenberg auch ihr, wie ihrer älteren Leidensgefährtin, die Unschuld raubte. Das Druckmittel der Mitwisserschaft genügte, um Seyfried von Eyrsperg zu bewegen, Osman Agha zur Flucht zu verhelfen.

Osman Aghas Erinnerungen an die Jahre seiner Sklaverei berichten auch sonst von mancher Gewalt, von Wortbruch und Täuschung. Schon bei der Übergabe der Festung Lipova am linken Ufer der Marosch (rumänisch heute Lipova, ungarisch Lippa) — Osman Agha geriet bei dieser Gelegenheit in Gefangenschaft — hören wir, daß die Soldaten nicht nur türkische Männer sondern auch Frauen und Kinder ausraubten und manchen von ihnen sogar den Leib aufschlitzten, weil sie glaubten, sie hätten ihr Geld verschluckt, um es auf solche Weise zu retten. Osman Agha wurde schließlich von Offizieren im Würfelspiel verlost. Sein neuer Herr, ein Leutnant Fischer vom Infanterieregiment Prinz Louis, lebte mit einem siebenbürgischen Sachsenmädchen in wilder Ehe zusammen. »Als er mich in sein eigenes Zelt gebracht hatte« — so berichtet Osman Agha wörtlich — »forderte er, da ich mich ja sonst mit ihm nicht verständigen konnte, durch Zeichen Geld von mir, und ich gab ihm auf die gleiche Weise zu verstehen, daß ich nichts hätte. Er gab sich aber damit nicht zufrieden und entkleidete mich, bis ich splitternackt dastand. Nicht genug damit, tastete er noch eigenhändig meine Schamteile ab, um zu sehen, ob dort vielleicht nicht etwas angebunden sei. Als er kein Geld finden konnte, gab er mir meine Kleider wieder und ließ sich vom Profos ein Eisen holen. Er schloß mir eine Hand und einen Fuß an eine Kette und wies mir dann vor dem Zelt unter dem Wagen einen Platz an. Als Tagesration gab er mir ein halbes Kommißbrot.«

Obwohl Osman Agha später seinem Herrn das verlangte Lösegeld verschaffte, wurde er unter Lug und Trug weiter als Sklave gehalten und nicht freigegeben. Schließlich versuchte sein Herr, ihn an einen Sklavenhändler weiterzuverkaufen. Im Verlauf der weiteren Ereignisse ließ man Osman Agha einmal zehn Tage ohne einen Schluck Wasser und ein Stück Brot in einem Haufen von Pferdemist liegen. Nachdem er monatelang aufgrund eines mißglückten Fluchtversuches im Kerker verbracht hatte, kam er in die Hände des steirischen Grafen Otto von Stubenberg, nach dessen Tod er von der Witwe dem Grafen Christoph Dietmar von Schallenberg übereignet wurde, als dessen Leibdiener, Läufer und Servierer er volle acht Jahre lang diente. Er begleitete seinen Herrn auch auf verschiedene Reisen nach Bayern, Italien und nach Ungarn. Seine Flucht, bei der ihm der Verwalter Seyfried von Eyrsperg half, fällt in das Jahr 1699.

Osman Agha war nicht der einzige türkische Sklave. Mancher, von dem wir nichts mehr wissen, mag im österreichischen Volk aufgegangen sein. Bekannt ist z. B., daß der oberösterreichische Mundartdichter Purschka (1813–1898) Nachkomme eines türkischen Gefangenen war, der ein österreichisches Mädchen geheiratet hatte.

Christen und Barbaresken

Unter dem Namen ›Barbaresken‹ faßte man vom 16. bis 19. Jahrhundert die Bewohner der nordafrikanischen Küstenländer – Algier, Marokko, Tunis – zusammen, die in loser Abhängigkeit vom Sultan in Konstantinopel standen, in Wahrheit aber unter einheimischen Fürsten selbständig waren. Sie führten einen ständigen Seekrieg gegen die europäische Schiffahrt im Mittelländischen Meer und brandschatzten nicht selten die Dörfer und Städte Italiens, Spaniens und Frankreichs, soweit sie von der See aus erreichbar waren. Im Verlauf der

Jahrhunderte verloren auf diese Weise Tausende von italienischen, französischen und spanischen Männern, Frauen und Kindern ihre Freiheit. Selbst Angehörige nördlicher Völker, wie Engländer, Holländer oder Skandinavier gerieten auf Seereisen in die Sklaverei der Barbaresken. Wie brennend das Problem war, geht aus der Gründung zweier katholischer Orden hervor, der Trinitarier und der Mercenarier, die sich hauptsächlich mit dem Loskauf solcher Gefangener befaßten und deren Mitglieder das Gelübde ablegen mußten, gegebenenfalls sich selbst anstelle der zum Loskauf Bestimmten in die Sklaverei zu begeben.

Wie schwer der Seeräuberkrieg der Barbaresken Südeuropa traf, berichtet Pater Dan in einer von ihm im Jahre 1635 aufgestellten Statistik. Danach waren innerhalb der letzten fünfundzwanzig Jahre 600 christliche Handelsschiffe gekapert worden. Das ergab im Durchschnitt 2400 Schiffe in einem Jahrhundert. Pater Dan schätzte für das gleiche Jahr 1635 aufgrund seiner Reise nach Nordafrika die Zahl der in Sklaverei gehaltenen Europäer auf ungefähr 36000 Menschen. Wenn Algerier, Marokkaner oder Tunesier ein europäisches Schiff aufgebracht hatten, so ließen sie sich von den Gefangenen Namen, Geburtsort, Familienverhältnisse, Beruf oder soziale Stellung nennen. Danach schätzten sie den Wert des Mannes, der Frau oder des Kindes bei einem späteren Loskauf ein. Reiche Gefangene suchten so weit wie möglich zu verbergen, daß sie aus wohlhabenden Kreisen stammten, um das Lösegeld nicht in die Höhe zu treiben. Wenn man dann die Gefangenen auf die Sklavenmärkte gebracht hatte — in Algier hieß der betreffende Ort »Badestan« — wurden zuerst die Vornehmen unter ihnen, daneben auch junge Frauen und Mädchen, als Beuteanteil für die Herrscher, für die Paschas und anderen Würdenträger ausgesondert. Die übrigen kamen zum Verkauf, nachdem man ihnen auch das letzte Kleidungsstück ausgezogen hatte. Das leichteste Los hatten noch die älteren Leute; man verwendete sie als Viehhirten, als Latrinenreiniger, als Wasser- und Früchteverkäufer. Die Jüngeren mußten den Boden bebauen, schwere Lasten schleppen oder wurden zu verschiedenen häuslichen Diensten gebraucht. Am elendesten waren die Gefangenen daran, die man zum Ruderdienst auf den Galeeren preßte. Ihnen stand, wenn sie nicht rechtzeitig losgekauft wurden, nach wenigen Jahren ein qualvoller Tod bevor. Wenn sie nicht an die Ruderbänke angekettet waren, hielt man sie in finsteren Gefängnissen, den Bagnos, fest. Auf Fluchtversuch stand die Todesstrafe. Trotzdem wagten Gefangene immer wieder, auszubrechen, und einigen von ihnen gelang sogar die Flucht. Für Frauen und Mädchen kam eine Flucht allerdings ebensowenig wie ein Loskauf in Frage. Sie verschwanden in den Harems der Großen von Algier, Marokko oder Tunis. Verhältnismäßig gut hatten es Facharbeiter oder Leute wie Baumeister und Architekten. Sie wurden von ihren Herren in ihrem Fach beschäftigt. So entwarf ein italienischer Sklave die Pläne für den Bau einer großen Moschee in Algier.

Unter den Gefangenen der Barbaresken befanden sich auch bekannte und vornehme Persönlichkeiten, die jahrelang als Sklaven in Nordafrika leben mußten. Der berühmteste unter ihnen ist wohl der Verfasser des »Don Quichote«, der spanische Dichter Miguel Cervantes de Saavedra (1547–1616), der an der Seeschlacht von Lepanto 1571 teilgenommen hatte und auf der Rückreise nach Spanien gefangengenommen wurde. Er schmachtete fünf Jahre als Sklave in Nordafrika, und es gelang ihm, trotz mehrerer mißglückter Fluchtversuche am Leben zu bleiben.

Von ihm besitzen wir eine ausführliche Augenzeugenschilderung eines Sklavenverkaufes auf dem Markt von Algier. Sie findet sich in seinem Drama »El Tratto de Argel« (II. Akt, 2. Szene).

Wir sehen Mutter, Vater, zwei Knaben und einen Ausrufer auf der Bühne.

Ausrufer:	Gibt es einen Käufer für diese Kinder? Für diesen alten großen Kerl und für dieses alte Weib mit ihrem dicken Bauch? Es ist gute Ware! Sie kosten nur zweihundert Goldstücke! Aber ich lasse nicht handeln! (zu den Gefangenen) Marsch, ihr Hunde!
Der Knabe Juan:	Mutter! Mutter! Werden uns die Mauren wirklich verkaufen?
Mutter:	Ja, mein Sohn! Unser Unglück macht sie reicher!
Ausrufer:	Niemand da, der Kind und Mutter zusammen kaufen will?
Mutter:	O fürchterliches und jammervolles Schicksal, ärger als der Tod!
Vater:	Still, Frau! Gott hat dieses Los über uns verhängt. Er allein weiß, warum.
Mutter:	Mich jammert nur das Schicksal der Kinder! Was soll aus ihnen werden!
Vater:	Frau! Alles wird nach dem Willen Gottes geschehen!
Ein Käufer:	Wieviel soll der da kosten? (zeigt auf Juan)
Ausrufer:	Zweihundert Goldstücke!
Käufer:	Kann man ihn nicht für hundert haben?
Ausrufer:	Nein — das kommt nicht in Frage!
Käufer:	Ist er auch vollkommen gesund?
Ausrufer (reißt dem Knaben den Mund auf):	Er ist in Ordnung!
Käufer:	Mach nur dein Maul auf — hab keine Angst!
Juan:	Bitte, reißen Sie ihn mir nicht aus — er wird schon von selbst herausfallen!
Käufer:	Der Dummkopf glaubt wohl, ich will ihm einen Zahn ausreißen!
Juan:	Bitte, bitte, gnädiger Herr! Er tut mir nicht weh! Bitte, bitte! —

Aidar (ein anderer Käufer):	
	Was ist mit dem da? (auf den zweiten Knaben zeigend) Was kostet er?
Ausrufer:	Zweihundert Goldstücke!
Aidar:	Und wieviel kann man davon abhandeln?
Ausrufer:	Er ist dreihundert Goldstücke wert.
Aidar (zum zweiten Knaben):	
	Wirst du brav sein, wenn ich dich kaufe?
Knabe Francisco:	Ich werde brav sein, selbst wenn Sie mich nicht kaufen!
Aidar:	Ist bei dir alles in Ordnung?
Knabe Francisco:	Ich glaube schon, ohne mich zu täuschen.
Ausrufer:	Er gehört Ihnen! Bitte zahlen!
Käufer:	Ich werde daheim zahlen!
Mutter:	Mein Herz zerreißt!
Käufer:	Liebe Freunde, kauft den anderen Jungen! Komm, Kind, ich will mich mit dir amüsieren!
Knabe Juan:	Gnädiger Herr! Ich kann meine Mutter nicht verlassen und mit den andern gehen!
Mutter:	Geh, mein Sohn, du bist jetzt das Eigentum deines Käufers!
Knabe Juan:	Wie, Mutter! Du willst mich verlassen?
Mutter:	O wie ist alles so grausam!
Käufer:	Vorwärts, Junge! Komm mit mir!
Knabe Juan:	Gehen wir zusammen, Vater!
Vater:	Ich kann nicht! Das hängt nicht mehr von mir ab. Gott schütze dich!
Mutter:	Mein Schatz! Mein Trost! Gott möge dich nicht verlassen!
Knabe Juan:	Wohin bringt man mich ohne dich, Mutter?
Mutter:	Erlauben Sie, gnädiger Herr, daß ich noch ein Wort mit meinem Sohn rede. Gestat-

	ten Sie mir diese letzte kleine Freude, dann wird mein Schmerz niemals mehr aufhören!
Käufer:	Sag ihm, was du zu sagen hast. Es ist das letztemal, daß du ihn siehst!
Mutter:	O es ist das erstemal, daß ich mich in solcher Angst befinde!
Knabe Juan:	Bleib bei mir, ich weiß nicht, wohin man mich verschleppen will!
Mutter:	Ich habe dich verloren mein Kind, obwohl ich dich geboren habe. In meiner Verzweiflung hat sich alles gegen mich gewendet. Der Himmel ist verdunkelt, das Meer und die Winde sind entfesselt. Du kennst noch nicht das ganze Unglück, das dich getroffen hat, es genügt, wenn du mittendrin steckst, denn der, der es nicht genau kennt, kann noch Hoffnung hegen. Aber ich beschwöre dich, mein Teuerstes, da ich dich nie mehr sehen werde, versprich mir, das Beten des Ave Maria niemals zu vergessen. Sie ist es, sie, die Königin der Güte, der Tugend, voll der Gnaden, die deine Ketten brechen und dir die Freiheit wiedergeben wird!
Aidar:	Hört doch diese elende Christin, welche Ratschläge sie ihrem Jungen gibt! Ist sie nicht wie du ein dummes und verstörtes Tier?
Knabe Juan:	Mutter, muß ich wirklich mit diesem Mauren gehen?
Mutter:	Weh mir! Glaub doch, ich habe Angst vor dem Weg, den du gehen mußt. Du wirst alles vergessen, deinen Gott, mich, dich selbst! Denn was wird mit dir geschehen, wenn du in so zartem Alter unter

	dieses gottlose Volk verschlagen wirst! (Der Ausrufer greift nach der Mutter und droht, sie mit der Peitsche zu schlagen, dann wendet er sich wegen des Verkaufs des zweiten Knaben, Francisco, wieder an Aidar).
Knabe Francisco:	Da ich durch ein böses Geschick von euch getrennt werde, liebe Eltern, was befehlt ihr mir noch?
Vater:	Mein Sohn, versprich mir folgendes: weder Drohungen noch Versprechungen, weder Geschenke noch die Peitsche sollen es zustande bringen, daß du den Glauben aufgibst, und alle Schätze der Welt mögen dich nicht davon abhalten, lieber für Christus zu sterben als im Glauben der Mauren zu leben!
Knabe Francisco:	Ich werde mein Möglichstes tun, Jesus wird mir dabei beistehen, wenn ich wahrhaft an ihn glaube, an seine Lehren und an die Furcht vor Gott!
Ausrufer:	Seht nur, wie sich dieses Kind als Christ gebärdet! Ich versichere euch, er wird schon rasch die Arme und die rechte Hand zur Abschwörung heben! Diese kleinen Christenjungen weinen zuerst, aber später werden sie gläubigere Anhänger des Propheten als die alten Gläubigen im Maurenland!

Diese Szene ist nur vor dem historischen Hintergrund der fanatischen Glaubenskämpfe jener Zeit voll zu begreifen. Daß nämlich bei den Eltern die Sorge um das Seelenheil ihrer Kinder schwerer wog als die um ihr Wohlergehen und als der Trennungsschmerz, erscheint uns heute fast unglaubhaft. Wie grausam die Muslims im übrigen bei ihren Bekehrungsversuchen vorgingen, ist durch zahlreiche Berichte überliefert. Aus dem Jahre 1633 wird uns von einem kleinen 14jährigen Franzosen aus St. Tropez berichtet, daß man ihn mit Folterungen, mit Auspeitschungen und anderen Mitteln zum Abfall vom christlichen Glauben bringen wollte, ohne das Ziel zu erreichen. Im 17. Jahrhundert besaß der Sultan von Marokko, Muklai Ismael, in seinem Harem eine 13—14jährige englische Sklavin, die man in der Weise zum Übertritt zum Islam bewegen wollte, daß man ihre nackten Füße in ein Gefäß mit kochendem Öl steckte.

Es ist daher nur zu verständlich, daß die Trinitarier und Mercenarier, die zum Loskauf christlicher Gefangener in die Barbareskenstaaten entsandt wurden, den Auftrag hatten, mit dem zur Verfügung gestellten Geld vor allem halbwüchsige Knaben und Mädchen sowie Priester und Mönche freizukaufen. Erst dann sollten die anderen Gefangenen je nach Notwendigkeit ausgelöst werden. Da Frankreich seit Ludwig XIV (1643 - 1715) Bündnisverträge mit den Herrschern von Algier, Tunis und Marokko geschlossen hatte, bemühten sich auch die französischen Konsuln, die in diesen Ländern ihren Sitz hatten, um die Freilassung von — allerdings in erster Linie — französischen Sklaven. Nach einem Brief von Kapitän Marcel an den französischen Marineminister, anläßlich von Friedensverhandlungen zwischen Frankreich und dem Dey in Algier, gab es zu dieser Zeit — der Brief ist vom 16. November 1689 datiert — 1033 Sklaven europäischer Herkunft in der Stadt. Im Mai 1690 waren es dank der Bemühungen der französischen Regierung nur mehr 850, 1691 nur mehr 440 und 1693 war ihre Zahl auf 8 Personen gesunken. Diese letzten acht Gefangenen wurden in der Sklaverei belassen, denn es handelte sich um zwangsbekehrte französische Protestanten, die in der Gefangenschaft wieder zum kalvinisch-reformierten Glauben zurückgekehrt waren.

Die Kirche und die katholischen Länder waren nämlich nicht bereit, Angehörige evangelischer Religionsgemeinschaften und protestantischer Staaten (Holländer, Engländer) auszulösen. Die Trinitarier und Mercenarier, soweit sie französischer und spanischer Herkunft waren, hatten ausdrücklich Anweisung, nur Angehörige der eigenen Länder und solche katholischen Glaubens freizukaufen.

Französische Unterhändler erhielten vom Marineminister außerdem den Befehl, Sklaven reformierten Glaubens loszukaufen, sofern sie sich bereit erklärten, zum Katholizismus überzutreten. Oft kam es auch zum gegenseitigen Austausch von Gefangenen. Man gab Christensklaven gegen eine bestimmte Anzahl von Algeriern, Tunesiern oder Marokkanern los. Dabei ist interessant, daß ein gefangener Türke den Wert von zwei Mauren (Bewohner der Barbareskenstaaten) hatte. Erst als im 19. Jahrhundert die Franzosen Algier besetzten und später auch Tunis und Marokko zu europäischen Vasallenländern wurden, war die Gefahr endgültig gebannt, die europäischen Reisenden zuvor auf der Fahrt durch das Mittelländische Meer gedroht hatte.

Leibeigene und Leibeigenentheater

Die Geschichte Europas kennt eine merkwürdige Entwicklung auf sozialem und wirtschaftlichem Gebiet. Verschwindet nämlich in den Ländern westlich von Elbe und Saale allmählich die Leibeigenschaft der Bauern, so wird sie in den Gegenden östlich dieser Linie ausgebaut und zu einem System gestaltet, das erst gegen Ende des 18. Jahrhunderts, in Rußland erst im 19. Jahrhundert, fällt. Alexander Rüstow, der bekannte Soziologe, hat diese Entwicklung in Zusammenhang mit dem Aufkommen und der Blüte der überseeischen Sklavenwirtschaft gebracht. Neben dieser Parallelität sind aber sicher auch noch andere Momente für die soziale und wirtschaftliche Teilung Europas verantwortlich zu machen. So kommt es in den östlichen Gebieten unseres Erdteiles zu einer weiteren Verstärkung des landwirtschaftlichen Großgrundbesitzes. Dies führt gleichzeitig zu einem erheblichen Anwachsen der grundherrlichen Gewalt über die landsässigen Bauern und hausgebundenen Dienstboten. Im westlichen Europa tritt bei schwindendem Großgrundbesitz und zunehmender Verstädterung des Adels eine gegenteilige Entwicklung ein.

Im Reichstagsabschied von 1555 war allen Grundherrschaften die Gewalt über ihre Leibeigenen noch einmal ausdrücklich bestätigt worden. Gegenüber der altrömischen Sklaverei bestand nur mehr der Unterschied, daß dem Leibeigenen das Recht einer gesetzlich anerkannten Ehe sowie eines geringen Privatbesitzes zustand. Im übrigen war man, vor allem in den ostelbischen Gebieten, nach den Bauernkriegen bemüht, die noch freien Bauern durch das sogenannte ›Bauernlegen‹ in Abhängigkeit und Knechtschaft zu bringen. Man verstand darunter die willkürliche Wegnahme der kleinen Landgüter jener Bauern, die sich nicht ohne weiteres in die Leibeigenschaft der adeligen Herren fügten. Auf diese Weise wuchs der Besitzstand der privilegierten Grundbesitzer in der brandenburgischen Mark von 1555 bis 1618 um 50 Prozent des ursprünglichen Bestandes.

Auch die Großgrundbesitzer östlich der Elbe begannen ihre Güter nach kapitalistischen Gesichtspunkten zu bewirtschaften. Standen den Pflanzern und Plantagenbesitzern der überseeischen Kolonien Negersklaven als Arbeitskräfte zur Verfügung, so zwangen die Grundherren im Osten Europas ihre leibeigenen Bauern zur Fronarbeit. Dieser Arbeitszwang erstreckte sich auch auf die Familienmitglieder der geknechteten Bauern. So wurden z. B. die Söhne der leibeigenen Bauern in Preußen von den Großgrundbesitzern gezwungen, in sogenannten ›Handwerkshäusern‹, eine Vorstufe der späteren Fabriken, manuelle Arbeiten zu verrichten, während die Töchter schon im zarten Alter in die Web- und Spinnstuben geschickt wurden. Immer wieder versuchten Leibeigene diesem Arbeitszwang zu entfliehen. Friedrich Wilhelm III., Kurfürst von Brandenburg, mußte 1659 seinen Gesandten bei der Republik Polen beauftragen, auf die Auslieferung geflüchteter

Leibeigener zu dringen; er gab wenige Jahre später (1662 und 1674) brandenburgischen Junkern Empfehlungen, damit sie mit deren Hilfe flüchtige Bauern in Polen fassen könnten. Aber nach 1677 klagten die Stände der Neumark, daß alle ihre Proteste und Reklamationen bisher wirkungslos verhallt seien. In ganz Preußen versuchte man daraufhin, die Freizügigkeit der Bauern noch mehr einzuschränken oder ganz aufzuheben, da man fürchtete, die billigen Arbeitskräfte zu verlieren.

Es fiel niemandem ein, die Treue des Gesindes dadurch zu erkaufen, daß man den Leibeigenen eine soziale Besserstellung und humanere Behandlung bot. Im Gegenteil — die Gutsherren bestanden weiterhin hartnäckig auf dem Recht, Knechte und Mägde auspeitschen zu dürfen. Noch 1738 mußte König Friedrich Wilhelm I. von Preußen eine, übrigens weithin nicht befolgte Verordnung erlassen, die bei Strafe sechswöchentlichen Karrens (einer Zwangsarbeit) verbot, »Untertanen gottloserweise mit Prügeln oder Peitschen zu traktieren wie das Vieh«.

Der deutsche Freiheitsdichter Ernst Moritz Arndt (1769 bis 1860) veröffentlichte 1803 seinen »Versuch einer Geschichte der Leibeigenschaft in Pommern und Rügen«, in der er das Elend und die Not der dortigen ländlichen Bevölkerung schilderte.

»Für das schwedische Pommern«, so schrieb er, »galt noch um das Jahr 1800 der lichtenbergische Scherz in seiner vollen Bedeutung einer hübschen Preisfrage: eine Salbe zu erfinden zur Einschmierung der Bauern, damit sie drei-, viermal im Jahr geschoren werden könnten.« Hier verlangte man für einen leibeigenen Burschen 100—150, für ein leibeigenes Mädchen 50—60 Reichstaler, während sie anderswo für etwa 20 (Mann), 10 (Frau) oder gar nur 5 Taler (Kind) gehandelt wurden.

Auch Johann Heinrich Voß, der Übersetzer der Ilias und Odyssee Homers und selbst ein Nachkomme leibeigener mecklenburgischer Bauern, hat das harte Los der Leibeigenen in

dichterischer Form gestaltet. In der Idylle ›Die Leibeigenen‹
finden sich die Verse:

»Was? Noch Treue verlangt der unbarmherzige Fronherr?
Der, mit Diensten des Rechts (Gott sei es geklagt) und
                                              der Willkür
uns wie die Pferd' abquälet und kaum wie die Pferde beköstigt?
Der, wenn darbend ein Mann für Weib und Kinderchen
                                              Brotkorn
heischt vom belasteten Speicher, ihn erst mit dem Prügel
                                              bewillkommt,
dann aus gestrichenem Maß einschüttet den kärglichen
                                              Vorschuß?
Der auch des bittersten Mangels Befriedigung, welche der
                                              Pfarrer
selbst nicht Diebstahl nennt, in barbarischen Marterkammern
züchtiget und an Geschrei und Angstgebärden sich kitzelt?
Der die Mädchen des Dorfes mißbraucht und die Knaben wie
                                              Lastvieh
auferzöge, wenn nicht sich erbarmeten Pfarrer und Küster?«

In einem estnischen Volkslied, das von Johann Gottfried
Herder (1744—1801) in seine Volksliedersammlung aufgenommen wurde, heißt es:

>   »Arme Bauern, an den Pfosten
>   werden blutig sie gestrichen,
>   arme Bauern in den Eisen.
>   Männer rasselten in Ketten,
>   Weiber klopften vor den Türen,
>   Brachten Eier in den Händen . . .«

Und im gleichen Lied klagt der leibeigene Bauer:

>   »Fegefeuer ist unser Leben,
>   Fegefeuer oder Hölle.
>   Feurig Brot ißt man am Hofe,
>   winselnd trinkt man seinen Becher,

Feuerbrot mit Feuerbrande,
Funken in des Brotes Krume,
Ruten unter Brotes Rinde . . .«

Christoph Petri und G. Merkel überlieferten aus der zweiten Hälfte des 18. Jahrhunderts weitere Berichte über die Leibeigenschaft in Lettland, Livland und Estland.

Hier nannte man die leibeigenen Mädchen ›Erbmädchen‹. Eine wohlerzogene Dame, Frau von Drownik, pflegte ihren Mägden, wenn sie das Garn nicht fein genug gesponnen hatten, die Finger mit Flachs zu umwickeln und diesen dann anzuzünden. Waren sie nach dieser Folter nicht imstande, die Arbeit in der gewünschten Art zu verrichten, bekamen sie außerdem Prügel. Ähnliche Methoden wandte die wegen Mißhandlung und Tötung von leibeigenen Mägden verurteilte, sogenannte ›Blutgräfin‹ Elisabeth Báthory an, die die Lippen ihrer Dienerinnen als Nadelkissen zu verwenden pflegte. Ein 13jähriges Erbmädchen der Familie Clodt wurde wegen eines geringfügigen Vergehens mit Ruten gezüchtigt, die man vorher in Salzwasser getaucht hatte. Auf dem Gut Tuttemäggi brachte einmal eine leibeigene Bäuerin ihr eben gestorbenes Kind zum Pastor zur Beerdigung. Es war nach ihren Angaben Hungers gestorben, weil die Herrschaft kein Brotgetreide borgen wollte. Der Pastor trug die Angelegenheit beschwerdeführend auf dem Gut vor. Daraufhin ließ der Gutsherr die Bäuerin holen und sie für die Frechheit, sich beschwert zu haben, blutig schlagen. In der Nacht darauf erhängte sich das unglückliche Weib.

Seite 197: Adelige Dame mit Mohrenpagen. Gemälde eines unbekannten Meisters der italienischen Schule.
Während der Türkenkriege im 16. bis 18. Jahrhundert gerieten nicht nur Christen, sondern auch Türken und Angehörige ihrer Hilfsvölker in die Hände ihrer Gegner. In den vornehmen Häusern Wiens wurde es üblich, gefangengenommene Türkenkinder als Dienstboten zu beschäftigen. Ein »Mohr« war sicher das Prunkstück eines solchen Haushaltes.

Das Hauptzentrum der osteuropäischen Leibeigenschaft aber war Rußland unter der Herrschaft der Zaren. Die Lage der russischen Leibeigenen war nicht viel besser als die der Negersklaven in Amerika. Allerdings konnten Leibeigene infolge von besonderen Glücksumständen zu hohen Ehren und großer Macht kommen. Als die Russen im Nordischen Krieg (1700–1721) die livländische Ortschaft Marienburg, eine schwedische Festung im Peipussee, eroberten, fiel ihnen die Pflegetochter des dortigen Pastors, Martha, in die Hände. Sie hatte einige Tage zuvor einen schwedischen Dragoner geheiratet, der nach der Erstürmung vermißt wurde. Die junge Kriegsgefangene wurde zur Leibeigenen erklärt und kam in den Dienst des Fürsten Menschikow, eines Vertrauten des Zaren Peter I. des Großen (1689–1725). Im Hause Menschikows lernte der Zar das Mädchen kennen und brachte es an seinen Hof, wo es seine Geliebte wurde. Martha trat zur russisch-orthodoxen Kirche über und nahm den Namen Katharina an. Nach Peters Tod bestieg sie — der Zar war eine rechtmäßige Ehe mit ihr eingegangen — als seine Nachfolgerin Katharina I. (1725–1727) den Zarenthron.

Der Sohn einer zur Leibeigenschaft erklärten Kriegsgefangenen war auch der russische Dichter Wassilij Andrejewitsch Joukowskij (1783–1852). Sein Vater, der russische Gutsbesitzer A. I. Bunin, hatte einem seiner leibeigenen Bauern, der in den Türkenkrieg zog, nachgerufen: »Bring mir eine schöne Türkin mit! Meine Frau ist schon alt geworden!« Der Bauer nahm dieses halb im Scherz gesprochene Abschiedswort seines Herrn blutig ernst und erschien nach dem Ende des Feldzuges mit zwei türkischen Mädchen, der 16jährigen Salcha und der 11jährigen Fatme, die er eigenhändig gefangenge-

---

Seite 198: Leibeigene hatten im Alten Rußland bei geringsten Verstößen mit körperlicher Züchtigung zu rechnen. Bei der Plette band man die Hände des Opfers an einem Balken fest und fesselte die Füße. Danach peitschte man den »Missetäter« aus.

nommen hatte, Fatme vor sich auf der Kruppe des Tieres sitzend, Salcha auf dem Beutepferd mit sich führend, die Füße unter dem Bauch des Gaules zusammengebunden. Fatme starb bald an Heimweh und Schmerz über ihre erschlagenen Eltern. Salcha ergab sich in ihr Schicksal als Leibeigene Bunins und schenkte ihm mit Joukowskij seinen berühmten Sohn.

Schon Zar Boris Godunow (1598—1605) hatte die russischen Bauern an die Scholle gebunden. Man nannte den Leibeigenen geringschätzig ›Muschik‹ (Männchen), und man kaufte und verkaufte, tauschte und verschenkte keine Menschen sondern ›Seelen‹. Godunows Gesetz über die Aufhebung der Freizügigkeit der Bauern führte zu erheblicher Unruhe und Verwirrung. Die Bauern flüchteten in Scharen, ihre Herren ließen sie verfolgen und aufgreifen. Die Gerichte bekamen viel zu tun. Der Zar hatte nämlich bestimmt, daß jeder, der einer Herrschaft sechs Monate lang gedient hatte, zum Leibeigenen eben dieser Herrschaft erklärt werden konnte.

Gefällige Richter verurteilten aber auch Leute zur Knechtschaft, die bloß einige Tage Dienst getan hatten. So wurde z. B. ein Handwerker auf das Gut eines reichen Grundbesitzers gerufen und dort nach Beendigung seiner Arbeit als Leibeigener festgehalten. Man schämte sich nicht, Reisende in den Herbergen oder auf offener Straße zu überfallen und als Leibeigene davonzuführen. Selbst hübsche und anstellige Kinder kleiner Edelleute, die ein großmächtiger Bojar für sich haben wollte, mußten von ihren Eltern in die Leibeigenschaft ausgeliefert werden. Der Vater sah dann seinen Sohn bei einem Gastmahl, zu dem auch er eingeladen war, in der Tracht eines Leibeigenen den Wein kredenzen und die Tochter im Mägdezimmer des Bojarenpalastes unter strenger Aufsicht Stickereien für Frau und Töchter ihres Herrn verfertigen.

Die späteren Thronwirren, die durch das Auftreten des ›falschen Dimitrij‹ (1606—1607) ausbrachen, waren im Grunde soziale Kämpfe. Oft sind ja in der Geschichte Erb- und Thronfolgestreitigkeiten nach außen hin nur ein Deckmantel gesellschaftspolitischer Auseinandersetzungen gewesen. Den Anhängern des falschen Dimitrij, der sich als Abkömmling des Zaren Iwan IV. Grossnij (1533—1584) ausgab, ging es vor allem um die Wiedergewinnung der von Boris Godunow aufgehobenen Freiheiten. Dimitrij verbot nach seinem Regierungsantritt die erbliche Leibeigenschaft, er verfügte außerdem, daß Herren, die ihre Leibeigenen in Notzeiten nicht ernährten, ihr Eigentumsrecht an ihnen verlieren sollten. Auch sollte nach Ablauf von fünf Jahren keine Klage auf Rückstellung eines geflüchteten Leibeigenen mehr erhoben werden können. »Ich will niemandem Zwang antun«, erklärte der neue Herrscher — »in meinen Besitzungen soll jedermann frei sein.«

Dimitrijs Sturz wurde daher von den russischen Bojaren herbeigeführt, die sich in ihrer wirtschaftlichen Machtstellung bedroht sahen und die erstbeste Gelegenheit wahrnahmen, um den unerwünschten Zaren unter dem Vorwand, Dimitrij sei ein Feind Rußlands, der orthodoxen Kirche und der überkommenen Lebensweise, zu beseitigen. Nichts beweist dies deutlicher als der knapp nach Dimitrijs Ermordung ausgebrochene Kosakenaufstand (der Smuta) von 1610—1613, an dem eine große Zahl von Leibeigenen beteiligt war.

Ihre Stellung wurde unter den späteren Zaren — vor allem unter Katharina II., der Großen — noch hoffnungsloser. Rußland zählte 1747 unter 6 624 021 Einwohnern 3 444 332 Leibeigene. Noch am besten hatten es die Leibeigenen der Krone. Gutmütige Grundbesitzer begnügten sich mit einer jährlichen Abgabe. Wo die Leibeigenschaft milde gehandhabt wurde, konnte es vorkommen, daß Leibeigene, wie überliefert wird, »in samtenen und seidenen Kaftanen herumstolzierten«. Wo jedoch das 1756 von Graf Rumjäntzow für seine Leibeigenen verfaßte ›Gesetzbuch‹ übernommen wurde, herrschten Willkür und Gewalt. So hatte z. B. nach diesem ›Gesetz‹ ein Kammermädchen, das ungerufen sprach oder im Zimmer der Herrschaft erschien, körperliche Züchtigung zu erwarten.

In Rußland verwendete man dabei die Knute, die Batogge

und die Plette. Die Knute bestand aus Riemen, in deren Enden Draht eingeflochten war. Jeder Schlag riß die Haut auf und verursachte schwere Blutungen. Die Batogge wurde in der Weise vollzogen, daß zwei starke Männer den Verurteilten, der bis zum Gürtel nackt war, zwischen sich auf die Erde legten, wobei der eine den Kopf, der andere die Füße des Opfers zwischen seine Beine nahm, dann schlugen ihn die beiden Henkersknechte rhythmisch abwechselnd mit einem Stock. Bei der Plette band man die Hände des Verurteilten an einen Stock und hielt seine Füße fest. Dann wurde er ausgepeitscht.

Eine Reihe russischer und ausländischer Beobachter haben die schwärzesten Bilder vom Leben der russischen Leibeigenen bis in die Mitte des 19. Jahrhunderts gezeichnet. So berichtet der Schriftsteller Nikotenko in seinen ›Jugenderinnerungen‹ aus der Zeit von etwa 1810–1824 von einer Gutsfrau, die ihrer Kammerzofe den Kopf völlig kahlscheren und sie wie einen Hund mit einem eisernen Halsband umhergehen ließ. Von dem Schriftsteller Tichomirow wissen wir, daß es Gutsherren gab, die sich einen Deut um das Gesetz kümmerten, wonach der Leibeigene »an den Boden gefesselt war« und nur mit ihm verkauft werden durfte. Sie veranstalteten regelmäßig Rekrutierungen von Bauernkindern. Jungen von 8 bis 13 und Mädchen von 12 bis 16 Jahren wurden im Hof des Herrenhauses zusammengetrieben; der Herr suchte die schönsten und saubersten aus und sandte den ganzen Trupp unter Bewachung in die Hafenorte des Schwarzen Meeres, wo armenische und türkische Händler die russischen Kinder aufkauften, ihrerseits sortierten und je nachdem auf die Sklavenmärkte von Konstantinopel, Brussa oder Alexandria brachten.

Dieser Menschenhandel florierte auch im Inland. Eine Frau von Posnikow ließ jährlich die nettesten Mädchen ihrer Bauern nach Petersburg bringen. Hier wurden sie von ausgezeichneten Lehrern sorgfältig im Tanzen, Musizieren, Kochen, Nähen und Frisieren unterrichtet. Waren sie 14 oder 15 Jahre alt, verkaufte sie die Dame mit großem Gewinn an Interessenten. Immer wieder konnte man in russischen Zeitungen Anzeigen folgenden Inhalts lesen:

> Wenn jemand eine ganze Familie
> oder daraus bloß einen jungen
> Mann oder ein junges Mädchen
> allein kaufen will, wende er
> sich an die Wäscheputzerin ge-
> genüber der Kasan'schen Kirche.
> Der junge Mann heißt
> Iwan,
> ist 21 Jahre alt, gesund, kräftig
> und Damenfriseur. Das Mädchen,
> mit Namen
> Marfa
> 15 Jahre alt, kann nähen und sticken.
> Man kann sie prüfen und zu
> mäßigem Preis erhalten.
> (St. Petersburger Zeitung Nr. 36, Jahr 1798)

Die Leibeigenschaft war erblich, aber sie konnte auch durch Heirat übertragen werden. Ein junges französisches Mädchen, der russischen Gesetze unkundig, ging — wie der französische Schriftsteller Passenans 1822 erzählt — als Gouvernante zu einer vornehmen russischen Adelsfamilie. Sie traf dort einen jungen intelligenten Leibeigenen, der eine bevorzugte Stellung innehatte. Die beiden verliebten sich ineinander. Die Herrschaft gab die Erlaubnis zur Vermählung, ohne die Braut über die weiteren Folgen aufzuklären. Als sie nichtsahnend von der Trauung zurückkam, überraschte man sie mit der Erklärung, sie könne nicht mehr länger die Erziehung der Herrenkinder überwachen, da sie jetzt eine Leibeigene sei und es sich nicht zieme, daß die Kinder des Hauses von ihr weiter Anweisungen und Befehle entgegennähmen. Alle Proteste nützten nichts. Man drohte ihr mit der Knute und ermahnte

Eine Schar von leibeigenen Mägden hatte der russischen Herrin aufzuwarten. Der ›Fußkneterin‹ fiel dabei eine besonders geschätzte Dienstleistung zu.

sie, sich an ihren neuen Stand zu gewöhnen. Als die Mutter der jungen Frau von dem Unglück ihrer Tochter erfuhr, opferte sie ihr kleines Vermögen und borgte sich darüber hinaus noch Geld aus, um Tochter und Schwiegersohn freizukaufen. Als sie den üblichen Betrag endlich beisammen hatte und ihn der Herrschaft anbot, lehnte diese jedoch bedauernd ab, da die junge Frau guter Hoffnung war und sich dadurch der Preis schon wesentlich erhöht hatte.

Eine besondere Eigenart der russischen Leibeigenschaft war das Leibeigenentheater, das im 18. Jahrhundert seine höchste Blüte erreichte. Die reichen russischen Grundbesitzer wollten die damals modernen Schauspiele und Opern in ihren eigenen Häusern aufgeführt sehen, ohne erst nach Moskau, St. Petersburg oder gar nach Paris fahren zu müssen. Dank der zahlreichen Leibeigenen, die man besaß, war es nicht schwierig, künstlerisch talentierte Burschen und Mädchen zu finden, die man als Schauspielerinnen und Schauspieler, als Sänger und Sängerinnen, Tänzer und Tänzerinnen ausbilden lassen konnte. Die Komponisten und Kapellmeister ließ man aus Frankreich und Italien kommen. Baumeister aus dem Ausland waren weniger gefragt, da man begabte Leibeigene in Frankreich und Italien als Architekten ausbilden ließ, damit sie nach ihrer Rückkehr die notwendigen Theatergebäude und Opernhäuser errichteten. Wenn wir die weite Verbreitung, die diese Leibeigenentheater hatten, bedenken, wird erst deutlich, wie groß das Reservoir an künstlerischen Talenten gewesen sein mußte, um alle Wünsche der kunstbeflissenen Gutsherrschaften zu befriedigen. Von einer ›russischen Rückständigkeit‹ auf kulturellem Gebiet konnte somit in dieser Zeit kaum gesprochen werden.

Die russischen Herren wußten dabei das Angenehme mit dem Nützlichen zu verbinden. Wenn ein Bauernbursche oder ein Bauernmädchen dazu ausersehen war, in die Theatergruppe des gnädigen Herrn übernommen zu werden, sah man zu, daß der Kandidat oder die Kandidatin außerhalb der Unterrichtsstunden, der Proben und der Aufführungen auch sonst noch zu tun hatte. Die Schauspielerinnen wurden als Kammermädchen, Zofen und Aufsichtspersonen für Kinder verwendet; die Schauspieler als Kammerdiener, Kutscher, manchmal als Sekretäre. Derselbe Mann, der am Abend, mit Flittergold reichlich behangen, auf der Bühne stand und einen König oder mächtigen Feldherrn spielte, zog am nächsten Morgen demütig den Hut, wenn er den Wagenschlag für die Herrschaft öffnete. Die Prinzessin aus der Oper mit ihrem strahlenden Lächeln und der seidenen Robe hatte in der übrigen Zeit den Besen in der Hand und kehrte die Zimmer. Wenn es Erntezeit war und Arbeitskräfte auf den Feldern gebraucht wurden, sandte man auch die Mitglieder der Theatertruppe mit den anderen Leibeigenen und Erntewagen aus. Damit aber der Teint der Schauspielerinnen nicht Schaden litt, wenn sie in der prallen Sonnenhitze arbeiteten, mußten sie große, schattenspendende Hüte und Handschuhe tragen.

Einen ›Starkult‹ gab es nur in bescheidenem Umfang. Es mochte sein, daß die Zuschauer einem Schauspieler besonderen Beifall spendeten, aber der Gutsherr vergaß niemals, ihn seine Knechtschaft fühlen zu lassen und ihn daran zu erinnern, daß er ihm zu gehorchen hatte. War der Gutsbesitzer schlecht gelaunt, so konnte es geschehen, daß er mitten in einer Arie oder bei einem Monolog unbekümmert von seinem Lehnstuhl aufsprang, auf die Bühne eilte und dem Sänger oder der Sängerin rechts und links Ohrfeigen gab. Die Gezüchtigten durften sich nicht zur Wehr setzen, sie mußten vielmehr ihren Part ohne zu weinen oder zu stammeln weitersingen und weitersprechen. War der Herr weniger erzürnt und nicht so jähzornig, so warf er den Betreffenden, die er aufs Korn genommen hatte, nur einen Blick zu, der bedeutete, daß sie sich nach der Vorstellung bei ihm einzufinden hatten. Wenn der Schauspieler oder die Schauspielerin dann zögernd erschienen, warteten schon die Diener des Herrn auf sie, um sie in seiner Gegenwart für die Fehler, die sie angeblich während der Aufführung gemacht hatten — und ob sie Fehler gemacht hatten, entschied einzig und allein der Herr — mit der Knute auszupeitschen. Man ließ den Beschuldigten meist nicht einmal Zeit, sich des Kostüms zu entledigen, das sie getragen hatten.

Selbstverständlich konnten auch leibeigene Schauspieler gekauft und verkauft werden. Ihr Preis war höher als der für gewöhnliche Leibeigene, denn es mußte natürlich ihre Erziehung und ihr Können mitbezahlt werden. Eine 19jährige Sängerin, hübsch aussehend, mit guter Stimme begabt, intelligent und nicht widerspenstig, wird einmal für 5 000 Rubel angeboten.

Nicht jedes leibeigene Mädchen hatte dabei solches Glück wie die berühmte Praskova Iwanowna Schemtschugowa. Sie war das Kind einfacher Bauern und hütete in ihrer Jugend Gänse, Enten und Schweine. Als einmal ihr Eigentümer, Graf Nikolaj Scheremetjew, auf der Straße vorüberfuhr, hörte er sie im Kuhstall singen. Er war musikalisch genug, um zu erkennen, daß hier ein großes Naturtalent auf seine Entdeckung wartete. Er erkundigte sich nach der Sängerin. Als er hörte, sie sei das Kind leibeigener Bauern, befahl er, sie auf seinen Herrensitz zu bringen. Das Mädchen war damals 12 Jahre alt. Es machte auf ihn einen großen Eindruck. ›Parascha‹, wie Graf Scheremetjew seine Entdeckung zärtlich nannte, erhielt im Haus ihres Herrn eine ausgezeichnete Erziehung und Unterweisung. Der Graf engagierte für sie die teuersten Lehrer und Kapellmeister. Man brachte ihr die Manieren der vornehmen Gesellschaft bei, und sie hatte außer ihrem Studium nichts anderes zu tun, als den Grafen bei Tisch zu bedienen. Als Leibeigene geboren und in einer Gesellschaft großgeworden, für die der Wille des Herrn oberstes Gesetz war, fand Parascha nichts dabei, als der Graf zu erkennen gab, daß sie ihm mehr als nur eine große Künstlerin sein sollte. Scheremetjew überhäufte die Geliebte mit Kleidern und Schmuck und ließ sie in allen Stücken seiner Bühne, die weithin berühmt war, die weiblichen Hauptrollen spielen. Parascha war mit dem Grafen sehr glücklich. Bei einer Aufführung von Grétys Oper »Samniter-Ehen« trat die Favoritin als Sängerin vor dem Zaren Paul I. (1796–1801) auf, wobei sie echte Juwelen im Wert von 100 000 Rubel trug. Der Graf zog schließlich im Gegensatz zu seinen Standesgenossen keine Verbindung mit einem adeligen Mädchen in Erwägung, sondern ließ Parascha frei und machte sie mit Einwilligung des Zaren zu seiner Gemahlin.

Die Aufhebung der Leibeigenschaft ging in Osteuropa in langsamen Etappen vor sich. Den Anfang machte Österreich, wo Kaiser Joseph II. (1780–1790) in den ersten Jahren seiner Alleinherrschaft nach dem Tod seiner Mutter, der Kaiserin Maria Theresia, zuerst für Böhmen und Mähren, dann für die österreichischen Alpenländer und endlich für das Königreich Ungarn die Leibeigenschaft für abgeschafft erklärte. In der preußischen Landesordnung von 1794 wird sie ebenfalls als unzulässig bezeichnet, aber erst die Gesetze vom 9. Oktober 1809 hoben sie wirklich auf. Österreich und Preußen folgte Bayern im Jahre 1818, Mecklenburg 1820, Hannover und Kurhessen 1831, das Königreich Sachsen 1832.

In Westeuropa war die Leibeigenschaft schon lange vorher verschwunden. In der Normandie wird sie zuletzt im 12. Jahrhundert, in der Gegend von Paris im 13. Jahrhundert erwähnt. Zur Zeit der Französischen Revolution gab es nurmehr etwa 12 000 Unfreie in der Franche Comté und in Nevers. In Italien hörte die formelle Leibeigenschaft zwischen dem 12. und 14. Jahrhundert auf, doch blieben die Kleinbauern als Halbpächter — vor allem in Unteritalien — bis ins 19. Jahrhundert, ja teilweise bis heute praktisch im Stand wirtschaftlicher Abhängigkeit. England selbst kannte spätestens seit König Eduard VI. (1547–1553) keine Leibeigenen im mittelalterlichen Sinne mehr.

Das letzte Land, in dem sich die Leibeigenschaft beharrlich hielt, war Rußland. Hier bildete sie bis tief ins 19. Jahrhundert das Fundament, auf dem die gesamte Agrarwirtschaft aufgebaut war. Noch um 1850 war etwa die Hälfte alles bebauten Bodens in den Händen von Großgrundbesitzern. Diese überließen den Bauerngemeinden einen Großteil der Fläche zur Benutzung; das Dorf hatte aber für Überlassung der Feldmark eine Abgabe, den ›obrock‹, zu leisten. Das Land befand sich nicht in den Händen einzelner Bauern, sondern wurde von der Gemeinde zu bestimmten Zeiten an alle großjährigen männlichen Mitglieder des Dorfes verteilt. Ein Erbanspruch der Kinder auf das gleiche Stück Land, das der Vater bebaut hatte, bestand nicht. Wald, Weide, Jagd und Fischerei blieben der Nutzung durch die Gemeinde vorbehalten. Die Oberaufsicht führte im Namen des Gutsherrn der Dorfvorstand, der Starost.

Wie langsam die Bauernbefreiung in Rußland vor sich ging, zeigte sich z. B. darin, daß erst Zar Paul I. 1797 beim Landadel durchsetzen konnte, die Bauern am Sonntag nicht zur Arbeit anzuhalten. Kaiser Nikolaj I. (1825–1855) gab dann den leibeigenen Bauern der Krongüter eine bescheidene Selbstverwaltung. Ein großer Schritt nach vorwärts wurde 1842 gemacht: in diesem Jahr erhielten die Bauern das Recht, mit ihren Herren Verträge abzuschließen. Sie waren damit als Rechtspersönlichkeiten anerkannt. Seit 1847 beziehungsweise 1848 konnten die Bauern Grundbesitz von ihren Gutsherrn käuflich erwerben und ihn auch einzeln und nicht mehr im Kollektiv der Gemeinde bewirtschaften. Am 19. Februar 1861 wurde schließlich die allgemeine Aufhebung der Leibeigenschaft verkündet, die für die Hausdienerschaft aber erst 1863 in Kraft trat.

Zigeunersklaven

Zu den letzten Nomaden Europas gehörten Jahrhunderte hindurch die Zigeuner. Ihre Herkunft aus Indien ist heute so gut wie sicher, ihre Sprache indischen Sprachen verwandt. Ihre den europäischen Völkern völlig fremde Lebensweise hat sie zu den ›Parias‹ unseres Erdteils gemacht. Zusammen mit den Juden waren sie jene Bevölkerungsgruppe, die die meisten Verfolgungen und Drangsale zu erleiden hatte.
Während die meisten europäischen Länder danach trachteten, die Zigeuner möglichst rasch wieder aus ihren Landesgrenzen zu vertreiben, wurden sie in den beiden Fürstentümern der Walachei und der Moldau (die den Kern des heutigen Rumänien bilden) nicht bloß geduldet, sondern sogar festgehalten. Allerdings im Zustand der Sklaverei. Schon im Jahr 1386 schenkte Mircea I., Fürst der Walachei, 40 Zigeunerfamilien dem Kloster St. Anton; sie waren den Mönchen bereits seit 1370 ›vorläufig‹ überlassen worden.
Warum die Zigeuner in Rumänien als Sklaven gehalten wurden, ist nicht eindeutig zu klären. Man nannte sie hier auch die »kleinen Tataren«. Von daher stammt die Vermutung, sie seien ursprünglich Sklaven der Tataren gewesen, die wäh-

rend der Mongoleneinfälle des 13. Jahrhunderts in die unteren Donauländer gekommen seien. Nach dem Sieg über die Tataren seien nicht nur diese, sondern auch deren Sklaven, die Zigeuner, als Gefangene in Rumänien zurückgeblieben. Der rumänische Historiker Panaitescu ist dagegen der Meinung, die Versklavung der Zigeuner sei eine Folge der wirtschaftlichen Entwicklung während der Kreuzzüge gewesen. Damals seien die europäischen Kreuzheere durch das Balkangebiet gezogen, der Handel sei aufgeblüht, und die Zigeuner wären als gute Handwerker und Schmiede bekannt gewesen. Um sich ihrer zu versichern, habe man sie als Sklaven festgehalten.

Die Sklaverei der rumänischen Zigeuner dauerte bis in die Mitte des 19. Jahrhunderts an. Man unterschied drei Gruppen: die Sklaven der Krone, die der Kirche und die der Bojaren. Bojaren hießen wie in Rußland auch in Rumänien die reichen und mächtigen, über weite Landstriche verfügenden Adeligen. Diese Herren besaßen das durch Gesetz festgelegte Recht, ihre Zigeunersklaven zu verschenken, zu verkaufen und zu vertauschen. Nur das Recht, sie zu töten, blieb ihnen vorenthalten. In den rumänischen Archiven werden zahllose Verkaufsurkunden aufbewahrt. Der Preis eines Zigeunersklaven hing vom Alter, der Gesundheit und seinen Fähigkeiten ab. So wurde z. B. 1747 ein Zigeunerkind für sieben Rinder verkauft. Gewöhnlich verkaufte man die Zigeuner als Familienverband, Mann, Frau und Kinder zusammen. Aber es bestand kein Verbot, Kinder von den Eltern, Brüder von den Schwestern zu trennen. In jedem Fall folgte die Frau dem Stand des Mannes. Bei Heiraten zwischen Zigeunern und Nicht-Zigeunern folgte der nicht dem Zigeunervolk angehörige Eheteil dem sozialen Stand des Ehepartners — er wurde Sklave oder Sklavin.

In Zeiten der Not kam es vor, daß sich bis dahin freie oder freigelassene Zigeuner wieder in die Knechtschaft verkauften. Im Jahr 1620 lieferte sich ein Zigeuner einem Kaufmann in Targoviste als Sklave aus und ließ sich dafür eine kleine

Geldsumme, ein Pferd, etwas Eisen und die Geräte zur Ausübung des Schmiedehandwerks geben. Ein Zigeunersklave konnte also danach sogar ein kleines eigenes Vermögen besitzen. In einem anderen Fall hören wir, daß ein Zigeuner, der zehn Pferde gestohlen hatte, sich dadurch vor der Todesstrafe rettete, daß er sich selbst, seine Frau, seine halbwüchsige Tochter und seinen kleinen Jungen als Sklaven dem Kloster von Strehaia auslieferte.

Obwohl der Versuch, aus Rumänien zu flüchten, sehr streng bestraft wurde, versuchten rumänische Zigeuner immer wieder zu entkommen. Seit dem 16. Jahrhundert zog es sie hauptsächlich nach Polen und nach Serbien. Die illegale Einwanderung von Zigeunersklaven mit ihren Familien nach Serbien wuchs vor allem unter dem serbischen Fürsten Miloš in den Jahren 1833 bis 1836 zu einer wahren Völkerwanderung an. Auf diese Weise entstand die Volksgruppe der »Vlaški cigani« (Walachischen Zigeuner) in Serbien.

Zigeuner wurden nicht bloß als Handwerker sondern auch als Feldarbeiter beschäftigt. Sie galten außerdem als sehr gute Kammerdiener und Stubenmädchen. An den Tafeln der Bojaren dienten Zigeunermädchen meist zuerst als Speiseträgerinnen. Nach dem Essen durften sich die Gäste des Hausherrn mit ihnen zu persönlichem Vergnügen in ihre Schlafgemächer zurückziehen. Andere Bojaren, wie ein gewisser Constantin Soutzo, bildeten Zigeunerkapellen, die zum Teil hervorragend musizierten. In diesen Kapellen verwendete man die Geige, die ›Cobza‹ (eine Art Mandoline mit neun Saiten) und den ›Naiu‹ (eine Art Flöte). Später fand man auch in anderen Ländern, wie in Rußland und im Habsburgerreich, daran Gefallen, Zigeunerkapellen auftreten zu lassen.

Zwischen den als Hausgesinde verwendeten Zigeunersklaven und ihren Herrschaften bestand nicht selten eine echte gegenseitige Zuneigung. Ein französischer Reisender berichtet uns aus dem Jahr 1848, daß »Zigeunerkinder Spiel und alles übrige mit ihren jungen Herren teilten«. Besonders gut trafen es jene Zigeunersklaven, die sich im Besitz der Krone (der

Fürsten der Walachei und der Moldau) befanden. Sie arbeiteten vor allem als Goldwäscher an den Flüssen der Karpaten und als Goldgräber in den Bergwerken. Gegen eine geringe jährliche Abgabe an den Staat ließ man sie ziemlich freizügig leben; es war ihnen sogar erlaubt, weit im Land umherzuziehen. Auch die Zigeuner, die als Handwerker arbeiteten, besaßen besondere Vorrechte. Im Jahr 1757 verfügte der Fürst der Moldau, daß die Zigeuner in der Stadt Fokşani von der fürstlichen und herrschaftlichen Gerichtsbarkeit befreit sein sollten. Man durfte sie — ausgenommen in Fällen des Diebstahls und des Mordes — weder vor Gericht stellen noch in Schutzhaft nehmen.

Im Lauf der Zeit, vor allem im Jahrhundert der Aufklärung, wurden in Rumänien mehr und mehr Gesetze zur Verbesserung der Lage der Zigeunersklaven erlassen. Das Oberhaupt der rumänisch-orthodoxen Kirche erklärte: »Die Zigeuner sind wie alle Menschen von Gott geschaffen, und es ist eine große Sünde, sie wie Vieh zu behandeln.« Es wurde verboten, Zigeunerkinder — Knaben unter 12 und Mädchen unter 14 Jahren — beim Verkauf von ihren Eltern zu trennen. Ein Gesetz aus dem Jahr 1785 verbot dann überhaupt die Trennung von Eltern und Kindern. Gleichzeitig wurde aber auch die Heirat zwischen Zigeunern und Nicht-Zigeunern untersagt, damit kein Rumäne fortan in Sklaverei falle.

Der Gedanke, die Sklaverei der Zigeuner ganz aufzuheben, fand zuerst bei Ausländern, die durch Rumänien reisten, Zustimmung. So wandte sich der französische Diplomat Alexander-Moritz Blanc de La Nautte 1787 in einem »Mémoire« über die frühere und gegenwärtige Lage der Moldau und der Zigeunersklaven an den regierenden Fürsten Alexander Ypsilanti, ohne aber einen Erfolg zu erzielen. Noch zu Beginn des 19. Jahrhunderts enthielten rumänische Gesetzbücher Bestimmungen über die Sklaverei, aber sie schränkten die Gewalt des Herrn über seine Sklaven immer mehr ein. Aus dem Jahr 1808 wird uns ein bischöflicher Erlaß über die Arbeit der Zigeunersklaven in einem Kloster überliefert. Danach hatten

die Zigeuner drei Tage in der Woche für das Kloster zu arbeiten, drei Tage standen ihnen für ihre eigenen Arbeiten zur
Verfügung. Der Sonntag war allgemeiner Ruhetag.

Wie sehr man sich damals mit dem Los der Zigeuner beschäftigte, geht aus einer Äußerung des Schriftstellers Michel
Cogalniceanu aus dem Jahr 1837 hervor. »Die Europäer bildeten humanitäre Gesellschaften« — schreibt er —, »um die
Sklaverei in Amerika abzuschaffen, während inmitten ihres
eigenen Erdteils Europa 400 000 Zigeuner leben, die in Sklaverei schmachten und 200 000 weitere, die noch im Dunkel
der Barbarei existieren müssen.«

Die Aufhebung der Sklaverei in Rumänien war das Werk des
Fürsten Alexander Ghika. Er gab 1837 alle Sklaven der Krone
frei und siedelte sie auf unbebautem Land an, wo sie wie
freie Bauern behandelt wurden. Nur wenig später folgte Fürst
Michel Sturdza für die Moldau dem Beispiel Ghikas. Ihm
gelang es auch, 1844 während der Versammlung der mol-
dauischen Großen, die Freiheit für alle Sklaven zu erreichen,
die sich im Besitz der Kirche befanden. Dagegen weigerten
sich die Bojaren noch lange, ihre eigenen Sklaven freizugeben.
Ein Versuch, dies während des Revolutionsjahres 1848 durchzusetzen, verlief im Sande. Nur einzelne fortschrittlich gesinnte Adelige — wie die Balch, die Cantacuzènes, die Rosetti,
die Golesco — gaben ihre Sklaven frei. Erst im Februar 1856
wurden schließlich die letzten noch in Sklaverei gehaltenen
Zigeuner Rumäniens in Freiheit gesetzt. Ein langer Leidens-
weg war zu Ende.

Der Kampf beginnt

Es ist ein merkwürdiger Zufall der Geschichte, daß im gleichen Jahr 1863, in dem Rußland die Leibeigenschaft aufhob,
auch der amerikanische Präsident Abraham Lincoln der Negersklaverei in den Vereinigten Staaten ein Ende machte.

Damit hatte ein jahrhundertelanger Kampf seinen Abschluß gefunden. Ein Schandfleck der europäischen Kultur und Menschheit war ausgetilgt worden, auch wenn es fortan noch Reste von Sklaverei in kleineren Ländern gab, die selbst in unseren Tagen nicht beseitigt sind. Zuerst erscholl die Stimme derer, die den Menschenhandel mit dem Christentum und mit der Humanität für unvereinbar fanden. Aber diese Stimmen waren anfangs kaum zu hören. Immerhin können wir als einen der ersten Proteste den von Richard Baxter (1615 bis 1691) verzeichnen, der sich schon 1673 gegen die Sklavenjäger als ›Feinde der Menschheit‹ wandte, obgleich er die Sklaverei selbst unter bestimmten Bedingungen noch bejahte. Sieben Jahre später verurteilte der anglikanische Geistliche Morgan Goodwyn, der von England nach Barbados gekommen war, die Sklaverei an sich. Er hatte das Elend und die grausame Behandlung der Neger durch die Kolonisten mit eigenen Augen gesehen und bezeichnete das ganze Sklavensystem als eine »Grausamkeit, die durch nichts beschönigt werden könne.«

In dieser Zeit erschien auch der erste Antisklaverei-Roman, sozusagen ein Vorläufer von »Onkel Toms Hütte« und wie dieser von einer Frau geschrieben. Der Titel des Buches lautete: »Orinoko oder der königlich gesinnte Sklave«. In ihrem Roman stellt die Verfasserin, Mrs. Aphra Benn aus Surinam, der holländischen Kolonie im nördlichen Südame-

---

Seite 215 oben: Mißhandlung von Negersklaven, Brasilien 1839. Nach einer Zeichnung von Debret. Auf den Plantagen der Neuen Welt war die Peitsche das Mittel, um von den schwarzen Sklaven Gehorsam zu erzwingen. Man band die Unglücklichen bei der Prozedur an einen Baum oder fesselte zur Strafverschärfung ihre Hände mit den Fußknöcheln zusammen. Als Schlaginstrument diente auf den Zuckerrohrplantagen gewöhnlich ein kräftiger Zuckerrohrstengel.

Seite 215 unten: Sklavenversteigerung in den USA um die Mitte des 19. Jahrhunderts.

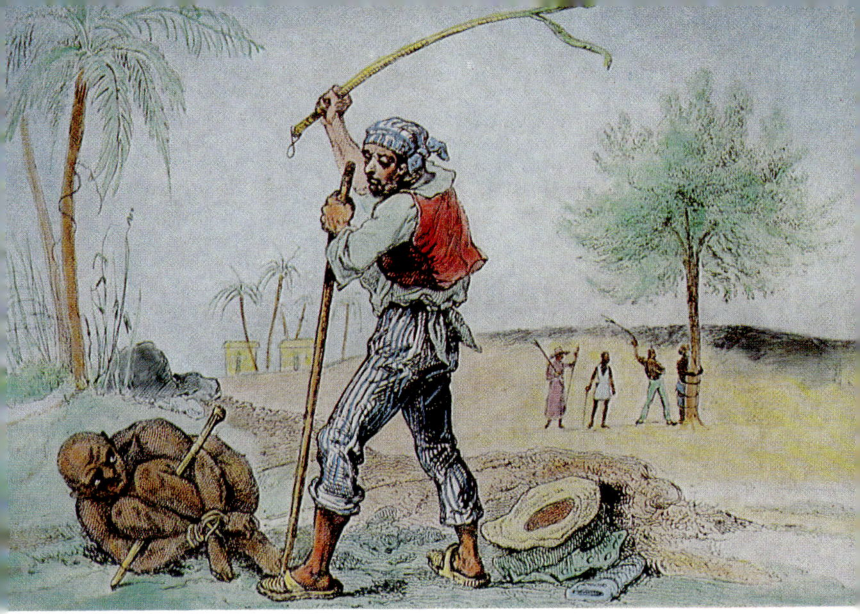

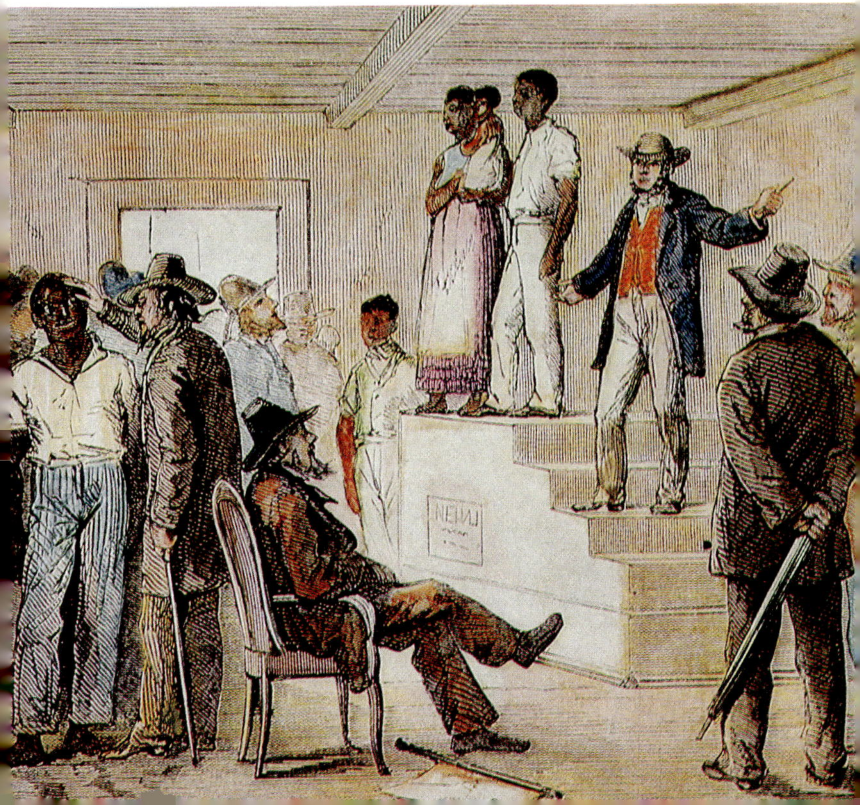

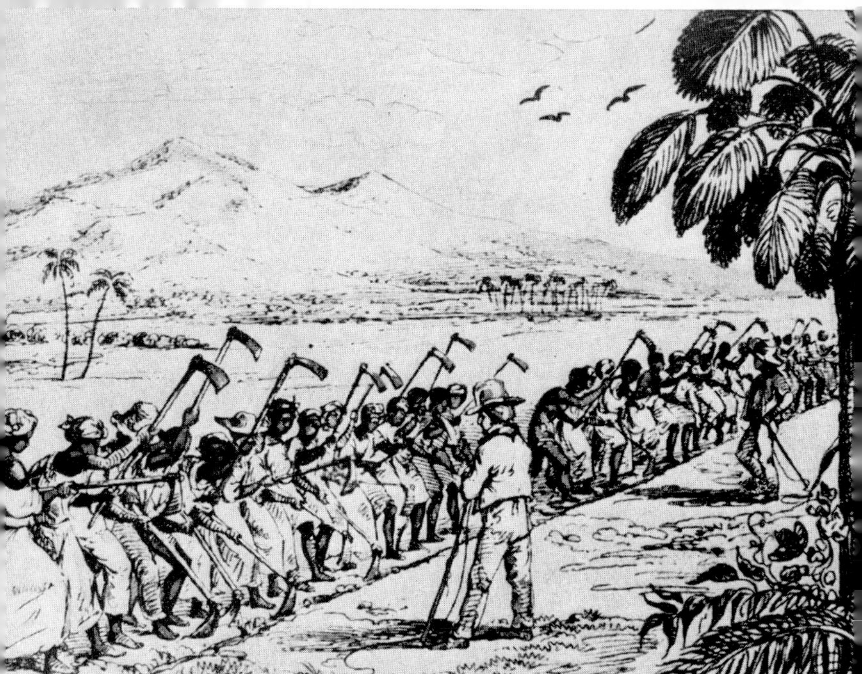

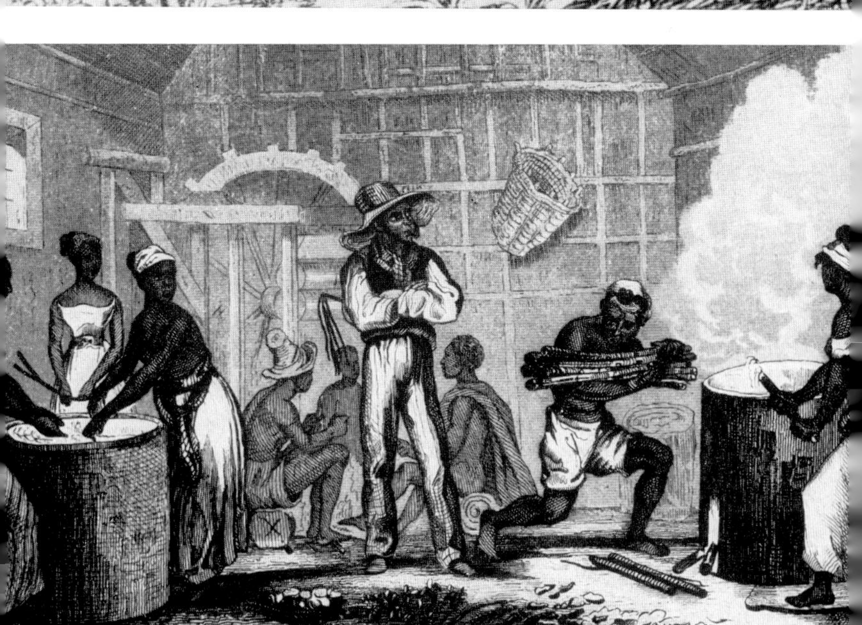

rika, die edle Gesinnung eines Negersklaven der schmutzigen Habgier und Charakterlosigkeit der Sklavenhändler und Sklavenhalter gegenüber. Die Erzählung wurde später dramatisiert und erschien Ende des 17. Jahrhunderts auf englischen Bühnen mit einem Neger in der Hauptrolle des Dramas.

Die Anti-Sklaverei-Bewegung fand dann in den Männern der Aufklärung entschiedene Anhänger und Verteidiger. Sie faßte mit der Aufklärung zusammen in den meisten Ländern Europas Fuß. Geistliche, Philosophen, Lehrer, Dichter und Zeitungsmänner wandten sich gegen den Negerhandel und die Versklavung der Neger. Der englische Philosoph John Locke eröffnete seine ›Abhandlung über eine bürgerliche Regierung‹ von 1689 mit den Worten: »Die Sklaverei ist so schändlich, ein so jammervoller Zustand des Menschen und so direkt dem edlen Charakter und der Unerschrockenheit unserer Nation entgegengesetzt, daß man schwer begreifen kann, daß ein Engländer, noch weniger ein Gentleman, für sie eintritt.« Auch der Verfasser des Robinson Crusoe, Daniel Defoe, wandte sich in seiner Abhandlung über die ›Verbesserung der Sitten‹ gegen die Sklaverei. Die englischen Dichter der Zeit, Thomson, Pope, Savage und Shenstone, beschrieben in einigen ihrer Werke die Schändlichkeit des Sklavenhandels und das Elend, das er verursachte. Von der Kanzel seiner Kirche herab verurteilte 1760 der anglikanische Bischof War-

---

Seite 216 oben: Fronarbeit von Negersklaven auf den westindischen Zuckerinseln. Auf dem gerodeten Land mußten sich die Sklaven, Frauen wie Männer, unter Aufsicht in einer Linie aufstellen und mit Hacken 15 bis 20 cm tiefe Löcher für die Zuckerrohrschößlinge graben. Auf ein Kommando des Aufsehers trat die Reihe zwei oder drei Schritte zurück und grub die nächsten, schnurgerade ausgerichteten Pflanzlöcher.

Seite 216 unten: In den Kochhäusern der Zuckermühlen wurde der Zuckerrohrsaft in großen Siedkesseln eingedickt. Auch hier sorgte der Aufseher mit der Peitsche dafür, daß die Arbeit keinen Augenblick unterbrochen wurde.

burton den »schandvollen Sklavenhandel, der direkt gegen das göttliche und menschliche Gesetz verstößt«. Er sprach von den »vielen Tausenden, die jährlich von einem Erdteil verschleppt werden und das Opfer der Kolonisten sind, die es ihrem Götzen, dem Mammon, darbringen.«

Diese Äußerungen, so überzeugend sie waren und so entrüstet sie klangen, blieben damals völlig wirkungslos. Die Sklavenhalter lachten bestenfalls darüber und taten die Forderungen ihrer Gegner als überspannte Ideen von Phantasten ab, die von der Wirtschaft und ihren Notwendigkeiten in den Kolonien nichts begriffen hatten. Daß eine Kolonie auch ohne Negersklaven gedeihen konnte, sollten erst später die Quäker beweisen. George Fox, der Gründer der Sekte, die sich ›Gesellschaft der Freunde‹ nannte, hatte schon 1671 seine Anhänger ermahnt, die üblen Erscheinungen der Sklaverei dadurch zu mildern, daß man die Sklaven gut behandelte und nach einer Anzahl von Jahren freiließ. 1688 fanden die deutschen Quäker, die sich unter Führung von William Penn in Pennsylvanien ansiedelten, daß es ebenso unmoralisch sein müsse, Menschen zu Sklaven zu machen wie Sklaven zu halten. Sie brachten es allmählich durch Ermahnungen, Drohungen und Ausschlüsse aus der Gemeinschaft dazu, daß die meisten sklavenhaltenden Quäker in den Kolonien, aber auch in England, der Sklaverei den Rücken kehrten. 1774 war man so weit, daß jeder Quäker aus der ›Gesellschaft der Freunde‹ ausgeschlossen wurde, der sich am Sklavenhandel beteiligte. Seit 1776 wurden von den Quäkern auch keine Sklaven mehr gehalten.

Aber die Quäker gaben sich nicht damit zufrieden, die Sklaverei unter ihren Anhängern beseitigt zu haben. Im Jahr 1783 gründeten sie die erste Anti-Sklaverei-Gesellschaft mit dem Ziel, die öffentliche Meinung gegen die Negersklaverei wachzurütteln. Schon wenige Jahre nach der Gründung verbreitete die Gesellschaft eine Broschüre unter dem Titel ›Der Fall unserer Mitbrüder, der unterdrückten Afrikaner‹ unter allen Mitgliedern des englischen Parlamentes und forderte ihre

Anhänger darin auf, für die Abschaffung des Menschenhandels und der Unfreiheit aktiv einzutreten. Es war dies das erstemal, daß eine gesetzliche Initiative zur Aufhebung der Sklaverei verlangt wurde.

War die Quäkervereinigung die erste organisierte Gruppe der Sklavengegner, so finden wir in Granville Sharp jenen Mann, der durchsetzte, daß wenigstens auf dem Boden des englischen Mutterlandes die Haltung von Sklaven für ungesetzlich erklärt wurde.

Granville Sharp entstammte einer kinderreichen Familie. Einige seiner Geschwister erlangten einflußreiche Stellungen. Granville betätigte sich nach dem Studium als Rechtsanwalt. Er erreichte für seinen zweiten Mandanten den Eintritt in das Haus der Lords, nachdem er dessen Anspruch auf die Baronie von Willoughby nachgewiesen hatte. Mit der Sklavenfrage kam Sharp in Berührung, als er einmal im Wartezimmer seines Bruders, der Arzt war, einen übel zugerichteten Neger erblickte. Das bedauernswerte Opfer war von seinem Herrn, der den Sklaven aus den Kolonien mitgebracht hatte, im Jähzorn furchtbar geschlagen worden. Sharp machte seinen Bruder William auf den Geschundenen aufmerksam, der ihn in das Bartholomäus-Spital einliefern ließ. Als Jonathan Strong, wie der Schwarze hieß, wieder gesund war, verschaffte ihm Granville Sharp eine Stelle als Laufbursche bei einem Drogisten.

Sharp betrachtete den Vorfall zunächst nur als eine Episode, als einen Fall, um christliche Barmherzigkeit zu üben, ohne daß er sich zunächst weiter über das ganze Problem Gedanken machte. Aber zwei Jahre später traf der frühere Eigentümer von Jonathan Strong zufällig seinen Sklaven gesund und wohlbehalten auf der Straße an. Er hatte ihn für tot gehalten. Für den Eigentümer stand es fest, daß Jonathan noch immer sein Besitz war. Er hielt ihn daher fest und übergab ihn einem Sklavenhändler mit dem Auftrag, ihn weiter zu verkaufen. Bis ein Schiff nach Jamaika abging, wohin Jonathan gebracht werden sollte, wurde der Aufgegriffene ins Gefängnis geworfen.

Es gelang dem Neger, eine Botschaft an seinen Beschützer Granville Sharp zu schicken. Der warnte zunächst den Sklavenhalter, seinen Gefangenen ohne Rechtsbeistand abtransportieren zu lassen. Auf einen Einspruch von Jonathans früherem Herrn entschied der Bürgermeister, daß keine Person, Freier oder Sklave, ohne eine gerichtliche Anklage im Gefängnis gehalten werden dürfe und befahl die Freilassung des Negers. Beim Verlassen des Gefängnisses wollte der uneinsichtige Sklavenhalter Jonathan von neuem festhalten, aber Sharp hinderte ihn daran und Jonathan konnte entkommen. Daraufhin begann der Sklavenhalter einen Prozeß gegen Granville Sharp.

Die Rechtslage schien gegen letzteren zu sprechen, denn im Jahr 1729 hatte ein englisches Gericht entschieden, daß ein Sklave im Besitz seines Herrn blieb, auch wenn er von diesem nach England gebracht wurde. Trotz dieses Gerichtsbeschlusses focht Sharp die Sache als sein eigener Verteidiger durch. Er stellte den gegenteiligen Grundsatz auf und behauptete, ein Neger, der englischen Boden betrete, sei ohne weiteres frei. Sein Memorandum, das er in diesem Sinn verfaßte und an die bedeutendsten Rechtslehrer und Rechtsgelehrten Englands sandte, hatte eine solche Wirkung, daß der Herr des geflüchteten Jonathan Strong von seiner Klage gegen Sharp zurücktrat, noch ehe es zum Prozeß kam.

Granville Sharp gab sich jedoch mit dieser Wendung nicht zufrieden. Er wollte eine offizielle Erklärung eines englischen Gerichtes erzwingen, das die Entscheidung von 1729 revidierte. Zwei Jahre später focht er den Fall des Sklaven James Somerset, der seinem Herrn Charles Stewart, einem Pflanzer aus Virginien, davongelaufen war, bis zum Gerichtsurteil durch. Am 22. Juni 1772 entschied der Richter Lord Mansfield in einem sensationellen Urteilsspruch zugunsten von Sharp und des von ihm vertretenen Negersklaven Somerset. »Das Herrenrecht« — so argumentierte Lord Mansfield — »um das es hier geht, war in England niemals Brauch, noch ist es durch ein Gesetz anerkannt. Der Stand der Sklaverei ist so hassenswert, daß er nur geduldet werden kann, wenn ein Gesetz ihn ausdrücklich billigt. Aufgrund dieses Tatbestandes ist die Schlußfolgerung zu ziehen. Ich kann nicht erklären, daß ein solcher Zustand durch ein englisches Gesetz anerkannt oder gebilligt worden ist. Daher muß der Neger freigelassen werden.«

Durch diese Entscheidung wurden 15 000 Sklaven, die mit ihren Herren in England lebten, auf der Stelle frei. Es blieb ihnen anheimgestellt, weiter im Dienst ihrer früheren Herren zu bleiben oder wegzugehen.

Das Urteil Lord Mansfields gab der Anti-Sklaverei-Bewegung ungeheuren Auftrieb. Granville Sharp schrieb nach seinem Sieg an die Bischöfe der anglikanischen Staatskirche, und die überwiegende Mehrheit von ihnen versprach ihm ihre vollste Unterstützung. Außerdem gewann er zwei neue unerschrokkene Helfer: James Ramsay und Thomas Clarkson.

James Ramsay war Geistlicher und hatte neunzehn Jahre in St. Kitt gewirkt. Zu jener Zeit war er Pfarrer in Kent. Er hatte die Sklaverei persönlich kennengelernt und schrieb eine Reihe von Broschüren, in denen er sie in ihrer wahren Gestalt den Lesern vor Augen führte. Thomas Clarkson kannte die Sklaverei im Gegensatz zu Sharp und Ramsay nur aus Büchern und mündlichen Berichten. Er hatte 1785 in lateinischer Sprache an der Universität Cambridge eine Preisarbeit verfaßt, die den Titel führte: »Ist es billig, Menschen gegen ihren Willen zu Sklaven zu machen?« Als Quelle seiner Ausführungen benutzte er Anthony Benezets Buch über Guinea. Auf einer Reise nach Hertfordshire begann er über seine These nachzudenken, und er faßte den Entschluß, sein weiteres Leben der Bekämpfung der Sklaverei zu widmen. Heute steht in Wades Mill, wo er diesen Entschluß faßte, ein Denkmal zur Erinnerung an ihn.

Clarkson hatte entschieden organisatorisches Talent. Er veröffentlichte zunächst seine Preisarbeit in englischer Sprache. Durch den Herausgeber der Schrift, einen Quäker, kam er mit der ›Gesellschaft der Freunde‹ in Verbindung. Als er Ramsay und Sharp kennenlernte, schloß er sich beiden an und wurde ihr Mitarbeiter. Am 22. Mai 1787 gründeten sie eine Gesellschaft zur Beseitigung des Sklavenhandels, die sich später dem schon früher gegründeten Anti-Sklaverei-Verein der Quäker anschloß. Granville Sharp wurde der erste Präsident der Vereinigung. Als Ziel der Gesellschaft wurde die »Verbreitung und Veröffentlichung solcher Nachrichten« angegeben, die »der Abschaffung des Sklavenhandels dienen können«. Man hatte sich also entschlossen, nicht gleich aufs Ganze, auf die Abschaffung der Sklaverei selbst, loszusteuern, sondern zuerst einmal den Handel mit Sklaven, vor allem den Raub und Kauf von Negern in Afrika, zu unterbinden. Für diesen beschränkten Zweck bekam die neue Vereinigung genügend Geld; außerdem boten Männer von Rang und Namen ihre Mitarbeit an.

Zu ihnen gehörte William Wilberforce (1759—1833), ohne dessen parlamentarische Tätigkeit die Anti-Sklaverei-Bewegung kaum so rasch ihren ersten Sieg errungen hätte. Er wurde in Hull geboren, war der Studienkollege des späteren englischen Premierministers William Pitt d. J. und erlangte 1780 einen Sitz im Unterhause. Im Jahr 1785 geriet er unter den Einfluß der methodistischen Kreise um Wesley und Milner; er schloß sich ihnen an und war beinahe schon bereit, auf seinen Parlamentssitz zu verzichten, als er mit der Sklavenfrage konfrontiert wurde. Wilberforce lernte einen ehemaligen Sklavenschiffskapitän kennen, der ihm von seinen eigenen Erfahrungen berichtete, er machte die Bekanntschaft von Ramsay, und er las Clarksons Broschüren gegen den Sklavenhandel. Im Sommer 1787 entschloß er sich nach einer Aussprache mit seinem Freund Pitt die Initiative bei der Bekämpfung des Sklavenhandels zu ergreifen. Ohne ihn, ohne die Organisationsgabe Clarksons und die Propaganda der Anti-Sklaverei-Gesellschaft wäre ein Vorstoß im Parlament in diesem Augenblick noch nicht möglich gewesen.

Premierminister Pitt stand den Forderungen der Sklavereigegner sympathisierend gegenüber. Aber es gab unter den

Parlamentsmitgliedern — vor allem im Haus der Lords — noch viele Andersdenkende. Auch waren ernstzunehmende Persönlichkeiten der Meinung, es genüge, eine bessere Behandlung der Sklaven während der Überfahrt von Afrika nach den amerikanischen Kolonien durchzusetzen. So schlug z. B. der Abgeordnete Sir William Dolben vor, die Zahl der Sklaven, die auf einem Schiff transportiert werden durften, im Verhältnis zur Größe des Schiffes festzulegen. Sofort standen Verfechter des Sklavenhandels auf und erklärten, auf diese Weise würde das ganze Geschäft zugrunde gerichtet werden. Zum Glück machten ihre Behauptungen auf die Mitglieder des Unterhauses wenig Eindruck, so daß Dolbens Antrag mit Mehrheit angenommen wurde. Anders war es im Haus der Lords. Hier war es erst durch das persönliche Eingreifen des Premierministers Pitt möglich, daß sich eine Mehrheit von nur — zwei Stimmen für den Antrag aussprach.

Der Ausbruch der Revolution in Frankreich am 14. Juni 1789 ließ die Hoffnung wachwerden, daß in diesem Lande die Sache der Sklavengegner raschere Fortschritte machen würde. Schon 1788 hatten jene Franzosen, die mit der englischen Anti-Sklaverei-Bewegung in Verbindung standen, eine Zweigorganisation unter dem Namen ›Die Freunde der Schwarzen‹ gegründet. Ihr Präsident war Concordet, zu ihren Mitgliedern gehörten so bekannte Persönlichkeiten wie Lafayette, Abbé Gregoire, Abbé Brissot, Minister Necker, Abbé Sieyès und Graf Mirabeau. Da man den ursprünglichen Plan, Wilberforce selbst solle mit Frankreich Fühlung aufnehmen, wegen der bereits sehr gespannten politischen Lage, die 1793 zum Krieg zwischen England und Frankreich führte, nicht mehr für ratsam hielt, wurde Clarkson nach Frankreich entsandt. Er war im Gegensatz zum Unterhausmitglied Wilberforce ein Privatmann und konnte sich ungehinderter bewegen.

Clarkson hatte eine Audienz bei König Ludwig XVI., dem er ein Exemplar seiner Schrift »Die Sinnlosigkeit des Sklavenhandels« überreichte. Die englischen Sklavereigegner hofften schon auf einen schnellen Sieg ihrer Sache in Frankreich, doch konnten ihnen weder der machtlose Monarch noch gleichgesinnte Abgeordnete der Nationalversammlung angesichts der zunehmenden Revolutionswirren feste Zusagen machen. Clarkson und andere Gegner der Sklaverei erhielten inzwischen von England aus Morddrohungen, falls sie mit ihrer Propaganda weitermachen würden. Clarkson verlängerte daraufhin seinen Aufenthalt in Paris um ein halbes Jahr.

Graf Mirabeau gelang es schließlich, mit den französischen Abgeordneten die Frage eines Gesetzes über das Verbot des Sklavenhandels zu besprechen. 300 Mitglieder der Nationalversammlung schienen völlig unentschlossen. Von den 900 übrigen erklärten sich 500 bereit, für ein solches Gesetz zu stimmen, wenn England mit gutem Beispiel vorangehe. Da Mirabeau keine Garantie dafür geben konnte, unterblieb die Abstimmung. Clarkson, in seinen Hoffnungen bitter enttäuscht, kehrte daraufhin nach England zurück.

Erst am 14. Mai 1791 wurde in der französischen Nationalversammlung ein Antrag des Abbé Gregoire auf Verleihung der Bürgerrechte an alle Neger in den französischen Kolonien behandelt. Damals rief Maximilian Robespierre, der Führer der Jakobiner, den Opponenten dieses Gesetzes, die wieder den wirtschaftlichen Zusammenbruch der Kolonien prophezeiten, die Worte entgegen: »Laßt die Kolonien zugrunde gehen, wenn sie nur auf Kosten Eurer Ehre und der Gerechtigkeit erhalten werden können!« Man entschloß sich dann zu einer Kompromißlösung und verlieh allen Mulatten in den französischen Besitzungen das Bürgerrecht. Erst ein Gesetz des Nationalkonvents vom 5. Februar 1794 beseitigte die Sklaverei in Frankreichs überseeischen Besitzungen. Sie wurde aber von Napoleon 1802 wieder eingeführt. 1823 begann in Frankreich erneut der Kampf um die Aufhebung der Sklaverei unter Führung von Viktor Schoelcher, und er endete schließlich nach jahrelangen Bemühungen mit dem endgültigen Sieg der Sklavereigegner im Jahr 1848.

Auch in England mußten Wilberforce und seine Anhänger

Rückschläge hinnehmen. Es gelang ihm nicht, trotz aller Beredsamkeit, die Mehrheit des Parlamentes zu seiner Ansicht zu bekehren. Hinzu kam, daß Clarkson 1794 schwer erkrankte und sich von allen öffentlichen Geschäften zurückziehen mußte. Mit Wilberforce, der aus Enttäuschung in seinem Eifer nachließ, und Clarkson fielen die kühnsten und unermüdlichsten Vorkämpfer für die Freiheit der Sklaven vorläufig aus. Die Arbeit der Anti-Sklaverei-Gesellschaft kam zum Stillstand. Am 12. April 1974 hatte die letzte Versammlung stattgefunden, die nächste wurde erst am 25. Mai 1804 abgehalten.

Mit dem Einzug neuer Männer in die Gesellschaft — unter ihnen befanden sich Henry Brougham, Zachary Macauley und James Stephen — begann ein neuer Abschnitt. Wilberforce stellte sich wieder zur Verfügung und brachte einen Gesetzentwurf über das Verbot des Sklavenhandels im englischen Unterhaus ein. Die Vorlage passierte glücklich alle drei Lesungen. Doch als sie in das Haus der Lords kam, war die Sitzungsperiode zu Ende, und die Abstimmung konnte erst im nächsten Jahr stattfinden. Der Sieg schien dennoch nahe, und als Pitt anfangs 1805 Wilberforce bewegen wollte, das Wiedereinbringen des Gesetzes zu verschieben, lehnte dieser ab, da er seine »heilige Sache nicht den Interessen einer Partei dienstbar machen könne«. Bei der Abstimmung wurde der Gesetzentwurf jedoch überraschend mit einer Stimmenmehrheit von 7 Mitgliedern des Hauses der Lords verworfen. Das Interesse am Sklavenhandel war unter den Abgeordneten noch immer sehr groß.

Premierminister Pitt hatte seinen Freund Wilberforce nur aus taktischen Gründen zurückhalten wollen; der Sache der Anti-Sklaverei-Bewegung blieb er nach wie vor verbunden. Er leistete ihr noch vor seinem Tode 1806 einen bedeutenden Dienst, indem er durch eine königliche Verordnung die Einfuhr neuer Sklaven in die Kronkolonien verbieten ließ. Das folgende Jahr wurde dann das entscheidende. Der neue Premierminister Fox stellte sich ganz in den Dienst der Bewegung. Er gewann die Mehrheit der Regierung für einen Gesetzentwurf, der den Sklavenhandel verbieten sollte. Nachdem eine Parlamentswahl der Regierung wieder die Mehrheit gebracht hatte, wurde am 2. Januar 1807 das Gesetz eingebracht, nach dem vom 1. Januar 1808 an alle Formen des Sklavenfangs und Sklavenkaufs in Afrika und der Transport von Sklaven aus Afrika nach anderen Ländern und Kontinenten für verboten erklärt werden sollten. Jeder britische Untertan, den man beim Kauf, Verkauf oder Transport von Sklaven ertappen würde, sollte für jeden Sklaven, mit dem er handelte, eine Summe von 100 Pfund Sterling Strafgeld zahlen müssen. Außerdem wurde jedem britischen Schiff angedroht, es würde beschlagnahmt und seinen Eigentümern weggenommen werden, wenn es sich am Sklavenhandel beteiligte. Offiziere und Mannschaften wurden Prämien in Aussicht gestellt, falls sie auf verdächtigen Schiffen Sklaven entdecken und befreien würden.

Bei der zweiten Lesung wurde das Gesetz heftig von einem Mitglied des königlichen Hauses, dem Herzog von Clarence, und drei anderen Oberhausabgeordneten, den Lords Hawkesbury, Eldon und St. Vincent, angegriffen, es fand aber im Herzog von Gloucester und im Bischof von Durham warmherzige Verteidiger, so daß es mit 136 gegen 36 Stimmen durchging. Die Sklavenhändler hatten damit eine schwere Niederlage erlitten, und von 1808 an verschwanden allmählich die Sklaventransportschiffe englischer Herkunft von den Meeren. Auf Gesetzesbrecher aber machte die britische Kriegsflotte unermüdlich Jagd, denn noch immer war der Sklavenhandel ein so lohnendes Geschäft, daß sich der Schmuggel seiner bemächtigte. Die Situation der Neger, die auf den Schiffen von Afrika nach Amerika gebracht wurden, verschlimmerte sich allerdings dadurch. Man pfropfte noch mehr Menschen in die Kielräume der Schiffe, gewährte ihnen noch weniger die Möglichkeit, während der Reise einmal an die frische Luft zu kommen und warf die Sklaven erbarmungslos, mit Ketten gefesselt ins Meer, wenn ein englisches Kriegsschiff

auftauchte und die Gefahr drohte, daß die Menschenware an
Bord gefunden wurde. Denn die Marine durfte auch bei
stärkstem Verdacht erst dann einschreiten, wenn tatsächlich
ein Negersklave an Bord gefunden wurde.

Auf Grund der Erfahrungen, die man in den ersten Jahren
nach Inkrafttreten des Gesetzes über das Verbot des Sklavenhandels gemacht hatte, beschloß das englische Parlament
einen Zusatz im Jahr 1811, durch den der Sklavenhandel zum
Verbrechen erklärt und mit der Strafe der Deportation zur
Zwangsarbeit nach Australien bestraft wurde. Diese An-
drohung hatte endlich eine große Wirkung, obwohl der Sklavenhändler auch jetzt noch ein gutes Geschäft machte, wenn
es ihm gelang, von drei Schiffen nur eines unbemerkt nach
Amerika zu bringen. Eine weitere letzte Verschärfung erfolgte 1824, als man den Sklavenhandel zur Piraterie erklärte und jeden, der daran teilnahm, mit der Todesstrafe
bedrohte.

Damit hatte eine kleine Schar von Idealisten gegen die Interessen mächtiger Kaufleute und Politiker den Sieg errungen
und die Schmach, die auf dem Sklavenhandel lastete, nach
Jahrhunderten von der englischen Nation genommen. Unterstützt von Staatsmännern wie William Pitt, Ch. J. Fox und Edmund Burke gewann die Sache der Sklavenbefreiung bald
gesamteuropäische Bedeutung. Als nach dem Ende der Napo-
leonischen Kriege und der Verbannung Napoleons nach St. He-
lena die wiedereingesetzte Bourbonische Dynastie in Frankreich
versuchte, den Sklavenhandel aufrecht zu erhalten, brach in
der englischen Öffentlichkeit ein Sturm der Entrüstung los.
Clarkson, der noch immer auf dem Plan war, gewann dabei
einen einflußreichen Fürsprecher für seine Ideen. Es war niemand anderer als Zar Alexander I. von Rußland (1801–1825),
der von seinem Besuch in London mit der Überzeugung
zurückkam, der Sklavenhandel müsse mit allen Mitteln unterdrückt werden.

Auf der Rückreise wurde der Zar bei der Überfahrt über den
Kanal seekrank. Als ihm einer der Mitreisenden darüber sein

Bedauern ausdrückte, erklärte der Herrscher, die Lektüre der Broschüren der Anti-Sklaverei-Gesellschaft, die ihm von Clarkson gegeben worden waren, mache ihn mehr krank als die stürmische See.

Auf dem Wiener Kongreß von 1815 wurde dann auch tatsächlich eine Erklärung veröffentlicht, in der es hieß, daß der Sklavenhandel »die Verwüstung Afrikas, die Erniedrigung Europas und die Verletzung der Menschlichkeit« bedeute. Doch überließ man es weiterhin jedem Land, seinen Bürgern den Sklavenhandel zu gestatten oder zu verbieten. Es dauerte daher noch fast zwanzig Jahre, bis dem Lippenbekenntnis des Wiener Kongresses endlich die Tat folgte. Der letzte europäische Staat, der 1842 den Sklavenhandel unter Strafe stellte, war Portugal. Von den unabhängig gewordenen amerikanischen Staaten verbot ihn am spätesten Brasilien 1853. Ein Schandfleck der Menschheit war beseitigt; die Sklaverei selbst jedoch war damit noch nicht zu Ende.

Onkel Toms Hütte

Als am 4. Juli 1776 die Vertreter der neuenglischen Kolonien in Nordamerika sich zu den ›Vereinigten Staaten‹ zusammenschlossen und danach in einem siebenjährigen Krieg ihre Unabhängigkeit vom Mutterland erkämpften, war in der Verfassung des neuen Bundesstaates von der Sklaverei der Neger nichts zu lesen. Sie bestand in einigen Staaten einfach weiter, so wie sie bis dahin üblich gewesen war. Da die Zahl der Sklaven in den letzten Jahrzehnten des 18. Jahrhunderts ständig abgenommen hatte, schien die Sklaverei keine Probleme mehr aufzugeben; es gab bereits Stimmen, die der Meinung waren, um die Jahrhundertwende werde sie von selbst erloschen sein.

Noch während des Unabhängigkeitskrieges hatten allerdings einzelne Bundesstaaten in ihrem Bereich Gesetze gegen die

Sklaverei oder zumindest gegen ihre weitere Verbreitung erlassen. Vermont war der erste Staat, der sie 1777 gänzlich verbot; allerdings gab es damals nur 17 Sklaven innerhalb seiner Grenzen. Pennsylvanien bestimmte 1780, daß alle von diesem Augenblick an geborenen Personen mit Erreichung des 28. Lebensjahres automatisch frei sein sollten. Dieser Verfügung folgten die Staaten Massachusetts, Rhode Island und Connecticut 1784. Und in Virginia, New York, New Jersey, Maryland und Delaware wurde wenigstens die weitere Einfuhr von Sklaven verboten.

Die Zahl der Sklaven betrug bei der Volkszählung von 1790 in den vier südlichen Plantagenstaaten (Virginia, Nord- und Süd-Carolina sowie Georgia) 567 527 Personen. Dagegen gab es nur 40 370 Negersklaven in sämtlichen nördlichen Staaten. Dabei hätten die Arbeiten, welche die Neger verrichteten, fast überall von Weißen getan werden können. Dies galt selbst für den Tabakbau in Maryland und Virginia. Nur in Süd-Carolina und in Georgia war man wegen des Reisanbaues auf Menschen angewiesen, die in der Hitze schwer arbeiten konnten.

Um die Jahrhundertwende trat plötzlich mit der industriellen Verwertung der Baumwolle in den europäischen Fabriken ein großer Bedarf an Rohstoffen ein. Baumwolle konnte nur im subtropischen Klima gedeihen. Die sklavenhaltenden Staaten der Union wandten sich daher anstelle des Reisanbaus der neuen, weitaus lohnenderen Baumwollpflanzung zu, und mit ihr wurde auch die Sklavenarbeit von neuem rentabel. Wäre es gleich nach der Gründung der Vereinigten Staaten verhältnismäßig leicht möglich gewesen, die Sklaverei durch eine Bestimmung der Bundesverfassung zu beseitigen, so traten nun gewichtige und einflußreiche Kreise, die vom Anbau der Baumwolle profitierten, als Verteidiger der Negersklaverei auf.

Die Zahl der Sklaven nahm wieder zu. In Nord-Carolina betrug der Zuwachs zwischen 1790 und 1800 32,53 % und zwischen 1800 und 1810 26,65 %. Für Georgia lautete die entsprechenden Prozentzahlen 102,99 % und 77,12 %. Im Jahr 1830 gab es in den Vereinigten Staaten eine freie Bevölkerung von 10 856 989 Menschen gegenüber 2 009 031 Sklaven.

Bei der Behandlung dieser Negersklaven scheint es große Unterschiede gegeben zu haben. Neben Berichten von unmenschlichen Grausamkeiten sind Schilderungen überliefert, die auf ein gutes, patriarchalisches Verhältnis zwischen Dienern und Herren schließen lassen. Daß der Sklave jedoch immer ein Mensch zweiter Kategorie blieb, zeigte sich in vieler Hinsicht. So wurde der Negersklave auch als erwachsener Mann und Vater mit ›boy‹ (Bursche), die Sklavin auch als Mutter mehrerer Kinder mit ›girl‹ (Mädchen) oder noch herabsetzender mit ›wench‹ (Dirne) angesprochen. Den Sklaven selbst schien es wiederum ganz natürlich zu sein, in der gleichen herabsetzenden Art von sich zu sprechen. Eine junge Mulattin mit einem Säugling an der Brust antwortete auf die Frage eines Reisenden, wer sie sei, wie selbstverständlich: »Ich bin Mr. Johnson's Mädel«. Erst im Alter wurde aus dem ›boy‹ ein ›uncle‹ (Onkel) und aus dem ›girl‹ die ›auntie‹ (Tante). Dagegen mußten die Sklaven ihren Herrn mit ›master‹ (Herr; oft zu ›massa‹ oder ›masta‹ verunstaltet) und ihre Herrin als ›Madame‹ (Gnädige Frau; meist ›Ma'am‹ ausgesprochen) anreden. Auch die Kinder der Herrschaft besaßen, selbst wenn sie noch in den Windeln lagen, das Recht auf diese ehrfurchtsvolle Anrede.

Am besten hatten es die Haussklaven, die gewöhnlich gut gekleidet und gut genährt waren und manche Freiheiten genossen. Der Südstaatler hing sein ganzes Leben lang mit großer Liebe an der schwarzen ›mammie‹, von der er aufgezogen worden war. Die meisten Pflanzersfrauen scheuten sich nämlich, ihre Kinder selbst zu säugen, weil sie glaubten, das Stillen würde sie verunstalten. Deshalb wurde gleich bei der Geburt eine Neger- oder Mulattenamme für das Herrenkind bestimmt. Diese ›Mammies‹ liebten wiederum ihre ›Kinder‹ abgöttisch. Freilich glich das Verhältnis zwischen Hausdienern und Herrschaft gewöhnlich der Beziehung, wie sie Menschen zu Hunden oder

Katzen haben, d. h. die Herrschaft sah in den Haussklaven bestenfalls nützliche Haustiere — aber keine gleichwertigen Menschen. Das zeigte sich immer wieder bei ganz alltäglichen Vorgängen. So zog sich etwa ein weißes Mädchen, das einem fremden Mann, dem es nicht vorgestellt worden war, nicht einmal die Hand gereicht hätte, in Gegenwart eines schwarzen Hausdieners ganz ungeniert aus. Eine gewisse Mrs. Trollop war entsetzt, als sie auf ihrer Reise von einem bekannten Pflanzer in Virginia erfuhr, daß er ständig eine Negersklavin im ehelichen Schlafzimmer nächtigen lasse. Auf die Frage, warum er das tue, erwiderte er:»Was soll ich denn sonst machen, wenn ich in der Nacht ein Glas Wasser haben will?« Auf die Idee, es sich selbst zu holen, wäre der Pflanzer nie gekommen.

Die Feldsklaven hatten im Gegensatz zu den Haussklaven harte Arbeit zu leisten. Ein Neger sollte während der Ernte 2000 Pfund Baumwolle pflücken können. Das bedeutete eine tägliche Arbeitszeit von 15—18 Stunden. Wer sein tägliches Quantum am Abend nicht ablieferte, wurde zur Bestrafung

Auf einigen Plantagen besorgten schwarze Treiber das Auspeitschen ihrer Rassegenossen. Frauen und selbst Kinder mußten schon bei geringen Anlässen damit rechnen, gezüchtigt zu werden.

vorgemerkt, oder sie wurde an Ort und Stelle sofort vollzogen. Als Kleidung gab es für Neger meist nur Hose und Hemd, für Frauen und Mädchen einen bunten Baumwollkittel. Knaben und kleine Mädchen gingen gewöhnlich bis zur Pubertät völlig nackt oder bedeckten ihre Blöße höchstens mit einigen Fetzen. Die Unterbringung der Sklaven erfolgte in Lehmhütten, die mit Stroh gedeckt waren, oft auch in Baracken, in denen zwei oder drei Familien mit ihren Kindern in einem einzigen Raum zusammen wohnten. Als Hauptnahrung wurde den Sklaven Schweinefleisch und Mais gereicht.

Unbotmäßige Sklaven wurden geprügelt. Die Prügelstrafe bot sich deshalb an, weil Einsperren, Nahrungsentzug oder andere Strafen bedeutet hätten, daß eine Arbeitskraft für kürzere oder längere Zeit ausgefallen wäre. Die Züchtigung wurde von den Aufsehern vorgenommen. Es gab in den Südstaaten sogar besondere Häuser, in die man Sklaven schicken konnte, um sie auspeitschen zu lassen, wenn man sich selbst nicht der Mühe des Strafvollzugs unterziehen wollte. Auch Mädchen, Frauen und Kinder waren von dieser Art der Bestrafung nicht ausgenommen. Der Sklave Frederick Douglas berichtet in seinen ›Lebenserinnerungen‹ von einer Sklavin namens Nelly, die Mutter von fünf Kindern war und aus irgendeinem unbedeutenden Anlaß Hiebe erhielt. Zwei ihrer Kinder, Jungen von sieben und zehn Jahren, bewarfen den Aufseher, der Nelly auspeitschen sollte, mit Steinen und bissen ihn in die Hand. Es nützte ihnen aber nichts. Nelly wurde an einen Baum ge-

---

Seite 233 oben: Sklavenmarkt in Richmond, Virginia. Holzschnitt aus dem Jahr 1861. Neben Richmond waren New Orleans, Baltimore, Louisville, Memphis, St. Louis und Nashville Zentren des nordamerikanischen Sklavenhandels. Für die reiche weiße Oberschicht bedeutete ein Sklavenmarkt ein gesellschaftliches Ereignis, zu dem man im »Sonntagsstaat« erschien.

Seite 233 unten: Virginische Negersklaven bitten Soldaten der Unionsarmee während des nordamerikanischen Bürgerkriegs (1861 bis 1865) um Hilfe. Nach einer zeitgenössischen Darstellung.

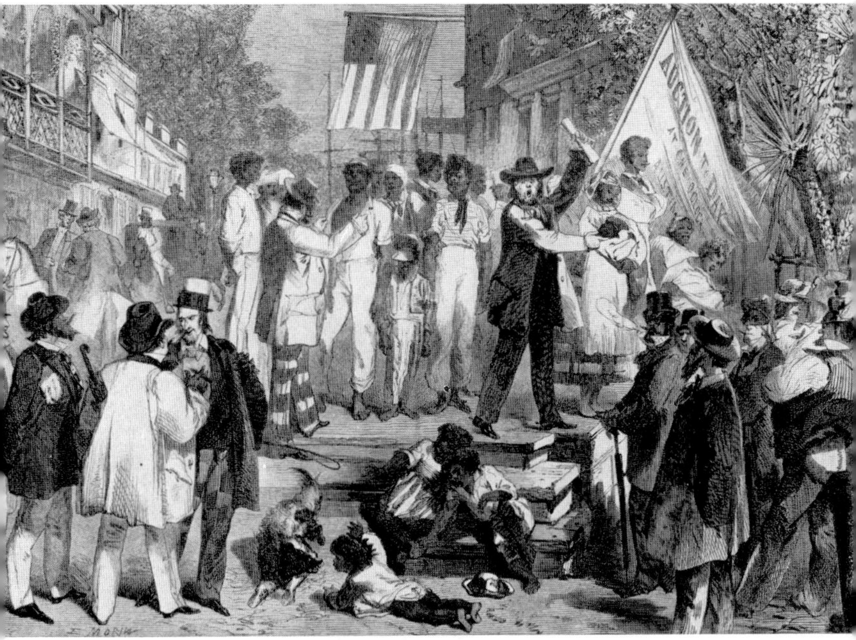
AUCTION

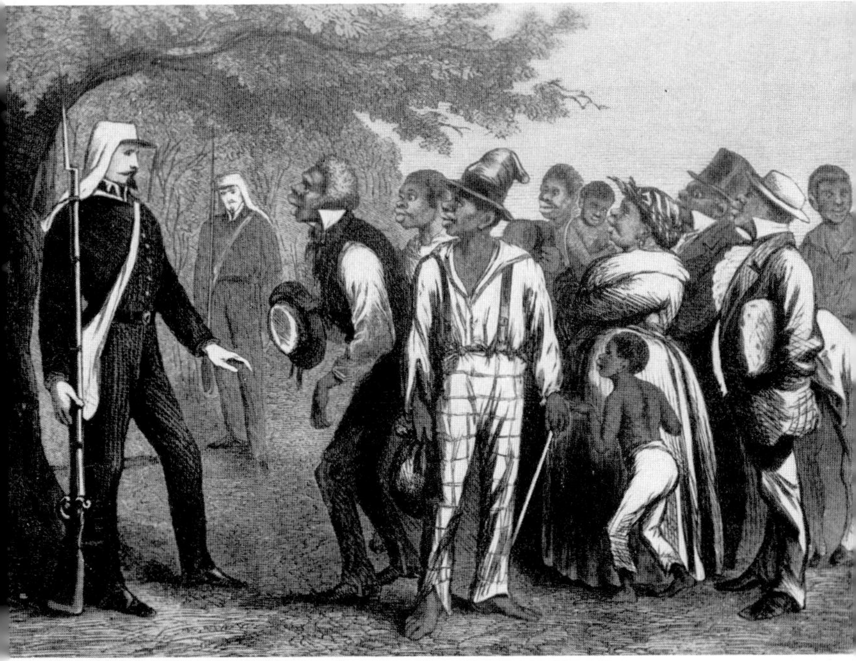

1852 erschien in London der Roman »Onkel Toms Hütte« (Uncle Tom's Cabin) der Professorengattin Harriet Beecher-Stowe, in dem die Autorin nach eigenen Erlebnissen das Schicksal des amerikanischen Negersklaven Tom nacherzählt. Dieser scharfe Angriff auf die Sklaverei in den USA erregte Aufsehen in aller Welt. Die Erstausgabe enthält Illustrationen des berühmten englischen Zeichners George Cruikshank, von denen hier zwei wiedergegeben sind: S. 178 Scipio jagte, wie man Wild jagte; S. 382 George Shellby gibt seinen Sklaven die Freiheit.

bunden und erhielt ihre Prügel. Leah Garrett, eine Sklavin aus Georgia, erzählte hochbetagt einem Interviewer: »Ein Master, den wo ich hatte, der hielt sich'n Oxhoft (alter Weinbehälter und Flüssigkeitsmaß) zum Peitschen. Das hatte zwei oder drei Reifen rundum. Er drückte einem's Gesicht in das Faß und peitschte drauflos, bis das Blut kam. Sie zogen einen damals aus fürs Peitschen, weil's ganz egal war, ob wer einen nackt sah. Die Kinder von manchen Leuten nahmen Stöcke und stachen und piekten einem währenddem. Manchmal schlugen die Kinder einen kreuz und quer übern Kopf, und ihre Väter und Mütter, die wußten überhaupt nicht, was Halt hieß.«

Für entflohene und wieder eingefangene Sklaven wendete man die Brandmarkung an, oder man brach den Geflüchteten einige Zähne aus, um sie kenntlich zu machen. Immer wieder sind in Suchanzeigen nach geflüchteten Negern Bemerkungen wie die folgenden zu finden: »Einige Tage vor seiner Flucht habe ich ihn auf die Backe gebrannt und versucht, ein M zu zeichnen.« Oder: »Fanny hat einen Eisenreif um den Hals.« Oder: »Molly, 16 Jahre alt, ist mit einem R auf der linken Backe gezeichnet und ebenso auf der Innenseite ihrer Beine, ein Ohrläppchen ist abgeschnitten.«

Daß Sklaven flüchteten, kam übrigens verhältnismäßig selten vor. Um 1850 betrug die Zahl der Flüchtlinge keine 3 %. Auch diese Zahl wurde erst erreicht, als die eifrigen Sklavereigegner in den Nordstaaten die Flucht direkt organisierten. Dieser ›grape-vine-Telegraph‹, auch ›underground-railroad‹ genannt, erhielt erst später seinen legendären Ruhmesschimmer.

Es versteht sich, daß ehemalige Sklavenhalter ein ganz anderes Bild von der Sklaverei entwarfen. John Spencer Basset zeichnete 1899 ein geradezu idyllisches Gemälde vom Leben der Neger auf einer Pflanzung: »Ich sah meinen Vater niemals einen Sklaven peitschen, einige Sklavenkinder ausgenommen, die ganz leichte Hiebe erhielten. Er mutete den Sklaven auch nicht zu viel Arbeit zu. Ich selbst hatte einen Trupp von 8—10 Mann zu beaufsichtigen. Die Leute begannen mit mir zugleich zu arbeiten und hörten auf, wenn ich aufhörte. Wenn wir einen Feiertag hatten, so galt er auch für sie. Sie aßen, was wir alle aßen. Niemals wurde ihnen eine Tagesration entzogen. Sie waren gut untergebracht und konnten ihr Feuerholz vom selben Stapel nehmen, von dem wir es nahmen. Sie trugen gute Schuhe und Kleider und hatten Anteil an allem, was die Pflanzung hervorbrachte. Im Winter trugen alle Sklaven warme Wollkleidung. Mein Vater hielt zwei der tüchtigsten Ärzte für die Sklaven. Er übergab jedem Sklaven ein eigenes Stück Land als ›seinen Grund‹ und gewährte ihm auch Zeit, es zu bearbeiten, so daß jeder Geld erwerben und mit ihm tun konnte, was er wollte. Schwangere Frauen wurden umsorgt und von jeder schweren Arbeit befreit. Kranke Kinder von Sklaven kamen in das Herrenhaus. Mein Vater gab jedem Sklaven am Sonntag Gelegenheit, den Gottesdienst zu besuchen. Die Sklaven nahmen auch zusammen mit meinen Eltern an Hausandachten teil. Jede Sklavenfamilie hatte ihre eigene Wohnung, die im allgemeinen komfortabler war als die, in denen heute mindestens Dreiviertel der Neger wohnen. Einer unserer alten Sklaven klagte mir kürzlich, daß sich niemand mehr um ihn kümmere und sorge so wie damals. Ich könnte noch mehr erzählen, wenn ich wollte. Jedenfalls erlaubte mein Vater uns Söhnen niemals, einen Sklaven zu peitschen.«

Daß es tatsächlich auch solche Verhältnisse gab, bestätigen uns auch Neger. Die 85jährige Mom Hester Hunter aus Süd-Carolina erzählte: »Ich sag' Ihnen, das ist bei Gott die reine Wahrheit, ich hab allzeit nichts gekannt als ein anständiges Leben. Meine Missus war eine liebe, alte Seele, und in der ihrer Art bin ich aufgewachsen. Ich hör' manchmal da drüber reden, wie manche weiße Leute ihre Nigger soll'n reinweg zu Tod gepeinigt haben, hab' ich selbst aber nie gesehen, daß meine weißen Leute hätten so etwas zugelassen. Schlagen taten sie die Nigger wohl, das ja, wenn sie ihnen weggelaufen waren und hatten sich in den Wäldern versteckt, das ja, aber das war auch alles. Nee. Ma'am, meine Missus duldete keine Prügelei um sich, wo sie war.« Und Marion Johnson, als Sklave in Louisiana aufgewachsen, erinnerte sich im Alter: »Ich bin ja 'ne Menge mit Master seinem Jungen zusammen gewesen, und die weißen Jungen waren so gut zu mir, als wär' ich ihr Bruder gewesen . . .«

Wir haben Grund anzunehmen, daß die Lage der Sklaven, die in einem Haushalt lebten, einigermaßen erträglich war, während es die Sklaven auf den großen Pflanzungen im allgemeinen schlechter hatten. Einer Statistik aus dem Jahre 1860 nach besaßen:

je 1	Sklaven	68 820	Bürger
2—4	Sklaven	105 683	Bürger
5—9	Sklaven	80 765	Bürger
10—19	Sklaven	54 595	Bürger
20—49	Sklaven	29 738	Bürger
50—99	Sklaven	6 196	Bürger
100—199	Sklaven	1 479	Bürger
200—299	Sklaven	187	Bürger
300—499	Sklaven	56	Bürger
500—999	Sklaven	9	Bürger
über 1000	Sklaven	2	Bürger

Für jeden Sklavenhalter bedeutete ein neuer Neger nicht nur eine weitere Arbeitskraft sondern auch einen Vermögenszuwachs. Dies traf besonders nach dem Verbot des Sklavenhandels zu, als die Negereinfuhr aus Afrika ins Stocken geriet und schließlich völlig zum Stillstand kam. Man behalf sich damit, Prämien für Negerinnen auszusetzen, die möglichst viele Kinder bekamen. Man richtete auch Sklavenzuchtfarmen ein, in denen Negerkinder wie anderswo Vieh herangezogen wurden. An Unterhaltskosten für ein Negerkind ergaben sich jährlich ca. 10 Dollar, eine geringe Summe im Verhältnis zum Verkaufspreis von 500 Dollar, den man für 8 bis 10jährige Kinder bezahlte. Vom 6. Lebensjahr mußten die Negerkinder mitarbeiten. Da sich weiße Mädchen bereits mit 14 bis 16 Jahren zu verheiraten pflegten, fand man nichts dabei, wenn Negerinnen noch als halbe Kinder Nachwuchs bekamen. Dabei war gleichgültig, wer der Vater des Kindes war: ein Weißer oder ein Schwarzer. »Es ist Pflicht eines Sklavenmädchens«, so lautete eine Forderung der südstaatlichen Pflanzer, »mit spätestens 15 Jahren ein Baby zu haben, noch besser schon mit 14 Jahren!«

george Cruikshank del.

"WE STILL PAY A POLL-TAX TO SUPPORT THE FLOGGING OF WOMEN IN JAMAICA."

ARTICLE ON

SLAVERY IN THE WEST INDIES;

WESTMINSTER REVIEW, No. XXII.

Unfruchtbarkeit schwarzer Sklavinnen war ein Vergehen, das manche Plantagenbesitzer genauso unbarmherzig mit der Peitsche ahndeten wie die Nichterfüllung des ›Arbeitssolls‹.

Verkaufsanzeigen in südstaatlichen Zeitungen der Jahre 1859 und 1860 bestätigen diesen Sachverhalt:

Millie, verkauft im Alter von 25 Jahren, Mutter geworden mit 13 Jahren, hat 3 Kinder;

Lucretia, verkauft im Alter von 28 Jahren, Mutter geworden mit 15 Jahren, hat 5 Kinder;

Sarah, verkauft im Alter von 25 Jahren, Mutter geworden mit 14 Jahren, hat 3 Kinder;

Nancy, verkauft im Alter von 33 Jahren, Mutter geworden mit 16 Jahren, hat 9 Kinder;

Susan, verkauft im Alter von 22 Jahren, Mutter geworden mit 16 Jahren, hat 2 Kinder.

Neben den Sklavenmärkten, die weiterhin ihre Funktion hatten, bediente man sich im 19. Jahrhundert in den USA gerne der Zeitungsanzeige, wenn man einen Sklaven verkaufen oder kaufen wollte. Einige solcher Annoncen seien zitiert:

> Zu verkaufen
> M a r t h a
> 10 Jahre, hübsch, anstellig
> (Courier, 10. März 1853)

Oder:

> Zu verkaufen
> C a r o l i n e und L i n d a
> beide 13 Jahre, hübsch, anstellig, gehorsam.
> M a n d a und L u c y
> beide 12 Jahre, Geschwister, werden auch einzeln verkauft
> (Courier, 9. Februar 1857)

Die in New Orleans erscheinende Zeitung »Picayune« verzeichnete am 16. Februar 1856 an zum Verkauf stehenden Kindern: die 12jährige Ellen, den 11jährigen Washington, ferner zwei weitere Jungen von 13 und ein Mädchen von 12 Jahren. Obwohl ein Gesetz verbot, daß Kinder unter 10 Jahren von ihren Eltern getrennt wurden, ließ ein gewisser J.

T. Underwood im ›Journal‹ (Louisville, 2. Mai 1849) folgende Anzeige veröffentlichen:

> Ich verkaufe eine
> N e g e r i n
> mit ihren vier Kindern. Die
> Kinder sind sehr hübsch, zwi-
> schen 6 und 1 ¹/₂ Jahren.
> Ich verkaufe sie auch getrennt.

Um dem Gesetz ein Schnippchen zu schlagen, deklarierte man Kinder unter 10 Jahren oft als »Waisen«. An Kaufpreisen für Sklaven wurden genannt: 1839 für einen neunjährigen Jungen 345 Dollar; 1840 für 2 bis 5jährige Kinder zwischen 100 und 200 Dollar; 1856 für ein sechzehnjähriges Mädchen 1525 Dollar; für einen 22jährigen Mann 1500 Dollar; 1857 für ein 14jähriges Mädchen 900 Dollar; 1859 für die 10jährige Nancy 765 Dollar; 1860 für eine achtköpfige Familie, (darunter nur drei Personen im arbeitsfähigen Alter) 10 025 Dollar.

Die Preisunterschiede zwischen der Forderung des Händlers und dem tatsächlichen Verkaufspreis sind einer Liste vom April 1857 zu entnehmen:

Caroline, 11 Jahre alt, angeboten für 800 Dollar, verkauft für 1100 Dollar;

Frank, 9 Jahre alt, angeboten für 600 Dollar, verkauft für 805 Dollar;

Catharina, 10 Jahre alt, angeboten für 705 Dollar, verkauft für 700 Dollar;

Phoebe, 10 Jahre alt, angeboten für 500 Dollar, verkauft für 655 Dollar;

Flora, 6 Jahre alt, angeboten für 500 Dollar, verkauft für 695 Dollar.

Ein besonders trauriges Schicksal erwartete Mischlinge. Nach amerikanischem Brauch war jeder verkäuflich, der auch nur eine geringe Menge Negerblut in sich hatte, selbst wenn er äußerlich wie ein Weißer aussah. Die Sklavenhalter des Südens unterhielten oft Beziehungen zu schönen Neger- oder Mischlingsmädchen, die nicht ohne Folgen blieben.

War der eine Elternteil ein Weißer, der andere ein Neger, so war das Kind dieser Verbindung ein Mulatte; die Nachkommen von Mulatten und Weißen waren Quadronen, die von Quadronen und Weißen Octeronen. Ein Quadrone hatte oft helle Haare und Augen, eine ganz weiße Hautfarbe, und seine Negerabstammung wurde nur an den hellen Halbmonden am oberen Rand der Fingernägel sichtbar. Der Octerone, der eine Negerurgroßmutter besaß, hatte gar nur noch zu einem Achtel farbiges Blut (lat. ›octo‹ = acht). Er war von einem reinrassigen Weißen kaum mehr zu unterscheiden. Gewissenlose Händler stahlen manchmal sogar rein weiße Kinder in den Nordstaaten, verschleppten sie nach dem Süden und verkauften sie hier als angebliche »Quadronen« oder »Octeronen«. Es kam sogar vor, daß arme Weiße der Südstaaten sich von Sklaventreibern beschwatzen ließen und ihre eigenen Kinder zum Verkauf weitergaben.

Ebenso kam es vor, das gewissenlose Schurken weiße Kinder stahlen und unter dem Vorwand, sie hätten farbiges Blut in den Adern, auf den Sklavenmärkten der Südstaaten verkauften. Immer wieder werden in Anzeigen als Merkmale von flüchtigen oder zum Verkauf stehenden Sklaven »blondes Haar« oder ein »fast weißes Aussehen« erwähnt. Nach Feststellungen eines gewissen Dr. Torrey gab es in der Nähe der Stadt Fredericktown, Missouri, einige weiße Frauen, die ganz das Aussehen und das Benehmen von Damen der Gesellschaft hatten und doch dem Gesetz nach als Sklavinnen betrachtet wurden. Eine gewisse Mary Gilmore, die im Jahre 1835 als flüchtige Sklavin zur Verfolgung ausgeschrieben wurde, identifizierte man später als Kind irischer Eltern; sie hatte keinen Tropfen farbiges Blut in den Adern. Zwar versuchten die staatlichen Behörden, sexuelle Beziehungen zwischen Weißen und Farbigen möglichst zu unterbinden, aber dies gelang nur, wenn ein Weißer sich mit einer freien Farbigen oder der Sklavin eines anderen einließ. Da Sklavinnen unter dem absoluten Eigentumsrecht ihres Herrn standen, konnte man kaum einschreiten, wenn sie von ihrem Eigentümer sexuell mißbraucht wurden. Bis zu einem gewissen Grad kann das Bestehen sexueller Beziehungen zwischen Weißen und Farbigen an der Zahl der Mulatten geschätzt werden, die es in den einzelnen Südstaaten der Union gab. Die Zahl ist freilich deshalb nicht unbedingt zuverlässig, da auch jene Personen mitgezählt wurden, deren beide Elternteile bereits Mulatten waren. Der Anteil der Mulatten an der Gesamtbevölkerung betrug in:

	1850	1860
Alabama	6,73%	7,89%
Arkansas	15,61%	12,64%
Florida	8,33%	8,51%
Georgia	6,31%	7,98%
Kentucky	16,40%	19,19%
Louisiana	8,22%	9,83%
Maryland	9,56%	10,18%
Mississippi	6,80%	8,39%
Missouri	17,84%	19,07%
Nord-Carolina	6,19%	6,94%
Süd-Carolina	3,36%	5,26%
Tennessee	9,29%	13,63%
Texas	15,27%	13,68%
Virginia	10,34%	14,24%

Der verschieden starke Prozentsatz der Mulatten erklärt sich daraus, daß in einigen Staaten, die Sklaven exportierten, die Mulattenkinder generell zurückbehalten wurden. Es gab zwar viele Weiße, die ihre Vaterschaft nicht zugaben, andererseits bekannten sich aber auch zahlreiche Väter zu ihren farbigen Mischlingskindern. Es kam außerdem vor, daß weiße Frauen mit ihren farbigen Sklaven Beziehungen unterhielten. Während man allerdings dem weißen Herrn seine farbigen Mischlingskinder in der Gesellschaft kaum nachtrug, wurden die Beziehungen von weißen Frauen zu Sklaven oder freien Farbigen als das Schändlichste betrachtet, was es geben konnte.

Ein Mischlingsmädchen war auch die Quadronin Emily Russel, die sich an Bord des Schiffes »Pearl« befand, mit dem eine Gruppe Neger 1848 hatte in die Freiheit entfliehen wollen. Emily war von ihrer Herrin nach der mißglückten Flucht einem Sklavenhändler zum Verkauf ›in den Süden‹ übergeben worden. Sie schrieb am 22. Januar 1850 verzweifelt an ihre Mutter: »Mutter! Liebe Mutter. Verlaß mich nicht in meiner Verzweiflung!« Als sich ein Freund der Familie Russel an den Händler wandte, um das Mädchen nach Möglichkeit wieder freizukaufen, erhielt er am 31. Januar 1850 folgenden Brief: »Sehr geehrter Herr! In Beantwortung Ihres Schreibens teile ich Ihnen mit, daß ich die in Frage stehenden Neger noch nicht verkauft habe. Alles, was ich Ihnen mitteilen kann, ist, daß wir sie teuer bezahlt haben, und daß wir die junge Emily nicht unter 1800 Dollar verkaufen können. Dies scheint ein sehr hoher Preis zu sein, doch die Preise regeln sich nach den Preisen der Baumwolle, und diese sind gerade im Steigen begriffen. Wir haben übrigens für Emily bereits zwei oder drei Kaufangebote von vornehmen Herren aus dem Süden. Sie gilt als das schönste Mädchen weit und breit. Wir haben die Absicht, mit ihr am 8. Februar nach dem Süden zu reisen, und bitten Sie, im gegebenen Fall bis dahin Ihre Entscheidung zu treffen, damit wir keine Zeit verlieren.«

Das Schicksal bewahrte übrigens Emily Russel davor, auf einem Sklavenmarkt verkauft zu werden. Sie starb vorher.

Besser als Emily Russel erging es den beiden Kindern der Familie Edmonson, die sich ebenfalls auf der »Pearl« befunden hatten. Die beiden Mädchen Mary und Emily waren 16 und 14 Jahre alt. Ihr Vater, Paul Edmonson, war vor einigen Jahren freigelassen worden. Seine Frau, Milly Edmonson, Mutter von 14 Kindern, diente noch als Sklavin bei einer unverheirateten Dame, die sich mehr als ›Vormund‹ der Familie, denn als Eigentümer ihrer Sklaven fühlte. Als die beiden Mädchen aufgegriffen wurden, brachte man sie als geflüchtete Sklavinnen in das Magazin der Firma Bruin & Hill in Alexandria, Virginia. Der Händler zahlte für Mary, Emily und ihre vier Brüder 4500 Dollar. Die Dame, für die Mary früher gearbeitet hatte, bot dem Händler 1000 Dollar für das Mädchen, um es vor einem bösen Schicksal zu bewahren. Aber die Firma erklärte, man werde Mary und Emily nach New Orleans senden. Dort könne man an ihrem Verkauf mehr verdienen. Tatsächlich verschiffte man die beiden Mädchen zusammen mit ungefähr 40 anderen Sklaven in den Süden. Mary und Emily wurden in New Orleans gezwungen, halbnackt am Eingang eines Sklavenmagazins zu stehen, in das man sie eingeliefert hatte, um Kunden anzulocken. Dabei mußten sich die Mädchen von Neugierigen und Käufern die unverschämtesten Anzüglichkeiten gefallen lassen. Schließlich wurde eines der beiden Mädchen zu dem Zwecke verkauft, ihrem Eigentümer als Geliebte zu Willen zu sein. Als es sich weigerte, seinen Wünschen nachzukommen, schickte der Käufer es wieder in das Sklavenmagazin zurück. Hier wurde es wegen seines ›Trotzes‹ und ›Ungehorsams‹ ausgepeitscht. Als dann wenig später in New Orleans das ›Gelbe Fieber‹ ausbrach und man die beiden wertvollen Sklavinnen nicht verlieren wollte, sandte man sie wieder in das Stammquartier der Firma Bruin & Hill zurück. Hier hatten sich unterdessen einige Philanthropen zusammengetan, die versuchten, das Geld für den Loskauf der beiden Mädchen aufzubringen. Auch der Vater der beiden Mädchen bemühte sich in New York, Spenden für den Freikauf seiner Töchter zu sammeln. Die Firma Bruin & Hill gab ihm ein vom 5. September 1848 datiertes Empfehlungsschreiben mit. Darin hieß es, daß für beide Mädchen, die hübsche Mulattinnen seien, zusammen 2250 Dollar zu zahlen wären. Wenn 1200 Dollar Anzahlung geleistet seien, würde man sich verpflichten, die Mädchen noch 25 Tage im Magazin zu behalten, ohne sie zur Versteigerung zu bringen. Mary und Emily freundeten sich während dieser Zeit mit der Familie des Sklavenhändlers an, die die beiden Mädchen gut behandelte. Den-

noch wurden sie nach Ablauf der Frist in den Transport eingereiht, der zur Versteigerung kommen sollte. Sie standen
schon, die Hände gefesselt, zum Abmarsch bereit, als ihr Vater im letzten Moment mit einem Vertreter der Abolitioni-
stenbewegung aus New York zurückkehrte und die verlangten
2250 Dollar auf den Tisch legte. Mr. Bruin nahm den beiden
Mädchen persönlich die Handschellen ab und schenkte Mary
und Emily zum Abschied je ein Fünfdollarstück in Gold.

Sklavenmagazin in den amerikanischen Südstaaten.

Wie es auf den Sklavenmärkten der Neuen Welt zuging, wissen wir von vielen Augenzeugenberichten. Gleich bei der Ein-
lieferung fragte man die zum Verkauf kommenden Personen
gründlich aus. Die Männer mußten angeben, was sie gelernt
hatten, bei den Frauen interessierte man sich dafür, wieviel
Kinder sie geboren hatten. Eine Sklavin stieg nach der Geburt
des ersten Kindes sofort um ein Viertel im Wert. Mädchen
im Alter von 18 oder 19 Jahren, die noch nicht Mutter waren,
wurden mit Mißtrauen betrachtet und erzielten keinen hohen
Preis. Vor Beginn der Versteigerung hatten die Kauflustigen
Gelegenheit, die menschliche ›Ware‹ näher anzusehen. Die

Interessenten prüften die Arm- und Beinmuskeln, ließen die Unglücklichen springen, um sich von ihrer Gelenkigkeit ein Bild zu machen, und untersuchten besonders genau die Zähne. Sie gaben über das Alter des Sklaven am sichersten Auskunft. Denn die Händler bemühten sich oft mit verschiedenen Tricks, ältere Sklaven jünger erscheinen zu lassen. War ein Käufer noch immer nicht zufrieden, so gestattete ihm der Händler — wenn es sich um einen zahlungskräftigen Kunden handelte — eine genauere Untersuchung in einem Nebenraum. Dies geschah, wie ein Händler unverfroren zugab, »besonders oft bei jungen Quadronenmädchen«.

Die deutsche Amerika-Reisende Friederike Bremer sah, als sie einen Sklavenmarkt in New Orleans besuchte, kleine Mulattenmädchen, die viele Kennzeichen der weißen Rasse an sich trugen. Eines von ihnen, ein Mädchen von 12 Jahren, war so hellhäutig, daß es sich von weißen Kindern nicht unterschied. Der Händler erzählte Frau Bremer, daß er einen Tag zuvor ein anderes Mädchen, genauso weiß und hübsch, für 1500 Dollar verkauft habe. Immer wieder kam es vor, daß man in Sklavenmagazinen Mädchen antraf, die wie junge Damen der Gesellschaft aussahen und in den Zimmern, in denen sie bis zu ihrem Verkauf wohnten, Stickereien anfertigten, oder sich der Lektüre von Romanen widmeten.

Die Sklaven ließen all dies in den meisten Fällen widerspruchslos über sich ergehen. Es wird uns sogar erzählt, daß es manchen von ihnen einfiel, sich selbst den Kauflustigen anzupreisen. »Kaufen Sie mich, Massa, da ich sein ausgezeichneter Kammerdiener« — rief dann ein stämmiger Neger, und ein 10- oder 12jähriges Mädchen klammerte sich an den Rockschößen eines fremden Mannes fest und bettelte: »Kaufen Sie mich, Massa! Ich bin sehr gehorsam und kann schon viel arbeiten!« — Sie wußten alle, daß ihnen, wenn sie durch unfreundliches Benehmen Käufer abschreckten, nach Beendigung des Sklavenmarktes schwere Strafen sicher waren. Wie sich ein Sklavenmarkt aus der Sicht eines Negers ausnahm, geht aus der Schilderung Daniel Dawdys hervor, der

am 6. Juni 1856 in Madison County im Bundesstaat Georgia
geboren wurde. Als 81jähriger berichtete er im Jahre 1937:
»Ich habe gesehen, wie Sklaven verkauft wurden. Noch jetzt
sehe ich den alten Block vor mir. Meine Kusine Eliza war
ein hübsches Mädchen, sah wirklich gut aus. Ihr Master war
ihr Vater. Wenn die Mädchen im Großen Haus (damit ist
das Herrenhaus gemeint) von Verehrern Besuch hatten, dann
fragten sie immer: ›Wer ist denn das hübsche Mädel da?‹ Und
das konnten die weißen Mädchen schließlich nicht mehr ertragen und wollten Eliza loswerden. Den Tag, wo sie sie verkauften, vergeß ich nie. Sie zogen sie aus, zum Feilbieten, und
sahen zu. Ich durfte nicht in der Menge sein. Ich lag unter
einem großen Busch. Der Mann, der Eliza kaufte, war aus
New York. Die Neger hatten genug Geld aufgebracht, um
sie selbst loszukaufen, aber die Weißen wollten es nicht dazu
kommen lassen. Da bot ein Mann für sie, der war ein Schwe-
de. Er bot dauernd auf die gutaussehenden farbigen Mädchen
und kaufte sie zum eigenen Gebrauch. Er fragte den Mann
aus New York: ›Sagen Sie mal, was wollt Ihr denn eigentlich
mit ihr machen, wenn Ihr sie kriegt, he?‹ Der Mann aus
New York antwortete: ›Nichts von den dreckigen Geschäften,
die du in deinem verdammten Schädel planst, Kerl! Aber du
wirst sehen, du hast gar nicht genug Geld, um sie zu kaufen.‹
Als der Mann aus New York sie dann ersteigert hatte, sagte
er: ›Eliza, von diesem Augenblick an bist du frei!‹ Sie ist
dann weg mit ihm nach New York gegangen. Mama und
Eliza weinten beide, wie sie so vor allen zur Schau gestellt
wurde, und der Master fuhr sie an, sie solln die Klappe halten,
sonst schlägt er ihnen die Grütze aus dem Schädel.«
Ein zeitgenössischer Reisebericht aus dem Jahr 1855 schildert
eine ähnliche Sklavenversteigerung aus der Sicht eines weißen
Zuschauers. Versteigert wurde eine junge Mulattin mit zwei
Kindern von 3 und 4 Jahren und einem Säugling an der Brust.
C. H. Weld, der Verfasser des Reiseberichts, schreibt: »Sie
war eine bemerkenswert hübsche Person, und ihre Kinder
waren fast so hellhäutig wie die weißen Amerikaner. Ihre

Geschichte war einfach: Der Mann, dessen Leidenschaften sie geweckt hatte, hatte sie, ohne sie zu heiraten, gekauft und zu seiner Geliebten gemacht. Jetzt sandte er sie mit ihren und seinen Kindern zum Verkauf. Alle Versuche, noch mehr über ihr früheres Leben zu erfahren, waren fruchtlos. Als sie von den Käufern betastet wurde, sprühten ihre Augen Feuer. Von den zwei kleinen Kindern gefolgt, die sich wie verschreckte Lämmchen an ihrem Kittel festhielten, bestieg sie das Podium, und die Versteigerung begann. Der Versteigerungsleiter nannte einen sehr hohen Preis für die junge Frau und ihre drei Kinder. Zum Schluß forderte er sogar die Summe von 2500 Dollar. Das erste Angebot lautete nur auf 800 Dollar. Langwierige Auseinandersetzungen folgten. Dann wurden 900 Dollar erreicht. Nun befahl man der Mulattin, noch einmal herunterzusteigen und im Saale, von den Kindern ängstlich begleitet, auf und ab zu gehen. Nachdem sie wieder auf das Podium zurückgekehrt war, wurde das Bieten heftiger. Aber trotz aller Bemühungen des Versteigerers ging der Preis nicht über 1100 Dollar hinaus.«

Daß sich weiße Herren auf so schäbige Weise von ihren farbigen Kindern trennten, war nichts Außergewöhnliches. So fand selbst der amerikanische Staatsmann Thomas Jefferson nichts dabei, seine Mulattentochter öffentlich um 1000 Dollar verkaufen zu lassen. Ein anderer, weniger im Licht der Öffentlichkeit stehender Mann, ein Pflanzer, gab jedesmal, wenn eine seiner weißen Töchter heiratete, der jungen Ehefrau eine seiner illegitimen farbigen Töchter als Sklavin und Kammerzofe mit. Der Geschichtsschreiber der amerikanischen Baumwollproduktion und Plantagenwirtschaft, Halle, schreibt 1897: »Das vornehmste Blut des Südens floß in den Adern virginischer und südkarolinischer Sklaven, und in Louisiana soll's keine Plantage gegeben haben, auf deren Feldern nicht die Halbgeschwister, Kinder oder Enkel des Eigentümers von der Peitsche des Aufsehers regiert wurden.« Aus der Reihe dieser Mischlinge gingen dann die ersten Kämpfer für die Befreiung der Südstaatensklaven hervor.

Obwohl die Negersklaven in den Südstaaten der Union ein leidvolles Schicksal erdulden mußten, war das hier übliche System der Sklavenhaltung doch noch bei weitem humaner als in der holländischen Kolonie Surinam (im nördlichen Südamerika). Am 14. Juli 1813 schrieb ein gewisser Person Bonham an Earl Bathurst: »Ich bin noch in keiner Kolonie gewesen, wo die Sklaven so schlecht behandelt werden, so schlechte Nahrung und so armselige Kleidung bekommen, wobei sie aber trotzdem zu solch schwerer, ihre Kräfte übersteigenden Arbeiten gezwungen werden.«

Surinam war dafür auch als Kolonie reicher Erträge bekannt. Allein im Jahr 1787 wurden 25 000 Faß Zucker, 15 Millionen Pfund Kaffee, 3 Millionen Pfund Baumwolle, 1 Million Pfund Kakao und 250 000 kg Tabak produziert.

Der holländische Geschichtsschreiber von Surinam, J. Wolbers, zitiert in seiner 1861 erschienenen ›Geschichte der Kolonie Surinam‹ die Verhandlungen der amtierenden Räte, die darüber diskutierten, ob es zulässig sei, daß ein Herr, der einen Sklaven getötet habe, selbst bestraft werden könne. Die Räte schlossen nicht aus, daß es Plantagenbesitzer geben könne, »die von so schlechtem Charakter wären, daß sie sich nicht scheuten, gegen ihr eigenes Kapital zu wüten«. Doch versicherten sie, es handle sich dabei nur um Ausnahmen; andererseits sei es aber »äußerst wichtig, den Sklaven immer wieder einzuprägen, daß ihre Herren das Jus vitae necisque (das Recht über Leben und Tod) haben, da sie nicht zu bändigen wären, wenn sie wüßten, daß ihre Herren wegen der Tötung eines Sklaven an Leib und Leben bestraft werden könnten.« So konnte es in Surinam vorkommen, daß eine Dame aus der vornehmsten Gesellschaft eine alte Sklavin totpeitschen ließ und dazu die Erklärung abgab, sie habe einmal sehen wollen, wie das vonstatten gehe. Dieselbe Dame ließ auch Sklavenkinder im zartesten Alter in den »spanischen Bock« spannen. Bei dieser Strafe wurden dem Verurteilten beide Hände zusammengebunden, dann zwängte man seine Knie zwischen die Hände und steckte einen Stock zwischen

Hände und hochgezogene Knie. Der Stock wurde in den Boden gerammt und der Sklave dann mit Tamarindenruten ausgepeitscht. Besonders hart war die Arbeit auf den Holzplantagen. Die Männer mußten die Bäume fällen und zersägen, Frauen und halbwüchsige Kinder trugen die Bretter und Balken auf dem Kopf vom Wald oft stundenlang bis zum Flußufer, wo die Schiffe anlegten. Viele dieser Sklaven flüchteten. Wenn man sie wieder einfing, wurden sie gefoltert, damit sie das Versteck anderer geflüchteter Sklaven verrieten. Schließlich knüpfte man die Gefangenen erbarmungslos auf. Immer wieder kam es zu blutigen Auseinandersetzungen, die sich häufig zu regelrechten Kriegen entwickelten, bei denen die Kolonialherren ausländische Truppen zur Unterdrückung der Rebellen einsetzen mußten.

Wir haben schon einige Stellen aus den ›Lebenserinnerungen‹ des Sklaven Frederick Douglas zitiert, die zum erstenmal 1845 erschienen. Er und andere freigewordene oder freigeborene Neger waren bemüht, die Öffentlichkeit durch Aufrufe und Artikel auf das unmenschliche Schicksal ihrer in Knechtschaft lebenden Rassegenossen aufmerksam zu machen. Sie vernachlässigten darüber oft ihren eigentlichen Beruf, der ihnen den Lebensunterhalt sicherte. Solche Persönlichkeiten der farbigen Intelligenz vor Ausbruch des Bürgerkrieges waren der Arzt James McCune Smith, der Pastor J.W.C. Pennington oder Martin R. Delany, ein ehemaliger Student der medizinischen Fakultät der Harvard-Universität. Als erster Schriftsteller aus den Reihen der Neger trat William Wells Brown 1853 mit seinem Roman: ›Clotilde oder die Tochter des Präsidenten. Eine Geschichte aus dem Sklavenleben der Vereinigten Staaten‹ hervor, der weite Verbreitung fand, aber erst 1864 in der Union selbst veröffentlicht werden konnte. Die erste Auflage war in England gedruckt worden.

Die Weißen der Nordstaaten unterstützten die Freiheitsbewegung der Sklaven nach Kräften. Das — literarisch unbedeutende — Werk der Professorengattin Harriet Beecher-Stowe (1812—1896) ›Onkel Toms Hütte‹ erzielte bereits im Jahr

Das kulturhistorische Interesse, das man dem Orient seit Napoleons Ägypten-
feldzug entgegenbrachte, galt nicht zuletzt auch den Frauenhäusern, wie sie in
den arabisch-türkischen Ländern üblich waren. Bedeutende Maler des 19. Jahrhunderts wie Ingres oder Delacroix schufen ihre »Odalisken«, wie die weißen
Haremssklavinnen der osmanischen Herrscher genannt wurden. »Das türkische
Bad« (1859) von Ingres ist ein Meisterwerk dieses Genres.

seines Erscheinens (1852) einen solchen Erfolg, daß es in mehrere Sprachen übersetzt und zu einem Bestseller der Literatur wurde, der noch heute in gekürzter Form als Kinderbuch immer wieder nachgedruckt wird. Weniger Verbreitung hatte allerdings die etwas später erfolgte Dokumentation ›Schlüssel zu Onkel Toms Hütte‹, in der die Verfasserin die Quellen ihres Erfolgsromans mit historischer Treue publizierte. Schon einige Jahre vor ›Onkels Toms Hütte‹ hatte der amerikanische Schriftsteller Richard Hildreth (1807–1865) einen Roman ›The white slave‹ (Der weiße Sklave; Erstausgabe 1836) veröffentlicht, der ähnliche Ziele wie das Werk der Harriet Beecher-Stowe verfolgte, aber bei weitem nicht so bekannt wurde, obwohl das Buch literarisch zweifellos bedeutender ist.

Bezeichnend für diese literarischen Erzeugnisse ist übrigens, daß die Helden und Hauptfiguren der Romane meist gar keine reinen Neger, sondern fast immer Mischlinge sind, so z. B. die Quadronin Eliza in ›Onkel Toms Hütte‹. Ein Mischlingskind ist auch die Heldin des einzigen Theaterstückes jener Zeit, das sich mit dem Problem der Sklaverei auseinandersetzte. Das Drama ›Die Okterone‹ (The octeroon) verfaßte der gebürtige Ire Dion Baucicault (1822–1890), der seinen ersten Bühnenerfolg 1841 in England mit der Komödie ›London Assurance‹ erzielte. Baucicault befand sich seit 1853 in den Vereinigten Staaten und begann die amerikanischen Bühnen mit einer wahren Flut von Theaterstücken zu überschwemmen. Seine Frau

---

Seite 252: Sklavenkarawane. Nach einer Zeichnung von Albert Richter. Nachdem der transatlantische Sklavenhandel seit 1830 allmählich zum Erliegen gekommen war, wandten sich arabische Sklavenjäger dem Geschäft mit dem »schwarzen Elfenbein« in verstärktem Umfange zu. Die Sklaven wurden von den zentral- und ostafrikanischen Jagdrevieren aus gefesselt und in Gabeljoche gezwängt quer durch Steppen- und Wüstengebiete zu den ostafrikanischen Küstenstädten getrieben, von wo aus Händler die Menschenfracht auf schnellen Dhaus nach Südarabien verschifften.

Agnes Robertson, eine Schauspielerin, spielte in den Stücken ihres Mannes die tragenden Rollen. Die Stoffe für seine überreiche Produktion nahm Baucicault aus englischen Romanen und französischen Theaterstücken, die er frei bearbeitete. Auch die Handlung des Stückes ›Die Okterone‹ ist eine dramatisierte Nacherzählung des 1856 erschienenen romantisch-spektakulären Romans ›Die Quadrone‹ von Mayne Reid. Baucicaults Stück wurde am 6. Dezember 1859, also kurz vor Ausbruch des Bürgerkrieges im ›Winter Garden‹ von New York uraufgeführt. Die Aufführung endete mit einem Theaterskandal, als Zoe, die Okterone des Stückes, in einer dramatischen Bühnenszene versteigert wurde. Frau Baucicault, welche die Hauptrolle spielte, schrieb später: »Ich wurde dringend gewarnt, daß ich, wenn ich die Szene zu spielen versuchen würde, in der ich in der Rolle der Zoe auf der Sklavenauktion verkauft werde, auf offener Bühne erschossen würde.« Glücklicherweise blieb der Schauspielerin dieses Schicksal erspart, aber das Ehepaar Baucicault verließ schon eine Woche darauf infolge der Anfeindungen New York. Das Stück hielt sich jedoch in den Theatern Amerikas und Englands noch über vierzig Jahre fast bis zur Jahrhundertwende. Immer wieder erregte das Los der Heldin Zoe Mitleid bei den Zuschauern, vor allem bei den empfindsameren Damen und Töchtern der Gesellschaft, die während der Aufführung manche Träne vergossen.

Auch andere amerikanische Schriftsteller und Dichter kämpften für die Emanzipation der Sklaven. So schrieb John Greenleauf Whittier (1807–1892) seine ›Lieder gegen die Sklaverei‹, unter denen das ›Lebewohl der virginischen Sklavenmutter‹ das ergreifendste ist:

>»Keiner Mutter Aug' ist da,
> Keiner Mutter Stimme nah,
> wenn man auch die Peitsche gibt,
> auf den Rücken, wundgesiebt,
> und es stillt kein Mutterherz
> euren Jammer, euren Schmerz . . .«

Die Vorstöße der Abolitionisten, wie die Gegner der Sklaverei in den Vereinigten Staaten genannt wurden, führten zu ständigen innerpolitischen Auseinandersetzungen. Die Spannung zwischen den sklavenhaltenden Südstaaten und dem sklavenfreien Norden wuchs trotz verschiedener Kompromisse, die dem Süden meist weit entgegenkamen. In den Südstaaten glaubte man, ohne die Zwangsarbeit der Neger nicht auskommen zu können, und man sah durch die Tätigkeit der Abolitionisten seine Existenz aufs Spiel gesetzt. Man verglich das Los der Sklaven mit dem noch weitaus schlechteren der europäischen Fabrikarbeiter und veröffentlichte in Zeitungen und Zeitschriften, die für die Sklaverei eintraten, polemische Artikel. 1853 hält ein Befürworter der Sklaverei in der ›De Bow's Review‹ seinen Widersachern entgegen: »Mit den drei Millionen Säcken Baumwolle, die jährlich durch Sklavenarbeit für die Armen und Nackten der Welt produziert werden, tun wir mehr für die Zivilisation als alle frömmelnden Menschenfreunde in Neu- und Altengland in Jahrhunderten fertigbringen werden.«

In dem zur Verteidigung der Sklaverei geschriebenen Buch ›An Essay on slavery and liberty‹ von Albert Taylor Bledsoe, erschienen Philadelphia 1856, werden 17 (!) Argumente gegen die Forderung, man müsse die Sklaverei aufheben, angeführt. Am interessantesten sind die Stellen im Buch, wo der Verfasser die Konsequenzen der Sklavenbefreiung für die Südstaaten ausmalt. Bledsoe stellt fest, daß der Gesamtwert der in den Vereinigten Staaten befindlichen Sklaven volle 1 200 000 000 Dollar ausmache. Diese ungeheure Summe solle den Sklavenhaltern entrissen, sie also mit Gewalt ihres Vermögens beraubt werden. Kein freier Staat der Union würde es dulden, daß man seinen Bürgern eine solche Vermögenseinbuße zumute. Die Folgen wären Armut, Bankrotte und wirtschaftlicher Zusammenbruch. Außerdem würden 3 Millionen freier Farbiger die Voraussetzungen für den fürchterlichsten Bürgerkrieg liefern, den es je in der Geschichte gegeben habe.

Als dann der kompromißlose Gegner der Sklaverei, Abraham Lincoln (1809–1865), zum Präsidenten der Vereinigten Staaten gewählt wurde, erklärte als erster der Bundesstaat Süd-Carolina seinen Austritt aus der Union (am 20. Dezember 1860). Es bedurfte eines fünfjährigen Bürgerkrieges (1861 bis 1865), um die Einheit der Staaten wiederherzustellen. Noch während des Kampfes hob Abraham Lincoln die Sklaverei mit Wirkung vom 1. Januar 1863 für die Vereinigten Staaten auf.

Ein »fancy girl«

Esther war ein ›fancy girl‹. Als fancy girl bezeichnete man im Jargon der Sklavenhändler und der Käufer ein hellhäutiges Mischlingsmädchen, das man gewöhnlich nicht zur Arbeit sondern als ›Luxusding‹ zu sehr hohem Preis kaufte und verkaufte. Esther war fast 14 Jahre alt, gut gewachsen und groß für ihr Alter. Sie besaß brünette Haare und dunkle Augen. In ihrer Hautfarbe und in ihrem Gesichtsschnitt unterschied sie sich nicht im geringsten von den weißen Mädchen, die auf der Gasse vor dem Sklavenmagazin, in dem Esther gefangengehalten wurde, spazierengingen, ihre Sonnenschirme über den Kopf hielten und miteinander plauderten. Esther war im Jahre 1822 geboren worden. Ihre Mutter war eine Quadronin gewesen. Von ihr hatte das Mädchen sein sanftes Wesen geerbt, während es von seinem weißen Vater, einem der reichsten Männer des Landes, die Intelligenz mitbekommen hatte. Esther konnte lesen und schreiben und sprach neben dem Englischen fließend Französisch.
Esther war auf der Pflanzung ihres Vaters aufgewachsen. Ihre Mutter starb, als sie 6 oder 7 Jahre alt war. Sie war als Kammerzofe bei der Gemahlin von Esthers Vater beschäftigt gewesen. Die weißen Pflanzersfrauen des Südens mußten es in den meisten Fällen dulden, daß ihre Männer illegitime Liebesbeziehungen zu hübschen Sklavinnen unterhielten.

So mancher Pflanzer hatte neben seiner legitimen weißen Familie auch eine illegitime farbige. Esther spielte mit ihren weißen Halbgeschwistern und wurde zusammen mit ihnen unterrichtet. Sie merkte kaum einen Unterschied zwischen sich und den anderen. Sie wie ihre weißen Schwestern nannten den Pflanzer ›Papa‹. Daß die Frau des Papas sie mit scheelen Augen anblickte, wurde ihr sehr bald bewußt. Der Hauslehrer, der die Kinder unterrichtete, gestand sich im stillen, daß Esther intelligenter war als die weißen Kinder des Pflanzers. Ihm war es eine Freude, das Mädchen zu unterrichten. Zu schade, daß sie eine farbige Sklavin als Mutter hatte! Der Lehrer machte eines Tages Esthers Vater gegenüber eine derartige Bemerkung und fügte hinzu, es sei doch zu bedauern, daß Esther im eigenen Land keine Zukunft habe. Sie sei ja nicht bloß eine Farbige, sondern auch noch eine Sklavin. Der Pflanzer brummte etwas Unverständliches vor sich hin. Aber er erschien in einer der nächsten Unterrichtsstunden, die der Hauslehrer hielt, und überzeugte sich selbst von der wachen Intelligenz seiner Sklaventochter. Als er fortging, streichelte er Esthers Haare. Dem Hauslehrer aber erklärte er, er habe die Absicht, das Mädchen freizulassen, sobald es erwachsen sei und es nach den Nordstaaten oder nach Europa zu schicken. Dort werde man Esther, die ja wie ein weißes Mädchen aussehe, ohne weiteres in die Gesellschaft aufnehmen.

Esther dachte im Sklavenmagazin an diese Zeit zurück. Alle hatten sie gern gehabt, die Neger auf dem Feld, die Kammermädchen und Diener im Haus, selbst ihre weißen Halbgeschwister. Nur die Gemahlin ihres ›Papas‹ hatte ihr niemals ein freundliches Wort geschenkt. Sie übersah Esther einfach. Damals hatte sich Esther nichts daraus gemacht. Sie war sogar froh, daß die weiße ›Ma'am‹ sie nicht bemerkte. Seit dem Tod der Mutter wohnte sie bei einem der farbigen Kammermädchen. Dort blieb sie auch, wenn Besuch kam. Denn bei diesen Gelegenheiten durfte sie sich nie zusammen mit ihren weißen Brüdern und Schwestern im Vordertrakt des Herrenhauses aufhalten. Das war ein Befehl. Er ging von der weißen

Frau ›Papas‹ aus, wie Esther erfuhr. Sie war davon überzeugt, daß ›Papa‹ sie auch bei diesen Gelegenheiten nicht ausgeschlossen hätte.

An diese Tage mußte Esther denken, als sie in ihrem kleinen Zimmer saß, in das sie der Händler eingeschlossen hatte. Es war größer und besser eingerichtet als die Kammer, in der sie auf ›Papas‹ Plantage gewohnt hatte. Das Fenster war mit Spitzenvorhängen versehen, und davor stand ein kleiner Nähtisch. Wenn Esther zum Fenster hinausblickte, sah sie einen Garten mit alten, schattenspendenden Bäumen. So hatte auch der Garten auf ›Papas‹ Pflanzung ausgesehen. Das Mädchen erinnerte sich an die großen Gesellschaften und an das Lachen und Scherzen der Gäste, die unter den mit bunten Lampions geschmückten Laubgängen spazieren gegangen waren. Die Besucher auf ›Papas‹ Pflanzung waren niemals zu ihr gekommen. Jetzt erschienen fast täglich Besucher in Esthers Zimmerchen. Der Händler kündigte sie an und ermahnte das Mädchen, sich anständig aufzuführen und ein ›gutes Kind‹ zu sein. Esther waren diese Besuche unangenehm, und sie fürchtete sich vor ihnen. Trotzdem mußte sie lächeln und auf alle Fragen gehorsam antworten. Der Händler hatte ihr ein überaus kurzes Kleidchen zu tragen gegeben. Ihre Haare hingen lose über die Schultern herab. Schuhe und Strümpfe hatte man ihr weggenommen. Die Besucher streichelten ihr die Haare, tätschelten die Wangen und betasteten sie am ganzen Körper. Sie mußte den Mund aufmachen und ihre Zähne zeigen. Gut gelaunt steckte ihr dann der eine oder andere der Besucher ein Zuckerstück in den Mund, und sie mußte ihm noch dafür danken. Es kam auch vor, daß man ihr befahl, in die Höhe zu springen, um ihre Gelenkigkeit zu zeigen oder daß sie zeigen mußte, wie sie tanzte. Auch ihre Kenntnisse im Lesen und Schreiben und in Englisch und Französisch wurden geprüft.

Wenn kein Besucher erschien, verlangte der Händler von ihr, daß sie die Zeit mit Sticken verbringen sollte. Einmal hatte einer der Besucher eine Zeitung liegen lassen. Als Esther sie

zur Hand nahm, fiel ihr eine Anzeige auf, in der sie genannt
wurde:

> Zum Verkauf steht
> die vierzehnjährige Octerone Esther,
> fast weiß, beste Abstammung, noch
> Jungfrau, kann lesen und schreiben,
> spricht Englisch und Französisch,
> wird zum erstenmal verkauft. Besichti-
> gung bei der Firma Bruin & Hill zu
> den gewöhnlichen Geschäftszeiten

Esther hatte zwar immer gewußt, daß sie ihrem ›Papa‹ gehörte. Aber sie hatte sich unter dem Wort ›Sklavin‹ nichts Rechtes
vorstellen können, solange sie auf der Pflanzung ihres Vaters
gelebt hatte. Das erstemal kam ihr ihre wirkliche Lage zum
Bewußtsein, als das Begräbnis ihres ›Papas‹ stattfand. Der
Pflanzer war unerwartet 1836 gestorben. Als Esther sich
nichtsahnend und voll Schmerz in den Trauerzug einreihen
wollte, der zum Friedhof ging, hatte man sie mit dem
Schimpfwort: »Niggerbalg!« davongejagt. Sie durfte nur ganz
am Ende des Trauerzuges bei den Sklaven des Hauses mit-
gehen. Bald bemerkte das Mädchen auch die Veränderungen,
die sich außerdem ergeben hatten. Ihr ›Papa‹ war ohne Hin-
terlassung eines Freibriefes für seine Mischlingstochter gestorben. Seine Witwe reiste mit den weißen Geschwistern
Esthers zu Verwandten nach Louisiana. Da sie die Pflanzung
nicht weiterführen wollte, hatte sie einen Rechtsanwalt mit
der Liquidierung der Farm und Geschäfte ihres verstorbenen
Gatten betraut. Esther wurde eines Tages zu ihm befohlen,
und er teilte ihr herzlos und ohne Umschweife mit, daß sie
eine Sklavin sei und wie die ganze Pflanzung verkauft werde.
Ein Händler werde sie schon in den nächsten Stunden abholen.
Esther vernahm wohl die Worte, aber sie begriff sie nicht. So
unglaublich erschien es ihr, daß sie ›Papas‹ Pflanzung, ihre
Heimat, verlassen müsse.

Dann machte sie die Bekanntschaft von Mr. Bruin, in dessen Sklavenmagazin sie sich jetzt befand. Der Händler war ein robuster, untersetzter Mann. Er kannte keine gesellschaftlichen Umgangsformen, er dachte bloß an sein ›Geschäft‹ und den daraus erwachsenden Profit. Als kluger Geschäftsmann respektierte er die Wünsche seiner menschlichen ›Ware‹, wenn sie dadurch bei guter Laune gehalten werden konnte und ihm auch sonst nicht in die Quere kam. Darum durfte Esther auch noch einmal das Grab ihres ›Papas‹ besuchen. Mr. Bruin sorgte außerdem dafür, daß das Mädchen seine Kleider und andere ihm gehörige Dinge mitnehmen konnte. Einen großen Schock für Esther bedeutete es jedoch, als Mr. Bruin ihr eine dünne Eisenkette anzulegen versuchte; da aber Esthers schmale Handgelenke ständig aus den Handschellen herausrutschten, nahm der Händler einen Riemen und befahl Esther, die Hände auf dem Rücken zusammenzulegen, damit er sie ihr dort festbinden könne. Dabei sagte er, daß er dies nur vorsichtshalber tue. Es gebe Mädchen, die sich beim Abtransport das Gesicht zerkratzten und so ihren Kaufwert verminderten. Wenn er sähe, daß Esther ein ›gutes Mädchen‹ sei, werde er ihr die Fesseln abnehmen.

Esther weilte nun schon eine Reihe von Tagen im Hause des Händlers, der sie gekauft hatte. Die Zeit war rascher vorübergegangen, als sie anfangs geglaubt hatte. Die Besuche waren eingestellt worden, die Zeit der Besichtigung war vorbei. Am nächsten Mittag sollte Esther mit einem Schub anderer Mädchen in das Hotel St. Louis gebracht werden. In diesem Hotel fanden zu bestimmten Zeiten des Jahres die Versteigerungen von ›fancy girls‹ statt. Die vornehme Gesellschaft von New Orleans kam bei dieser Gelegenheit zusammen. Es gehörte zum guten Ton, bei der Versteigerung der ›fancy girls‹ dabei zu sein, auch wenn man keines der jungen Dinger kaufen wollte. Denn hübschere Mädchen gab es während des Jahres kaum zu sehen als bei solchen Gelegenheiten.

Esther hatte die Nacht vor der Auktion schlaflos verbracht. Als es hell geworden war, wurde sie zu den anderen Mädchen gebracht, die mit ihr zusammen versteigert werden sollten. Es waren dies acht Mulattinnen, Quadroninnen und Octeroninnen, die jüngste 12 und die älteste 16 Jahre alt. Sie erhielten hübsche neue Kleider, und eine Negerin brachte die Haare der Mädchen in Ordnung. Dann erschien Mr. Bruin und prüfte jedes Mädchen einzeln, ob seine Kleidung in Ordnung war. Dabei ermahnte er jedes, sich ›anständig‹ aufzuführen und einen guten Preis einzubringen. Wenn eines der Mädchen aus eigener Schuld einen Käufer abschrecken würde, werde er ihm »den Hintern versohlen, daß es acht Tage lang nicht sitzen könne«.

Ein Wagen wartete im Hof des Sklavenmagazins. Als alle Mädchen eingestiegen waren, setzte er sich in Richtung Hotel St. Louis in Bewegung. Dort war unterdessen der große Marmorsaal mit den weißen Säulen für die Versteigerung hergerichtet worden. Schon hatte sich eine große Menge von Besuchern eingefunden. Fast ausschließlich Herren, die meisten in eleganten Anzügen mit herabbaumelnden Lorgnons. Man sah die bekanntesten Lebemänner von New Orleans unter ihnen.

Die Mädchen mußten in einem Nebenzimmer warten, bis die Reihe an sie kam. Die Versteigerung begann Punkt 12 Uhr. Esther hörte durch die Tür, die nur mit einem Vorhang verschlossen war, die Stimme des Händlers, der die Vorzüge des Mädchens, das eben zum Verkauf stand, mit derben Worten anpries. Die Stimmen der Kauflustigen mischten sich in die Schläge des hölzernen Hammers, mit dem der Leiter der Versteigerung die Angebote zur Kenntnis nahm und den Zuschlag erteilte.

Endlich wurde auch Esther in den Saal hinausgeschoben. Mr. Bruin hob das Mädchen auf das Podium, so daß es von allen Seiten gesehen werden konnte. Er begann ihre Abstammung und ihre Fähigkeiten zu erläutern, wobei er besonderen Wert auf die Tatsache legte, daß Esther »eigentlich wie eine weiße Miß« aussehe und auch bisher als solche gelebt habe. Esther blickte in den Saal hinein. Sie erkannte eine Anzahl von

Herren, die sie im Sklavenmagazin in den vergangenen Tagen besucht und untersucht hatten. Sie hörte die Zurufe, die mit 800 Dollar begannen und sich rasch steigerten. Ihre Wangen röteten sich. So deutlich war dem Mädchen noch nie zum Bewußtsein gekommen, daß es nur eine ›Ware‹ war, die jeder kaufen konnte, der genügend Geld besaß.

Der Zuschlag erfolgte bei 1820 Dollar. Esther hatte in ihrer Aufregung nicht darauf geachtet, wer sie gekauft hatte. Sie folgte mit niedergeschlagenen Augen dem Mann, der sie am Handgelenk packte und mit sich durch den Saal zur Tür führte.

Der Käufer Esthers war ein Oberst Morse, der ein schönes Haus am Rand der Stadt besaß und außerdem eine Pflanzung, etwa fünfzig Meilen nordwärts von New Orleans gelegen, sein eigen nannte, die er mit einer großen Zahl schwarzer Sklaven bewirtschaftete. Esther nahm ihren neuen Besitzer erst richtig wahr, als sie neben ihm im Wagen saß und er ihr mit einem Taschentuch die Tränen aus den Augen wischte. Morse war ein älterer, gutaussehender Mann, der Esther freundlich auf die Schulter klopfte und ihr Mut zusprach: sie brauche sich nicht zu fürchten, er werde ihr Beschützer sein. Aber Esther wußte, daß dies nur eine Redensart war. Denn Oberst Morse hatte 1820 Dollar für sie bezahlt, und sie gehörte ihm jetzt ›mit Leib und Seele‹, wie man im alten Süden zu sagen pflegte.

Das Leben im Hause ihres Herrn und auf seiner Pflanzung unterschied sich in den äußeren Bedingungen kaum von dem Leben, das Esther im Haus ihres ›Papas‹ geführt hatte. Oberst Morse hielt das Mädchen zu keiner regelmäßigen Arbeit an. Er war zufrieden, wenn Esther mit ihm zusammen die Mahlzeiten einnahm und ihn dabei bediente. Er behandelte sie auch sonst rücksichtsvoll und überschüttete sie mit schönen Kleidern und wertvollen Schmuckstücken. Esther war darüber sehr verlegen. Sie ahnte die Wünsche ihres Herrn. Sie war wie ihre weißen Halbschwestern in der Auffassung erzogen worden, daß ein Mädchen vor der Heirat keine Beziehungen zu einem Mann aufnehmen dürfe. Aber sie wußte ebenso, daß sie das Eigentum des Obersten war, und er war außerdem seit dem Tode ihres ›Papas‹ der erste Mensch, der wieder freundlich und gütig mit ihr sprach. Als daher Oberst Morse eines Abends seinen Wünschen deutlich Ausdruck verlieh, ließ sich Esther von ihm küssen und folgte ihm halb freiwillig und halb im Bewußtsein, dem Befehl ihres Herrn gehorchen zu müssen, in sein Schlafzimmer. Als sie am Morgen neben dem Obersten erwachte und auf seine Frage, warum sie weine, erwiderte, sie schäme sich, einem Mann anzugehören, mit dem sie nicht verheiratet sei, tröstete sie Morse mit der Versicherung, sie sei für ihn so gut wie seine angetraute Frau.

Im Verlauf der nächsten Jahre wurde Esther Mutter zweier Kinder. War sie selbst schon von fast weißer Hautfarbe, so konnte man an den beiden Kleinen überhaupt keine Spur einer farbigen Abstammung mehr feststellen. Aber auch sie galten nach den Gesetzen des Landes als ›Farbige‹ und waren wie Esther Sklaven des Obersten Morse. Schon bei der Geburt der älteren Tochter hatte Esther ihren Herrn gebeten, sie doch nach dem Gesetz zu heiraten und damit das Kind ehelich zu machen. Oberst Morse fragte sie, ob sie nicht wie seine richtige Ehefrau bei ihm lebe, ob sie nicht zufrieden sei, ob er ihr noch eine zweite Zofe schenken solle. Von einer Heirat müsse er augenblicklich aus Gründen, die er Esther nicht näher schildern könne, absehen, aber sie solle nur Geduld haben, er werde mit ihr noch bestimmt in der Kirche vor dem Altar die Ringe wechseln. Das gleiche Gespräch wiederholte sich bei der Geburt des zweiten Kindes, eines Sohnes. Als ihre Tochter — sie wurde Lizzy genannt — ungefähr 10 Jahre alt war, stellte Esther fest, daß sich Oberst Morse allmählich immer mehr von ihr und den Kindern zurückzog. Er blieb jetzt oft ganze Tage und Nächte fort. Wenn ihn Esther bat, wenigstens den Kindern einen Freibrief auszustellen, wurde er zornig und wies sie barsch zurück. Gerüchtweise hörte Esther, daß Oberst Morse häufig in der Gesellschaft einer jungen weißen Dame gesehen wurde und man von einer baldigen Verlobung sprach. Esther wagte es schließlich, als der Oberst wieder einmal spät abends nach Hause kam, ihn daraufhin anzusprechen. Morse bekam einen Wutanfall, wie ihn Esther noch nie an ihm erlebt hatte. Er schrie, daß er sich von einer Sklavin keine Vorwürfe machen lasse und sie dorthin schicken werde, wohin sie gehöre. Zugleich schlug er mit der Reitpeitsche, die er noch in der Hand hielt, wütend auf Esther ein.

Oberst Morse hatte sich von seinem Jähzorn übermannen lassen, da er gerade vor seiner Rückkehr eine Auseinandersetzung mit seiner neuen Braut, Miß Clara, gehabt hatte. Im Gegensatz zu den meisten anderen Pflanzersfrauen und -töchtern war Miß Clara nicht bereit, das Haus ihres künftigen Gemahls mit einer farbigen Konkubine zu teilen. Sie hatte energisch verlangt, daß Esther und die beiden Kinder zu verschwinden hätten, ehe sie Oberst Morse das Ja-Wort gebe. Der heftige Streit mit Esther, die sich als seine Ehefrau wähnte, machte den Oberst den Wünschen Claras geneigter, als es vielleicht sonst der Fall gewesen wäre.

Einige Tage später war Morse so freundlich wie früher zu Esther, und er sagte ihr, er bereue seinen Zornausbruch. Zur Versöhnung wolle er mit ihr und den Kindern eine kleine Spazierfahrt machen. Esther, die sich ohnehin schon Vorwürfe gemacht hatte, kleidete sich und die beiden Kinder in fröhlicher Stimmung rasch für die Ausfahrt an. Als sie mit ihnen schon in der Kutsche saß, erschien Oberst Morse und erklärte ihr bedauernd, er sei durch ein unvorhergesehenes Geschäft verhindert, an der Spazierfahrt teilzunehmen. Esther und die Kinder sollten sich aber nicht stören lassen. Der Oberst ging sogar so weit, die beiden Kinder und ihre Mutter zu umarmen und zu küssen.

Esther ahnte nichts von dem Verrat, den ihr Herr an ihr und seinen eigenen Kindern beging. Morse hatte nämlich endlich der Forderung Miß Claras nachgegeben, die ihm daraufhin vorschlug, wie er sich Esthers und ihrer beiden ›Niggerbälge‹

am unauffälligsten entledigen könne. So fuhr nun die Kutsche mit Esther und den Kindern durch einige Gassen der Stadt und hielt plötzlich im Hof eines Hauses in der Rampart-Street. In dieser Gegend befanden sich die meisten Bordelle von New Orleans. Esther wurde von einigen Männern aus dem Wagen gezerrt und sofort von ihren Kindern getrennt, die laut nach der Mutter schrien. Schließlich kam eine dicke, ältere, stark geschminkte Frau, die sich als Bordellmutter vorstellte und Esther erklärte, Oberst Morse habe sie und die beiden Kinder an ihr Haus verkauft. Sie wies Esther sogar den Kaufbrief vor, da die völlig Verstörte ihre Behauptung als eine freche Lüge ansah. Esther brach zusammen, als sie die schreckliche Wahrheit erkennen mußte. Die Bordellinhaberin drohte, Esther werde ihre Kinder nur zu sehen bekommen, wenn sie sich willig und gehorsam zeige. Um der Kinder willen fügte sich Esther in ihr Schicksal. Schon am gleichen Abend saß sie mit den übrigen Insassinnen des Hauses im großen Salon und wartete auf das Eintreffen der ersten Gäste.

Die nächsten Monate waren für Esther eine einzige Hölle. Wenn sie Miene machte, sich zu widersetzen, drohte man ihr, die Folgen würden die Kinder zu tragen haben. Wenn sie sie zu sehen verlangte, erklärte man ihr, ihr Betragen sei nicht so, daß man ihr diesen Wunsch erfüllen könne. Erst kürzlich habe sich ein Gast über ihr unfreundliches Wesen beschwert. Esther wußte nicht einmal, ob die Kinder noch wirklich im Hause weilten oder vielleicht schon an einen anderen Platz gebracht worden waren. Im Haus von Oberst Morse war Esther eine schöne junge Frau gewesen, die man für viel jünger gehalten hatte, als sie in Wirklichkeit war. Jetzt verlor sie alles Anziehende, ihr Blick wurde stumpf, ihre Schritte waren langsam und müde. Sie verwendete kaum mehr Sorgfalt auf ihre Kleidung und ihr Aussehen, obwohl sie von der Bordellbesitzerin immer wieder dazu angehalten wurde. Es gab immer weniger Gäste, die an ihr Gefallen fanden. Die Bordellwirtin war darüber so erbost, daß sie eines Tages

Esther drohte, sie werde sich an Lizzy schadlos halten. Esthers Tochter war inzwischen 12 Jahre alt. Die Mutter mußte aus dem Mund der Bordellinhaberin hören, daß Lizzy ein hübsches nettes Ding sei und in spätestens einem Jahr einen »Leckerbissen« für gewisse Herren abgeben werde. Erst kürzlich habe ein älterer Pflanzer das Mädchen gesehen, und er sei so begeistert von ihm, daß er es unbedingt schon jetzt kaufen wolle. Es wäre dumm von ihr, wenn sie auf das Geschäft verzichten würde, das ihr mindestens 1000 Dollar Reingewinn einbringe.

In der folgenden Nacht beging Esther einen Selbstmordversuch. Sie kam erst wieder im Krankenhaus zu sich, wohin man sie gebracht hatte. Der behandelnde Arzt war ein Franzose, Dr. Guichot, der bald sah, daß nicht nur die tiefe Stichwunde, die dicht neben dem Herzen lag, Esthers Wiedergenesung erschwerte, sondern noch mehr ein seelischer Kummer ihren Lebenswillen erstickte. Alle ärztlichen Bemühungen schienen vergeblich zu sein. Endlich brachte Dr. Guichot Esther dazu, ihm Stück für Stück ihrer bisherigen Lebensgeschichte zu erzählen. Noch nie hatte Dr. Guichot die Tragik der Sklaverei aus so unmittelbarer Quelle erfahren. Er wußte sofort, wenn Esther ihre Kinder nicht wiederbekam, würde sie aus Kummer und Kränkung sterben. Es nützte Dr. Guichot daher nur wenig, daß er Esther, ohne daß sie es anfänglich erfuhr, von der Bordellbesitzerin kaufte und für sie einen notariellen Freibrief unterzeichnete. Als er sich nach den Kindern Esthers erkundigte, hörte er, Lizzy sei bereits verkauft worden. Das Mädchen habe sich verzweifelt gesträubt, als man es fortholte, und immer wieder nach seiner Mutter gerufen. Als Lizzy auch einige Peitschenhiebe nicht zum Verstummen brachten, habe sie ihr neuer Herr, ein Pflanzer, an Händen und Füßen gebunden und ihr einen Knebel in den Mund gesteckt. Wohin er mit ihr gefahren sei, wisse sie — die Bordellinhaberin — nicht. Der 10jährige Junge Esthers sei allerdings noch zu haben. Dr. Guichot handelte nicht lange, obwohl ihm die Frau einen unverschämt hohen Preis abverlangte. Als er mit dem Kind an Esthers Krankenbett trat und ihr versprach, alles daranzusetzen, auch Lizzy ausfindig zu machen und loszukaufen, schlich zum erstenmal seit vielen Monaten ein glückliches Lächeln über Esthers Gesicht. Voll Dankbarkeit griff sie nach der Hand Dr. Guichots und drückte sie.

Am 31. Juli 1850 heiratete Dr. Guichot in der katholischen St. Marienkirche in New Orleans die ehemalige Sklavin Esther. Der Arzt hatte sie schon vom ersten Augenblick an, da er an ihr Krankenbett getreten war, liebgewonnen, und auch Esther hatte von Anfang an zu ihm eine herzliche Zuneigung gefaßt. Dr. Guichot, der beabsichtigt hatte, mit Frau und Stiefsohn in seine französische Heimat heimzukehren, blieb solange noch in New Orleans, bis es ihm gelungen war, den Aufenthalt Lizzys ausfindig zu machen. Aber alle Versuche, das Mädchen freizukaufen, scheiterten am Starrsinn ihres Herrn, der auch das höchste Angebot zurückwies. Als schließlich die Nachricht kam, daß Lizzy dem berüchtigten ›Gelben Fieber‹ erlegen sei, hielt Dr. Guichot nichts mehr in den Vereinigten Staaten. Er kehrte mit seiner Familie nach Frankreich zurück und ließ sich in der Nähe von Nizza als Arzt nieder, wo er dank seiner Tüchtigkeit nicht nur eine große Anzahl von Patienten behandeln konnte, sondern auch ein wohlhabender Mann wurde. Esther gebar ihm noch zwei Kinder. Ein Mädchen, das nach der verstorbenen Tochter Esthers Lizzy genannt wurde und einen Sohn. An stillen Winterabenden saßen Dr. Guichot und seine Frau beisammen und schrieben gemeinsam ihre Erinnerungen nieder. Sie sollten nicht veröffentlicht werden, sondern Kindern und Kindeskindern die Schicksale ihrer Vorfahren erzählen. In dieser Form sind sie auf uns gekommen.

Sklavenaufseher und Sklavenhändler

Wenn von der sozialen und wirtschaftlichen Lage der Sklaven in den Südstaaten der Nordamerikanischen Union die Rede ist, dürfen wir nicht die Aufseher vergessen, die über das Wohl und Wehe der Sklaven meist mehr entschieden als die Sklavenbesitzer selbst. Diese Aufseher waren fast ausnahmslos Weiße aus ärmeren Familien oder nachgeborene Söhne kleiner weißer Pflanzer. Nur in New Orleans und seiner Umgebung gab es auch freie Farbige als Aufseher. Ihre Zahl wurde 1850 mit 11 Personen angegeben; im Jahr 1854 waren es bereits 25, unter ihnen befanden sich 22 Mulatten.

Der soziale Status der Sklavenaufseher war keineswegs angesehen. So wie man den Sklavenhändler benötigte, um Sklaven kaufen und verkaufen zu können, ihn aber gesellschaftlich verachtete, so benötigte man auf den größeren Pflanzungen den Sklavenaufseher, ohne ihn gesellschaftlich als Gleichberechtigten anzuerkennen. Das Staatsgesetz von Louisiana schrieb 1806 vor, daß sich auf jeder Pflanzung ein Aufseher weißer oder freier farbiger Herkunft befinden müsse. Im Jahr 1815 bestimmte man darüber hinaus, daß auf je 30 Sklaven ein Aufseher kommen müsse. Auch in Süd-Carolina war der Aufseher obligatorisch. Nach einer Statistik von 1850 gab es in den sklavenhaltenden Südstaaten insgesamt 14 706 und 1860 25 958 Sklavenaufseher. Die rasche Zunahme innerhalb von nur zehn Jahren erklärt sich aus der rapiden Ausdehnung der Baumwollkulturen in dieser Zeit.

Die Sklavenaufseher waren anfangs meist völlig ungebildete Personen, die weder lesen noch schreiben konnten. Die Pflanzer benötigten jedoch gegen Ende der Sklavenhalterperiode immer häufiger Leute, die eine gewisse Bildung besaßen, denn die Aufseher sollten auch die Buchhaltung der Pflanzung

---

Seite 269: Odaliske und orientalische Sklavin. Gemälde von Dominique Ingres (1780–1867).

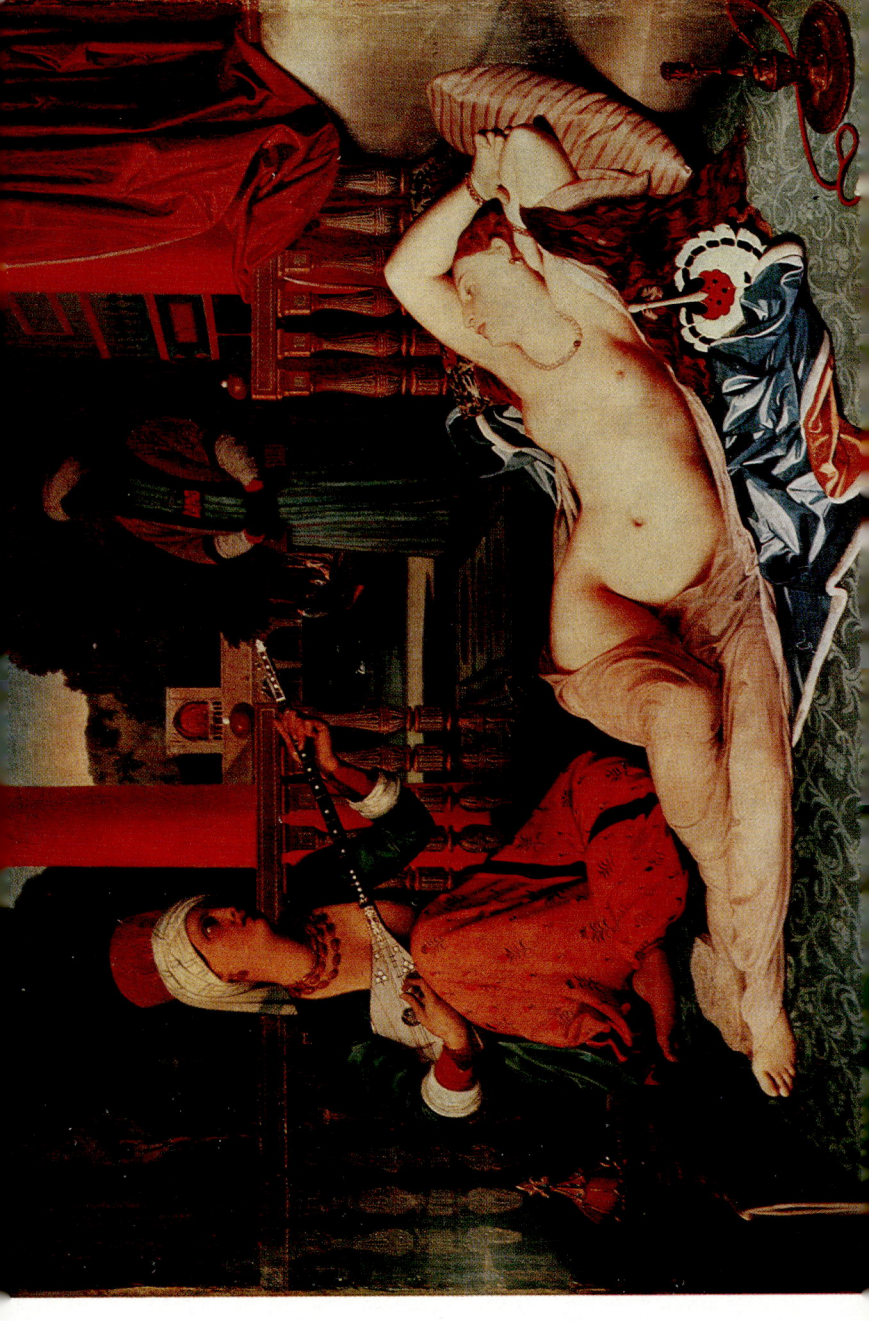

führen. In solchen Fällen kam es vor, daß der Aufseher mit der Herrschaft gesellschaftlich verkehrte. Für gewöhnlich wurde er allerdings von ihr und vor allem von den benachbarten Pflanzern und ihren Familien ignoriert. Wenn er sich keine Frau mitbrachte — und es gab verhältnismäßig viele verheiratete Aufseher —, so konnte er kaum hoffen, die Tochter eines benachbarten Pflanzers zu gewinnen. Da in den meisten Anstellungsverträgen die Bestimmung enthalten war, daß der Aufseher die Pflanzung, ausgenommen in dringenden Angelegenheiten, weder bei Tag noch bei Nacht verlassen durfte, und da die Pflanzungen oft meilenweit von jeder menschlichen Siedlung entfernt lagen, wird erklärlich, wenn sich mancher Aufseher in Exzesse hineinsteigerte, besonders dann, wenn der Besitzer der Pflanzung weit entfernt in der Stadt wohnte. Ein Teil dieser Leute, schon von Natur aus meist etwas labil, ergab sich dem Trunk und mißhandelte im Rausch die ihm unterstellten Sklaven. Ein anderer Teil glaubte, die Sklavinnen als Freiwild betrachten zu können. Kamen Übergriffe vor, unternahmen die Negersklaven manchmal den Versuch, den Aufseher zu ermorden, oder sie liefen ihm davon. Ein solcher Mordanschlag wurde auf den Aufseher William Jacobs in Louisiana im Jahr 1837 verübt. Ein Negersklave be-

---

Seite 270 unten: Der irische Journalist O'Callaghan berichtet in seinem Buch »Sklavenhandel heute«, wie er in Dschidda an der arabischen Westküste von einem Haus aus heimlich Augenzeuge einer Sklavenversteigerung war. Diese Szene aus einem Spielfilm scheint seinen Bericht zu dokumentieren: »Die Auktion zog sich in die Länge, bis der letzte Sklave erschien: ein Mischlingsmädchen, etwa vierzehn, mit langem schwarzen Haar, das über ihre jungen Brüste herabfiel . . .«

Seite 270 oben: Noch in unserer Zeit werden Menschen in die Sklaverei verkauft. Diese Negerkinder sollten gefesselt vom Tschad in den Sudan und von dort nach Saudi-Arabien verschleppt werden. Von einem Hubschrauber der Grenzkontrolle entdeckt, wurden sie während einer Rast in der Schlucht von Gorouau in den Enedi-Bergen (Tschad) befreit. Dokumentaraufnahme aus dem italienischen Film »Sklaven heute – Geschäft ohne Gnade«.

Die Sklavereigegner wurden nicht müde, Grausamkeiten an schwarzen Sklaven in den neuenglischen Kolonien Amerikas anzuprangern. Der englische Zeichner und Moralist Gillray fertigte 1797 diese Zeichnung über einen barbarischen Vorfall auf den Westindischen Inseln an. Ein Aufseher hatte einen kranken Neger, der nicht arbeiten konnte, in einen mit heißer Zuckermelasse gefüllten Kessel gestoßen, so daß sich der Unglückliche lebensgefährliche Brandwunden zuzog.

schuldigte ihn, seine Frau vergewaltigt zu haben. In Virginia wurden in der Zeit von 1780–1864 jedoch nur 11 Fälle registriert, in denen Sklaven einen Aufseher ermordeten. Dagegen fielen in der gleichen Zeitspanne 56 Sklavenbesitzer aufsässigen Negern zum Opfer.

Das Gehalt eines Aufsehers betrug im Staate Mississippi zwischen 135 bis 425 Dollar jährlich, wenn der Pflanzer auf seinem Besitztum wohnte. Lebte der Herr in der Stadt, so stieg das Gehalt des Aufsehers, der zugleich Verwalter sein mußte, jährlich auf 400 bis 800 Dollar. Außerdem hatte er Anspruch auf Naturalien wie Korn, Fleisch, Speck und Holz. Es stand ihm frei, den einen oder anderen Negersklaven für seinen Privatbedarf arbeiten zu lassen, so etwa ein Mädchen, das für ihn kochte und ihm seine Wohnung in Ordnung hielt. Wenn der Aufseher eigene Sklaven mitbrachte, auch das kam vor, so vermietete er sie oft an den Pflanzer. Im Jahrzehnt zwischen 1820 und 1830 betrug die Summe, die ein Aufseher für seinen ausgeliehenen Sklaven bekam, zwischen 25 und 30 Dollar jährlich. Es konnte dann vorkommen, daß sich die Sklaven über ungleiche Behandlung beklagten. Als der Aufseher J. B. Grace im Jahr 1834 einen Sklaven an seinen Arbeitgeber vermietete, erklärten die Neger der Pflanzung, er behandle den eigenen vermieteten Sklaven besser als die anderen, die der Pflanzung gehörten. Manche Aufseher pflegten ihre eigenen Sklaven daher zweckmäßigerweise auf Nachbarpflanzungen arbeiten zu lassen.

Viele Pflanzer beschränkten das Strafrecht des Aufsehers. Es gab Verträge, in denen der Aufseher ausdrücklich verpflichtet war, einem Neger ohne besondere Erlaubnis des Pflanzers nicht mehr als 10 Peitschenhiebe zu geben oder ihn auf andere Weise zu verletzen, ausgenommen im Falle der Notwehr. Die Aufseher gingen auf allen Pflanzungen bewaffnet ihrer Arbeit nach. Sie trugen nicht bloß eine Peitsche sondern ein Bowiemesser und in vielen Fällen auch einen Revolver bei sich.

Die meisten Aufseher betrachteten ihre Stellung nur als ein Durchgangsstadium zur Erlangung wirtschaftlicher Selbständigkeit. Dabei wollten sie Erfahrungen und Ersparnisse sammeln, die ihnen später Gelegenheit geben sollten, selbst eine kleine Pflanzung zu pachten oder zu kaufen, um auf diese Weise ihr eigener Herr zu werden. Manchen von ihnen gelang dies auch. Das erstaunlichste Beispiel für einen solchen Aufstieg war Jordan Myrick, der 1803 im Alter von 17 Jahren als Aufseher nach Süd-Carolina kam und seine erste Stellung auf der Pflanzung eines David Dean am Cooper River fand. 1828 war er bereits in der Lage, eine Pflanzung von 140 Acres zu pachten und mit 33 Sklaven zu bewirtschaften. Als Myrick 1834 starb, besaß er ein Vermögen von 40 000 Dollar, für die damalige Zeit eine riesige Summe.

So wie der Sklavenaufseher gehörte auch der Sklavenhändler zum Bild der Gesellschaft in den sklavenhaltenden Südstaaten der Union. Allerdings akzeptierte diese Gesellschaft den Sklavenhändler nur als Geschäftspartner; er war für sie kein Mann, mit dem man gesellschaftlich verkehren konnte. Ein Richter in den Südstaaten, der selbst Sklavenhalter war und bei Ausbruch des Bürgerkrieges (1861–1865) 40 Jahre zählte, erklärte Jahre später: »Im Süden war der Begriff des Sklavenhändlers immer verhaßt, verachtet, selbst unter den Sklavenbesitzern. Das ist sonderbar, aber es ist Tatsache.« Natürlich gab es auch Ausnahmen, und vor allem reichgewordene Sklavenhändler konnten eines gewissen Ansehens sicher sein.

Es gab einige Städte in den Südstaaten, die für die Errichtung von Sklavenhändlerfirmen geradezu prädestiniert zu sein schienen. Solche Orte waren neben New Orleans, das den bedeutendsten Umschlagplatz für die ›menschliche Ware‹ darstellte, Baltimore, Lexington, Louisville, Memphis, Nashville, Richmond, St. Louis, Macon. In Baltimore nennt ein ›Directory for 1855–1856‹ (Adressenverzeichnis) die Namen und Adressen von 14 Händlerfirmen. Im ›Directory for 1859 bis 1860‹ sind über 50 Sklavenhändler von Charleston verzeichnet. New Orleans aber erreichte mit 185 Sklavenverkaufsfirmen im Jahre 1842 den Rekord. Eine der bekanntesten Sklavenhändlerfirmen war Bruin & Hill. Joseph Bruin hatte sich 1834 als Sklavenhändler in New Orleans etabliert und besaß noch weitere Niederlassungen, so z. B. in Alexandria (Virginia). Ein anderer Händler, Joseph Bryan, 1812 geboren, war ein naher Verwandter von Edmund Randolph, dem Generalstaatsanwalt der Vereinigten Staaten. Er diente 18 Jahre in der Marine der Union, ehe er 1854 eine Sklavenhändlerfirma gründete. Dank seiner Familienverbindungen gewann er rasch einen großen Kundenkreis und zugleich ein beträchtliches Vermögen.

Die Transporte der Sklavenhändler zum Sklavenmarkt gingen gewöhnlich in kleinen Trupps vor sich. Männer und Burschen wurden mit Handschellen gefesselt, Mädchen und Frauen ließ man hinter ihnen herlaufen. Wenn Mütter mit kleinen Kindern dabei waren, führte man sie auf Wagen mit. In zeitgenössischen Berichten werden immer wieder Begegnungen mit solchen Sklaventransporten geschildert. War die zurückzulegende Entfernung so groß, daß man übernachten mußte, wurden die Sklaven gewöhnlich im Ortsgefängnis eingesperrt, während sich der Händler und seine Gehilfen im Hotel einquartierten. Meist trennte man die Männer von den Frauen oder legte den Männern und Burschen während der Nacht Fußketten an, damit sie nicht über die Sklavinnen herfallen konnten.

Jeder Sklavenhändler besaß ein Magazin, in dem die zum Verkauf stehenden oder für den Sklavenmarkt in einer anderen Stadt bestimmten Negerinnen und Neger untergebracht waren. Aus der Feder von Estan Allan Andrews, Professor für alte Sprachen, stammt ein anschaulicher Bericht über einen Besuch im Sklavenmagazin der Firma Franklin & Armfield in Washington, den der Autor in seinem 1836 erschienenen Buch über die Sklaverei in der Union veröffentlichte. Der Besucher wurde von einem Butler mit hervorragenden Manieren und freundlichem Wesen empfangen. Mit südstaatlicher Gastfreundlichkeit bot man Andrews zuerst ein Glas Madeira an. Dann erschien ein Führer, der den Gast durch ein großes eisernes Tor in den Hinterhof führte. Dieser Hof war auf einer Seite überdacht und ringsum mit einer unübersteigbaren weißgekalkten Mauer umgeben. Hier wurden die männlichen Sklaven gehalten. Als Professor Andrews im Juli 1835 seinen Besuch abstattete, befanden sich ungefähr 60 Sklaven im Hof, darunter einige Knaben zwischen 10 und 15 Jahren, alle übrigen waren junge Männer. Sie lachten und plauderten angeregt miteinander und vertrieben sich die Zeit mit körperlichen Übungen. Die Sklaven waren nett angezogen und machten einen gesunden Eindruck, mit Ausnahme von einigen wenigen, die erst kürzlich in das Magazin eingeliefert worden waren. In einem anderen, anschließenden zweiten Hof befanden sich etwa 40 Sklavinnen im gleichen Alter und Zustand wie ihre männlichen Schicksalsgenossen. Darunter war nur eine einzige Mutter mit einem Säugling. Einige der Mädchen zeigten die Spuren von Peitschenhieben. Für beide Höfe gab es eine mit allem Notwendigen eingerichtete Küche. Außerdem bemerkte der Besucher eine Werkstätte, in der die Kleider für die zu verkaufenden Neger geschneidert wurden. In der Nähe des Sklavenmagazins waren auf einem Platz bereits Wagen, Pferde und andere Ausrüstungsgegenstände zu sehen, die für die Fahrt nach Natchez bestimmt waren. An die beiden Höfe schloß sich ein Spital an, das aber nur wenig belegt war. Die Firma Franklin & Armfield war nämlich darauf bedacht, nur gesunde Neger zu kaufen. In der Nähe der beiden Höfe befand sich außerdem ein zweistöckiges Gebäude. Hier schliefen die Sklaven während der Nacht, Männer und Frauen getrennt, aber alle — selbst 14- und 15jährige Knaben und Mädchen — an den Füßen gekettet. Decken und Bettüberzüge hingen tagsüber an den offenen Fenstern in der Sonne. Professor Andrews gewann von seinem Besuch den Eindruck, er habe ein Gefängnis inspiziert. Dennoch galt Mr. Armfield als humaner Sklavenhändler, von dem bekannt war, daß er Familien nicht gern trennte und verheiratete Leute zusammen kaufte und sie auch wieder nur zusammen verkaufte. Es kam vor, daß manche Sklaven, die verkauft werden sollten und von ihm gehört hatten, baten, sie an die Firma Franklin & Armfield zu verkaufen. Die Firma Franklin & Armfield war auch dadurch bekannt, daß sie sich streng an die staatlichen Gesetze hielt, nach denen Kinder unter 10 Jahren beim Verkauf nicht von ihren Müttern getrennt werden durften. Aus einer erhaltenen Namensliste geht hervor, daß im Jahr 1834 von der Firma Franklin & Armfield 396 Neger zum Verkauf gebracht wurden. Unter ihnen befanden sich 5 Kinder im Alter von 6 bis 9 Jahren, 68 Knaben und Mädchen waren zwischen 10 und 15, 145 junge Burschen und Mädchen zwischen 16 und 21, 101 Frauen und Männer zwischen 22 und 30, 9 Frauen und Männer zwischen 40 und 50 Jahren. Nur ein Sklave war über 50 Jahre

STATE OF LOUISIANA,
CITY OF NEW ORLEANS.

Be it Known, That on this *First*
day of *November* in the year of our Lord one
thousand eight hundred and fifty *nine* and of the Independence
of the **United States of America** the *eighty fourth*
Before me, **MICHAEL HAHN,** a Notary Public.
duly commissioned and sworn, in and for the Parish of Orleans, State of Louisiana, and in
the presence of the witnesses hereinafter named and undersigned

PERSONALLY CAME AND APPEARED *Uriah H. Dudley*

residing in this city

who declared that for the consideration, and on the terms and conditions hereinafter expressed,
he *does* by these presents, grant, bargain, sell, convey, transfer, assign, set over and deliver,
with all legal warranties, unto *Peter Wahl also residing in*
this city

here present, accepting and purchasing for *himself, his* heirs and assigns, and acknow-
ledging delivery and due possession thereof:

A Certain negro man slave
for life named "Mercury" now aged about
thirty three years

Kaufvertrag über den 33jährigen Neger »Mercury«. Der schwarze
Sklave war ein »Sklave auf Lebenszeit«, d. h. der jeweilige Eigentümer durfte ihm nicht die Freiheit schenken.

alt. Außerdem wurden zwei junge Familien auf den Markt
gebracht: die Väter waren 21 und 22 Jahre alt, die Mütter
19 und 20, ihre Kinder ein und eineinhalb Jahre. Schließlich
sind auf der Liste noch 20 Mütter ohne Ehemann mit zusammen 33 Kindern verzeichnet. Das jüngste davon war
gerade 2 Wochen, das älteste 12 Jahre alt.
Um das Eigentumsrecht an den Sklaven beweisen zu können,

verlangten die Käufer Kaufbriefe. Sie wurden von den Händlern gewöhnlich in formloser Weise ausgestellt:

Hiermit bestätigen wir, daß das Mädchen Emily an Mr. Thomas McGuire für 850 Dollar verkauft wurde.

Washington, 12. Mai 1839   Franklin & Armfield

Es gab aber auch sehr ausführliche Kaufverträge, in denen die ›menschliche Ware‹ genau beschrieben wurde:

Kaufvertrag

Hiermit wird das Mädchen Georgie um den Betrag von 1360 Dollar an Mr. Ronald W. Leister verkauft. Georgie, 15 Jahre 2 Monate alt, eine hellhäutige Quadronin mit lichtem Haar, ist noch Jungfrau. Sie kann nähen und stikken und wurde bisher als Kindermädchen verwendet. Besondere Kennzeichen: ein Muttermal unter der rechten Brust. Der Verkauf erfolgt auf Lebenszeit.

Washington, 17. August 1840   Franklin & Armfield

Die Formel ›auf Lebenszeit‹ besagte, daß der betreffende Sklave nie freigelassen werden durfte, so oft er auch verkauft wurde. Sie bedeutete eine Strafverschärfung für unbotmäßige Sklaven, und sie sollte verhindern, daß der neue Herr den Sklaven freigab oder ihn im Testament für frei erklärte.
Besonders gefürchtet wurde der durchreisende Sklavenhändler von den Negern der Pflanzungen. Wenn ein fremder Weißer in Sicht kam, riefen die Negermütter ihre Kinder zusammen und versteckten sie. Man vermutete in jedem fremden Reisenden zunächst einmal einen Händler. Das bitterste Los war, »in den Süden« verkauft zu werden. Während nämlich in den Staaten wie Kentucky die Sklaverei in relativ milder Form gehandhabt wurde, erwartete die Neger auf den Baumwollfeldern des Südens bei härtester Arbeit ein früher Tod.

Das Lied der Sklaven

Die Kapitäne der Sklavenschiffe ließen ihre Gefangenen während der wochenlangen Überfahrten von Afrika nach Westindien oder Südamerika von Fall zu Fall an Deck holen, damit sie sich körperlich bewegten. Dies geschah nicht aus humanitären, sondern aus Nützlichkeitsgründen, da man auf diese Weise hoffte, die Neger gesund zu erhalten und ihre Apathie zu verscheuchen. Eine Trommel gab den Rhythmus an, nach dem die Neger zu tanzen hatten. Dabei wurde den Gefangenen manchmal noch zugemutet, zu singen. Die Sklaven stimmten dann melancholische Klagegesänge an, die sie auch später bei der Arbeit auf den Kaffeeplantagen und Baumwollfeldern der Neuen Welt sangen. Von diesen traurigen Melodien der versklavten Neger führt ein direkter Weg zu den ›Gospelsongs‹ und ›Spirituals‹, in denen die ganze Sehnsucht der aus Afrika verschleppten Menschen zum Ausdruck kommt. Da der Sklave auf Erden kaum Erlösung von seinem schweren Schicksal erhoffen durfte, suchte er sie im Jenseits.

Das ›himmlische Jerusalem‹ wurde die Heimat, nach der er sich sehnte und in die er einzugehen träumte, wenn er die Peitsche auf seinem Rücken spürte. In einem 1862 in Philadelphia erschienenen Bericht heißt es: »Ich fragte einen dieser Schwarzen — einen der gescheitesten —, woher sie diese Lieder hätten. ›Sie machen sie, Massa!‹ — ›Aber wie machen sie es?‹ Nach einer Pause, in der er offensichtlich nach einer Erklärung suchte, sagte er: ›Ich Ihnen sagen. Master mich rufen und geben mir hundert Peitschenhiebe ... Meine Freunde das sehen und sein sehr traurig mit mir. Abends beim Gottesdienst sie davon singen. Ein paar sehr gut singen und wissen, wie's zu machen ist. Und die bringen's rein, die arbeiten's rein, bis allein gut, und das ist es, wie es gemacht wird.«

In diesen ›Spirituals‹ wird stets das Elend, die Not und die Demütigung besungen. Lothar Zanetti hat eine Reihe von solchen Liedern aufgezeichnet, und es existieren auch schon

eine Reihe von Schallplatten davon. Trauer und Melancholie
sind die Grundtöne dieser Negerlieder:

>»O Brüder, mein Weg — mein Weg ist dunkel, mein
[Weg.
Ich bin beschimpft und runtergemacht worden.
Kinder, ja beschimpft und runtergemacht!
Ich leg' mich ins Grab und streck' meine Arme aus,
ich lieg auf dem Friedhof — leg diesen Leib zur Ruh!«

Die Neger träumten von einem ›Moses‹, der sie aus der
Knechtschaft in das gelobte Land führen werde.

»Geh hin, Moses,
hinab ins Ägypterland,
sag dann dem alten Pharao:
So laß mein Volk doch ziehen!
Als Israel in Ägypten war,
laß mein Volk doch ziehen!
Von harter Faust geknechtet war,
laß mein Volk jetzt gehen!
Und der Gott, der lebte zu Moses' Zeit,
er ist der gleiche Gott wie heut!«

Immer wieder, lange bevor Abraham Lincoln die Aufhebung
der Sklaverei verkündete, wurde die Freiheit für alle Sklaven
von den Negersängern vorausgesagt, wenn sie jubelten:

»Sklavenketten, endlich zerbrochen,
Gott will ich preisen bis an den Tod.
Ich habe die Worte des Heilands vernommen,
es war sein Geist, der mir jetzt gebot.
Er sagte: ›Auf, meine Kinder, ohn' Scheu,
denn du und die andern, ihr werdet jetzt frei!‹«

An eine Befreiung von der Sklaverei konnte allerdings zu der

Zeit, als die ersten dieser Lieder entstanden, auf Erden nicht gedacht werden. Frei war der Sklave erst nach dem Tod im himmlischen Paradies.

>>Eines Morgens, wenn's hell ist und klar
nehm' ich meine Flügel und schwing' mich empor,
hab' nichts zu tun, komm ich in den Himmel hinein,
als 'rumzufliegen und Halleluja zu schrein.
Und komm ich an, will ich singen laut,
und niemand ist, der mich 'rauswirft und haut.
Ich war noch nicht im Himmel, aber sie haben erzählt,
daß die Straßen im Himmel sind mit Gold belegt.
Zwei milchweiße Pferde, Seite an Seit',
auf denen ich mit meinem Jesus reit'.
Komm ich in den Himmel, dann ist's gut um mich bestellt,
dann tue ich und mein Gott, was uns beiden gefällt!<<

Lothar Zanetti, in dessen Übersetzung wir diese Spirituals bringen, macht darauf aufmerksam, daß wir das volle Verständnis für die Sklavendichtung nur dann erlangen, wenn wir sie nicht bloß im Originaltext lesen oder hören, sondern wenn wir auch wissen, in welcher Weise die Neger das Englische auszusprechen pflegten. Als wichtigste Merkmale gelten die Erweichung der Mitlaute und ihre Unterdrückung. So wird aus more mo, aus before befo und aus door do. Das Gebet >>O mein Herr, rette alle farbigen Leute diesen Morgen, o Gott, komm' und gib uns allen unsere Freiheit<< lautet in der Aussprache der Negersklaven: Oh may Lord, save all de cullud fo'ks dis mawnin oh Gawd cum an' gib us all ouah freedom!
Als dann wirklich die Aufhebung der Sklaverei verkündet wurde, sangen die befreiten Sklaven voll überschäumender Begeisterung:

>>Ich frei, ich frei,
ich frei, wie'n Hund!
Ich frei, ich werd' verrückt —
Gloria! Halleluja!<<

Sklavenjäger und Sklaventreiber

Bis um das Jahr 1870 war den Europäern von Afrika nur ein verhältnismäßig schmaler Küstensaum bekannt. Weithin zeigte die Landkarte des schwarzen Kontinents noch die berühmten »weißen Flecken«. Diese Gebiete waren bis dahin von keines Weißen Fuß betreten worden. Die Königliche Geographische Gesellschaft in London schrieb daher Preise aus, die der bekommen sollte, der die Quellen des Nils entdecken oder den Lauf des Nigerflusses erforschen würde. Die europäischen Kaufleute und Händler, die bisher an den Küsten Tauschgeschäfte und — Jahrhunderte hindurch — auch Sklavenhandel betrieben hatten, zeigten zunächst wenig Ehrgeiz, in die zentralafrikanischen Gebiete vorzustoßen. Erst als tropische Rohprodukte für die europäische Wirtschaft immer wichtiger wurden, fanden einzelne Forscher die notwendige Unterstützung, um Reisen in das Innere des riesigen Erdteiles zu wagen. Ihnen folgten später Missionare, Kaufleute und Regierungsbeamte, bis Afrika ganz unter der Kontrolle der europäischen Mächte stand. Nur zwei afrikanische Staaten behaupteten auch während der Höhepunkte des europäischen Imperialismus ihre, wenn auch eingeschränkte, Unabhängigkeit: an der Ostküste das alte Kaiserreich Äthiopien, auch Abessinien genannt, und an der Westküste der von amerikanischen Sklavengegnern neugegründete Staat Liberia, dessen Hauptstadt nach dem Präsidenten der Vereinigten Staaten, James Monroe, Monrovia benannt wurde.

Nach der Meinung der Gründer von Liberia sollten die befreiten Negersklaven aus den Vereinigten Staaten wieder nach Afrika zurückgebracht werden. Der Gedanke war bereits 1816 ausgesprochen worden, wurde aber erst 1822 mit der Gründung Liberias verwirklicht. Im Jahr 1848 anerkannten dann die europäischen Mächte die Unabhängigkeit der neuen Republik, und in den Jahren 1885 bis 1892 wurden die Grenzen Liberias gegenüber den englischen und französischen Nachbarkolonien festgelegt.

Aber auch nachdem die Europäer wie Amerikaner den Sklavenhandel mit Negern aufgegeben hatten, blieben die Afrikaner nicht von der Misere der Sklavenwirtschaft verschont. Nur waren es jetzt die islamischen, zumeist arabischen Händler, die den Menschenhandel in verstärktem Umfange fortsetzten. Verschleppten die Sklavenhändler früher die Neger per Schiff in die transatlantischen Kolonien und Staaten, so wanderten sie jetzt zu Fuß unter den Peitschenhieben arabischer Treiber nach dem Osten. Infolge dieser neuen Sklavenjagden wurden weite Gebiete des afrikanischen Kontinents entvölkert, alte Kulturen vernichtet und ganze Stämme ausgerottet.

Der deutsche Afrikareisende Georg Schweinfurth (1836–1925) beschreibt in seinen Schilderungen die Folgen dieser Zustände in dem von ihm 1874 bereisten Gebiet. »Wie ich aus dem Munde des Scheichs Siber selbst erfuhr«, — berichtet Schweinfurth —, »der mir sein Leid klagte, daß die Überhäufung seiner Niederlassung durch Sklavenhändler das Land mit einer Hungersnot bedrohe, hatten im Laufe des Winters zwei große Karawanen die enorme Zahl von 2000 dieser kleiner Unternehmer im Sklavenhandel in das Land gebracht, und Anfang Februar langte abermals ein Zug an, der auf 600–700 Köpfe veranschlagt wurde.«

Ein kleiner arabischer Sklavenhändler besaß damals, wenn er in das Land kam, nicht mehr als einen Esel, das gewöhnliche Reittier, und Waren im Wert von zusammen etwa 25 Mariatheresientalern. Er verkaufte oder tauschte Esel und Waren gegen 3 bis 4 Sklaven, die er nach Khartum, der Hauptstadt des Sudans oder einem anderen größeren Ort brachte, wo er sie für etwa 250 Mariatheresientaler weiterverkaufte. Das Geschäft brachte ihm also einen Gewinn von rund 200 Mariatheresientalern während einer einzigen Reise. Es verwundert daher nicht, daß viele dieser kleinen Händler reiche und mächtige Herren wurden, die später nicht mehr persönlich von Dorf zu Dorf zogen, sondern in verschiedenen Teilen des Landes Filialen, sogenannte Seriben, einrichteten, wo nun

Agenten und Vertreter in ihrem Auftrag Sklaven zusammentrieben und gefangen hielten, bis man einen größeren Transport für die großen Märkte oder Küstenorte zusammenstellen konnte. Diese Sklavenzüge waren es, die den europäischen Reisenden zuerst auffielen und mit deren Schilderungen sie die Gemüter der europäischen Öffentlichkeit erregten.

So stammt aus dem Jahr 1845 der Bericht eines Reisenden, in dem ein Sklavenschiff beschrieben wird, das am Nilufer festlag. »Es war mit 160 Sklavinnen besetzt«, heißt es, »kleine, niedlich gebaute, rabenschwarze Negerinnen mit ihren hübschen Riemenschürzen und geringelten Löckchen liefen wie Ziegen an den Hügeln herum und waren so lustig und schäkernd, als wenn sie gar keine Vorstellung von der verlorenen Freiheit hätten. Es waren wahrhaft harmlose Kinder von etwa 5 bis 8 Jahren. Wir gingen nun aufs Schiff, wo die älteren Mädchen herumsaßen, etwas gesetzter. Sie waren nackt wie die Kinder, hatten aber denselben Gürtel, den das Mädchen erst ablegt, wenn es Frau wird. Sobald die Sklavenhändler zurückkamen, die ins nächste Dorf gegangen waren, erzählten sie, daß sie früher weiße Sklavinnen aus Zirkassien und Georgien geholt hätten, die in den Häusern der Reichen allein gehalten werden … Sie sprachen viel von der Schönheit der Abessinierinnen und von der Schwierigkeit, sie zu fangen und vertraut zu machen.« Man zeigte dem Besucher dann auch einige dieser gefangenen Abessinierinnen. »Sie waren«, so berichtete der Reisende, »ganz in grobe Baumwolltücher gehüllt, trugen ebenfalls Gürtel gleich den Nubierinnen und hübschen Muschelschmuck auf der Stirne. Die zwei jüngeren und zarteren hatten feine Gesichtsbildung, aber nichts besonders Ausgezeichnetes. Die älteste mochte etwa 15 Jahre zählen, und war eine hohe, volle, herrliche Gestalt. Voll Empfindung tiefgefühlter Scham stand dieses reizende Geschöpf in wirklich vollendeter Körperschönheit vor uns, aber die Haltung ihres ganzen Körpers war starr und leblos. Über die ganze jungfräuliche Gestalt, über das edle Gesicht war ein Ausdruck der Schwermut und des liebe-ahnenden Verlangens gebreitet, das ich früher auf keiner jonischen Schönheit je so anziehend gefunden hatte. Ihre Körperfarbe war Hellbronze, die Formen der Glieder von der zartesten, feinstgehaltenen Bildung. Nie hat sich die Grausamkeit des Menschenhandels mir lebhafter dargestellt, als jetzt, da ich diese armen verschüchterten Geschöpfe vor uns stehen sah, ihrer Heimat entrissen und rohen Maklerseelen zur Beute. Was wir ihnen schenkten, nahmen sie ruhig hin, aber ferne von der Habgier der Araber, und in dieser kalten Haltung lag eine Würde, ja ein Stolz, der die Unglücklichen nur noch reizender machte.«

Man hat errechnet, daß beim Raub von etwa 250 schwarzen Sklavinnen rund 10 Eingeborenendörfer mit zusammen 1500 Bewohnern zugrunde gehen mußten. Die arabischen Sklavenjäger umstellten das Dorf, das sie überfallen wollten, gewöhnlich in der Nacht. Alle Fluchtwege wurden abgeriegelt. Während die Neger noch friedlich in ihren Hütten schlummerten, waren schon alle Vorbereitungen getroffen, sie zu verderben. In der Morgenfrühe erfolgte dann der Angriff. Unter wildem Geschrei griffen die Söldner der Sklavenhändler das Dorf an. Die Neger stürzten halbverschlafen aus ihren Hütten, Frauen und Kinder mit sich zerrend. Sie versuchten, auszubrechen, aber es gab keine Fluchtmöglichkeit. Feuerbrände flogen in die niedrigen Hütten, und bald loderte es im ganzen Dorf auf. Die ersten Gefangenen wurden zusammengetrieben. Man trennte die alten Leute von den jungen Männern und Frauen. Wenn eine Negerin einen Säugling an der Brust hatte, riß man das Kind der Mutter weg und warf es zu Boden, daß der Kopf des armen Wesens zerschmettert wurde. Die kühneren und tapferen unter den Männern versuchten zwar, Widerstand zu leisten. Sie sahen wohl ein, daß ihre Gegenwehr hoffnungslos war, denn Speere und Lanzen konnten gegen die Flinten der Sklavenjäger wenig ausrichten, aber sie wollten eher sterben, als sich gefangen in die Hände ihrer heimtückischen Feinde begeben. Wenn der Kampf zu Ende war, hörte man das Stöhnen und Jammern der Verwundeten.

Doch nicht lange. Die Sklavenjäger hatten weder die Absicht, die Kampfunfähigen gesund zu pflegen, noch sie zurückzulassen. Sie schlugen sie mit dem Gewehrkolben tot oder schossen ihnen eine Kugel durch den Kopf. Danach wurden auch die letzten Frauen und Kinder aus ihren Verstecken hervorgezerrt und zu den anderen Gefangenen gebracht. Zuletzt ging der Anführer der Sklavenjäger die Reihen der Unglücklichen entlang, denen man die Hände gebunden oder die schwere Scheba, die Holzgabel, auf die Schultern gelegt hatte. Einige Gefangene wurden noch einmal ausgesondert, wenn man ihnen den langen und mühseligen Marsch zur nächsten Seriba oder zu einem der Sklavenschiffe, das im Nil ankerte, nicht zutraute. Ein barscher Befehl — und die Kinder und älteren Leute, die man aus Versehen am Leben gelassen hatte, starben unter den Mordmessern der Räuber. Dann begann der traurige Marsch durch die Grassteppe und durch die Regenwälder. Man bürdete den gefesselten Gefangenen noch die schweren Lasten auf, die mitgeführt wurden und die sich bei jedem Überfall auf ein Dorf vermehrten. Zu beiden Seiten des Zuges gingen oder ritten bewaffnete Sklavenhändler. Sie hatten die Flinten auf dem Rücken und die langen Nilpferdpeitschen in den Händen, mit denen sie alle vorwärtstrieben, die den Zug aufhielten. Konnte einmal wirklich jemand nicht weiter und halfen alle Hiebe nichts, dann zog der begleitende Wachsoldat das Messer und schnitt dem Erschöpften die Kehle durch. Der Leichnam blieb als Fraß für die wilden Tiere zurück.

Es war ein Verhängnis, daß ein Teil der geraubten schwarzen Sklaven selbst an der Entvölkerung Afrikas und Versklavung seiner Bewohner aktiv mitwirkte. Jeder der Sklaven-

---

Seite 287: Der Kinderreichtum chinesischer Familien zwang viele Eltern, die geringer eingeschätzten Mädchen an reiche Herren als Nebenfrauen oder an Frauenhäuser zu verkaufen, wo die Mädchen oft rücksichtslos ausgenutzt und schändlich mißbraucht wurden. Kleine Vergehen wurden mit grausamen Schlägen geahndet.

jäger hatte nämlich einen 7—10jährigen Negerjungen bei sich, der sein Gewehr trug und die kleinen persönlichen Dienste für ihn verrichtete. Ältere Negersklaven, denen man Versprechungen gemacht hatte und die zuverlässig genug erschienen, nahm man als Söldner in Dienst. Fast die Hälfte der Krieger, die den Anführern der Sklavenjäger unterstanden, waren geraubte Sklaven. Sie hatten die Negerdörfer nach Lebensmiteln abzusuchen, mußten die Träger überwachen und flüchtige Dorfbewohner einfangen. Man gab ihnen ein Stück Feld in der Nähe der Seriba und erlaubte ihnen, sich aus den gefangenen Negerinnen eine Sklavin als Frau auszusuchen. Manchmal besaßen sie sogar wie die Herren selbst einen eigenen Negerjungen zum Nachtragen des Gewehrs. Die Sklavenjäger waren gewohnt, keine körperliche Arbeit zu leisten, so daß man bei einem Sklavenraubzug auf 200 Soldaten weitere 300 Personen rechnete, die die Gewehre, die Munition und die Lasten tragen mußten.

Die Neger der von den Sklavenjägern heimgesuchten Gebiete Afrikas haben sich übrigens in unserer Zeit an den Nachfahren ihrer einstigen Peiniger gerächt. So richtete im Jahre 1963 die Negerbevölkerung nach der Unabhängigkeitserklärung der Insel Sansibar vor der ostafrikanischen Küste unter den früher tonangebenden Arabern ein furchtbares Blutbad an. Sansibar war lange Zeit eine Hauptbastion arabischer Sklavenhändler gewesen, die von hier aus die geraubten Neger auf ihren kleinen, schnellen Seglern nach Arabien brachten. Der größere Teil der Gefangenen wurde nämlich in die islamischen Länder Vorderasiens verschleppt. Aber auch in Afrika gab es Sklavenmärkte, wo die erbeuteten Sklaven

---

Seite 288: Bardamen und Tänzerinnen sind die Opfer eines noch immer florierenden »weißen Sklavenhandels«: Junge, abenteuerlustige Mädchen werden von Agenten durch märchenhafte Angebote nach Südamerika und in östliche Länder gelockt, wo die Endstationen ihrer »Karriere« oft primitive Amüsierlokale oder Bordelle sind.

ihre Käufer fanden. Einer der ersten Europäer, der 1847 in Kairo einen solchen afrikanischen Sklavenmarkt besuchte, war der deutsche Naturforscher Alfred Edmund Brehm (1829 bis 1884): »Wir waren glücklich durch das Menschengewühl der großen Straßen und öffentlichen Plätze ins Innere und entlegenere Gassen gelangt«, schreibt er, »als unser Führer stehenblieb und auf ein altes Gebäude zeigte: ›Dies ist ein Wakahl-al-Abihd, ein Sklavenverkaufshaus!‹ Wir traten in ein wirres Gemisch von Höfen, Ställen, Zimmern und anderen Räumen, und schon am Eingang erblickten wir die menschliche Ware. Auf schlechten, aus Palmenfasern geflochtenen Matten saßen die dunklen Kinder des Südens, nur dürftig bekleidet, um auf ihre Käufer zu warten. Der Dschellahbi, der Sklavenbesitzer, lag, seinen Tschibuk rauchend, nachlässig auf dem Ankhared, der nubischen Ruhebank, erhob sich aber sofort, wenn ein Kauflustiger erschien, und forderte ihn auf, die ›Farchadi‹, die ›jungen Tierchen‹, zu besichtigen. Er führte auch uns ins Innere des Gebäudes, wo sich die männlichen und weiblichen Sklaven aufhielten. Unbekümmert um Alter und Geschlecht, befahl er ihnen mit rauher Stimme: ›Mund auf! Zeigt euer Gebiß!‹ Wie bei uns in Deutschland bei einem Pferdehandel sollte der Käufer aus der Gesundheit der Zähne einen Schluß auf das Alter und die Gesundheit des Sklaven oder der Sklavin ziehen. Dann befahl er ihnen, die verschiedensten Stellungen des Körpers einzunehmen, um ihre Gelenkigkeit kundzutun, und endlich sich noch zu entkleiden, damit der Käufer sich überzeugen konnte, daß sie keinerlei körperliche Gebrechen hatten. Für uns Europäer war der Anblick grauenhaft. Wir sahen Menschen vor uns, die wie ein Stück Vieh behandelt wurden; wir verließen entrüstet den Schauplatz dieser Menschenschande und hatten doch erst den mildesten und friedlichsten Teil des Nachtgemäldes gesehen; hier war nur der Sklavenmarkt, später sollten wir den Sklaventransport und die Sklavenjagd kennenlernen.«

Eine besonders abscheuliche Begleiterscheinung des Sklavenhandels lernte Brehm später in El Obeid im Sudan kennen. Hier wurden Negerkinder durch Kastration zu Eunuchen verunstaltet, die man als Wächter und Aufseher des Harems benötigte. Der zum Eunuchen vorbestimmte Junge im Alter zwischen 8 und 12 Jahren wurde zunächst einer langen Hungerkur unterworfen, bis er so schwach war, daß er willenlos alles mit sich geschehen ließ. In diesem Zustand nahm man die Operation vor, bei der gewöhnlich 60 bis 80 Prozent der Opfer zugrunde gingen. Die Überlebenden stellten dafür einen hohen Wert dar und wurden sehr teuer gehandelt.

Daß sich die äußeren Umstände des Sklavenhandels im Verlauf von fast hundert Jahren nur wenig und dazu noch zum schlechteren hin verändert haben, geht aus dem Bericht einer Untersuchungskommission hervor, die im Frühjahr 1933 einen geheimen Sklavenmarkt in der Provinz Danakil besuchte. In diesem Bericht heißt es: »Jeder von uns kannte die Siedlung Buldugum und keiner verstand es, was Lobobe (der Negerführer) uns dort an Besonderheiten zu zeigen gedachte. Die 150 Rupien mußten in seiner Seele eine arge Verwirrung angerichtet haben, denn er fand sich schließlich bereit, uns eines der ängstlich und sorgfältigst gehüteten Geheimnisse seines Stammes anzuvertrauen, ein Geheimnis allerdings, das den Kennern nichts vollkommen Neues ist: in Buldugum findet ein Sklavenmarkt statt. Wohl bleibt den Augen der Europäer, welche in Addis Abeba wohnen, der direkte Sklavenhandel, das Fortbestehen der Sklaverei so ziemlich verborgen. Zudem ist der Besitz von Sklaven durch den Kaiser Ras Tafari (heute gewöhnlich Haile Selassié genannt) zwar erlaubt, der Handel mit Sklaven jedoch streng verboten worden. Mit jeder Meile Entfernung von der Hauptstadt jedoch wird die tatsächlich bestehende Sklaverei deutlicher und offenkundiger. Doch Lobobe bot uns nicht an, einen dieser gewöhnlichen Sklavenmärkte, wie er zumeist der Verfrachtung unglücklicher Neger über das Rote Meer vorausgeht, zu sehen, sondern es sollte diesmal um den verbotenen Zweig des Sklavenhandels und dessen abstoßendsten zugleich gehen, um den Handel mit Kindern. Fast unter den Augen der Territorialmächte vollzieht sich Nacht für Nacht die Verschiffung ganz beträchtlicher Sklavenmengen über das Rote Meer. Das ist alles noch so wie früher. Die aus ihrer Heimat geraubten Neger und Negerinnen sterben auf der Überfahrt und dem tage-, ja wochenlangen Marsch durch das Land genauso elend wie zuvor. Es sei bemerkt, das die Bemühungen der europäischen Mächte, das Los dieser Sklaven nicht verbessert, sondern eher verschlechtert haben. Es wirkt wie ein tragisches Verhängnis und doch ist es so. Früher wurden diese Sklaven offen und am Tage mit angemessenen Ruhepausen durch das Land zum Roten Meer getrieben, sofern sie ihren Käufer nicht auf den abessinischen Sklavenmärkten fanden. Heute wird dieser unmenschliche Transport in der höchsten Eile zur Nachtzeit betrieben und kleine Küstenfahrzeuge, zum Bersten vollgepfropft, besorgen die Überfahrt.«

Nach dieser allgemeinen Einleitung fährt der Berichterstatter fort: »Nahe bei Buldugum sollte ein Sklavenmarkt stattfinden, auf dem die Händler alle jene Ware, die zu jung und zu schwach schien, den aufreibenden Marsch zur Küste zu überstehen oder die Qualen der Überfahrt zu überdauern, an den Mann zu bringen suchten. Lobobe gelang es, uns Eintritt in das auf das strengste bewachte Tal zu ermöglichen, in dem die Karawane ihren Halteplatz aufgeschlagen hatte. Wenn Lobobe zuerst nur verstanden hatte, unsere Neugier zu erregen, so erweckte er nun unser Mitleid und zugleich unser beschämendes Gefühl vollkommener Machtlosigkeit. Denn wir drei weißen Männer konnten hier unten in Danakil so wenig eingreifen, als ob wir allein in den Schneewüsten des Mount Everest säßen. Wir waren auf unseren Führer angewiesen, auf unsere Gewehre, unsere Klugheit und Kenntnis des Landes, wie eben bei jedem Vorstoß in das Innere des afrikanischen Erdteiles. Ein buntes Treiben entfaltete sich in dem abgeschlossenen Tal. Von weither erschienen die Käufer, eine geheimnisvolle Telegraphie mochte weit und breit verkündet haben, daß hier ein Markt stattfindet. Neger

schwärzester Farbe bis zu den helleren und fast hellen Farben der Bergstämme, Frauen und Kinder, bestimmt, den schwersten Teil der Reise hinunter und über das Meer anzutreten, waren abgesondert von jenen, die den Inhabern der Sklavenkarawane zum Verkauf an Ort und Stelle geeignet erschienen. Es befanden sich fast keine Männer unter ihnen, nur Negerinnen und vornehmlich Kinder. Immer wieder priesen die Männer die Unschuld und die einnehmenden Gestalten 7- oder 8jähriger Knaben und Mädchen an, bestimmt, vielleicht schon in den nächsten Stunden von der Mutter oder den Geschwistern getrennt zu werden, die einen weinend, die anderen stumm in ihrem Elend. Lobobe hatte uns schärfstens gewarnt, nicht etwa den Versuch zu machen, eines dieser unglücklichen Geschöpfe seinem Schicksal zu entreißen. Man wisse, wir seien Engländer, und man würde uns wohl das Geld abnehmen, nie aber die erstandene Ware lassen. Überfälle wären zu erwarten, bei denen er für unser Leben nicht mehr einstehen könne. In langen Reihen waren die aus Gebieten von mehr als tausend Kilometern Entfernung herbeigeschafften Geraubten aneinandergebunden. Aber die Kinder unter 4 Jahren hatte man bei den Müttern gelassen, die ältesten führten schon ein selbständiges Dasein, Sieben- und Achtjährige der mannigfaltigsten Negerstämme aus dem Innern des Erdteiles. Zehnjährige und schon fast Erwachsene wurden jedes für sich ausgeboten. Nichts konnte so abstoßend und abscheulich wirken, wie die von unserem Führer getreulich übersetzte Lobpreisung künftiger Schönheiten dieses oder jenes 11- oder 12jährigen Negermädchens.«
Der Bericht schließt dann mit folgenden Feststellungen: »Und doch ist das Schicksal jener, die noch in Abessinien verkauft werden, glimpflicher und weniger hoffnungslos als das der anderen, die über das Rote Meer nach Arabien verschifft werden. Nur die Hälfte, oft nur ein Drittel erreicht die dortigen Märkte. Das erklärt auch die Billigkeit der hiesigen ›Ware‹. Bis zum 4. Jahr haben diese Negerkinder fast gar keinen Wert auf dem Sklavenmarkt, sie sind eine Zugabe zu der

Mutter, sofern diese noch lebt oder mitgefangen wurde. Ist es doch eine besondere Eigenart der Sklavenjägeer, des Nachts die Dörfer zu umstellen und alle jene, die Widerstand leisten, zu töten; oder eines Tages Eingeborenendörfer zu überfallen, deren Einwohner auf den Feldern zerstreut sind, so daß ihnen die Kinder und jungen Mädchen ohne Kampf in die Hände fallen. Ein Knabe von 8 Jahren erzielte einen Preis von 30 Rupien, ein Mädchen im selben Alter etwas weniger. Vom 10. bis 13. Jahr steht der Preis der Mädchen hoch über dem der Knaben, um dann infolge der wertvollen Arbeitskraft der jungen Männer stark abzufallen. Etwa 400 Sklaven waren auf dem Markt von Buldugum angeboten und davon mochten über 300 das 12. Lebensjahr noch nicht überschritten haben. Die gleiche Anzahl von Erwachsenen war für den Weitertransport bestimmt. Stumpf blickten diese Kinder drein; bisweilen hob eines die Augen, um den weißen Mann zu sehen, der da mit seinen Freunden vorüberging, ohnmächtig, ihr Schicksal zu wenden. Lobobe kassierte sich seine Rupien ein, und unsere Bemerkung, wie grausam und abscheuerregend dieser Sklavenmarkt sei, forderte ihn nur zu der Bemerkung heraus, daß wir Engländer in Afrika Tiere jagten, sein Vetter und die Seinen jagten eben Neger, beide, um das Gejagte irgendwie zu verwerten. Lange Zeit konnten wir die Kinder auf dem Sklavenmarkt nicht vergessen. Als wir unser Erlebnis dann auf britischem Boden dem Residenten erzählten, nickte der nur und zuckte traurig die Achseln. Vielleicht sei das in 50 Jahren zu Ende, meinte er. Bis dahin werden alljährlich Tausende Kinder auf den Kindersklavenmärkten von Buldugum oder irgendwo anders verkauft. In Luxor lasen wir den neuesten Bericht des Völkerbundes über die Bekämpfung der Sklaverei. Er leugnet die Zustände nicht und hofft auf Besserung.«

Wir dürfen bei diesem Bericht allerdings zwei Dinge nicht außer acht lassen: einmal war die Lage der Gefangenen verhältnismäßig erträglich, sobald die Sklaven in den Häusern der arabischen Herren lebten; Grausamkeiten, wie sie während des Sklavenraubes und Sklaventransportes üblich waren, kamen dann nur noch selten vor. Die Sklaven der arabischen Herren trafen es jedenfalls weitaus günstiger als die Negersklaven einst in Westindien und Amerika. In den islamischen Ländern kannte man nämlich bis ins 20. Jahrhundert keine auf kapitalistischer Grundlage basierende Wirtschaft mit ihrem Gewinnstreben und ihrer Ausbeutung der Arbeitskraft.

Aber auch die Neger nahmen am Sklavenhandel keinen Anstoß, da sie es durchaus in Ordnung fanden, die Angehörigen anderer Negerstämme in die gleiche Sklaverei zu verschleppen, von der sie unter Umständen selbst bedroht waren. Die Versklavung von Negern durch Neger ergab sich nicht zuletzt durch die afrikanischen Völkerwanderungen, in deren Verlauf einzelne Stämme andere nach blutigen Kämpfen unterjochten. Oft waren es bloß Grenzschwierigkeiten, Verletzungen der Jagdrechte des einen oder anderen Stammes, die zu den erbitterten Fehden führten.

Bei Kämpfen zwischen Negerstämmen pflegte man im allgemeinen die Männer des besiegten Stammes durch die Opfer-

Sirbokossklaven in Zentralafrika. Die häufigste Form der Sklaverei in Afrika war die Schuldknechtschaft, aber auch in Stammeskriegen erbeutete Gefangene wurden als Sklaven zur Feldarbeit gezwungen.

priester töten zu lassen und die Frauen und Kinder als Gefangene zu behalten. Manchmal gab man den Gefangenen Gelegenheit, in den eigenen Stamm einzutreten. Dann wurden ihnen alle Rechte des Stammesgenossen zugebilligt. Öfters noch verkaufte man die gefangenen Kinder an benachbarte Stämme und behielt die Frauen, die man zu schwerer Arbeit anhielt.

Eine andere Art der Versklavung von Mitgliedern der Nachbarstämme war der Menschenraub. Von ihm wurden gleichfalls vor allem Kinder und junge Mädchen betroffen. Die Negerstämme kannten — so wie es früher auch in Europa der Fall gewesen war — keine von Grenzkommissionen Meter für Meter festgelegte Grenzen, sondern es gab zwischen ihren Gebieten ein mehr oder weniger ausgedehntes ›Niemandsland‹. Wer sich in dieses ›Niemandsland‹ wagte, tat es auf eigene Gefahr. Oft schlichen sich Menschenräuber durch dieses Gebiet bis unmittelbar an ein Dorf, oder an einzelstehende Hütten und warteten, bis sich ihnen eine Gelegenheit bot, um ein Kind oder ein junges Mädchen, in dessen Nähe keine Erwachsenen waren, zu stehlen.

Ein katholischer Missionar aus dem damals zu den französischen Kolonien gehörenden Gebiet von Ubangi-Schari (heute Zentralafrikanische Republik) berichtete, daß im Jahr 1913 nach einer zweijährigen Dürre und darauffolgender Hungersnot ein 15jähriger Junge, der bereits als Katechist in der Mission beschäftigt war, plötzlich verschwand. Er kehrte erst nach zehn Tagen zurück und erzählte sein Abenteuer. Nach dem Tod seiner Eltern war er einige Jahre zuvor von einem Onkel adoptiert worden. Er hatte sich bisher über die Behandlung nicht zu beschweren gehabt. Nun aber hatte ihn sein Onkel, vom Hunger getrieben, gegen Nahrungsmittel an Leute verkauft, die auf dem gegenüberliegenden belgischen Ufer des Ubangi wohnten. Er versuchte den Jungen zu täuschen und sandte ihn mit Besorgungen zu einem Bekannten, der ihn zu seinem neuen Herrn weiterbefördern sollte. Der Junge aber kam hinter den Zweck seiner Reise und entfloh. Nach mehrtägigem Herumirren im Urwald hatte er wieder zur Mission zurückgefunden.

Derselbe Missionar berichtete außerdem, daß die Behandlung der schwarzen Sklaven, die sich im Besitz ihrer Rassegenossen befanden, im allgemeinen gut war. Der Sklave wurde niemals, außer wenn ihn der Herr tadeln wollte, als ›Sklave‹ angeredet. Er galt vielmehr als ›Sohn‹ der Familie und redete wie die richtigen Kinder seinen Herrn als ›Vater‹ an. Als der Berichterstatter noch neu in Afrika war, ließ er sich einmal von einem Jungen die Namen seiner Geschwister nennen. Dabei erwähnte das Kind auch einen ›Bruder‹, von dem der Missionar wußte, daß es sich um einen gekauften Sklavenknaben handelte. Er machte den Herrensohn darauf aufmerksam. Doch der sagte: »Nenn ihn nicht so, das macht ihn ganz traurig!« Das Sklavenkind wuchs mit den Herrenkindern zusammen auf. Wenn es erwachsen war, verschaffte ihm der Herr eine Frau, ein ebenfalls oft für diesen Zweck gekauftes Sklavenmädchen, und überließ ihm ein Stück Land zur Bearbeitung. Das gab dem Sklaven das Scheingefühl einer Freiheit, die er in Wirklichkeit allerdings nicht besaß. Denn wenn er auch seinen Herrn ›Vater‹ nennen durfte, so wurde er doch schon von klein an immer weggeschickt, wenn der Herr mit seinen wirklichen Kindern Familiendinge besprach. Der Sklavenhandel in Zentralafrika ermöglichte den katholischen Missionaren, für ihre Schulen Sklavenkinder regelrecht anzukaufen. Im Februar 1886 traf P. Czimmermann in Boroma, einer portugiesischen Besitzung, ein. Er schrieb an seine Vorgesetzten: »Der größte Fortschritt, den wir in dieser Zeit machen, besteht darin, daß wir kleine Negerknaben ankaufen und eine Schule einrichten konnten. Da unsere Mission hier im Inneren Afrikas gleichsam erst am Beginn steht, so verstehen sich die Neger, die als Söhne des Waldes für Erziehung und Wissenschaft kein Interesse haben, noch nicht dazu, ihre Kinder in die Schule zu schicken; wir müssen uns unsere Schüler selbst verschaffen. Und dafür bietet uns der hier in Afrika noch immer herrschende Sklavenhandel die beste Gelegenheit. Oft bringt man uns arme Negerknaben bis vor unser Haus zum Verkauf. Ein Knabe von 5 bis 8 Jahren kostet gewöhnlich ein, höchstens zwei Stück Tuch im Wert von 6 bis 12 Mark.« Bis zum August 1892 hatte P. Czimmermann insgesamt 40 Negerknaben für seine Schulen gekauft.

Bei einzelnen Stämmen gab es auch die Schuldsklaverei. Ein Neger konnte im Glücksspiel nämlich nicht nur sein Haus, sondern auch seine Frauen und Kinder verspielen. Starb der Schuldner, ehe er bezahlen konnte, so blieb der Schuldsklave für immer in Knechtschaft. Hatte der Vater seinen eigenen Sohn verpfändet, so suchte er so rasch er konnte, das nötige Geld oder die nötigen Naturalien aufzutreiben, um ihn aus der Sklaverei zu befreien. Hatte er nur das Kind eines Verwandten als Pfand übergeben, dann pflegte er manchmal die Bezahlung seiner ›Schulden‹ zu ›vergessen‹. Völlig uninteressiert blieb er dagegen bei der Verpfändung eines Sklaven.

Die Behandlung, die der Negersklave durch seinen Rassegenossen erfuhr, war von Stamm zu Stamm verschieden. Neben harter Knechtschaft existierte ein gemäßigtes System, eine Art Leibeigenschaft, die dem Sklaven ein Stück eigenen Boden zur Bearbeitung ließ. Dem Herrn waren nur jährliche Abgaben zu zahlen. Diese Abgaben bestanden, den wirtschaftlichen Verhältnissen Afrikas entsprechend, weniger in Geld als in Naturalabgaben, etwa einem Teil des geernteten Kornes, einem Stück Vieh oder ähnlichen Dingen. In diesem Falle erlaubte der Herr seinem unfreien Knecht auch, sich eine eigene Hütte zu bauen und eine eigene Familie zu gründen. Er gab ihm dann gewöhnlich eine Sklavin zur Frau. Aber das ganze Verhältnis war auf der Gnade des Herrn aufgebaut. Er konnte, wenn er wollte und ohne Angabe von Gründen, die eben tolerierte Familie wieder auseinanderreißen. Auf jeden Fall gehörten die Kinder einer solchen Sklavenehe nicht den Eltern, sondern dem Herrn, und er konnte die Kleinen schon von der Brust der Mutter weg verkaufen.

Eine andere Rechtslage entstand, wenn sich ein Herr mit einer

Sklavin verband. In diesem Fall wurden bei einigen Negerstämmen die Kinder der Verbindung als gleichberechtigte
Mitglieder des Stammes anerkannt. Sie erbten die Würde des
Vaters, selbst wenn er ein Häuptling war, sie bekamen sein
Vermögen, und die Tatsache, daß ihre Mutter eine Sklavin —
und daher meist eine Stammesfremde — war, brachte ihnen
keinen Nachteil. Bei anderen Stämmen wieder wurde streng
darauf geachtet, daß solche Sklavenkinder nicht den freigeborenen Kindern des Stammes gleichgestellt wurden. Man
gewährte ihnen nicht bloß keine Stammesrechte, sie blieben
auch trotz der Abstammung von einem freien Mann auf
Lebenszeit Sklaven. Der Vater konnte sie so verkaufen, als
wären sie nicht seine eigenen Kinder. Sie wurden als Sklaven
behandelt, durften ihren Herrn nicht als ›Vater‹ ansprechen
und wußten in vielen Fällen vielleicht nicht einmal, daß er
der Erzeuger war.

Im früheren französischen Kongo gab es sogar eine Art Sklaverei, die nicht auf Kauf, Kriegsgefangenschaft oder Schuldknechtschaft, sondern auf der Abstammung beruhte. Die Sklaven, um die es sich hier handelte, waren Pygmäen, die ursprünglichen Bewohner der großen Tropenwälder. Sie wurden
von den Negern ›Babingas‹ genannt, und dieses Wort nahm
im Lauf der Zeit die Bedeutung des Begriffes ›Sklave‹ an. In
den Augen vieler Neger waren die Pygmäen überhaupt keine
Menschen, sondern eine Art von Arbeitstieren. Man gab den
bettelnden Waldbewohnern nur Nahrungsmittel, wenn sie
dafür arbeiteten. Dadurch ergab sich ein sklavereiähnliches
Abhängigkeitsverhältnis. Manchmal kam es abseits von den
Negerdörfern zu regelrechten Ansiedlungen der Pygmäen,
die für ihre Negerherren arbeiteten, eine eigene Sprache rede-
ten und ihre eigenen Sitten und Bräuche beibehielten.

Der deutsche Forschungsreisende Georg Schweinfurth (1838
bis 1925) stellte in seinem 1874 erschienenen Buch »Im Herzen
von Afrika« folgende ›Quellgebiete‹ des Sklavenhandels fest:
»1. Die Gallaländer im Süden von Abessinien zwischen dem
3. und 8. Grad nördlicher Breite. Abflüsse: a.) über Schoa

und Seila, b.) über Godjam oder über Massaua und kleinere unbewachte Küstenplätze, c.) über Fasogl nach Sennaar, wo der größte Markt sich nicht in Khartum sondern in Mussalemia, oberhalb Khartum, befindet. Der Umsatz betrug in Matamma allein im Jahre 1865 nach Aussage des abessinischen Zolleinnehmers 18 000 Köpfe. 2. Die Berta-Neger oberhalb Fasogl und die Dinka oberhalb Sennaar zwischen dem Weißen und dem Blauen Nil. 3. Die Agau im Herzen Abessiniens zwischen Tigre und Amhara, ein Gegenstand des Raubes. Ausfuhr über das Rote Meer nach Dschidda. 4. Das obere Gebiet des Weißen Nils, einschließlich der Seen Albert und Victoria. 5. Oberes Gebiet des Bahr-el-Ghasal, rekrutiert sich hauptsächlich aus den Völkern Bongo, Mittu und Babuckur. Seit Jahren ist das Verbot gegen die Zufuhr von Sklaven auf dem Weißen Nil in Khartum publiziert worden, ab und zu wurden hier strenge Repressivmaßregeln ausgeübt, die indes nur eine Prämie auf den Überlandhandel bedeuteten. Gewöhnlich aber benutzten die ägyptischen Beamten diesen Weg des Handels nur dazu, um sich durch Erhebung von Schweigegeldern, pro Kopf etwa zwei bis fünf Taler, eine schöne Einnahme zu sichern. In Khartum gibt es und gab es Konsuln von England, Frankreich, Deutschland. Da war es dann ein leichtes, viel Rührigkeit und Eifer zur Unterdrückung des Sklavenhandels vor der Welt zu heucheln. Als Privatgewinn bei jeder Konfiskation hatten ja die Beamten auch die ganze Sklavenladung für sich obendrein, denn zurückgeschickt wurden sie nie. Die Erwachsenen wurden zu Soldaten gemacht, Knaben und Mädchen nach Gutdünken unter die Beamten und Soldaten der Garnison verteilt. 6. Das Hauptgebiet für die Bezugsquellen des Sklavenhandels aber sind die Negerländer im Süden von Darfur. Die Völker, die dort seit einigen vierzig Jahren als Beute des Sklavenhandels mit einem Export von jährlich mindestens 12 000 bis 15 000 Seelen herhalten müssen, gehören zu der Kategorie der mit Kredj bezeichneten Stämme, der Hauptertrag kommt aber von den westlichen Niamniam-Gebieten. 7. Schließlich muß noch einer

nicht unerheblichen Quelle des Sklavenhandels gedacht werden, die sich in den Bergländern im Süden von Kordofan befindet. Die von dorther kommenden Neger werden insgesamt
Nuba-Neger (nicht zu verwechseln mit Nubier) genannt, eine
eigene, ihrer Intelligenz und Schönheit sowie ihres anstelligen
Wesens halber hochgeschätzte Ware.«

Machouba - eine äthiopische Sklavin

Als man die Bewohner Afrikas noch wie Tiere aus ihrer Heimat raubte und an zahlungskräftige Käufer verschacherte,
waren der zivilisierten Welt nur wenige der beklagenswerten
Einzelschicksale bekanntgeworden. Eines der Opfer des Sklavenhandels jedoch wurde der breiten Öffentlichkeit Europas
durch den seinerzeit viel und gern gelesenen Schriftsteller
Fürst Pückler-Muskau (1785–1871) vorgestellt. Der Fürst
brachte nämlich von einer seiner Reisen die äthiopische Sklavin Machouba mit nach Europa. Die Herkunft des Mädchens
blieb dunkel. Wahrscheinlich war sie die Tochter eines angesehenen äthiopischen Adeligen, vielleicht sogar das Kind eines
›Ras‹ (Unterkönigs). Bei einem Überfall, den Feinde auf ihre
Heimat unternahmen, wurden Machoubas Eltern und Geschwister bis auf eine Schwester getötet; beide Mädchen
schleppte man in die Sklaverei. Zu allem Unglück trennte man
Machouba noch von ihrer Schwester, die in der Stadt Gondar
verkauft wurde. Machouba selbst wanderte auf den Sklavenmarkt nach Karthum, der Hauptstadt des Sudans.
Hier sah sie Fürst Pückler-Muskau. Das hellhäutige Mädchen
vom Stamm der Amhara war zu dieser Zeit etwa dreizehn
Jahre alt, aber es glich nach dem Bericht des Fürsten eher
einer Sechzehn- oder Siebzehnjährigen. Geistig und seelisch
war sie aber noch ein ganzes Kind. Sie schloß sich eng an
den Fürsten an, der für sie der väterliche Befreier aus der
Hand gewinnsüchtiger Sklavenhändler war. Sie betrachtete

sich als seine Sklavin und ließ sich durch alle Beteuerungen und Vorhaltungen, sie sei frei, nicht von dieser Meinung abbringen. In einem Brief, den der Fürst nach Deutschland sandte, heißt es wörtlich: »Ihre grenzenlose Ergebenheit, Ehrfurcht und Liebe ist für unsere erkaltete Überkultur kaum mehr begreiflich. Sie führte meine Haushaltung und meine Kasse unbeschränkt, und nie habe ich besser, bequemer und wohlfeiler gelebt. Sie war die lernbegierigste und schnellst auffassende Person, die mir je vorgekommen ist, und auch Sprachen lernte sie spielend. Doch alles dies hatte sich natürlich erst später so herangebildet. Im ersten Jahr besonders, wo ich noch zwei andere Sklavinnen neben ihr mit mir führte (die ich dann ihretwegen später verschenkte) und ich nur wenige Worte mit ihr sprechen konnte, lernten wir uns nur oberflächlich kennen, obgleich ihr eigentümliches Betragen und ein gewisser Stolz bei aller Unterwürfigkeit wie ihr denkendes Gesicht mich oft frappierten...«

Als Fürst Pückler-Muskau sie über ihre Religion befragte, erklärte Machouba, darüber nichts zu wissen, »da ich so jung« — so lauteten ihre eigenen Worte — »aus meinem Vaterland geraubt wurde. Ich erinnere mich nur noch der Flammen um uns, als die Stadt brannte, und wie mein Vater und meine Brüder niedergemacht wurden und man mich und meine Schwester gebunden fortschleppte. Weiter weiß ich nichts mehr.« Machouba zeigte sich aber für das Christentum sehr empfänglich und geriet in großes Entzücken, als sie der Fürst zu einem Ostergottesdienst in die griechisch-orthodoxe Kirche von Burnabat mitnahm.

Noch ehe Fürst Pückler-Muskau mit der jungen äthiopischen Sklavin nach Europa zurückkehrte, liefen über ihn und seine exotische Sklavin die tollsten Gerüchte um. Heimkehrende Orientreisende hatten phantastische Geschichten berichtet: Pückler habe sich einen Harem zugelegt, und Machouba nehme die Stellung einer Lieblingssklavin ein. Es kam zu einem erregten Briefwechsel zwischen ihm und seiner in Deutschland lebenden Gemahlin, die keineswegs von der ›Harmlosigkeit‹ der mitgeführten ›Menagerie‹ überzeugt war. Unter dieser ›Menagerie‹ verstand der Fürst seine vier dienstbaren Geister: den Neger Haman, einen Jungen namens Faruk, der als ›Page‹ fungierte, Machouba und noch eine jüngere Sklavin namens Ajamé. Sie war das Mädchen, das der Fürst später verschenkte, um die Eifersuchtsszenen zu vermeiden, die Machouba ihm machte.

Vielleicht war der Zwist zwischen dem Fürsten und seiner Frau, den Machouba unfreiwillig erregt hatte, die Ursache, daß es Pückler-Muskau mit der Heimreise nicht besonders eilig hatte. Er fand auf jeder Zwischenstation einen Anlaß, um einige Tage oder Wochen zu bleiben. Machouba hatte keine Ahnung, daß ihre Anwesenheit im Gefolge des Fürsten schwere eheliche Konflikte heraufbeschwor. Das äthiopische Sklavenmädchen schrieb sogar am 15. April 1839 einen demütigen Brief in italienischer Sprache an die Gemahlin des Fürsten und titulierte sie darin ›Herrin‹; sie selbst nannte sich ihre ›Sklavin‹ und versprach Gehorsam und Dienstfertigkeit. Als der Fürst auf der Fahrt von Konstantinopel nach Budapest von der Cholera überrascht wurde, hatte er es nur der aufopfernden Pflege Machoubas zu verdanken, daß er mit dem Leben davonkam. Während die gesamte Dienerschaft das Weite suchte, harrte Machouba unter Lebensgefahr und ohne Furcht vor einer eventuellen Ansteckung bei dem Schwerkranken aus. Pückler beschloß darauf, Machouba »auf ein Jahr in ein Pensionat zu geben und dann zeitlebens bei mir zu behalten«. So steht es unter dem Datum vom 2. Januar 1840 in des Fürsten Tagebuch. Machouba sollte mit den europäischen Sitten vertraut werden und als Adoptivtochter des Fürsten aufwachsen.

Der Fürst führte seine Absicht aus. Er gab das Mädchen auf der Durchreise in Wien in das Pensionat der Salesianerinnen, das dem Kloster auf dem Rennweg im heutigen 3. Wiener Bezirk, nahe beim Schloß des Fürsten Schwarzenberg und beim Palais des Staatskanzlers Fürst Metternich angegliedert war. Er stellte sie den Schwestern als ›Pflegetochter‹ vor.

Machouba war inzwischen etwa 16 Jahre alt, der Fürst zählte fast 55. Er besuchte sie oft und machte mit ihr viele Ausflüge in die Umgebung der österreichischen Hauptstadt.

Das junge Mädchen schien aber das ungewohnte Klima nicht ertragen zu können. Es begann zu kränkeln. Auch sein Lebenswille ließ nach, als es sich bewußt wurde, daß es die Quelle ständiger Streitigkeiten zwischen ihrem Herrn und seiner Frau geworden war. Machouba schien verzweifelt, wenn der Fürst davon sprach, sich von ihr trennen zu müssen. Schließlich gab die Fürstin nach. Sie mußte sich damit einverstanden erklären, daß ihr Gemahl Machouba auf das heimatliche Schloß Muskau mitbrachte. »Es wird gewiß niemandem einfallen« — schrieb Pückler bei dieser Gelegenheit — »sie (d. h. Machouba) für meine Mätresse zu halten, sondern nur für ein schwarzes Kind, das ich der Sklaverei entrissen und das ich, nachdem sie niemand auf der Welt hat als ihren Herrn, doch unmöglich verstoßen und hinopfern kann« (Brief vom 20. August 1840). Für Machouba war es aber schon zu spät. Sie kam nach Muskau, um hier zu sterben. Die Lungenschwindsucht, an der sie litt, machte immer raschere Fortschritte. Ihr einziger Wunsch auf dem Krankenbett war, daß sie der Fürst noch einmal besuchen möge. Er ging nicht in Erfüllung. Am 26. Oktober 1840 sagte sie zu dem behandelnden Arzt: »Schreiben Sie meinem lieben Fürsten ein gutes, gutes Lebewohl!« Machouba hatte nicht mehr die Kraft, dies selbst zu tun. Drei Tage später war sie tot. Sie fand auf Wunsch des Fürsten auf dem Friedhof von Muskau ihre letzte Ruhestätte.

Schuldknechtschaft und Kinderhandel

Je mehr Länder sich dazu entschlossen, die Sklaverei in ihren Gebieten aufzuheben und den Sklavenhandel für ungesetzlich, ja sogar für verbrecherisch zu erklären, um so mehr versuchten die Kreise, die an der Ausbeutung ihrer Mitmenschen interessiert oder auch nur infolge alter Konventionen an unbezahlte Dienstleistungen gewöhnt waren, die alten Herrenrechte unter anderen Vorzeichen aufrechtzuerhalten. Wenn man sich nur entsprechend Mühe gab, fanden sich genug Möglichkeiten, Menschen auch weiterhin in sklavenähnliche Verhältnisse zu bringen, ohne daß man die betroffenen Personen hätte formell und dem Gesetz nach als Sklaven bezeichnen können. Wenn jemand Fronarbeit auf lange Sicht hinaus leistete, konnte es gleichgültig sein, welchen Namen man der Sklavenarbeit gab. Begreiflicherweise waren jene am leichtesten in Abhängigkeit zu bringen oder zu halten, die weitab von aller Zivilisation lebten und von der Welt kaum etwas wußten.

Schuldknechtschaft und Peonagesystem waren die häufigsten Mittel, um Menschen zu Sklavendiensten anzuhalten. Die Schuldknechtschaft ist dabei fast so alt wie die Menschheit selbst. Wir verstehen unter Schuldknechtschaft ein Abhängigkeitsverhältnis, das aufgrund eines Leihvertrages zustande kommt. Jemand leiht von einem anderen, reicheren Mitmenschen Geld oder Naturalien und gibt dafür seine Person, manchmal auch die eigenen Kinder, zum Pfand. Diese müssen dann so lange arbeiten, bis die Schuld abgezahlt ist. Da jedoch in vielen Fällen der ausgeliehene Betrag so hoch ist, daß er — bei der geringen Bezahlung, die man dem Schuldknecht zubilligt — erst nach vielen Jahren, wenn überhaupt abgezahlt werden kann, ergibt sich meist eine lebenslange Bindung des Schuldknechtes an das Haus des Gläubigers. Da außerdem die Zinsen zu bezahlen sind, die, wenn sie der Schuldner nicht begleichen kann, zum Kapital geschlagen werden, vergrößert sich die Schuld noch mehr.

Die Form der Schuldknechtschaft hatte sich besonders in den Jahrzehnten der britischen Herrschaft über Vorderindien entwickelt. Es war nämlich selbst einem armen Inder ein Herzensbedürfnis, eine große Hochzeitsfeier zu veranstalten, wenn er eines seiner Kinder verheiratete. Um dieses Festes willen war er bereit, einem reichen Nachbarn, von dem er sich das Geld für die würdige und aufwendige Feier auslieh, seine Arbeitskraft zur Verfügung zu stellen und sich in dessen Abhängigkeit zu begeben. Der Schuldknecht hatte mit seiner ganzen Familie so lange für den Gläubiger zu arbeiten, bis die Schuldsumme mit Zins und Zinseszinsen getilgt war. Da er aber während dieser Zeit selbst nichts verdienen konnte, bedeutete dies fast unausweichlich lebenslängliche Sklaverei, wenn sich nicht ein Dritter fand, der ihn auslöste.

Die Schuldknechtschaft, vor allem in Südindien verbreitet, wurde dadurch gemildert, daß der Gläubiger verpflichtet war, für den Lebensunterhalt des Schuldsklaven und seiner Familie aufzukommen, auch dann, wenn dieser nicht mehr arbeiten konnte. So war der Arme in den Zeiten, da es keine öffentliche Fürsorge gab, wenigstens vor dem Hungertod geschützt. Eine der Hauptursachen der traurigen Lage großer Bevölkerungsteile in Indien stellte und stellt noch heute der Großgrundbesitz dar. Er ergab sich in vielen Fällen dadurch, daß Reiche und Mächtige einfach das gewünschte Land in Besitz nahmen. Die indischen Fürsten übertrugen seinerzeit die Einziehung der Steuern Personen, die — jeweils nach den verschiedenen Gegenden — talukdar, malguzar, mirasdar, meist aber zamindar genannt wurden. Sie nahmen ursprünglich eine Stellung wie die französischen Generalpächter vor der Revolution von 1789 ein und waren dem Fürsten für die richtige Ablieferung der Steuern verantwortlich. Seit Beginn des 20. Jahrhunderts verloren die zamindars ihre Stelle als Steuereintreiber; dafür nahmen sie den Boden, über dessen Erträge sie bisher gewacht hatten, als Privateigentum in Besitz. Ein Professor der Volkswirtschaftslehre an der Universität Bombay stellte 1956 fest: »Auf der einen Seite besitzen die zamindars und die talukdars Tausende Acres Land, auf der anderen Seite gibt es Millionen Bauern ohne Land.« Wie sehr sich die Verhältnisse verschlechtert haben, ergibt sich aus der Tatsache, daß die Zahl der Landarbeiter ohne eigenen Besitz von 21,7 % der gesamten ländlichen Bevölkerung Indiens im Jahr 1911 auf 83,7 % im Jahr 1957 angestiegen ist.

Mit Beginn der Industrialisierung wurde das Schuldknechtsystem in Indien auch für Fabrikanten und Unternehmer interessant. Es waren jetzt Manufaktureigentümer und Fabrikbesitzer, die als Geldverleiher auftraten und sich auf diese Weise die Arbeitskräfte, die sie benötigten, zu den einfachsten und billigsten Bedingungen sicherten. Die Schuldknechtschaft blieb in dieser Form nicht nur auf Indien beschränkt, sondern wurde ebenso in Japan und China üblich. Hier hatten es die Geldverleiher vor allem auf die Kinder armer Bauern abgesehen, denen sie so lange zuredeten, bis sie die angebotenen Gelder annahmen und dafür einen Sohn oder eine Tochter in die Fabrik schickten. Die Kinder wurden dort kaserniert gehalten; ihr Lohn stand nur auf dem Papier, denn von ihm wurde zunächst ein im Verhältnis zur Lohnsumme sehr hoher Betrag für Wohnung und Werksküche abgezogen, und danach ein weiterer Betrag zur Schuldentilgung verrechnet. Blieb doch noch ein kleiner Rest übrig, zahlte man ihn den Halbwüchsigen nicht in Geld, sondern in Wertmarken aus, mit denen nur in fabrikeigenen Kantinen eingekauft werden konnte. Da in diesen Verkaufsläden Waren zu überhöhten Preisen angeboten wurden, machten die Fabrikherren auch hier noch einen zusätzlichen Gewinn.

Die Agenten der Fabrikanten reisten bis nach Burma, Siam (Thailand) und Hinterindien, um billige Arbeitskräfte anzuwerben. Die britische Kolonialverwaltung versuchte ihrerseits der Schuldknechtschaft in Indien und Burma durch große Entschuldungsaktionen und durch die Einrichtung von Kreditinstituten ein Ende zu bereiten oder sie wenigstens einzudämmen. Die unabhängig gewordenen Regierungen dieser Länder setzten die sozialen Hilfsmaßnahmen später in verstärktem Umfange fort. Doch wurde noch in einem Kommissionsbericht der UNO im Jahr 1958 festgestellt, daß die »Schuldknechtschaft weiterhin das Los von Millionen Menschen in Indien ist«.

Daß zwischen Schuldknechtschaft und eigentlicher Sklaverei kaum ein Unterschied besteht, ist von Fachleuten immer wieder hervorgehoben worden. So schreibt der Gelehrte H. J. Nieboer zu dem Thema: »Bei einigen Völkern wird der Schuldner, der seine Schuld nicht zahlen kann, der Sklave des Gläubigers. Manchmal sind solche Personen einfach Sklaven; aber Pfand- oder Schuldsklaven im eigentlichen Sinne des Wortes sind eine Gruppe, deren Sklavenstand an Bedingungen geknüpft ist; sie werden frei, sobald die Schuld von ihnen oder für sie gezahlt wurde: der Gläubiger kann die Zahlung nicht ablehnen...; ein Pfandsklave ist eine Person, die einem anderen durch das Familienoberhaupt in zeitlich beschränkte Knechtschaft übergeben wurde, bis die Schuld bezahlt oder durch eine Anleihe getilgt wurde. Wenn eine Person aufgrund einer Schuld verpfändet wurde, können die Dienste des Pfandsklaven, auch wenn sie sich über eine beträchtliche Anzahl von Jahren ausdehnen, nicht zur Tilgung der Schuld gerechnet werden ... So lange die Schuld nicht getilgt ist, bleibt der Pfandsklave ein Sklave. Er ist nicht nur zu einer bestimmten Arbeitsleistung verpflichtet, sondern er hat seinem Herrn in unbeschränktem Ausmaß Dienste zu leisten. Der Herr hat über ihn im allgemeinen unbeschränkte Gewalt.«

Wie sehr die Verschuldung, die Hauptquelle der Schuldknechtschaft, unter den Einwohnern Indiens verbreitet ist, ergibt sich aus folgender Statistik:

Im Jahr 1950 waren 44,5 % aller ländlichen Familien mit einer durchschnittlichen Schuld im Wert von 48 Neuen Französischen Franken belastet; im Jahr 1956 waren es 63,9 % aller Familien mit einer Durchschnittsschuld im Wert von 90 Neuen Französischen Franken.

Dabei stellen diese 63,9 % der Familien auf dem Land 192 Millionen Menschen dar.

Das Peonagesystem beruht gleichfalls auf dem Verhältnis von Gläubiger und Schuldner, doch ist letzterer im Gegensatz zur Schuldknechtschaft der absoluten Gewalt seines Herrn nicht unterworfen, sondern nur zu bestimmten Zeiten zu bestimmten Diensten verpflichtet. In einem Urteil des Obersten Gerichtshofes der Vereinigten Staaten vom Jahre 1905 wurde Peonage als »Zustand oder Lage, in der jemand zur Zwangsarbeit für einen Herrn auf Grund seiner Verschuldung gezwungen ist«, definiert. Der Peon, der Ausdruck stammt aus dem Spanischen und bedeutet eigentlich ›Fußsoldat‹, ist frei und hat ein Recht auf eigenen Besitz. Seine Familie ist ebenso frei, er kann ohne Erlaubnis eines Herrn heiraten, ebenso seine Kinder verheiraten, er ist rechtsfähig — aber er muß dem Gläubiger bestimmte, genau vorgeschriebene, unbezahlte Dienste leisten. Sie dauern so lange, bis die Schuld bezahlt ist. Stirbt der Schuldner, geht die Schuld auf den Erben über.

Das Peonagesystem ist in Südamerika und auf den Philippinen nach dem Ende der spanischen Herrschaft aufgekommen, als die neuen Republiken die Sklaverei in ihrer eigentlichen Form aufhoben. Peonage ist nur in einer entwickelten, auf kapitalistischer Grundlage beruhenden Wirtschaftsordnung möglich. Der Völkerbund erklärte im Jahr 1925, das Peonagesystem sei in seinen Auswirkungen verderblicher als die eigentliche Schuldsklaverei. Handle es sich bei dieser darum, daß zwei Personen, die annähernd den gleichen sozialen Status aufweisen, in ein Verhältnis von Schuldknecht und Herr zueinander treten, so haben beim Peonagesystem Personen einer höheren sozialen Schicht Gewalt über Menschen einer sozial niederen Gruppe. In letzterem Fall rechnet der Gläubiger meist gar nicht mehr damit, daß ihm die Schuld jemals zurückgezahlt wird. Er hat die Rückzahlung auch gar nicht nötig, er übt nur durch das Vorhandensein dieser Schuld eine Macht über den Schuldner aus.

Es stellte sich als Krebsschaden für die soziale Entwicklung Südamerikas heraus, daß das Peonagesystem in der Agrarwirtschaft fest verankert wurde und so eine Lösung der sozialen Frage auf dem flachen Land erschwerte, wenn nicht gar unmöglich machte. Der südamerikanische Peon erhielt von seinem Herrn, dem Großgrundbesitzer, ein Stück Land zur eigenen Verfügung. Für dieses Land mußte er einmal einen

Teil der Ernte zu dem vom Großgrundbesitzer festgesetzten Preis abgeben und außerdem eine bestimmte Anzahl von Tagen im Jahr auf den Feldern des Grundherrn, manchmal auch in seinem Haus, unbezahlte Dienste tun. In vieler Hinsicht erinnerte das Peonagesystem an die mittelalterliche Leibeigenschaft. Die Peonage wurde in den einzelnen Republiken in jeweils etwas abgewandelter Form und unter verschiedenen Namen wie ›huasi-pungo‹ in Ekuador, ›yahaconago‹ in Peru oder ›ponguea‹ in Bolivien bekannt. Offiziell ist das System von den meisten dieser Staaten inzwischen verboten worden, so von Peru schon 1916, von Mexiko 1917, von Ekuador 1918, von Bolivien 1945.

Wie fragwürdig jedoch die Verbote sind und wie wenig sie sich in Gegenden auswirken, in denen die Indianerbevölkerung noch immer kaum lesen und schreiben kann und die Regierungsgewalt selten in Erscheinung tritt, wurde immer wieder durch spezielle Untersuchungen bestätigt. So hat z. B. Professor Miguel Bonifaz bezüglich der bolivianischen Gesetzgebung darauf hingewiesen, daß die Aufhebung des Peonagesystems nicht viel mehr als einen Propagandakniff darstelle, da die Peone aufgrund der Ausführungsbestimmungen dazu angehalten werden können, die Erzeugnisse der Plantagen in die Städte oder zu den Hafenorten zu befördern und Regierungsbeamte dabei zur Intervention berechtigt seien.

Luis Duque Gomez erklärte 1944 in einer vom Institut für Eingeborenenfragen in Bogotá (Kolumbien) herausgegebenen Untersuchung, daß der Peon genötigt sei, die hellen Mondnächte zur Bearbeitung seiner eigenen Scholle zu benutzen, da er tagsüber Dienst für die Herrschaft tun müsse. Aus einer 1952 in Peru veröffentlichten Statistik geht hervor, daß 2500 Indianer, die einem peruanischen Großgrundbesitzer verpflichtet waren, drei Tage in der Woche auf den herrschaftlichen Feldern zu arbeiten hatten. Dabei mußten sie zum Herrenhof oft Strecken von 80 bis 100 Kilometern zu Fuß zurücklegen. Wenn die Männer mit ihrer Arbeit nicht fertig wurden, mußten auch die Frauen einspringen. So waren Frauen und Mädchen der Pächter verpflichtet, abwechselnd je einen Monat die Herrschaftsküche zu besorgen. Einmal in der Woche wurde jedes junge Mädchen zu Dienstleistungen im Haus herangezogen. Die Witwen verstorbener Peone hatten die Aufgabe, die Schweine zu hüten.

Mit welcher Brutalität die Großgrundbesitzer oft ihre Peone behandeln, wird aus einer Szene in dem Roman »Yanakuna« (in deutscher Übersetzung 1957 unter dem Titel »Verkauft wie Schaf und Huhn« erschienen) des bedeutenden bolivianischen Dichters und Kulturhistorikers Jesús Lara (1898 in Chabambas geboren) deutlich. Die in Schuldknechtschaft von ihrer Mutter verkaufte kleine Indianerin Wayra wird grundlos des Diebstahls beschuldigt. Während die Herrin nach der Peitsche sucht, brüllt sie: »Den Sägebock!« Lara schildert die folgende Szene als Augenzeuge nach einem eigenen Erlebnis:
»Das war ein Befehl. Der Sakristan stürzte sich behende auf das Opfer, packte es bei den Handgelenken und riß es hoch, der Kantor bemächtigte sich der Fußknöchel, und so hing das Mädchen waagerecht in der Luft, mit dem Gesicht nach unten. Don Encarno wollte auch sein Teil, schimpfend und fluchend streifte er ihr Rock und Hemd hoch, so daß das Gesäß entblößt war. Das war der Augenblick, da sich die Wut der Herrin, die sich die ganze Zeit beherrscht hatte, furchtbar entlud. Noch nie hatte eine Peitsche so blutige Striemen in menschliches Fleisch gerissen. Wayra konnte weder schreien noch weinen, nur ihr Körper krümmte sich als einziger Beweis einer schrecklichen Marter. ›Tátay yachen‹, fluchte Don Encarno, ›du bringst sie noch um. Hör auf!‹ Die Herrin ließ die Peitsche fallen, doch nicht wegen der Warnung, sondern weil sie nicht mehr konnte. Aber ihr Zorn war noch nicht verraucht, im Gegenteil, er brach erneut los, als sie an das verschwundene Geld dachte. ›Und das Geld? Das Geld aus meiner Börse?‹ — ›Ich habe kein Geld‹, stammelte die Unglückliche. Rasend vor Wut packte die Herrin sie bei den Haaren und warf sie mit aller Gewalt zu Boden. Dann schrie sie nach Urin. Der Kantor und der Sakristan brachten von irgendwoher ein Nachtgeschirr, das

fast voll war. In die übelriechende Flüssigkeit warfen sie eine Handvoll Ajipfeffer. ›Sauf das!‹ donnerte die Mestizin und hielt Wayra den Kopf zurück, aber sie konnte nicht vermeiden, daß ein Teil des Urins sich über ihr Gesicht ergoß. ›Wenn du nicht säufst, schlage ich dich tot!‹ brüllte Elota und griff nach einem Knüppel. Wayra nahm den Topf mit beiden Händen.«

Der gelungenste Versuch, das Peonagesystem abzulösen, wurde erstmals 1922 in der Republik Mexiko unternommen. Hier gründete man landwirtschaftliche Genossenschaften, die unter dem Namen ›Ejido‹ bekannt geworden sind. Eine Gruppe von wenigstens zwanzig Personen kann an die Regierung herantreten und von ihr die Überlassung eines Territoriums zur landwirtschaftlichen Bearbeitung verlangen. Das Ansuchen wird geprüft und danach das Land den Genossenschaftlern zugeteilt, wobei auf eine Person 10 Hektar Ackerland und 60 Hektar Weideland entfallen. Der ›Ejidero‹, das Mitglied der Genossenschaft, muß Gewähr für eine gute Wirtschaftsführung geben und eine Grundsteuer zahlen, deren Höchstmaß auf 5 % der Jahresproduktion festgesetzt ist. Bei seinem Tod tritt die Witwe in seine Rechte ein.

Mit Hilfe dieses Ejido-Systems haben in der Zeit von 1922 bis 1935 eine Million mexikanischer Landarbeiter über 10 Millionen Hektar Land als Besitz erhalten. Im Jahr 1958 lebten fünf Millionen Menschen, ein Viertel der mexikanischen Bevölkerung, in ›Ejidos‹, und davon waren nicht weniger als 1¼ Millionen Indianer.

Wurden von der Schuldknechtschaft und dem Peonagesystem Kinder und Erwachsene betroffen, so bedeutete die Einrichtung der ›Mui-tsai‹, die sich von China aus über Südostasien verbreitete, die Versklavung von Kindern, hauptsächlich von Mädchen, unter dem Deckmantel der »Adoption«. Ein Mui-tsai-Mädchen wurde regelrecht verkauft. Es hatte im Haus seiner Herrschaft Sklavendienste zu leisten, erhielt aber gewöhnlich im heiratsfähigen Alter die Freiheit und wurde an irgendeinen Mann verheiratet. In dieser Hinsicht stellte das

System — zumindest in seiner ursprünglichen Form — eine mildere Art von Sklaverei dar. Es sorgte außerdem dafür, daß Mädchen am Leben blieben, die sonst unweigerlich nach der Geburt getötet worden wären. Durch Jahrhunderte war es nämlich in armen chinesischen Familien Sitte, neugeborene Mädchen, die man nicht mehr ernähren konnte, auszusetzen oder im nächsten Fluß zu ertränken.

Das Mui-tsai-System hatte in China eine alte Tradition. Es handelte sich um eine Form der Haussklaverei, die schon Jahrhunderte vor Christi Geburt im Reich der Mitte anzutreffen war. Mit den chinesischen Sitten blieb sie untrennbar verbunden. Das chinesische Familienoberhaupt legte nämlich auf Nachkommenschaft größten Wert, doch waren nur Söhne geschätzt, weil das Wohlbefinden der Chinesen im Jenseits davon abhing, ob ihm nach dem Tod von männlichen Nachkommen Ahnenopfer dargebracht wurden. Eine Frau, die keine Söhne gebar, wurde verachtet. In solchem Fall erschien es dem Mann eine zwingende Pflicht, eine Nebenfrau zu nehmen, die dann an die Stelle der Hauptfrau rückte, wenn sie den ersehnten Sohn zur Welt brachte. Infolge der vielen Geburten blieb es nicht aus, daß sich auch eine reichliche Zahl von Mädchen einfand, von denen die Überzähligen als Mui-tsai-Sklavinnen verkauft wurden. Das Mui-tsai-System entartete später jedoch. Die ›adoptierten‹ Mädchen wurden rücksichtslos ausgenutzt und schändlich mißbraucht. Sie mußten schwer arbeiten und erhielten oft schon bei den geringsten Anlässen grausame Schläge.

Janet Lim, die Oberin des St. Andrew-Hospitals in Singapur, war selbst ein Mui-tsai-Mädchen und hat ihre Erinnerungen veröffentlicht. Sie schreibt über ihre Sklavenzeit, die von 1932—1934 dauerte: »Ich wurde begutachtet, kritisiert und nach vielem Feilschen für 250 Dollar verkauft. Mein Herr war ein alter Mann. Bei ihm lebte eine zweite Frau, eine ehemalige Dienerin, und ihrer beider Sohn, der ungefähr in meinem Alter stand. Seine erste Gattin, die mehrere erwachsene Kinder besaß, lebte etwa fünf Meilen entfernt. In unserem Hause befanden sich noch zwei Dienerinnen und zwei andere Mädchen, von denen das eine wie ich eine Sklavin und das andere eine entfernte Verwandte war. Bald erfuhr ich, daß eine Dienerin eine höhere Stellung einnahm als eine Sklavin; denn eine Sklavin war gekauft, und der Herr konnte mit ihr tun, was ihm behagte. Meine Aussichten hatten sich geändert, ich blickte nicht mehr erwartungsvoll dem kommenden Tag entgegen, sondern bewegte mich wie eine Maschine. Ich beneidete die glücklichen, von mütterlicher Liebe umhegten kleinen Mädchen, die oft die Familie besuchen kamen. Ich, eine Sklavin, wagte mich ihnen nicht zu nähern, geschweige denn mit ihnen zu spielen, denn wir waren nicht gleichgestellt. Meist hatte ich Hausarbeit zu verrichten; auch das Geflügel zu betreuen, war meine Aufgabe.« Und Janet Lim schreibt weiter: »Die wenigsten Menschen werden verstehen, was es heißt, eine Sklavin zu sein, wie eine Ware feilgeboten und verkauft, von Herr und Herrin mit Schande und Hieben überhäuft zu werden.«

Die Scheinadoption eines Mui-tsai-Mädchens erfolgte durch einen förmlichen Vertrag. Ein Vertrag, der am 13. Juni 1927 ausgestellt wurde, hat folgenden Wortlaut: »Infolge dringender finanzieller Notlage bin ich einverstanden, meine Tochter, Ah Mui, 10 Jahre alt, geboren am 25. Dezember 1918, an Chan Yee Koo durch einen Vermittler zu verkaufen. In Gegenwart von Käufer, Verkäufer und Zeugen ist der Preis von 141 Dollar vereinbart worden. Nach diesem Verkauf ist Chan Yee Koo berechtigt, den Namen des Mädchens zu ändern. Wenn das Mädchen unfolgsam ist, kann Chan Yee Koo es weiterverkaufen, ohne daß die Mutter ein Einspruchsrecht besitzt. Im Fall, daß dem Mädchen etwas zustößt, wird keine Partei dafür verantwortlich gemacht werden. Es wird ausdrücklich erklärt, daß das Mädchen mit niemandem verlobt und auch nicht verpfändet ist. Falls die Herkunft des Mädchens einem Zweifel unterliegt, ist der Verkäufer Poon Shi von der Familie Mak verantwortlich, keineswegs der Käufer. Dies ist ein rechtsgültiger Kaufvertrag zwischen zwei Parteien, und jedes andere mündliche Abkommen wird dadurch ungültig, sobald er unterschrieben und Chan Yee Koo ausgehändigt ist. Poon Shi von der Familie Mak bestätigt den Empfang von 141 Dollar ohne jeden Abzug.«

Der Verkauf der Mädchen erfolgte, wie aus dem eben angeführten Vertrag zu ersehen ist, nicht bloß durch die Eltern selbst, sondern auch durch Vermittler, die ihrerseits armen Eltern ihre Kinder abschwatzten, und von ihnen oft genug noch als Wohltäter gepriesen wurden, weil sie ihnen die Sorgen um den Lebensunterhalt der Mädchen abnahmen. Bei Direktverkäufen durch die Eltern blieben die Kinder meist in der Heimat, so daß sie Gelegenheit hatten, hin und wieder Eltern und Geschwister zu sehen. Die Vermittler dagegen brachten die Mädchen in weit entfernte Provinzen Chinas oder führten sie gar über See nach Singapur, Malaya und auf die Sunda-Inseln, d. h. überall dorthin, wo es chinesische Kolonien gab, da sich hier immer Abnehmer für die Mui-tsai-Mädchen fanden. Den Eltern hatte man allerlei Schönes erzählt, wie gut es ihren Töchtern gehen werde, und ihnen manchmal noch vorgegaukelt, daß sie die Ehefrauen reicher Männer werden könnten, – dies kam tatsächlich in der älteren Periode nicht selten vor –, doch in Wirklichkeit sahen sich die Kleinen, fern von ihren Verwandten und von ihrem Geburtsort, ihren Herren wehrlos ausgeliefert. Janet Lim, die wir schon oben zitiert haben, weiß von sich zu berichten, daß sie von ihrem Herrn ein »ungehorsames Mädchen« gescholten wurde, weil sie »sich weigerte mit ihm zu Bett zu gehen«, als sie noch keineswegs verstand, was das ›Zu-Bett-Gehen‹ eigentlich bedeutete. Nach einem mißlungenen Fluchtversuch wurde sie nicht bloß erbarmungslos gepeitscht, sondern für einen ganzen Monat zum Spott und Hohn der Besucher und Kinder mit einer Kette an die Haustür gebunden.

Auch auf den Philippinen gab es die Kindersklaverei. Ein am 10. Januar 1899 abgeschlossener Vertrag zwischen einer armen Witwe und dem Käufer eines ihrer Kinder sieht so aus:

»Ich Maximia Capistrano, eine ältere Witwe aus dem Dorf Angat gebürtig, erkläre vor den beiden Anwesenden, Don Pedro Otayco und Don Antonio Mendoza, gleichfalls Einwohner dieser Ortschaft, daß ich von Donna Filomena Vergel de Dios, gleichfalls von hier, die Summe von 40 Pesos erhalten habe, die ich für meine Kinder verwendete: da ich diese Schuld nicht begleichen kann, bin ich damit einverstanden, der genannten Dame Vergel eine meiner Töchter namens Florentina zu überantworten. Frau Vergel wird ihr für ihre Dienstleistungen im ersten Jahr vier Pesos je Monat zahlen; im zweiten Jahr wird sich diese Summe um einen halben Peso erhöhen. Im dritten Jahr wird sie fünf Pesos und im vierten und den folgenden Jahren sechs Pesos erhalten. Diese Summe wird sodann bis zur Tilgung meiner Schuld gleich bleiben. Wenn das Kind unglücklicherweise nicht mehr fähig sein sollte, zu arbeiten, wenn es stirbt oder flüchtet, verpflichte ich mich zur Zahlung der restlichen Schuld. Habe ich kein Geld, so werde ich ein anderes Kind anstelle des ersten in den Dienst geben oder mich selbst dazu verpflichten. Wenn Gott mir das Leben nimmt, kann die genannte Frau Vergel oder ihr Rechtsnachfolger sich meines gesamten Besitztums bemächtigen. Wenn ich nichts habe, werden meine übrigen Kinder verpflichtet sein, zu dienen oder die Schuld zu begleichen, gemeinsam und solidarisch haftend, da ich das Geld für sie alle verwendet habe.«

Ein ähnliches Haussklavensystem existierte auch in Japan. Hier war die Kindersklaverei ebenfalls schon seit Jahrhunderten bekannt. So ist ein Kaufvertrag aus dem Jahr 1612 überliefert, in dem ein Vater seinen 14jährigen Sohn Nashinoetta verkauft. 1702 kauft ein gewisser Kambei ein 10jähriges Sklavenmädchen mit Namen Kin. Im Gegensatz aber zu China und den chinesischen Kolonien Südostasiens wurden in Japan nicht nur Mädchen, sondern auch Jungen von ihren Eltern verkauft. Da Japan ebenso wie China an Übervölkerung litt, und ein Großteil der Japaner in großer Armut lebte, war es kein Wunder, daß man sich auf diese Weise

der Kinder entledigte, die man nicht mehr ernähren konnte.
Dazu kam noch, daß nach japanischer Moralauffassung die
Kinder verpflichtet waren, unter allen Umständen den Eltern
zu gehorchen und jedes Opfer für sie zu bringen.

Obwohl die japanische Regierung inzwischen den Handel mit
Kindern und Jugendlichen verboten hatte, konnte er doch nicht
ganz unterbunden werden. Nach einer Schätzung des japanischen Arbeitsministeriums wurden noch 1956 40 291 Jugendliche, darunter 80 % Mädchen im Alter zwischen 17 und 25
Jahren, verkauft. Die japanische Polizei war dabei der Meinung, daß man mit dieser Zahl nur einen Teil der tatsächlichen
Verkäufe erfaßt habe.

So wurde z. B. ein Mann verurteilt, der seinen 11jährigen
Sohn als Hausburschen an einen Bauern verkauft hatte. Der
Vater erhielt als Entgelt 10 englische Pfund. Das Kind sollte
während der zehn Jahre, in denen es Dienst tun mußte, von
seinem Herrn Nahrung, Kleidung und ein Taschengeld erhalten. Der Agent, der das ›Geschäft‹ vermittelt hatte, bekam
5 englische Shilling als Provision. Ein Gericht verurteilte den
Vater zu vier Jahren Kerker.

Aus einem Bericht des japanischen Arbeitsministeriums von
1953 geht hervor, daß in der Zeit vom 1. Juli 1951 bis 30.
Juni 1952 1500 ähnliche Fälle vor Gericht verhandelt wurden.
Von den verkauften Kindern waren 89 % Mädchen. 683 Mädchen waren 17 Jahre alt, 448 16 Jahre, 225 15 Jahre und
4 sogar unter 10 Jahren. Die Geldsummen, welche die Eltern
bekamen, beliefen sich jeweils auf ungefähr 10 - 15 englische
Pfund je Kind, in einem Fall sogar nur ein halbes englisches
Pfund.

Wenn wir freilich 1953 von Hessel Tiltman, dem fernöst-
lichen Korrespondenten des ›Manchester Guardian‹ hören,
daß ein japanischer Bergarbeiter, der von seinen 16 Kindern
eine Tochter verkaufen wollte, nur ein monatliches Einkom-
men von 1,7 englischen Pfund hatte, so wird manches an dem
üblen Geschäft verständlich.

Die chinesische Regierung hatte die Sklaverei bereits 1909

offiziell verboten. Ein Verbot des Mui-tsai-Systems folgte
allerdings erst 1936. Es wirkte sich jedoch erst nach dem
Zweiten Weltkrieg aus, nachdem die Großgrundbesitzer ent-
eignet wurden. Schon vorher hatten auch die britischen Behörden Maßnahmen zur Unterdrückung des Kinderhandels
unternommen. 1923 wurde für die Kronkolonie Hongkong
verfügt, daß niemand ein Mui-tsai-Mädchen unter 10 Jahren
in seinem Haushalt beschäftigen durfte. Als Mui-tsai-Mädchen galt nach der betreffenden Verordnung jedes »weibliche
Dienstwesen, das bei einem Arbeitgeber beschäftigt war, der
sich seine Dienste durch Bezahlung von Geld an einen Dritten
gesichert hatte.« Schlechte Behandlung eines solchen Mädchens sollte gerichtlich geahndet und dem Kind die Möglichkeit geboten werden, auf seinen Wunsch zu den Eltern
zurückzukehren. Eine andere Bestimmung der Verordnung
von 1923, jedes Mui-tsai-Mädchen zu registrieren, trat erst
1929 in Kraft. Es wurde ein Fürsorgeamt eingerichtet, das
die Kinder zu betreuen hatte. Den Arbeitgebern wurden
bestimmte Mindestlöhne vorgeschrieben, die zugunsten der
Kinder einzuzahlen waren. Für alle Kinder unter 12 Jahren,
die sich in einem Haus befanden und nicht zu den Verwandten des Hauses zählten, führte man Berufsvormund-
schaften ein, die regelmäßige Kontrollen vornahmen. Der
Vormund erhielt später durch das Gesetz über den Schutz
von Frauen und Mädchen (1938) das Recht, sich auch ohne
Zustimmung des Haushaltsvorstandes in alle Wohnungen zu
begeben, um bei Mißhandlungen und Fällen von Mißbrauch
sofort eingreifen zu können. Unter den Schutz eines Vor-
mundes kamen nun alle Mädchen unter 21 Jahren.
Bei einer Zählung im Jahre 1921 registrierte man in Hongkong unter 242 309 weiblichen Einwohnern 8653 Mui-tsai-
Mädchen. 1929 wurden anläßlich einer allgemeinen Registrierung 4368 Mädchen den Behörden von ihren Herren gemeldet. Man schätzte ihre wirkliche Zahl im Jahr 1931 aber
bereits auf rund 12 000. Wenig später (1933) wurden in Malaya mit Singapur über 3000 Mui-tsai-Mädchen festgestellt.

Im Jahre 1951 betreute die Vormundschaft von Hongkong über 2000 Mündel, von denen sich die meisten bis zum Eingreifen der Behörden noch immer im Stand eines Mui-tsai-Mädchens befunden hatten.

So wie man in China Kindersklaven als ›Adoptivkinder‹ tarnte, betrieb man anderswo Kindersklaverei unter dem Deckmantel der Berufsbezeichnung ›Hausangestellte‹. In Südamerika besteht noch heute ein großer Teil der sogenannten Hausangestellten aus versklavten Kindern. Ein bolivianischer Soziologe schätzte deren Zahl 1965 auf 200 000. Die französische Zeitung ›Le monde‹ berichtete im Dezember 1965 aufgrund von Feststellungen des peruanischen Senators Juan Zea, daß in Peru 8—10jährige Kinder aus dem Bezirk Puno fast am laufenden Band für jeweils 20 bis 40 Neue Französische Franken an Haushaltungen verkauft würden. Daß es sich dabei in manchen Fällen nicht bloß um Dienste im Haushalt handeln dürfte, ging daraus hervor, daß die Mehrzahl der verkauften Kinder hübsche und anziehende Mädchen waren. Der mexikanische Briefmarkenfälscher Raul de Thuin gestand im Januar 1967, daß er 12jährige Mädchen von ihren Eltern gekauft und an ein Bordell in der Stadt Merida weiterverkauft hatte, das auf »schulpflichtige Kinder« spezialisiert war. Der Menschenhändler bekannte, daß er die gekauften Mädchen vor dem Verkauf selbst deflorierte. Auf den westindischen Inseln Curaçao und Aruba werden noch heute 12—13jährige Mädchen von älteren Frauen gekauft und als Prostituierte ausgebildet. In der Hauptstadt Willemstad findet der Kinderhandel beinahe öffentlich statt. In Jamaika ist es üblich, daß reiche Familien die Kinder ärmerer Leute zu sich nehmen. Sie lassen sie die Schule besuchen, aber außerhalb der Schulzeit müssen sie alle Arbeiten im Haushalt verrichten. Die in Peru ›serranitos‹ (kleine Gebirgler) genannten Hausdiener und Hausmädchen müssen schwere, ihrem Alter nicht angemessene Arbeiten verrichten; sie haben schlechte Unterkünfte, ungenügendes Essen, und man gibt ihnen bei den geringsten Unregelmäßigkeiten die Rute.

Während im China Mao Tse-tungs die Prostitution und damit der Kinderhandel so gut wie ausgerottet sind, stellt der Verkauf von jungen Mädchen in der portugiesischen Kolonie Macao, nahe bei Kanton, noch immer ein lukratives Geschäft dar. Die verkauften Kinder werden an Chinesen oder chinesische Bordelle in den Vereinigten Staaten von Amerika geliefert. Zahlt man in Macao für ein Kind etwa 50 Pfund, so kostet es bei seinem Eintreffen in Amerika durchschnittlich 2000. Seit Ende des Zweiten Weltkrieges ist die Nachfrage nach solchen ›Kindern‹ sprunghaft gestiegen. Allein in den Vereinigten Staaten werden durchschnittlich jährlich 50 Fälle von Kinderverkauf vor Gerichten verhandelt; viele andere Verkäufe bleiben unentdeckt und ungesühnt. Das völlige Verschwinden der Kindersklaverei und des Kinderhandels wird auf die Dauer trotz aller gesetzlichen Maßnahmen erst dann zu erreichen sein, wenn jeder Mensch auf der Erde für sich und seine Familie genügend zu essen und zu leben hat.

Vor dem Sieg

Die Gegner der Sklaverei hatten ihre erste Aufgabe darin gesehen, den Sklavenhandel zu unterbinden und unmöglich zu machen. Das war ihnen auch im wesentlichen — jedenfalls soweit Europäer und Amerikaner dabei beteiligt waren — im ersten Drittel des 19. Jahrhunderts gelungen. Es stand ihnen danach noch eine bedeutend schwierigere Aufgabe bevor: die Abschaffung der Sklaverei überhaupt. Hatte schon der Kampf gegen den Negerhandel alle jene auf den Plan gerufen, die an seiner Weiterführung und an der Sklaverei selbst interessiert waren, so trat diese Feindschaft jetzt um so deutlicher in Erscheinung. Zu manchen Zeitpunkten schien es fast, als sollten die Gegner der Sklaverei unterliegen. Denn hinter ihnen standen — wie schon während der Bekämpfung des Sklavenhandels — fast keine Wirtschaftskreise und Finanzgruppen, sondern nur der Idealismus einiger begeisterter Vorkämpfer und die Dankbarkeit der befreiten Sklaven, soweit sie überhaupt erkennen konnten, wer für sie in die Bresche gesprungen war.

Die hauptsächlichsten Argumente, die die Befürworter der Sklaverei vorbrachten, waren auch jetzt wirtschaftlicher Art, wobei man immer wieder versicherte, daß ›selbstverständlich‹ alle Grausamkeiten, die doch nur von Außenseitern begangen würden, künftig verhindert werden müßten. Nach Meinung der Sklavenanhänger konnten die Neger nur durch Zwang bewogen werden, ihre Arbeit zu leisten. Viele Weiße glaubten außerdem, Neger, denen man Lohn anböte, würden nur immer so viel arbeiten, daß sie für den nächsten Tag oder die nächste Woche zu essen hätten und die übrige Zeit auf der faulen Haut lägen, bis sie wieder gezwungen wären, nach Hacke und Schaufel zu greifen. Man wies weiter auf die blutigen Ausschreitungen hin, die bei Negeraufständen gegen die weißen Herren vorgekommen waren. In Amerika schien vor allem die Negerrepublik auf der Insel Haiti mit ihrer unruhigen Geschichte zu beweisen, daß Schwarze nicht fähig waren, sich selbst zu regieren und den Weißen zumindest als väterlichen Patron, wenn nicht gar als autoritären Herrn benötigten.

Auch die britische Regierung war inzwischen unsicher geworden. Die meisten Kolonien besaßen bereits eine Selbstverwaltung, und man wollte sich nicht in ihre inneren Angelegenheiten mischen, um nicht noch einmal Ereignisse zu beschwören, die zum Aufstand der Neu-England-Staaten und zur Gründung der Union geführt hatten. So fanden die Sklavereigegner wohl manch offenes Herz, aber noch mehr taube Ohren. Dennoch hatten sie schon 1815 mit ihrer neuen Aktivität begonnen. Zuerst richteten sie ein Memorandum an die Krone, diese möge die beiden Häuser des Parlamentes bewegen, an die Kolonien heranzutreten und sie aufzufordern, Gesetze zur Hebung der physischen, moralischen und religiösen Lage der Sklaven zu erlassen. Dann ließ man durch den

321

noch immer rührigen Wilberforce ein Gesetz einbringen, das die Registrierung aller Sklaven in den britischen Kronkolonien vorsah. Dadurch sollte dem Schmuggel mit Sklaven und der Einfuhr neuer ein Riegel vorgeschoben werden.

Von den Parlamenten der Kronkolonien versuchten eines oder zwei den Wünschen des Mutterlandes nachzukommen. Aber selbst hier blieben die Gesetze, welche eine Besserstellung der Sklaven herbeiführen sollten, vorläufig auf dem Papier stehen. Auch die Registrierung der Sklaven wurde eigentlich nur in Jamaika und später in St. Lucia, Demerara und Berbice vorgenommen. Die meisten Pflanzer leugneten, daß es überhaupt einen Schmuggel von Sklaven gab und erklärten daher die Registrierung für unnötig. Nur Jamaika ging einen Schritt weiter und bestimmte, daß ein Duplikat der Registrierungslisten in London niedergelegt werden, und jeder Kauf und jede Verpfändung eines Sklaven, der nicht in dieses Register eingetragen wurde, ungültig sein sollten.

Der anhaltende Widerstand der Sklavenhalter führte schließlich zu einem ganz unerwarteten Ergebnis. Wilberforce kam 1818 zur Erkenntnis, daß es eigentlich sinnlos war, auf eine allmähliche Verbesserung des Loses der Sklaven hinzuarbeiten; es gab nur eine Möglichkeit ihr Schicksal entscheidend zu ändern: durch die vollständige Befreiung. Er setzte sofort seine und die Kraft seiner Freunde für dieses letzte Ziel ein. Wilberforce gewann den Parlamentsabgeordneten Thomas Fowell Buxton für die Sache der Sklaven und überließ ihm die Führung der Angelegenheit im britischen Unterhaus. Buxton war ein völlig anderes Temperament als Wilberforce, aber er hatte durch seine Beziehungen zu den Quäkern, seine Mutter gehörte ihnen an, schon früh Einblick in die Gedankengänge der Sklavengegner erhalten. Als Wilberforce zum erstenmal an ihn herantrat, bat er sich eine Bedenkzeit aus, da er mit der Angelegenheit noch zu wenig vertraut wäre. Im Herbst 1822 entschloß er sich, an der Aktion aktiv teilzunehmen.

Im Jahr 1823 schuf man eine neue Organisation der Sklavereigegner, welche die alte ersetzen sollte. Sie wurde ›British and Foreign Anti-Slavery-Society‹ getauft, und sie besteht bis auf den heutigen Tag. Granville Sharp war zehn Jahre zuvor gestorben, aber Clarkson war noch bereit, mitzuwirken, obwohl er bereits 63 Jahre alt war. Sein Alter hinderte ihn, sich an die Spitze der Bewegung zu stellen, der er so lange gedient hatte. Für ihn mußte der jüngere Buxton eintreten.

Die neue Gesellschaft trat mit Macht in die Öffentlichkeit. 1826 überreichte man dem englischen Parlament eine von 72 000 Personen unterzeichnete Petition, in der auf die unerträglichen Zustände in den britischen Kronkolonien hingewiesen wurde, die nur eine Folge der Sklaverei seien.

Die Pflanzer hatten auf die drohende Gefahr hin bereits zur Selbsthilfe gegriffen. Die Kapelle des Pastors William Shrewsbury auf Barbados, den man beschuldigt hatte, ›Verleumdungen‹ über die Pflanzer nach England berichtet zu haben, wurde niedergebrannt, er selbst mit Gewalt zur Abreise gezwungen. In Demerara (Britisch-Guayana) erhoben sich 13 000 Sklaven; sie behaupteten, der englische König habe sie für frei erklärt, seine Verfügung werde aber verheimlicht. Die Rebellen töteten zwei Aufseher, doch fanden keine Plünderungen und Brandschatzungen statt. Daß es zu keinen weiteren Ausschreitungen kam, war dem Missionar John Smith zu verdanken, der trotzdem von den Pflanzern als angeblicher Anstifter des Aufstandes verhaftet und zum Tod verurteilt wurde. Er starb, bevor aus London die Bestätigung des Todesurteils eingetroffen war, im Kerker.

Eine große Kundgebung der Anti-Sklaverei-Gesellschaft forderte 1830 die »möglist rasche Freilassung der Sklaven«. Zuvor war es zwischen den älteren und jüngeren leitenden Mitgliedern der Organisation zu Meinungsverschiedenheiten gekommen, da die ersteren für einen »langsamen Gang der Befreiung« eintraten. Auf Buxtons Initiative hin setzten sich jedoch die aggressiveren Kräfte durch. Daß seine Meinung, die Zeit sei für eine Abstimmung reif, richtig war, ergab ein

Test, den er unter seinen Kollegen im Unterhaus vornahm. Die Mehrheit von 136 Parlamentsmitgliedern standen einer sofortigen Aufhebung der Sklaverei in allen britischen Besitzungen aufgeschlossen gegenüber, nur 92 trieben weiterhin Opposition.

Aufgrund dieses Ergebnisses brachte Buxton formell einen Gesetzentwurf zur Abschaffung der Sklaverei im Unterhaus ein. Der Höhepunkt des parlamentarischen Kampfes fiel in das Frühjahr 1833. Als eine Massenversammlung in Exeter an den Premierminister eine Delegation sandte und ihm mitteilen ließ, daß das Land nicht länger auf eine Entscheidung warten wolle, wurde die Aufhebung der Sklaverei am 14. Mai 1833 beschlossen.

Bis zur endgültigen Emanzipation der Sklaven sollte allerdings noch eine Frist von einem Jahr gesetzt werden. Um außerdem eventuelle wirtschaftliche Nachteile nach der Aufhebung der Sklaverei in Grenzen zu halten, wurde in das Gesetz eine Bestimmung aufgenommen, daß alle über 6 Jahre alten Sklaven in der Landwirtschaft sechs und alle sonst Beschäftigten vier Jahre lang als unbezahlte ›Lehrlinge‹ für ihre bisherigen Herren tätig sein sollten. Dreiviertel der täglichen Arbeitszeit sollten sie dem Herrn widmen, das übrige Viertel gehörte ihnen, wobei es den Sklaven frei stand, gegen Lohn zu arbeiten oder sonst zu tun, was sie wollten. Den bisherigen Sklavenhaltern wurde eine Entschädigung von 20 Millionen Pfund Sterling auf Staatskosten gewährt.

Der alte Vorkämpfer für die Freiheit der Neger, Wilberforce, hatte noch die Genugtuung, die Annahme des Gesetzes im Parlament zu erleben. Er starb wenige Wochen später am 29. Juli 1833. Die endgültige Ratifizierung durch die beiden Häuser des Parlamentes am 29. August erlebte er nicht mehr. Die Aufhebung der Sklaverei wirkte sich für die britischen Besitzungen anders aus, als es die Sklavenhalter vorausgesagt hatten. Es kam weder zu größeren Unruhen, noch fielen die freigelassenen Sklaven durch Faulheit und Trunkenheit unangenehm auf. Als deshalb 1838 eine Kommission unter

Führung von Brougham und Buxton nach einer Reise des Gründers der Anti-Sklaverei-Gesellschaft Joseph Sturge den Antrag stellte, die ›Lehrlingszeit‹ der Neger eher als vorgesehen zu beendigen, hatte sie vollen Erfolg. Das Parlament genehmigte ihren Antrag, und am 1. August 1838 waren alle Sklaven der britischen Kolonien völlig frei.

In einem Gebiet des britischen Weltreiches führte diese Entwicklung allerdings zu einer Sezession eines Teiles der Bevölkerung. Als die Sklavenbefreiung auch im Kapland und in Natal durchgeführt werden sollte, zogen Tausende weißer Bauern holländischer Abstammung, in Europa unter dem Namen ›Buren‹ bekannt, aus ihrem bisherigen Lebensraum und gründeten nach einem mühevollen Marsch, dem sogenannten ›Großen Treck‹, die beiden Burenstaaten Transvaal und Oranjefreistaat. Nach ihrer Meinung konnte es keine Gleichheit zwischen Schwarz und Weiß »weder im Staat noch in der Kirche« geben.

Nachdem auf diese Weise die Sklaverei auf britischem Boden beseitigt worden war, mußte der Kampf gegen sie auf internationaler Ebene weitergeführt werden. Noch waren mächtige Staaten — wie die USA — und große Länder — wie Brasilien — nicht für die Emanzipation gewonnen. An die Regierungen dieser Staaten wandten sich die britischen Sklavengegner als nächstes und suchten sie für ihre Sache zu interessieren. Als im Jahr 1840 eine Großkundgebung der Anti-Sklaverei-Gesellschaft in London stattfand, waren annähernd 2000 Delegierte aus allen Teilen der Welt zusammengekommen. Damals sprach Clarkson, der bei dieser Gelegenheit das letztemal öffentlich auftrat, die Abschiedsworte: »Ich war einst nach dem Willen der Vorsehung der Urheber und bin jetzt das einzige überlebende Mitglied jenes Komitees, das 1787 geschaffen wurde, um den Sklavenhandel zu beseitigen.« Und im Hinblick auf Wilberforce erklärte er: »Es gab niemals einen Menschen, tot oder lebendig, der unserer Sache mehr ergeben war.«

So wie Wilberforce, Clarkson und Buxton, ist auch Victor

Schoelcher aus der Geschichte der Sklavenbefreiung nicht wegzudenken. Er war es, der in Frankreich die Fahne jener Gesellschaft der ›Freunde der Schwarzen‹ übernahm, die einst während der Großen Revolution Abbé Gregoire, Brissot und Mirabeau erhoben hatten.

Unter Napoleon hatte es in Frankreich mit der Wiedereinführung der Sklaverei im Jahr 1802 einen Rückschlag gegeben. Napoleons Entscheidung war allerdings unter dem Eindruck des großen, von Toussaint-L'Ouverture entfachten Negeraufstandes auf Haiti getroffen worden, der Frankreich die schöne und wertvolle Kolonie kostete.

Im Jahr 1823 schloß sich Victor Schoelcher (1798–1893) der französischen Anti-Sklaverei-Bewegung an und wurde bald ihr führender Kopf. Er war eines Tages durch den Vers Homers: »Zu leben in der Sklaverei heißt nicht zu leben; es ist ein Dasein in schleichender Agonie« innerlich so erschüttert worden, daß er die Verbindung zu der noch immer bestehenden, aber inaktiven Gesellschaft der ›Freunde der Schwarzen‹ suchte. Um sich persönlich von den Verhältnissen zu überzeugen, unternahm er eine eineinhalb Jahre dauernde Weltreise, die ihn auch nach Kuba, Mexiko, Florida und Louisiana führte. Hier besuchte er die Pflanzungen, versuchte er mit Sklaven zu sprechen und aus ihrem Mund die Wahrheit zu erfahren. Von dem Gesehenen und Gehörten tief berührt, kehrte er nach Europa zurück, entschlossen, sich von nun an ganz dem Kampf um die Befreiung der Negersklaven zu widmen.

Die französischen Sklavengegner hatten jedoch nicht den raschen Erfolg wie ihre englischen Gesinnungsgenossen. Es dauerte bis zum Frühjahr des Revolutionsjahres 1848, ehe die notwendigen Schritte unternommen werden konnten, um den Sklaven in den französischen Kolonien endlich die Freiheit zu geben.

Schoelcher war bei Ausbruch der Revolution gerade außer Landes. Er kehrte sofort nach Frankreich zurück und besuchte den Kolonialminister Arago, dem er seine und seiner

Freunde Wünsche vortrug. »In einer Unterredung, die wir heute, den 3. März 1848, hatten« — berichtete Arago später — »überzeugte mich M. Schoelcher, daß es absolut notwendig sei, zur Idee einer sofortigen Sklavenbefreiung zurückzukehren. Er bewies mir, daß die Schreiben an die Gouverneure der Kolonien die Sklaven nicht befriedigen würden, daß ein vages Versprechen für sie eine Enttäuschung sein werde und sie den Versuch machen würden, sich mit Gewalt zu nehmen, was wir freiwillig gewähren sollten. Die Argumente M. Schoelchers überzeugten mich so, daß ich auf der Stelle beschloß, meinen Ministerkollegen einen Entwurf für ein Gesetz über eine sofortige Befreiungsaktion vorzulegen. Ich schlug gleichzeitig vor, Schoelcher als Unterstaatssekretär zu meiner Unterstützung bei dem großen Werk der Emanzipation zu berufen und gleichzeitig eine Kommission einzusetzen, in der dieser hervorragende Philanthrop den Vorsitz führen würde. Die Kommission sollte die Aufgabe haben, alle jene Hindernisse zu beseitigen, die in einem freien Staat nicht mehr geduldet werden können.«

Tatsächlich gingen die Verhandlungen dieser Kommission, der Regierung und der Nationalversammlung so rasch vor sich, daß das Befreiungsdekret der Zweiten Französischen Republik, das an die Negeremanzipation der Großen Revolution anknüpfte, bereits am 27. April 1848 veröffentlicht werden konnte.

Schoelcher wurde später in Frankreich vergessen, und er ist auch heute kaum noch irgendwo in Europa ein Begriff. Wie sehr sein Andenken aber in den ehemaligen überseeischen Gebieten Frankreichs noch bewahrt wird, ist einem Brief des französischen Abgeordneten Emmanuel La Gravière zu entnehmen, den dieser am 19. Juli 1956 an die Anti-Sklaverei-Gesellschaft von London richtete: »Wenn der Name Victor Schoelchers«, heißt es darin, »nur wenig Widerhall in der Erinnerung der Menschen seines Heimatlandes hervorruft, die Menschen in Übersee kennen ihn genau und wissen, welche Bedeutung ihm zukommt. Ich habe in den Augen von afrikanischen und westindischen Negern Tränen gesehen, wenn ich ihn aussprach.«

Die mittel- und südamerikanischen Republiken, die sich in den Jahren zwischen 1810 und 1830 vom spanischen Mutterland gelöst hatten, gaben schon in den Verfassungen, die sie bei der Gründung annahmen, den Sklaven die Freiheit. Nachdem die beiden großen europäischen Mächte England und Frankreich die Sklaverei verboten hatten, mußten auch die kleineren Staaten Europas ihrem Beispiel folgen, soweit sie Kolonien besaßen oder auf ihrem Territorium Sklavenhaltung erlaubten. Die Niederlande erließen 1863 ein Gesetz, das in den holländischen Kolonien die Sklaverei beseitigte. Portugal hatte 1858 entschieden, daß alle Sklaven spätestens nach zwanzig Jahren, also 1878, frei werden sollten. Im Jahre 1870 nahm das spanische Mutterland für seine Besitzung Kuba ein Gesetz an, daß auch hier die Beendigung der Sklaverei vorsah. Es währte allerdings bis zum Jahr 1886, ehe die letzten Spuren der Unfreiheit von der Insel verschwunden waren.

Die Kämpfe, die in den Vereinigten Staaten zwischen dem sklavenhaltenden Süden und dem sklavenfreien Norden in langen innenpolitischen Auseinandersetzungen geführt wurden, fanden mit dem Ausbruch des Bürgerkrieges 1860 und der Emanzipationserklärung durch den Präsidenten Abraham Lincoln, über die schon gesprochen wurde, ihr Ende. Vom 1. Januar 1863 an waren die Sklaven im Bundesgebiet der Vereinigten Staaten frei, ohne daß ihnen jedoch zugleich die gesellschaftliche Gleichberechtigung gesichert werden konnte.

Als letzter Staat des amerikanischen Kontinents verfügte das Kaiserreich Brasilien am 13. Mai 1888 die Freilassung der Negersklaven. Das Dekret wurde von der Tochter Kaiser Dom Pedros II. (1830–1889), Dona Izabel, unterzeichnet, die während der Abwesenheit ihres im Ausland weilenden Vaters die Regentschaft führte. Schon 1870 hatte Dom Pedro bestimmt, daß alle Sklavenkinder, die nach dem 1. Januar 1871 geboren werden sollten, frei seien. Die endgültige Freilassung der Sklaven nahmen die Großgrundbesitzer zum Anlaß, die Monarchie am 15. November 1889 zu stürzen, die einzige, die sich längere Zeit auf dem amerikanischen Kontinent behauptet hatte.

Letzte Bastionen

Die Sklaverei war nach dem Befreiungserlaß Brasiliens nur noch in wenigen Ländern der Erde eine legale Einrichtung, aber Sitte, Überlieferung und eine oft mißverstandene Auslegung religiöser Vorschriften sorgten dafür, daß sie in diesen Restgebieten um so fester verankert erschien. Die Anti-Sklaverei-Gesellschaft durfte also keineswegs ihre Tätigkeit einstellen und ihren Anhängern die beruhigende Mitteilung zukommen lassen, daß das Ziel nunmehr erreicht sei. Noch im Jahr 1872 hielt sie eine große Versammlung in London ab, in der darauf hingewiesen wurde, daß es notwendig sei, das Augenmerk in erster Linie auf die arabischen Länder und jene Gebiete des afrikanischen Kontinents zu richten, aus denen weiterhin Menschen nach Arabien gebracht und dort als Sklaven verkauft würden.

Unter den islamischen Händlern entstand durch die zunehmende Einschränkung ihres Wirkungskreises eine große Unruhe. Nach ihrer Auffassung handelte es sich bei der Sklaverei um ein völlig legitimes Geschäft, das mit ihrem Glauben in keinerlei Widerspruch stand. Da im letzten Drittel des 19. Jahrhunderts in den islamischen Ländern, vor allem im ägyptischen Sudan, eine religiöse, fremdenfeindliche Bewegung aufkam, welche die Ankunft eines mohammedanischen ›Messias‹, des sogenannten ›Mahdi‹ prophezeite, übten die konservativen Kräfte, die auf der Sklaverei beharrten, einen bedeutenden Einfluß aus. Als schließlich Ägypten von den Engländern besetzt wurde, geriet auch der Sudan, einer der wichtigsten Zentren des Sklavenhandels, unter europäische Kontrolle. Mit Einwilligung seiner Regierung trat Charles Gordon (1833–1885), einer der edelsten Männer, den Großbritannien hervorgebracht hat, in den Dienst der ägyptischen Regierung und übernahm die Stelle eines Generalgouverneurs im Sudan. Hier begann er von 1876 an einen unerbittlichen Kampf gegen die Sklavenhändler zu führen, die das Land entvölkerten. Rastlos jagte er auf seinem Kamel, nur von einer kleinen Leibgarde von etwa 300 Mann begleitet, durch die Wüste, um aufsässige ägyptische Truppeneinheiten zur Ordnung zu rufen und Hunderte von Negern von ihren Ketten zu befreien.

Einige Auszüge aus seinen Tagebüchern berichten von seinem Kampf gegen die Sklavenjäger. 31. März 1879: »Diesen Abend wurde ein Trupp von sieben Sklavenhändlern mit 23 Sklaven aufgegriffen und zu mir gebracht. Niemand kann sich das Elend dieser armen Geschöpfe vorstellen. Sie kamen durch die Wüste aus Shaka, eine Reise, vor der ich mich auf meinem Kamel scheuen würde. Ich ließ die Sklavenhändler insgesamt in Ketten legen, stellte die Männer und Jungen in mein Gefolge ein; den Frauen wurde es freigestellt, die Soldaten zu heiraten, und die Kinder sandte ich nach Obeid (dort befand sich ein Heim für befreite Sklavenkinder). Als ich eben diesen Brief begann, kam eine andere Karawane mit 2 Sklavenhändlern und 17 Sklaven an, und ich hörte, andere seien auf dem Marsch. Einige der Weiber waren ganz nackt. Ich habe in bezug auf sie die gleichen Anordnungen getroffen wie zuvor.« Oder am 17. Juni 1879: »Diesen Morgen brach ich um 1 Uhr früh auf und rastete um 7 Uhr. Wenig später fingen wir 9 Sklavenhändler, 20 Sklaven, ein Kamel und zwei Esel. Einige dieser armen Sklaven waren zum Skelett abgemagert. Keines der Mädchen, und war es noch so jung, war von den Schuften nicht mißbraucht worden!!!« (Die drei Ausrufungszeichen finden sich in Gordons Manuskript).

Nach Gordons Schätzungen wurden in den Jahren 1875–1879 rund 80 000 bis 100 000 Neger aus dem Sudan verschleppt.

Am Sklavenhandel interessierte Kreise, ägyptische Paschas und Großgrundbesitzer, erreichten schließlich bei den ägyptischen Behörden, daß Gordon den Sudan wieder verlassen mußte. Mit ihm ging ein Mann, der die widerstrebenden Kräfte durch die Macht seiner Persönlichkeit zusammengehalten hatte.

Im Mai 1881 rief der Fakir (mohammedanischer Wanderprediger) Mohammed Achmed ibn Abdullah seine Anhänger zum Kampf gegen Ägypten auf und gab sich als der von den Muslims erwartete Mahdi zu erkennen. Es gelang ihm, die ägyptischen Truppen entweder auf seine Seite zu ziehen oder sie in die Auffangstellungen an der ägyptisch-sudanesischen Grenze zurückzutreiben. Mit jedem Sieg des Mahdi wuchs die Zahl seiner Anhänger. Es blieb der ägyptischen Regierung nichts anderes übrig, als Gordon in den Sudan zurückzurufen. Er übernahm den undankbaren Auftrag, den Kampf gegen die fanatisierten ›Derwische‹, wie die Gefolgsleute des Mahdi genannt wurden, aufzunehmen.

Die Rebellen jedoch schlossen Gordon mit seinen schwachen Streitkräften in der sudanesischen Hauptstadt Khartum ein und begannen die Belagerung. Die Stadt fiel am Morgen des 26. Januar 1885 durch Verrat in die Hände der Mahdisten, während kaum 50 Meilen davon entfernt ein Entsatzheer die Stromschnellen des Nils zu überwinden versuchte. Gordon wurde während der Kämpfe getötet, mit ihm kamen an die 10 000 Menschen ums Leben, darunter fast alle Europäer, die sich in der Stadt aufhielten, die ägyptischen Beamten, der österreichisch-ungarische Konsul Hansal, der griechische Konsul Leonhides und viele andere. Von den gefangenen Kindern wurden die Knaben in die Lager des Mahdi gebracht, um zu Soldaten erzogen zu werden, die Mädchen und jüngeren Frauen wanderten als Sklavinnen auf die Märkte oder in die Harems der vornehmen Anhänger des Mahdi.

Zu den wenigen Überlebenden des Massakers und der weiteren Kämpfe zählten der österreichische Missionar P. Joseph Ohrwalder und Rudolf Slatin Pascha (1857–1932), ein Offizier der österreichisch-ungarischen Armee, der auf Wunsch Gordons in ägyptische Dienste getreten und zum Gouverneur von Darfur ernannt worden war.

Mit der Herrschaft des Mahdi begann wieder ein ausgedehnter Sklavenhandel. Slatin Pascha berichtet von diesem Handel in seinen ›Erinnerungen‹ aus der Zeit seiner Gefangenschaft: »Barfuß, kaum bekleidet und schlecht genährt, eben ihren Familien entrissen, wurden sie (die erbeuteten Sklaven) wie Tierherden durch die Länder gepeitscht. Der größte Teil von ihnen ging zugrunde, während der Rest, noch immer aus vielen Hunderten bestehend, in herzerbarmendem Zustand an den Bestimmungsort gelangte. Hier wurden sie teils vom Chalifa (dem Nachfolger des inzwischen verstorbenen Mahdi) an seine Anhänger verschenkt, teils durch das Bet-el-Mal (bedeutet soviel wie Finanzministerium) verkauft. Seki Tamel pferchte die nach der Niederlage der Schilluk erbeuteten Frauen und Kinder in Schiffe und Barken und schickte sie in Ladungen zu Tausenden nach Omdurman. Der Chalifa nahm sämtliche Jungen als sein Eigentum an sich, um sie aufziehen zu lassen und als Mulazemie (eingeborene Soldaten) einzureihen, die Weiber und Kinder wurden verkauft. Tagelang dauerte die Versteigerung, da immer neue Sendungen dieser Unglücklichen ankamen.«

Slatin Pascha schildert dann, wie solch ein Kauf vonstatten ging: »Rund um das Haus stehen oder sitzen Weiber und Mädchen in großer Zahl und Auswahl, von der alten, gebrechlichen, halbnackten Arbeitssklavin bis zu der nach Sudanbegriffen schön geputzten jugendlichen Suria (Konkubine). Da dieser Handel als ganz natürlich angesehen wird und dem Gesetz entspricht, so werden die Feilgebotenen von den Käufern ohne jegliche Zurückhaltung wie zum Markt gebrachte Tiere auf das gründlichste untersucht; man öffnet ihnen den Mund, um zu sehen, ob die Zähne sich in gutem Zustand befinden, entkleidet den Oberkörper, besieht und prüft den Rücken, Brust und Arme, untersucht die Füße und läßt sie einige Schritte gehen, um den Körper auch in der Bewegung beobachten zu können. Man stellt Fragen und probiert, bis zu welchem Grade sie der arabischen Sprache mächtig sind, was besonders bei Surias einen großen Preisunterschied macht. All dies lassen die Sklavinnen ruhig und gleichgültig über sich ergehen: sie finden es in der Regel ganz natürlich, haben sich mit ihrem Lose längst abgefunden und sind überzeugt, daß es so und nicht anders sein müsse. Wohl sieht man in den Mienen einzelner Frauen und Mädchen, daß sie ihre unwürdige, bejammernswerte Lage erkennen und einst bessere Tage gesehen haben; auch an den verzweifelten und tieftraurigen Blicken kann man lesen, wie schwer sie es empfinden, auf die tiefste Stufe menschlichen Elends herabgedrückt zu sein und wie Tiere verhandelt zu werden. Nun beginnt das Feilschen zwischen dem Käufer und dem Händler, der entweder den Preis nennt oder sich ein Angebot machen läßt, bis es ihm endlich nach langem Hin- und Widerreden von Vorteil erscheint, seine Ware loszuschlagen. Verfehlt der Käufer einerseits nicht, sie möglichst herabzusetzen und über Mängel an Schönheit des Gesichts, der Körperformen, der Sprechweise usw. zu räsonieren, um den Preis zu drücken, so unterläßt es auch wieder der andere nicht, die Eigenschaften des Körpers und des Geistes des Kaufobjektes in der detailliertesten Weise zu rühmen, um den Reflektanten zu einem günstigen Abschluß zu bewegen. Hat man sich endlich über den Preis geeinigt, so wird gleichzeitig mit der Bezahlung desselben das übliche Verkaufspapier ausgestellt, und damit ist die Sklavin in das Eigentum ihres neuen Herrn übergegangen. Der Verkäufer haftet aber für gewisse, durch den Gebrauch festgesetzte Gewährsmängel, insbesondere für geheime Krankheiten, wozu bei Surias auch das Schnarchen gehört, dann für üble Charaktereigenschaften wie Hang zum Stehlen und dergleichen. Die Bezahlung erfolgt in der landesüblichen Münze, Omla Gedida. Die Preise stellen sich etwa so: ältere Arbeitssklavin 50 bis 60 Taler, Arbeitssklavin in jüngerem oder mittlerem Alter 80 bis 120 Taler, kleine Mädchen von 8—11 Jahren, je nach der Schönheit 110 bis 160

Taler, Surias je nach ihrer Schönheit und Abstammung 180 bis 700 Taler. Dieser Normaltarif unterliegt je nach der Stärke oder Schwäche der Nachfrage in der einen oder anderen Sorte großen Veränderungen.«

Rückfälle in die schlimmste Zeit der Sklaverei erfolgten auch auf anderen Schauplätzen Afrikas. Noch stand der afrikanische Sklavenhandel in voller Blüte, als König Leopold II. von Belgien (1865—1909) den Gedanken faßte, am Kongo einen eigenen Staat zu gründen. Nachdem durch den amerikanischen Forschungsreisenden Henry M. Stanley (1841 bis 1904) die ins Auge gefaßten Gebiete auf mehreren Reisen erkundet worden waren, übertrug man dem belgischen König während der ersten Kongo-Konferenz von 1884/85 in Berlin die Souveränität über den größten Teil der nachmaligen Kolonie Belgisch-Kongo. Die europäischen Mächte waren übereingekommen, ein so gewaltiges Territorium von einer Instanz verwalten zu lassen, die den Willen und die Möglichkeit besaß, den Sklavenhandel und die Sklaverei zu unterbinden und den Eingeborenen Frieden und Wohlstand zu bringen. König Leopold II. sollte den Königsstaat daher als Treuhänder im eigenen, nicht im Namen des belgischen Staates regieren. Auf der Zweiten Kongo-Konferenz 1889/1890 in Brüssel wurden seine Rechte noch bedeutend erweitert. Die gesamte Bevölkerung wurde entwaffnet und wehrlos gemacht, aber auch der arabische Sklavenhandel nahm tatsächlich ein Ende. Die Behörden des neuen ›Kongo-Freistaates‹ begannen jedoch bald, sich das Eigentumsrecht an allen Landesprodukten anzueignen. Zwischen 1890 und 1893 bildete sich der Grundsatz heraus, daß nur die Hütten und die Hausgärten Eigentum der einheimischen Bevölkerung seien.

Verhängnisvoll für das Kongogebiet sollte sich dann die Erfindung der Gummireifen für Fahrräder und Autos auswirken. Gummi wurde über Nacht ein begehrtes Rohprodukt und demgemäß stieg der Preis für Kongo-Gummi im Jahre 1897 von 3 Shilling und 7 Pence englischer Währung je Pfund Rohgummi auf 12 Shilling 3 Pence.

Um die Rohgummigewinnung zu steigern, begann man die einheimische Bevölkerung des Kongo zur Zwangsarbeit heranzuziehen. Vorarbeiter und Soldaten quartierten sich in den Negerdörfern ein und zwangen die Negerinnen, sie zu verpflegen, während die Männer arbeiten mußten. Der Gewinn der Agenten war um so größer, je mehr Gummi geliefert wurde. Für jedes Kilogramm, das sie um fünf Centimes liefern konnten, erhielten sie 15 Centimes Provision. Es kam so weit, daß kritische Beobachter erklärten, die Kongobevölkerung habe vor der Ankunft der Weißen trotz der arabischen Sklavenhändler friedlicher und glücklicher gelebt. Die ›Kongo-Greuel‹ bildeten seit der Jahrhundertwende die Schlagzeilen der Weltpresse. Im Jahr 1908 erklärte der britische Außenminister Edward Grey, der Kongostaat habe »moralisch jedes Recht auf internationale Anerkennung verwirkt«. König Leopold II. sah sich schließlich aufgrund des Protestes der gesamten Weltöffentlichkeit gezwungen, den Kongo an den belgischen Staat abzutreten, der nun die ärgsten Schäden des vergangenen Regimes gutzumachen suchte. Nach dreißig Jahren Verwaltung der Kongo-Freistaatbehörden war die einheimische Bevölkerung von 30 auf 8 Millionen zusammengeschrumpft.

Ähnlich unerträgliche Verhältnisse wie im Kongo stellten sich auch im peruanischen Gebiet von Putumayo ein, als die Peruanische Amazonas-Kompanie 1908 in London gegründet wurde und eine Konzession für die Gewinnung von Rohgummi erhalten hatte. Dank dem Mut und der Entschlußkraft des jungen amerikanischen Ingenieurs W. C. Hardenburg erfuhr die englische Öffentlichkeit von den Foltern, Auspeitschungen und Vergewaltigungen indianischer Mädchen und Frauen, die in den Rohstoffgebieten an der Tagesordnung waren. Um die empörten Indianer in Schach zu halten, stellte die Kompanie eine Werktruppe auf und kaufte für sie (1910) Gewehre im Wert von 1700 Pfund ein. Durch das Eingreifen der englischen Anti-Sklaverei-Gesellschaft gelang es, die Angelegenheit bis vor das britische Unterhaus zu bringen. Im Jahre 1913 wurde die Kompanie wieder aufgelöst. Schon zuvor waren in Peru sklaverei-ähnliche Zustände festgestellt worden. Seit 1850 hatte man zwangsweise Südsee-Insulaner in das Land geholt, die von den Plantagenbesitzern als Arbeiter auf den Baumwoll- und Zuckerrohrfeldern eingesetzt wurden. Der Handel mit den ›Kanaken‹, wie die Insulaner verächtlich genannt wurden, nahm bald einen bedeutenden Umfang an. Die erste derartige Verschleppung — es handelte sich um Einwohner der Kingsmill Inseln — wurde von einem französischen Agenten in die Wege geleitet. Erst Anfang der Sechzigerjahre des 19. Jahrhunderts kam die Kunde davon der europäischen Öffentlichkeit zu Ohren. 1860 erhob Lord Russell im Namen der englischen Regierung bei der Republik Peru Protest gegen den Menschenhandel, die sich daraufhin verpflichtete, die Geraubten wieder in ihre Heimat zurückzuschicken. Doch noch 1866 wurde von Missionaren auf den Samoa-Inseln die Zwangsrekrutierung von Einheimischen zur Arbeit in Peru beobachtet. In diesen Jahren stellte man jetzt auch im britischen Machtbereich verschleppte und versklavte Südsee-Insulaner fest. So wurde z. B. 1867 der Besitzer einer Baumwollplantage in der damaligen australischen Kronkolonie Neu-Süd-Wales zur Verantwortung gezogen, weil er Südsee-Insulaner auf seinen Feldern beschäftigte und sie in betrügerischer Weise um ihren Lohn brachte, indem er sie erst nach drei Jahren und dann nur in Naturalien bezahlte. Als zwei Jahre später die britische Gesellschaft zum Schutz der Ureinwohner sich in den Fall einschaltete und an das Londoner Kolonialministerium appellierte, die Mißstände abzustellen, stritt der Gouverneur in Australien die Verschleppung der Eingeborenen und jeden Mißbrauch ausländischer Arbeitskräfte einfach ab. Erst 1871 rückte das dunkle Geschäft in den Blickpunkt der Weltöffentlichkeit — nachdem eine spektakuläre Bluttat geschehen war. Von den Südsee-Insulanern war Bischof Patterson, ein allseits beliebter Missionar, ermordet worden. Die Ermittlungen ergaben, daß die Menschenräuber ihr Schiff genau der ›Southern Cross‹ des

Bischofs nachgebildet hatten, so daß die Bewohner der von den Sklavenjägern heimgesuchten Inseln glauben mußten, es sei der Bischof, der auf einer seiner Missionsreisen wieder zu ihnen gekommen war. Auf solche Weise getäuscht, ließen sie sich auf das Schiff der Menschenfänger locken und wurden verschleppt. Die rachedurstigen Eingeborenen aber machten kurzen Prozeß, als schließlich das echte Schiff des Bischofs und er selbst bei ihnen erschien.

Die Empörung über den blutigen Vorfall brachte das britische Parlament dazu, ein Gesetz zum Schutz der Südsee-Insulaner zu beschließen, das in der Praxis aber nur wenig die Zustände änderte. Der Brauch, Eingeborene als Zwangsarbeiter zu verschleppen, wurde erst gegen die Jahrhundertwende aufgegeben.

Nicht weniger erbarmungslos gingen wenig später die Kolonisten auf den Neuen Hebriden vor, die 1906 unter eine gemeinsame englisch-französische Verwaltung gestellt wurden. Gerade diese doppelte Verantwortung sollte sich für die Inselgruppe und ihre Bewohner als gefährlich erweisen, da Frankreich die Schuld für alle Mißstände auf England und England alle Schuld auf Frankreich schob. Im Jahr 1913 beschuldigte eine auf den Hebriden tagende Konferenz evangelischer Kirchen die französischen Pflanzer der gröblichsten Ausbeutung ihrer eingeborenen Arbeiter.

Ein französisches Blatt hatte schon im März 1912 festgestellt: »Die Rekrutierung von eingeborenen Arbeitern erfolgt unter flagranter Verletzung der Konvention von 1901 und unter verabscheuungswürdigen Bedingungen. Da es so gut wie unmöglich ist, Arbeiter auf freiwilliger Basis zu erhalten, hat sich eine der häßlichsten Formen der Sklaverei unter der Maske, für Arbeitskräfte sorgen zu müssen, eingebürgert.« Die einheimische Bevölkerung hatte inzwischen von 600 000 Menschen im Jahr 1882 bis auf 65 000 im Jahr 1911 abgenommen.

Zwangsarbeit gab es auch in den Kolonien anderer europäischer Mächte. In Köhlers ›Kolonialkalender, Jahrg. 1938‹

schrieb Sophie v. Uhde: »Die Eingeborenen in Angola sind treue und brauchbare Arbeiter, noch recht ursprünglich, von den Portugiesen an ziemlich diktatorische Behandlung gewöhnt. Sie sind noch nicht allzulange frei von der Sklaverei, und auch heute sieht man sie noch, in endloser Reihe an einen Strick gebunden, Straßenarbeit tun: so dienen sie ihre Steuern ab, und ohne den Strick würden sie weglaufen. Ein peinlicher Anblick bleiben diese angebundenen Menschen für den Deutschen doch.« Freilich konnte man auch zur Zeit der deutschen Kolonialherrschaft in Afrika Anzeigen wie folgende in der ›Usambarapost‹ vom 22. November 1913 finden:
Suchen möglichst sofort zu kaufen:

> Konkratarbeiter (offensichtlich Druckfehler: Kontrakt)
> mit Verpflichtungen 3 bis 8 Monaten
> Songa-Pflanzungsgesellschaft mbH,
> Pflanzung Songa Post Mnussi

Erst Anfang 1914 konnte der deutsche Staatssekretär Dr. Solf bewogen werden, eine Erklärung abzugeben, daß der Arbeitszwang für Eingeborene aufgehoben werde.

In Portugiesisch-Angola wurden die Zwangsarbeiter aufgrund eines Gesetzes vom 21. November 1878 durch folgenden Arbeitskontrakt verpflichtet:

»1. Der Arbeiter verpflichtet sich zur Durchführung aller (häuslichen, landwirtschaftlichen usw.) Arbeiten, die ihm vom Dienstgeber aufgetragen werden.

2. Er verpflichtet sich zu neunstündiger Arbeit an allen Tagen, die nicht kirchliche Feiertage sind. Es werden ihm zwei Stunden für Ruhepausen angerechnet. Er verpflichtet sich, seinen Dienstgeber ohne dessen Erlaubnis nicht zu verlassen, außer wenn dies auf Befehl der Regierungsbehörden geschieht.

3. Der Dienstgeber verpflichtet sich zur monatlichen Zahlung von . . . . . Pfund, außerdem zur Beistellung von Nahrung und Kleidung.«

Henry W. Nevinson, der 1906 ein Buch über seine Erfahrungen in den portugiesischen Kolonien schrieb, berichtet, daß er Zeuge war, wie ein älterer portugiesischer Beamter ein hübsches Mädchen, das er selbst zu Spekulationszwecken gekauft hatte, einem Prospektor (also einem Mann, der nach Bodenschätzen sucht) für 125 Milreis, das sind ca. 25 englische Pfund, verkaufte. Der Prospektor hatte damit für die Dauer seiner Reise in das Landesinnere eine Konkubine. In Frankreich war es der berühmte Schriftsteller André Gide (1869–1951), der in seinen Reisebüchern ›Voyage au Congo‹ (1927) und ›Le retour du Tschad‹ (1928) die französische Öffentlichkeit über die Zwangsarbeit in den französischen Kolonien aufklärte. »In der Nähe unserer Etappe«, schreibt er, »im Schutz des Gardistenlagers, hockt eine ganze Herde von 9–15jährigen Kindern in der kalten Nacht um ein dürftiges Grasfeuer herum. Die Kinder sind am Strick aus ihren Dörfern verschleppt worden. Seit sechs Tagen läßt man sie ohne Lohn arbeiten und ohne ihnen Nahrung zu geben. Ihr Dorf liegt nicht sehr weit entfernt, man verläßt sich darauf, daß ihre Eltern, Freunde oder Brüder ihnen etwas zu essen bringen werden. Aber es kommt niemand.« Und an anderer Stelle schreibt Gide über den französischen Kongo (heute Kongo-Brazzaville): »Die armen Arbeitstiere troffen von Regenwasser. Viele von ihnen hielten ein Kind an der Brust, säugten es, ohne ihre Tätigkeit zu unterbrechen. Etwa alle zwanzig Meter waren am Straßenrand etwa drei Meter tiefe Erdlöcher. Ohne nur das nötige Werkzeug zu besitzen, hatten diese Elendsgeschöpfe hier das Erdmaterial zum Auffüllen ausgegraben. Mehrmals war es vorgekommen, daß der lockere Sandboden einstürzte und die untem im Loch arbeitenden Frauen mit ihren Kindern begrub. Dies wurde uns von mehreren Seiten bestätigt. Die Arbeiterinnen sind meist zu weit von ihren Dörfern entfernt, als daß sie abends dahin zurückkehren könnten; sie haben sich deshalb im Wald provisorische Hütten aus Schilf und Zweigen gebaut, die ihnen keinen Schutz vor Wind und Regen bieten. Wir vernahmen, daß der Milizsoldat, der sie beaufsichtigt, sie gezwungen hat, die ganze Nacht über zu arbeiten, um die Schäden zu heilen, die kurz vorher ein Gewitter auf der Straße angerichtet hatte, um so unsere Durchfahrt zu ermöglichen.«

Neben diesen Rückschlägen waren glücklicherweise auch Fortschritte zu verzeichnen und internationale Vereinbarungen über die Bekämpfung der Sklaverei in den Ländern, in denen sie noch fortbestand, getroffen worden. Die 1885 in Berlin unterzeichneten sogenannten ›Kongo-Akte‹ beschäftigten sich in einigen noch heute gültigen Abschnitten ausdrücklich damit. So verpflichteten sich die 17 Staaten, die unterzeichnet hatten, in Artikel 6 dazu, »über die eingeborenen Bevölkerungen zu wachen, eine Verbesserung ihrer moralischen und materiellen Existenzbedingungen anzustreben und alles in ihrer Macht Stehende für die Unterdrückung der Sklaverei und vor allem des Negersklavenhandels zu tun«. Artikel 9 bestimmte noch zusätzlich, daß im Kongogebiet selbst weder die Sklaverei zugelassen noch Transporte von Sklaven, welcher Rasse und Herkunft sie auch immer seien, durch das Land gestattet werden sollten.

Diese Bestimmungen wurden dann durch die große Konvention zur Beseitigung des afrikanischen Sklavenhandels ergänzt, die am 2. Juli 1890 in Brüssel unterzeichnet wurde.

In sieben Hauptkapiteln mit insgesamt einhundert Artikeln wurden hier genau die Maßnahmen festgehalten, die zur Beseitigung der Sklaverei, zur Befreiung noch in Knechtschaft lebender Sklaven und zu ihrer Rückführung in die Heimatländer ergriffen werden sollten. Ferner wurden besondere Vorkehrungen getroffen, Sklaventransporte zur See zu unterbinden und den Schiffen der einzelnen Mächte das Recht zugestanden, verdächtige Fahrzeuge welcher Nationalität auch immer, daraufhin zu untersuchen, ob sie Sklaven an Bord führten. Ein internationales Büro sollte in Sansibar eingerichtet werden und als Verbindungsstelle für alle Fragen dieser Art dienen. Die vertragschließenden Regierungen erklärten sich endlich auch bereit, gegenseitig alle den Sklavenhandel betreffenden Informationen auszutauschen und auch

Vorsorge für das weitere Schicksal der befreiten Sklaven zu treffen.

Dies war die größte und umfangreichste Absprache, die bis zu diesem Tag jemals über die Bekämpfung der Sklaverei zustande kam. Sie machte nun den ernsten Willen der Mächte deutlich, einen Schandfleck der menschlichen Zivilisation aus allen Ländern der Erde auszutilgen. Tatsächlich führte die Brüsseler Konvention von 1890 bis zum Ausbruch des Ersten Weltkrieges 1914 dazu, daß der Sklavenhandel und die Sklaverei in ihren legalen Formen fast überall zum Verschwinden gebracht wurden. Nur in einigen Gebieten Arabiens blieben sie weiterhin ausdrücklich erlaubt.

Aber noch einmal gab es Rückschläge. Während des Ersten Weltkrieges und in den folgenden Jahren begann der schon totgeglaubte Sklavenhandel wieder eine größere Rolle zu spielen. Die Kriegsereignisse und ihre deprimierenden Folgen lasteten so schwer auf den betroffenen Völkern, daß sie nicht mehr wie früher ihr Augenmerk auf die letzten Bollwerke der Sklaverei richten konnten. Außerdem sah es dem Schein nach so aus, als wäre dem Sklavenhandel und der Sklaverei für immer der Boden entzogen worden. So hatten die Sklaverei in ihren Ländern inzwischen verboten: Afghanistan 1923, Irak 1924, Neapel und Kerat 1926, Jordanien und Iran 1929, Bahrein 1938, Abessinien 1942, Kuweit 1949 und Qatar 1952. Die im Jahr 1926 vom damaligen Völkerbund zur Ergänzung der Brüsseler Akte von 1890 beschlossene Deklaration über die Sklaverei und ihre Bekämpfung wurde bis 1937 von 36 Staaten unterzeichnet, so von Abessinien, Ägypten, Afghanistan, Albanien, Belgien, Bulgarien, China, Dänemark, Deutschland, der Dominikanischen Republik, Ecuador, Estland, Finnland, Frankreich, Griechenland, Großbritannien, Haiti, Indien, Irak, Iran, Irland, Italien, Jugoslawien, Kolumbien, Kuba, Lettland, Libanon, Liberia, Panama, Polen, Portugal, Rumänien, Schweden, der Schweiz, Spanien, dem Sudan, Syrien, der Tschechoslowakei, Uruguay und den Vereinigten Staaten von Amerika.

Aber die beunruhigenden Berichte über neue Fälle von Sklaverei, die immer häufiger in den Kanzleien der Mächte, in den Konsulaten und in den Zeitungsredaktionen auftauchten, ließen sich mit der Zeit nicht mehr als das Hirngespinst einiger Phantasten oder als Mißverständnisse von Reisenden erklären. Die Sklavenhalter ihrerseits waren bemüht, die Argumente der Sklavereigegner zu entkräften, indem sie ihre Handlungsweise aus der spezifischen Mentalität ihrer Rassegenossen und den besonderen sozialen Verhältnissen ihrer Heimatländer zu erklären versuchten. Wie schwer es ist, mit diesen Kreisen zu reden, geht aus einem Gespräch hervor, das der irische Journalist Sean O'Callaghan mit einem arabischen Scheich führte; er veröffentlichte es in seinem 1961 in London erschienenen Buch über den ›Sklavenhandel heute‹. Es heißt darin — wir verwenden die deutsche Übersetzung von Arno Dohm: »Wie jeder human Denkende verabscheue ich (der interviewte Scheich) ihn (den Sklavenhandel), doch wir müssen das einmal von dem Standpunkt des Arabers aus betrachten. Er ist ein stolzer Mensch, zu stolz, um gewöhnliche Handarbeiten zu verrichten. Seit undenklichen Zeiten hat es für diese Tätigkeiten immer Sklaven gegeben, und der Araber wird, solange er Geld hat, stets Sklaven kaufen. Kein Beschluß der Vereinten Nationen wird ihm das abgewöhnen. Ich war 1936 in Arabien, als König Ibn Sa'ud die Verfügung betreffend die Sklaverei erließ. Sie kennen sie ja. Danach sollte der Sklave Anspruch auf gutes Essen, gute Kleidung, ärztliche Betreuung und so weiter haben. Das war alles nur Sand in den Augen der westlichen Völker. Die Araber behandelten auch weiterhin ihre Sklaven genauso, wie sie es vorher getan hatten. Die anständigen — und die sind bei weitem in der Mehrzahl — haben ihre Sklaven stets gut behandelt. Schließlich sind sie ja wertvolles Eigentum, für das sie gutes Geld bezahlt haben. Warum sollten sie dessen Marktwert verringern durch zu hartes Auspeitschen oder indem sie sie halb verhungern ließen? Das mag früher, als es Sklaven reichlich und zu geringen Preisen gab, vorgekommen sein, doch heutzutage sind sie teure Artikel, für deren Erhaltung man bestens sorgen muß.«

Die Hauptwege der Sklavenhändler von heute führen wie vor einem Jahrhundert von Afrika nach Arabien. Vereinzelt sind es auch andere vorderasiatische Länder wie Iran oder Indien, von denen sie ihre ›Waren‹ beziehen. Die Art des Transportes hat sich allerdings grundlegend geändert. Man benutzt heute alle technischen Errungenschaften des 20. Jahrhunderts, um die Reise zu einem sicheren Ende zu führen. Natürlich kann man die zum Verkauf kommenden Sklaven nicht mehr offen, als Sklaven deklariert, in Autos, Autobussen und Flugzeugen heranbringen. Doch es gibt so viele andere Wege, um zum Ziel zu kommen. So ist es z. B. eine beliebte Methode, Neger aus dem Inneren Afrikas zu einer Reise nach den heiligen Stätten des Islams, Mekka und Medina, zu überreden. Es macht sich dann eine erwartungsvolle Pilgergesellschaft per Auto auf die Reise, von der nur ein Teil wieder zurückkehren wird. Was will nämlich der einzelne tun, wenn er auf arabischem Boden — wo die Sklaverei formell erst 1963 nach der Ausrufung der Republik in Yemen und der teilweisen Entmachtung des Königs Ibn Sa'ud durch seinen Bruder ein Ende gefunden hat — festgehalten und auf einem der geheimgehaltenen Sklavenmärkte verkauft wird? Besondere Anziehungskraft auf die Menschenjäger üben noch immer die Kinder aus, die wie in alten Zeiten einfach geraubt werden.

Englische und französische Behörden haben noch um die Mitte des 20. Jahrhunderts offensichtliche Fälle von Menschenraub aufgedeckt. So wurde im Oktober 1954 die Nichte des Kaufmanns Ibu Maktum aus Qatar entführt und als Sklavin verkauft. Sie konnte erst durch eine Expedition von 120 Kamelreitern, die ihr Onkel ausrüstete, aufgespürt und befreit werden. Im Jahr 1948 wurde der 14jährige Sawayah bin Khamis seinem Stiefvater geraubt und in die Sklaverei verschleppt. 1949 bemächtigten sich Räuber der 14jährigen Afrah bint Muhammed und verkauften das Mädchen in

Mekka. Als die Mutter Afrah nach langem Suchen auffand, bedrohte sie der Besitzer des Kindes mit der Peitsche, als sie mit ihrer Tochter sprechen wollte. Im September 1955 nahmen irakische Grenzwachen den Sklavenhändler Mohammed Husain fest, der mit 50 minderjährigen Mädchen auf der Reise nach Arabien war. Dort sollten die Kinder auf dem Sklavenmarkt verkauft werden.

Auch in einigen anderen Gebieten wurden nach dem Zweiten Weltkrieg Fälle von Sklaverei bekannt. Robin Maugham gelang es, wie er in seiner Antrittsrede im Juli 1960 im britischen Oberhaus mitteilte, auf seiner Reise in das Land der Tuaregs, die das Bergland der Sahara bewohnen, einen erwachsenen Mann als Sklaven zu kaufen. Er hieß Ibrahim, war ein sogenannter Bela und kostete 25 000 alte französische Franken (entspricht ungefähr 2 500 DM).

Die Bela wurden einst von den kriegerischen Tuaregs unterworfen. Sie bilden eine Sklavenkaste und verbringen ihr Leben als Herdenhüter und Hausdiener ihrer Herren. Die Behandlung durch die Tuaregs ist hart und mitleidlos. Ein 16jähriges Belamädchen namens Timulud erzählte Robert Maugham, dem Vater des oben genannten Robin Maugham: »Der Name meines Herrn war Eyahia. Er war ungefähr 35 Jahre alt und hatte große Viehherden — Kühe und Ochsen — aber keine Schafe. Ich war als seine Sklavin geboren und lebte 15 Jahre als Sklavin mit meinen Eltern und meinem jüngeren Bruder. Wir zogen von Rastplatz zu Rastplatz und führten des Herrn Besitz mit uns, wenn er dem Wasser oder der frischen Weide folgte. In all dieser Zeit hörte ich von meinem Herrn kein freundliches Wort. Ich schleppte das Korn auf meinen Schultern und außerdem noch den kleinen Sohn des Herrn, den ich tragen mußte. Wenn ich dann am Abend erklärte, ich sei zu müde, um noch zu arbeiten, wurde ich geschlagen, daß ich halbtot war. Ich mußte das Essen kochen und es austeilen und ich selbst erhielt, was im Topf übrig blieb. Ich bekam auch etwas Milch und einen Rest des Fleisches. Wenn ich etwas anderes nahm, wurde ich geschlagen.

Während ich kochte, wurde ich bewacht, damit ich nichts stehlen konnte.«

Maugham erklärte, daß unter den sozialen Bedingungen, unter denen die Tuaregs leben, die Sklaverei fast unentbehrlich sei. Ihr Reichtum bestünde nur in Vieh, Geld besäßen sie nicht. So könnten sie auch keine Arbeitskräfte bezahlen. Erst die Änderung ihrer wirtschaftlichen Lage werde eine Abschaffung der Sklaverei möglich machen.

Dies ist schon 1958 in einem anderen Teil der Erde, an der Südwestgrenze Chinas geschehen. Hier wurden durch die chinesischen Behörden die Sklaven der Norsu befreit, die ihre Wohnsitze im chinesisch-burmesischen Grenzgebiet haben. In der Befreiungs-Charta heißt es gleich im ersten Artikel: »Die Sklaverei ist abgeschafft. Die Sklaven, Leibeigenen und die große Masse des arbeitenden Volkes werden für frei erklärt. Die Freiheit der Personen und die Gleichheit vor dem Gesetz werden garantiert.« Artikel 3 besagt, daß während der Übergangszeit Sklaven weder getötet noch mißhandelt, weggeführt oder als Pfand gegeben werden dürfen. Artikel 4 garantiert den bisherigen Sklavenhaltern ihre Häuser, ihren Viehbestand und ihr anderes Vermögen. Sollte der Lebensstandard der ehemaligen Sklavenhalter durch die Aufhebung der Sklaverei gefährdet sein, wird die Regierung für Abhilfe Sorge tragen. In den folgenden Artikeln der Verordnung, die in der ersten Sitzung des Ersten Volkskongresses der Autonomen Norsu Region im Bezirk Ning-lang geschlossen wurde, sind weitere Einzelheiten über das künftige Verhältnis zwischen Sklaven, Leibeigenen und ehemaligen Sklavenhaltern enthalten.

Die Sklaverei hatte bei den Norsu bis zu ihrer Aufhebung merkwürdige Formen angenommen. Man unterschied zwei Sklavengruppen: 1. die Haussklaven, die unter dem Namen ›gashibalu‹ bekannt waren. Sie kamen im Alter von 5 oder 6 Jahren in das Haus des Herrn und wurden von klein auf mit Hausarbeiten beschäftigt. Eine eigentliche Erziehung genossen sie nicht. Wenn die Söhne und Töchter des Herrn heirateten, wurden die weiblichen ›gashibalu‹ den Töchtern, die männlichen den Söhnen mitgegeben. Die Sklaveneltern hatten kein Recht über ihre Kinder und konnten von ihnen jederzeit getrennt werden. Die 2. Gruppe bestand aus den sogenannten ›apa-i-su‹, die nicht im Haus wohnten, sondern von ihrem Herrn ein kleines Besitztum erhielten, auf dem sie für sich arbeiten konnten. Sie mußten aber daneben auf den Feldern und in der Wirtschaft des Herrn arbeiten. Ein Sprichwort bei ihnen hieß: »Bei Tag arbeiten wir auf den Feldern für den Herrn und bei Nacht für ihn in den Betten.« Denn die Kinder der ›apa-i-su‹ waren Haussklaven und mußten mit dem 5. oder 6. Lebensjahr dem Herrn übergeben werden.

Die Norsu-Herren behandelten ihre Sklaven äußerst brutal. Ein 13jähriges Mädchen, das den Versuch machte, seine Mutter zu besuchen, wurde nach kurzer Flucht von seinem Herrn wieder eingefangen. Er fesselte das Kind an den Schweif seines Pferdes und schleppte es so zurück. Als er in der Nähe seiner Wohnung war, band er das Mädchen los und steckte es — es war tiefer Winter — bis über den Kopf ins Wasser. Dann mußte es in seinen nassen Kleidern niederknien und, den Kopf gesenkt, die Hände gefaltet, sich von seinem Herrn mit der Rute peitschen lassen. Als die junge Sklavin zu schreien begann, trat sie der Herr mit seinen genagelten Schuhen ins Gesicht. Das Kind, das diese Geschichte dem Erforscher der Norsu-Sitten, dem Engländer Alan Willington, 1958 während seiner an Ort und Stelle betriebenen Studien erzählte, trug noch eine breite Schramme über dem linken Auge.

Unter den Plätzen, an denen noch im Jahr 1960 Sklaven wie in alter Zeit ge- und verkauft werden konnten, wurde eine Reihe von arabischen Oasen, vor allem Buraimi, bekannt. Sean O'Callaghan gelang es unter Gefahren, an einer solchen Sklavenversteigerung im Suk-el-Abid (Zentralverkaufshaus) von Dschidda teilzunehmen. »Ich sah« — so berichtet der Autor — »wie unten elf, zwölf Sklaven durch eine Tür am hinteren Ende des Hofes getrieben wurden, und zwar von drei bulligen Wärtern, die Peitschen mit langen Schnüren hatten. Im Augenblick, da ich hinsah, bekam gerade eine dieser Kreaturen, ein sudanesisches Mädchen, einen tiefen Hieb über den nackten Rücken. Als die Peitschenschnur sie traf, stieß sie einen wilden Schmerzensschrei aus.« An der Auktion selbst nahmen etwa dreißig Kauflustige teil. Die zum Verkauf kommenden Sklaven waren fast alle Neger und Negerinnen, ausgenommen ein 12jähriger Junge arabischer Herkunft und ein 14jähriges Mischlingsmädchen. Sie wurden der Reihe nach auf dem Podium aufgestellt und von den Anwesenden genau untersucht. Erst dann begann das Bieten. Eine etwa 35jährige Negerin konnte nur mit Mühe losgeschlagen werden, denn auf den arabischen Sklavenmärkten finden Frauen über 20 Jahre kaum Käufer. Der 12jährige Junge, der zart und mädchenhaft wirkte, lief ohne zu zögern die Stufen des Podiums hinauf; als er stolperte, wurde er von den Wärtern behutsam hinaufgehoben. Nachdem er ersteigert worden war, folgte er widerstandslos seinem neuen Herrn. Im Gegensatz zu ihm mußte ein 14jähriges Mädchen mit Gewalt herangeschleppt werden. Es schlug wie wild um sich, so daß man ihm schließlich die Hände auf den Rücken fesselte. »Es wird lange dauern« — gesteht Sean O'Callaghan — »bis ich den Blick des Ekels vergesse, den ich im Gesicht dieser jungen Sklavin sah, als der Greis, der sie gekauft hatte, triumphierend wie ein Sieger ihren jungen Körper betätschelte.«

Auch die französische Ärztin Claude Fayein, die im Jemen tätig war, bestätigte in ihrem Buch: ›Eine französische Ärztin im Jemen‹ einen Sklavenverkauf. Man forderte sie auf, ein weißes Mädchen zu untersuchen, das einem jemenitischen Prinzen gehörte, der es an den Botschafter von Saudi-Arabien verkauft hatte. Die Ärztin sollte vor allem feststellen, ob das Mädchen geschlechtskrank und noch Jungfrau war oder nicht. Claude Fayein berichtet: »Man führte mir das Mädchen, etwa 15 Jahre alt, in einem der Gemächer des Palastes vor. Ich war sehr enttäuscht. Für ein Mädchen, das 700 000 Franken

(Alte französische Franken, ungefähr 7 600 DM) wert war, war ihr Körperbau zwar hübsch, aber ihr Gesicht erschien alltäglich, grob und ohne Zartheit. Unruhig ließ sie den Prinzen nicht aus den Augen. Zuerst hielt sie bei der ärztlichen Untersuchung still, dann aber begann sie den Zweck zu begreifen und protestierte dagegen. Der Prinz redete ihr vergeblich zu. Da sie nicht darauf reagierte, hielt er sie selbst fest. Erschrocken und mit allen Zeichen der Scham wehrte sie sich, aber sie wurde überwältigt.«

Um sich den Sklavennachschub für alle Fälle zu sichern, richtete man auch in den arabischen Ländern die berüchtigten Kinderfarmen ein, wie sie schon die nordamerikanischen Sklavenhalter in der ersten Hälfte des 19. Jahrhunderts betrieben hatten. Auf diesen Farmen wachsen die unglücklichen Wesen bis zu ihrem Verkauf heran. Sean O'Callaghan ist wahrscheinlich bis heute der einzige Europäer gewesen, der eine solche, in Dschidda am Roten Meer gelegene Institution besucht hat. Er befand sich in Begleitung eines Somali und eines Senegalesen. Der letztere hatte den Auftrag, für einen arabischen Scheich sieben Mädchen und fünf Knaben im Alter von 10—13 Jahren zu kaufen. Die Besucher wurden in einen großen Raum geführt, in dem an allen Wänden Reihen von Betten wie im Schlafsaal eines Schulpensionats standen. Die Mädchen, die O'Callaghan antraf, waren »nahezu weiß, einige schokoladenbraun. Zwei, etwa dreizehn und zehn Jahre alt, hätte man leicht für Südfranzösinnen oder Italienerinnen halten können. Ich bemerkte, daß mehrere auf dem Rücken rote Striemen von einem Rohrstock hatten. So ein Stock hing über jedem Bett und war anscheinend das persönliche (und oft benutzte) Eigentum dieser Kinder vom sechsten Lebensjahr an, bis sie von der ›Farm‹ verkauft wurden.« Nachdem unter den Mädchen eine erste Auswahl getroffen worden war, wurden die anderen weggeführt. Neun von ihnen, darunter die beiden weißen, blieben zurück, mußten sich völlig ausziehen und wurden nunmehr einer zweiten, noch gründlicheren Untersuchung unterworfen. Zur Überraschung O'Callaghans holte der Käufer »aus seiner Brusttasche ein Stethoskop und horchte bei jedem Mädchen Brust und Rücken bedächtig ab. Wenn er auch nicht Arzt war, so verstand er sich doch offenbar gut auf diese Methode, denn er machte das ganz fachmännisch. In ein Notizbuch trug er kurze Vermerke ein. Als er schließlich fertig war, deutete er auf sieben der Mädchen. Der Somali, in seiner Trunkenheit kaum fähig, das Papier zu sehen, schrieb sieben Namen auf die Rückseite eines Kuverts, und damit war die Inspektion der Mädchen beendet.« Was O'Callaghan dabei am meisten wunderte, war die Tatsache, daß sich keines der Mädchen widersetzte, weinte oder sonst ein Zeichen der Angst oder Furcht zu erkennen gab.

Der Kauf der Knaben ging nun in ähnlicher Weise vor sich. Callaghan glaubte freilich zu bemerken, daß diese ihr Schicksal keineswegs so ruhig hinnahmen wie die Mädchen. Auch war die Hälfte von ihnen entmannt. Auf eine diesbezügliche Frage antwortete man ihm, daß man den Mädchen erzähle, sie würden nach ihrem Verkauf ein Leben voll Luxus und in Liebe führen, während die Knaben wüßten, daß sie es nirgends mehr so gut haben würden wie hier.

In der Zeit zwischen den beiden Weltkriegen nahm die Ausbeutung der Erdölquellen in Arabien und am Persischen Golf ungeahnte Formen an. Dies führte dazu, daß ihre Besitzer, die die Konzessionen an die Erdölfirmen verliehen, bald zu Millionären wurden. So entwickelte sich in den arabischen Ländern auf der einen Seite ein ungeheurer Luxus einiger Weniger, auf der anderen Seite änderte sich nichts am namenlosen Elend vieler Hunderttausender. Erst seitdem in einigen arabischen Staaten die jahrhundertealte Feudalherrschaft gestürzt worden oder in Umformung begriffen ist, kann man auf eine Änderung der Lage hoffen. Der plötzlich hereinströmende Reichtum brachte es aber mit sich, daß die Preise für die Sklaven von Jahr zu Jahr in die Höhe schnellten und weit über das hinausgehen, was noch vor einigen Jahrzehnten üblich gewesen war. Kostete noch 1941 ein Knabe ungefähr 20, ein arbeitsfähiger Mann 50, ein kleines Mäd-

chen 12 und ein Mädchen von 14—16 Jahren, das noch Jungfrau war, 150 englische Pfund, so erhöhten sich die Preise bis
um das Jahr 1960 für einen Knaben auf 600, einen arbeitsfähigen Mann auf 150 und ein Mädchen von 14—16 Jahren
auf 800 englische Pfund. Solch phantastische Beträge spielen für die neureichen Araberfürsten jedoch überhaupt keine
Rolle, sind sie es doch gewohnt, einen Cadillac, der 3 500
englische Pfund kostete, einfach mitten in der Wüste stehen
zu lassen, wenn irgendeine Kleinigkeit daran reparaturbe-
dürftig ist. So wurden z. B. allein im Jahr 1958 zweihundert-
fünfzig Cadillacs in ein arabisches Land eingeführt, das über
nur rund 300 Kilometer Autostraßen verfügt.

Sklavereiähnliche Verhältnisse Prostitution und Mädchenhandel

Es war das Verdienst ideal und hochherzig gesinnter Frauen
und Männer, daß die Sklaverei als legale Einrichtung der
Völker und Staaten der Erde verboten wurde. Als man vor
einigen Jahren bei den Vereinten Nationen Fragebogen aus-
sandte, in denen von den einzelnen Mitgliedsstaaten eine
Antwort auf die Frage gefordert wurde, ob noch in ihrem
Gebiet die Sklaverei bestünde, kamen fast durchwegs negative
Antworten. Aber es gibt heute noch Formen der Sklaverei,
die zwar juristisch nicht mehr unter den engeren Begriff der
Sklaverei fallen, die praktisch aber dieselben Folgen für die
betreffenden Menschen und Menschengruppen mit sich bringen.
Eine der ältesten Erscheinungen dieser zwar nicht juristisch
definierbaren, aber praktischen Sklaverei ist der sogenannte
Mädchenhandel. In Europa und außerhalb Europas werden
noch immer Mädchen und junge Frauen unter verschiedenen
Vorwänden dazu gebracht, auf verlockende Stellenangebote
einzugehen oder fragwürdige Heiraten zu schließen. Manch-

mal werden sie auch einfach von den Mädchenhändlern entführt. Diese Mädchen und Frauen werden nicht zu harter Arbeit gezwungen, sondern man mißbraucht sie ausschließlich in sexueller Hinsicht. Eine der mutigsten Vorkämpferinnen für die Abschaffung dieses Mädchenhandels war Mrs. Josephine Butler (1828–1906), die 1880 einer Kommission Beweise vorlegte, daß Mädchen aus Großbritannien nach Belgien und Frankreich verschleppt und dort zur Prostitution gezwungen wurden. Unter den Opfern befanden sich 12 bis 13jährige Schulmädchen. Die Mädchen wurden für etwa fünf englische Pfund ›gekauft‹, und die Vermittler erhielten durchschnittlich zwischen 18 und 32 Pfund für ein in das Ausland gebrachtes Mädchen. Neben Mrs. Butler war es der Journalist William Thomas Stead, der sich das Ziel gesetzt hatte, die damals in Großbritannien blühende Kinderprostitution zu beseitigen. Nach seinen Untersuchungen gab es in London Geheimbordelle, in denen Kinder und junge Mädchen zu den abscheulichsten Handlungen gezwungen wurden. Man konnte von Mittag bis Mitternacht in den Straßen der britischen Hauptstadt 12- bis 13jährige Kinder antreffen, die sich den Passanten zu sexuellen Zwecken anboten. In den Kinderbordellen wurden Mädchen, die sich gegen ihre menschenunwürdige Rolle wehrten, gepeitscht oder mit Händen und Füßen auf das Bett gebunden, damit sie vergewaltigt werden konnten. Um dem englischen Gericht eindeutige Beweise vorlegen zu können, entschloß sich Stead dazu, den ›Kauf‹ und die ›Vergewaltigung‹ eines Kindes praktisch zu demonstrieren. Nach Rücksprache mit General Booth, dem Begründer der Heilsarmee, Kardinal Manning, dem Erzbischof von Westminster und dem Erzbischof von Canterbury ›kaufte‹ Stead mit Hilfe einiger in das Vorhaben eingeweihter Personen die 13jährige Elise Armstrong von ihrer Mutter. Die Frau wußte genau, zu welchem Zweck sie ihre Tochter auslieferte; sie verlangte für das Mädchen nicht mehr als ein englisches Pfund. Daraufhin brachte man Elise zu einem Arzt, der ihre Unberührtheit zu bestätigen hatte. Im Bordell einer gewissen

Mrs. Mourrey war unterdessen alles für eine scheinbare
›Vergewaltigung‹ hergerichtet worden. Elise wurde völlig
entkleidet und nackt auf einem Bett festgebunden. Stead be-
trat für einen Augenblick das Zimmer, verließ es jedoch sofort wieder. Eine zweite ärztliche Untersuchung des Mädchens bestätigte, daß Elise noch immer Jungfrau war. Dann
brachte man sie in ein Asyl der Heilsarmee nach Frankreich.
Stead veröffentlichte anschließend seine Erfahrungen und die
Ergebnisse seiner Untersuchungen in einer Artikelserie der
›Pall Mall Gazette‹ unter dem aufsehenerregenden Titel ›Der
Mädchentribut‹. Dabei beschuldigte er eine Reihe führender
Persönlichkeiten Großbritanniens, bis zur Stunde die notwendigen Gesetze zur Bekämpfung dieser ›weißen‹ Sklaverei
verhindert zu haben. Stead wurde vor Gericht gestellt und
zu drei Monaten Gefängnis verurteilt, aber schon am 14. August 1885 verabschiedete das britische Parlament mit 179
gegen 71 Stimmen ein Gesetz über den Schutz von Frauen
und Kindern und die Abschaffung der Bordelle. Stead gelang
es übrigens einige Jahre später, den Beweis dafür zu erbrin-
gen, daß König Leopold II. von Belgien (1865—1909) der
englischen Bordellwirtin Mrs. Jeffries jährlich 1 000 englische
Pfund gezahlt hatte, damit sie ihm laufend jungfräuliche
10—14jährige Mädchen nach Belgien sandte.
Was gegen Ende des 19. Jahrhunderts in Europa einen Sturm
der Entrüstung hervorrief, ist in anderen Teilen der Welt
heute noch gang und gäbe. Im September 1966 berichtete die
englische Zeitung ›Sunday Mirror‹ von einer chinesischen
Mutter, sie habe ihre 17jährige Tochter einem amerikanischen
Baumeister für 30 Pfund und zwei Flaschen Whisky verkauft.
In Bombay gab es 1957 in der Grant Road noch immer 40 000
Prostituierte in den berüchtigten Käfigen. Trotz des uner-
müdlichen Kampfes der indischen Regierung gegen die Prostitution dürften nach dem Bericht eines Sozialanthropologen
auch im August 1966 noch immer an 30 000 dieser unglücklichen Geschöpfe ihrem zweifelhaften Geschäft in der häßlichsten ›Liebesstraße‹ der Welt nachgehen. Die meisten der ge-

fangengehaltenen Mädchen sind von ihren Eltern aus Not hierhergebracht worden. Man findet in der Grant Road übrigens auch stark geschminkte Knaben von 12 bis 14 Jahren als männliche Prostituierte. In anderen asiatischen Ländern ist die Kinderprostitution gleichfalls nicht ausgestorben. In Thailand sind 90 % der prostituierten Mädchen zwischen 15 und 20 Jahren; daneben gibt es auch 12- bis 13jährige Kinder. In Pakistan wurden nach einer Mitteilung des Düsseldorfer Industriekuriers vom November 1963 seit 1945 55 000 Kinder verkauft. Ein 12jähriges Mädchen kostete 1 000 Rupien (75 englische Pfund). Zwischen 1947 und 1961 wurden 1 573 Personen wegen Handels mit Kindern von Gerichten verurteilt. Wie stark hier die Homosexualität verbreitet ist, ergibt sich aus der Tatsache, daß allein im Jahr 1963 3 000 Knaben geraubt und an Bordelle verkauft wurden. Der Preis eines Knaben schwankte zwischen 15 und 200 englischen Pfund. In Marokko wurden, wie einer Nachricht der Zeitung ›La Vigie Marocaine‹ vom Februar 1964 zu entnehmen war, bei einer Razzia 122 Prostituierte aufgegriffen. Ein Viertel davon waren Kinder, die aus europäischen und afrikanischen Ländern stammten. Im Jahr 1962 veröffentlichte Julius Carlebach eine Untersuchung über die Zunahme der Kinderprostitution in Nairobi (Kenia). Schon 12jährige Mädchen besäßen hier Kenntnisse von ganz ausgefallenen sexuellen Praktiken, die für ihr ›Geschäft‹ notwendig seien. Weit verbreitet ist ferner die Kinderprostitution in westafrikanischen Ländern. Hier gelingt es gewissenlosen Verführern besonders leicht, Schulmädchen zur Flucht aus dem Elternhaus zu überreden, da die Mädchen hoffen, dadurch der Zwangsverheiratung durch ihre Eltern zu entgehen. Statt aber im Haus des versprochenen ›Verlobten‹ landen sie gewöhnlich in einem Bordell.

Noch immer nämlich ist die Zwangsverheiratung von Mädchen an fremde Männer außerhalb Europas weit verbreitet. In Europa selbst ist es noch nicht allzulange her, daß die Eltern ebenfalls ein gewichtiges Wort mitsprachen, wenn es um die Heirat vor allem der Töchter ging. Manche sogenannte ›Geldheirat‹ unterschied sich von einer Heirat in Asien oder Afrika praktisch nur dadurch, daß der Bräutigam in den letztgenannten Kontinenten die Tochter vom Schwiegervater loskaufen mußte, während er in Europa als Mann von Stand eine entsprechende Mitgift erwarten durfte, wenn er sich entschloß, ein Mädchen zu heiraten. Die Sitte, dem Schwiegervater Geschenke zu geben, statt eine Mitgift zu erhalten, erinnert daran, daß eine Frau ursprünglich ›gekauft‹ werden mußte. Daß junge Leute in Afrika oft wegen der hohen Forderungen der Schwiegereltern nicht heiraten können, zeigt sich an der Werterhöhung der ›Brautgabe‹ an den Schwiegervater beim Stamm der Bassa in Kamerun. Dort war es noch vor 1914 üblich, daß der Vater der Braut anläßlich der Verlobung nur ein symbolisches Geschenk forderte: ein paar Geldstücke, etwas Salz oder ähnliche Dinge. 1932 war der Kaufpreis für ein Mädchen bereits auf zwei Ziegen, ein Schwein und außerdem auf eine Summe, die 20 Neuen französischen Franken entsprach, gestiegen. Im Jahr 1950 kostete ein Mädchen gar 10 Ziegen, einen Stier und 500 Neue französische Franken, im Jahr 1967 wurde der Wert einer Frau schließlich auf 2 000 bis 5 000 Neue französische Franken geschätzt. Wenn wir eine Statistik über den Kaufwert von Menschen im Verlaufe der Geschichte aufstellen, ergibt sich folgendes Bild (Preisangaben in Neuer französischer Frankenwährung):

Zeit	Land	Verkaufsobjekt	Preis (NFF)
3. Jh. v. Chr.	Griechenland	Durchschnittssklave	160
		Luxussklavin	50 000
1571	Portug. Kolonien	Negerkind	556–754
17. Jh.	Frankreich	Galeerensklave	1665
1848	Martinique	Entschädigung für einen Sklaven bei der Aufhebung der Sklaverei	1389
1925	Liberia	Knabe	68, 75
		Frau	41, 25–550

Zeit	Land	Verkaufsobjekt	Preis (NFF)
1930	Hongkong	Mädchen 14–16 Jahre	102, 96
1950	Guarija (Afrika)	Junges Mädchen 1. Wahl	50 Ziegen, 4 Sack Mais, 2 Fässer Rum
1950	Guarija (Afrika)	Junges Mädchen 2. Wahl	10 Ziegen
1932	Qatar (Arabien)	Mann	1545
		Frau	1030
1953	Saudi-Arabien	12–14jähriges Mädchen (Jungfrau)	2000
		Mann, 40 Jahre alt	1500
		ältere Frau	40
1956	Frankreich	Frau (Mädchenhandel)	2500
1959	Franz. Sudan	Mann	500
1960	Kamerun	Mädchen (Brautpreis)	2000–5000
1961	Jemen	Mann	700
1961	Gabun	Mädchen (Brautpreis)	1072
1964	Iran	Junge Prostituierte	780
1964	Nigeria	Mann	8000

Prostituierte, die zu ihrem Gewerbe gezwungen wurden, sind vor allem in Bordellen außereuropäischer Länder anzutreffen. In Europa gibt es glücklicherweise nur ganz vereinzelte Fälle dieser Art. Dafür ist die Zahl der Mädchen, die als ›weiße Sklavinnen der Liebe‹ von Europa in überseeische Bordelle ›vermittelt‹ werden, um so erschreckender. Am 14. Juli 1958 erklärte die Witwe des französischen Generals Legrand, Mme. Legrand-Saco, daß die Mehrzahl der rund 50 000 Mädchen, die jedes Jahr aus europäischen Ländern verschwänden, von Organisationen der Mädchenhändler entführt würden. Die Mädchen würden meist nach Nordafrika, den Mittleren Osten und nach Südamerika verschleppt. Neben Angeboten von lockenden Stellungen als Bardamen oder Tänzerinnen und Heiratsversprechen sind Rauschgifte bewährte Mittel, um sich die Opfer gefügig zu machen. Gewissenlose Verführer suchen die Bekanntschaft von labilen oder verzweifelten Mädchen, gewinnen ihr Vertrauen und gewöhnen sie an Rauschgift. Wenn die Mädchen so weit sind, daß sie ohne ›Stoff‹ nicht mehr leben zu können glauben, verlangen ihre Beschützer plötzlich Bezahlung für das gelieferte Suchtgift. Da die geforderten Summen gewöhnlich nicht bezahlt werden können, bleibt den Mädchen nichts anderes übrig, als sich den Wünschen ihrer Erpresser zu fügen. Für den Mädchenhändler erhöht sich dabei der Gewinn, wenn er sein Opfer nicht nur auf die Straße schickt, sondern ihm außerdem noch das unentbehrlich gewordene Rauschgift gegen Bezahlung liefert.

Außer durch Gewöhnung an Rauschgifte können Mädchen und junge Frauen auch durch Erpressung gezwungen werden, sich den Wünschen des Verführers zu fügen. Stephan Barlay, der Autor des Buches ›Die Sexhändler‹, lernte in Tanger ein schwedisches Mädchen namens Gunvar kennen, das praktisch die Sklavin seines Eigentümers war. Gunvar durfte Tanger nur mit Erlaubnis ihres Besitzers verlassen. Ihr Eigentümer hatte sie für 10 000 Dirhams (714 englische Pfund) von ihrem Erstbesitzer erworben. Gunvar war keine Prostituierte, sie hatte Modell für pornographische Aufnahmen zu stehen. Solche Aufnahmen fanden seit 1960 eine immer größere internationale Verbreitung, weibliche Personen, die für die obszönen Aufnahmen Modell standen, waren daher immer gefragter. Da sich Prostituierte für derartige Fotos kaum zur Verfügung stellen, versuchen die Hersteller und Vertreiber der Bilder ahnungslose Mädchen in ihre Abhängigkeit zu bringen. Überredung und Alkohol genügen manchmal, daß sich ein bis dahin gut beleumdetes Mädchen in einer verfänglichen Stellung fotografieren läßt. Der Verführer nutzt diese Gelegenheit, um das Mädchen mit Hilfe des Fotos zu erpressen. Es bleibt ihm dann meist nichts anderes übrig, als fortan heimlich für den Erpresser zu arbeiten. Ein Skandal dieser Art konnte in Frankreich nur dadurch aufgedeckt werden, daß eines der Mädchen, das in ihn verwickelt war, den Mut aufbrachte, der Polizei von den Vorfällen Mitteilung zu machen. Bei dem Erpresser handelte es sich um einen angesehenen französischen Kaufmann namens Marcel Savinas, dessen Tochter eines der vornehmsten Erziehungsinstitute der

Gegend besuchte. Der Mann hielt seine 15jährige Tochter dazu an, hübsche Mitschülerinnen nach Hause einzuladen, wo die Mädchen zuerst unter Alkohol gesetzt und dann überredet wurden, sich auszukleiden und fotografieren zu lassen. Mit Hilfe dieser Fotos zwang Savinas seine Opfer, mit Geschäftspartnern zu schlafen, die sich ihre jugendlichen Beischläferinnen anhand der vorgelegten Fotos aussuchen konnten. Im April 1966 gelang es der französischen Polizei, Savinas zu fassen, als er eben im Begriff war, drei 15jährige Schülerinnen in sein Liebesnest zu holen.

Epilog

Es gibt kaum ein Gebiet, auf dem die internationale Zusammenarbeit so notwendig ist, wie in der Frage der Beseitigung der letzten Bastionen echter und verkappter Sklaverei. Es kann aber auch kein Zweifel darüber bestehen, daß die Zusammenarbeit aller Nationen dazu führen wird, diese Krebsgeschwüre der Menschheit ganz auszumerzen, wenn der Wille, der Ernst und die Tatkraft, zu ihrer Entfernung beizutragen, vorhanden sind. Es hat sich in den vergangenen Jahrzehnten gezeigt, daß der Abschluß von Konventionen und Pakten wohl die Voraussetzung für die Beseitigung des Sklavenhandels und der Sklaverei bedeutet, daß aber alle Verträge auf dem Papier stehenbleiben, wenn nicht die Initiative einzelner Staaten und Organisationen hinzutritt. In der Vergangenheit war es noch vor allem Großbritannien und die auf britischem Boden gegründete, heute noch bestehende Anti-Slavery-Society, die als Vorkämpfer gegen die Versklavung des Menschen tatkräftig in Erscheinung traten. Heute sind es die Vereinten Nationen, die sich die gleiche Aufgabe gestellt haben. Das Abkommen, das unter ihrer Obhut 1956 abgeschlossen wurde, verpflichtete die Unterzeichnerstaaten zu einer aktiven Politik gegenüber den Regierungen, die auf ihren Gebieten noch sklavereiähnliche Verhältnisse duldeten. Bis Ende 1956 hatten folgende Staaten das Abkommen unterzeichnet: Belgien, Bundesrepublik Deutschland, El Salvador, Frankreich, Griechenland, Guatemala, Haiti, Indien, Irak, Israel, Jugoslawien, Kanada, Liberia, Luxemburg, Mexiko, die Niederlande, Norwegen Österreich, Pakistan, Peru, Polen, Portugal, Rumänien, San Marino, der Sudan, die Tschechoslowakei, die Ukraine, Ungarn, die Union der Sowjetrepubliken, das Vereinigte Königreich Großbritannien und Nordirland, Vietnam und Weißrußland. Aber wie Viscount Maugham in der großen Debatte des britischen Oberhauses am 14. Juli 1960 über die Bekämpfung der Sklaverei erklärte, seien alle internationalen Abkommen kaum etwas wert, solange niemand über ihre Einhaltung wache. »Meines Erachtens« — sagte damals der Redner wörtlich — »müßte ein Gremium von Sachkennern gebildet werden, das den Wirtschafts- und Sozialrat der Vereinten Nationen bei den Beschlüssen berät, die dieser in der Sklavenfrage jedes Jahr fassen sollte. Die Mitglieder des Komitees — nicht mehr als neun oder zehn — müßten verschiedener Nationalität sein. Am besten wäre es, wenn keine von ihnen Bürger einer früheren Schutzmacht ist. Ausschlaggebend für ihre Berufung sollte allein die Kenntnis der Materie sein, und die Wahl müßte auf unbestimmte Zeit erfolgen, damit Kontinuität der Arbeit gewährleistet ist. Die Funktion des Komitees wäre nur Beratung, die endgültigen Beschlüsse müßte nach wie vor der Wirtschafts- und Sozialrat fassen.«

Als Folge dieser Debatte ist wohl der Antrag anzusehen, der von Großbritannien und Dänemark am 17. Juli 1962 im Wirtschafts- und Sozialrat der Vereinten Nationen eingebracht wurde. In ihm heißt es:

»In der Erkenntnis, daß trotz des Appells 48 Mitgliedsstaaten der Vereinten Nationen oder einer Fachbehörde noch nicht der internationalen Sklavereikonvention von 1926 und 71 noch nicht der Zusatzkonvention als Vertragsteile beigetreten sind,
I. *empfiehlt* der Wirtschafts- und Sozialrat, daß die Vollver-

sammlung auf ihrer 17. Tagung den folgenden Beschluß-
entwurf annehmen möge:

Unter Berufung auf Artikel 4 der ›Allgemein Bindenden
Erklärung der Menschenrechte‹, in der es heißt: ›Niemand
soll in Sklaverei oder Knechtschaft gehalten werden; die Sklaverei und der Sklavenhandel sollen in allen ihren Erschei-
nungsformen verboten sein‹,

in dem Glauben, daß die Sklaverei, der Sklavenhandel und alle der Sklaverei ähnlichen Einrichtungen und Bräuche abgeschafft werden sollten,

ferner in dem Glauben, daß die Teilnahme aller Mitgliedsstaaten der Vereinten Nationen und Mitgliedsstaaten der Fachbe-
hörden an der Internationalen Sklavereikonvention von 1926
und der Zusatzkonvention von 1956 über die Abschaffung
der Sklaverei, des Sklavenhandels und der der Sklaverei ähnlichen Einrichtungen und Bräuche und die volle Durchset-
zung von deren Bestimmungen durch diese Mitgliedsstaaten
einen wichtigen Schritt nach vorn zur Erreichung dieses Zieles bedeuten würden, und ferner

in der Erkenntnis, daß bisher 48 Mitgliedsstaaten der Vereinten Nationen oder einer Fachbehörde der Konvention von
1926 und 71 der Zusatzkonvention von 1956 nicht beigetreten sind,

1. ersucht die Vollversammlung diejenigen Mitgliedsstaaten der Vereinten Nationen oder einer Fachbehörde, die diesen
Konventionen noch nicht beigetreten sind, dies zu tun;

2. legt die Vollversammlung allen Staaten, die den Konventionen beigetreten sind, nahe, mit aller Kraft bei der Durchführung ihrer Bestimmungen mitzuwirken, insonderheit dadurch, daß sie dem Generalsekretär, falls sie solches noch nicht
getan haben, die gemäß Artikel 8 (2) der Zusatzkonvention
von 1956 erforderlichen Auskünfte geben.

II. *Entscheidet* der Wirtschafts- und Sozialrat, die Frage der
Sklaverei weiter auf seiner 36. Tagung zu behandeln.«

Über die Sklaverei zu schreiben, ist auch im 20. Jahrhundert noch eine aktuelle Angelegenheit. Selbst wenn es in ab-

sehbarer Zeit gelänge, die Sklaverei völlig zum Verschwinden zu bringen, werden doch die Folgen und ihre Spuren noch viel länger sichtbar sein. Wir dürfen uns aber erst dann als kultivierte Menschen betrachten, wenn der letzte Sklave, Leibeigene und unter Zwängen Stehende auf dieser Erde seine Freiheit erhalten hat.

Literaturverzeichnis

American convention for promoting the abolition of slavery, Philadelphia, 1818

American slavery as it is, New York, 1839

Anonym: Morgenland und Abendland, Stuttgart, 1845

Aptheker, Herbert: Negro Slave Revolts in the United States 1525 bis 1861, New York, 1939

Arndt: Versuch einer Geschichte der Leibeigenschaft in Pommern und Rügen, Berlin, 1803

Augney, John H.: The Iron furnace, Philadelphia, 1863

Ballagh, J. C.: White servitude in the colony of Virginia, Baltimore, 1895

Bancroft, Frederic: Slave-Trading in the Old South, Baltimore, 1931

Barbet, Miguel: Der Cimarrón. Die Lebensgeschichte eines entflohenen Negersklaven aus Cuba. Frankfurt (Main), 1969

Bardèche, Maurice: Sparte et les Sudistes, Paris, 1969

Barlay, Stephan: Die Sexhändler, Wien, 1967

Barnett, Hollander: Slavery in America, London, 1962

Bassett, John Spencer: Slavery in the state of North Carolina, Baltimore, 1899

Bassett, John Spencer: The Plantation Overseer, Northhampton (Mass.), 1925

Berloux, F.: La traite orientale, Paris, 1870

Bianchetti, Carlo: L'antischiavismo, Turin, 1893

Bledsoe, Albert Taylor: An essay on liberty and slavery, Philadelphia, 1856

Botkin, R. A.: Lay my burdon down, Chicago, 1945

Botkin, B. A.: Die Stimme des Negers, Hamburg, 1963

Brawley, B.: A social history of the American negro, New York, 1921

Brown, William, W.: Narrative of William W. Brown, a fugitive slave, Boston, 1847

Buckingham, J. S.: The Slave States of America, London, 1842

Bücher, K.: Aufstände der unfreien Arbeiter, Frankfurt/Main, 1874

Buxton, Th. F.: Memoirs, London, 1849

Canot, Theodore: Adventures of an African Slaver, Salem (Mass.), 1929

Chambers, William: American slavery and colour, London, 1857

Chanana, Dev Raj: Slavery in ancient India, New Delhi, 1960

Cles, Ferdinand von: Licht aus dem Westen, Köln, 1957

Collins, W. H.: The domestic Slave Trade of the Southern States, New York, 1904

Colomb, Capt.: Slave-Catching in the Indian Ocean, London, 1873
Corwin, A. F.: Spain and the abolition of slavery in Cuba, 1967
Coupland, R.: Wilberforce, Oxford, 1923
Coupland, R.: The British Anti-Slavery-Movement, London, 1933
Cronholm, Anna-Christie: Die nordamerikanische Sklavenfrage im deutschen Schrifttum des 19. Jahrhunderts, Berlin, 1958
Curtin, P. D.: The Atlantic slave trade, 1969

D'Auvergne, Edmund: Human livestock, London, 1933
Davidson, Basil: Vom Sklavenhandel zur Kolonisierung, Reinbek, 1966
Davis, David Brion: The problem of slavery in western culture, Ithaca (N. Y.), 1966
Desfosses, Castonnet H.: La perte d'une colonie, la révolution de St. Domingue, Paris, 1893
Dodd, William E.: The Cotton Kingdom, New Haven, 1921
Donnan, Elizabeth: Documents Illustrative of the History of the Slave Trade to America, Washington, 1930 ff.
Drewry, William Sidny: Slave Insurrections in Virginia, Washington, 1900
Douglas, Frederick: Sklaverei und Freiheit, Hamburg, 1860
Duffy, James: A question of slavery, Oxford, 1967

Endresen, Halfdan: Der Sklavenhandel ist nicht ausgestorben, Basel, o. J.
Elkins: Slavery, 1968
Ester, Matthew: A defense of Negro Slavery, Montgomery (Ala.), 1846

Fentherstonhaugh, George W.: Excursion through the Slave States, London, 1844
Fletcher, John: Studies on slavery, Natchez, 1952
Fleuriot, de Langle: La traite des esclaves à la côte orientale de l'Afrique, Paris, 1873
Freyre, Gilbert: The Masters and the Slaves, London, 1947

Gaston, Martin: Histoire de l'esclavage dans les Colonies Françaises, Paris, 1948
Genovese, Eugene D.: The political economy of slavery, New York, 1965
Goodell, William: The American Slave Code in theory and practise, London, o. J. (vor 1863)
Goveta, E. V.: Slave society in the British leewards islands at the end of the 18th century, 1965
Greendidge, C. W. W.: Slavery, London, 1958

Gregg, William: Factory masters of the Old South, Chapel Hill, 1928

Grieninger, Theodor: Freiheit und Sklaverei unter dem Sternenbanner, Stuttgart, 1962

Griggs, E. L.: Thomas Clarkson – friend of slaves, London, 1936

Hansen, Thorkild: Slavernes Kyst, Kopenhagen, 1967

Henriquez: Family and Colour in Jamaica, London, 1953

Hochstädter, Fr.: Die wirtschaftlichen und politischen Motive für die Abschaffung des britischen Sklavenhandels 1806–1807, Leipzig, 1905

Hürd, J. L.: The Law of Freedom and Bondage in the United States, Boston, 1858

Hupel, A. W.: Nordische Miszellaneen, Riga, 1781

Ingram, J. K.: A history of slavery and serfdom, London, 1895

Jeffreys, M. D. W.: Alt-Kalaber und der Sklavenhandel (in: Paideuma VI., S. 14 ff.), Frankfurt/Main, 1954

Kay, George F.: The shameful trade, London, 1967

Kemble, Frances Anne: Journal of a residence on a Georgian Plantation 1838–1839, London, 1961

Kindlinger: Geschichte der deutschen Hörigkeit, Berlin, 1819

Klein, Herbert S.: Slavery in the Americas, London, 1967

Kom, A. de: Wir Sklaven von Surinam, Zürich, 1936

Korwin-Szymanowski, Th.: L'esclavage africain, Paris, 1891

Lacroix, Louis: Les derniers Négriers, Paris, 1952

Lauffwr, L.: Die Sklaverei in der griechisch-römischen Welt (in: XIE Congrès International des sciences historiques, Rapp. S. 71 ff.), Stockholm, 1960

Lawrence, A. W.: Trade Castles and Forts of West Africa, London, 1963

Lencman, I. A.: Die Sklaverei im mykenischen und Homerischen Griechenland, Wiesbaden, 1966

Letourneau, Ch.: L'evolution de l'esclavage, Paris, 1897

Lim, Janet: Als Sklavin verkauft, Hamburg, 1959

Lloyd, Christopher: The Navy and the Slave Trade, London, 1949

Mackenzie-Grieve, A.: Last Years of the african Slave Trade, London, 1949

Macmunn, George Sir: Slavery through the ages, London, 1938

Manning, Edward: Six months on a slaver, New York, 1879

Mannix, Daniel P. und Cowley, Malcolm: Black Cargoes, London, 1963

Martin, Bernard und Spurell, Mark: The Journal of a Slave Trader 1750–1754, London, 1962

Mathieson, William Lav.: British slavery and its abolition 1823–1838, London, 1926

Maugham, Robin: The slaves of Timbuctu, London, 1961

Maurer, Emil H.: Der schwarze Revolutionär, Meisenheim (Glan), 1950

Micknat, G.: Kriegsgefangenschaft und Sklaverei in der griechischen Geschichte, Wiesbaden, 1954 ff.

Moore, George H.: Notes on the history of slavery in Massachussetts, New York, 1866

Moser: Die bäuerlichen Lasten der Württemberger, Stuttgart, 1832

Nevinson, Henry W.: A modern slavery, London, 1906

Newton, John: Thoughts upon the African Slave Trade, London, 1788

O'Callaghan, Sean: Der weiße Sklavenhandel, Berlin, 1967

O'Callaghan, Sean: The Slave Trade, London, 1961

O'Callaghan, Sean: Sklavenhandel heute, München, 1963

Oliva, P.: Pocátky otrokárfskè vyroby v antikvem řecku (Anfänge der sklavenhaltenden Produktion im antiken Griechenland) in: Casopis Historický, Heft 1, S. 73, Prag, 1954

Olmsted, Frederic Law: The Cotton Kingdom, New York, 1861

Ottley, Roi: Black Odyssee, London, 1949

Owen, Nicolas: Journal of a Slave-Dealer, London, 1930

Paczensky, Gert v.: Die Weißen kommen, Hamburg, 1970

Pares, R.: Merchants and Planters, 1960

Passevans: La Russie et l'esclavage, Paris, 1822

Patterson, Orlando: The sociology of slavery, London, 1967

Petit, Emilien: Traité du gouvernement des esclaves, Paris, 1777

Philipps, Ulrich B.: American Negro Slavery, New York, 1918

Pöhlmann, R. v.: Geschichte der sozialen Frage und des Sozialismus in der antiken Welt, München, 1925

Polanyi, Karl: Dahomey and the Slave Trade, Washington, 1960

Pollaud-Dulian, Marcel: Amos y esclavos, hoy, Barcelona, 1968

Pollaud-Dulian, Marcel: Aujourd'hui l'esclavage, Paris, 1967

Pope-Hennessy, James: Geschäft mit schwarzer Haut, Wien, 1970

Postell, William D.: The health of the slaves on Southern Plantations, Baton Rouge, 1951

Prader, Charles: Nouvelles études sur le Brésil, Paris, 1872

Richard, W.: De servis apud Homerum, Berlin, 1851

Richter, W.: Die Sklaverei im griechischen Altertum, Breslau, 1886

Riegelsen, Björn Andreas: Tanker om Slavehandelen, Kopenhagen, 1806

Ross, F. A.: Slavery ordained of God, Philadelphia, 1857

Ruben, Walter: Die Lage der Sklaven in der altindischen Gesellschaft, Berlin, 1957

Russel, C. E. B.: General Rigby: Zanzibar and the slave trade, London, 1935

Schebesta, Paul: Portugals Konquistamission in Südost-Afrika, Siegburg, 1966

Schoelcher, Victor: Esclavage et Colonisation, Paris, 1848

Schwelcher, Victor: La restauration de la traite des noirs au Natal, Paris, 1877

Schulte-Nordhold, W.: Das Volk, das im Finstern wandelt, Bremen, 1959

Sellers, James Benson: Slavery in Alabama, Birmingham (Ala.), 1950

Semewskij: Die Bauernfrage in Rußland, St. Petersburg, 1888

Sherrard, O. A.: The slave and his emancipation, London, 1959

Sherrard, O. A.: Freedom from fear, London, 1950

Sik, Endre: Histoire de l'Afrique Noire, Budapest, 1962 f.

Simon, Kathleen: Slavery, London, 1929

Smith, Abbot Emerson: Colonists in Bondage 1607–1776, Chapel Hill, 1947

Snelgrave, William: Nouvelle relation de quelques endrits de Guinèe et du commerce d'esclaves, Amsterdam, 1735

Snelgrave, W.: New Account of Guinea and Slave Trade, London, 1754

Stampys, Kenneth M.: The Peculiar Institution, New York, 1956

Stowe-Beecher, Harriet: A key to Uncle Tom's Cabin, Boston, 1853

Sugenheim, Samuel: Geschichte der Aufhebung der Leibeigenschaft und Hörigkeit in Europa, St. Petersburg, 1861

Sydnor, Charles Sackett: Slavery in Mississippi, Gloucester (Mass.), 1965

Takekoshi, Yosoburo: The economic aspects of the history of civilization in Japan, London, 1930

Tannenbaum, Frank: Slave and Citizen, New York, 1947

Taylor, Orville W.: Negro Slavery in Arkansas, Durham (N. C.), 1958

Thornburg, Walter: Turkish life and Character, London, 1860

Tisserant, Charles: Ce que j'ai connu de l'esclavage en Oubangui-Chari, Paris, 1955

Tjumenev, A. J.: Geschichte der sklavenhalterischen Gesellschaft der Antike, Moskau-Leningrad, 1935

Tourmagne, A.: Histoire de l'esclavage, Paris, 1880
Tudor, A.: Istoria sclavajului in Dacia Romana, Bukarest, 1957
Tugan-Baranowskij, M.: Geschichte der russischen Fabrik, Berlin, 1900

Van Errie J. A.: Negro and Negro Slavery, Baltimore, 1853
Vaux de Foletier, François de: L'esclavage des Tsiganes dans les principautés roumaines (in: Etudes Tsiganes, Paris, 1970, Nr. 2/3)
Vogt, Joseph: Sklaverei und Humanität im klassischen Griechentum, Wiesbaden, 1953
Vogt, Joseph: Die Struktur der antiken Sklavenkriege, Wiesbaden, 1957
Volkmann, H.: Die Massenversklavungen der Einwohner eroberter Städte in der hellenistisch-römischen Welt, Wiesbaden, 1961

Waas, Adolf: Geschichte der Kreuzzüge, Freiburg (Breisgau), 1956
Wade, Richard C.: Slavery in the Cities. The South 1820–1860, New York, 1964
Wade, Richard C.: American slavery and colour, London, 1957
Wallon, H.: Histoire de l'esclavage dans l'antiquité, Paris, 1879
Weld, C. A.: A vacation tour in the U. S. and Canada, London, 1954
Weld, Theodore Dwight: American Slavery as it is, New York, 1839
Wellenkamp, Dieter: Der Mohr von Berlin, Darmstadt, 1970
Weminck, A. J. und Kramers, J. H.: Handwörterbuch des Islams, Leiden, 1941
Westermann, W. L.: The Slave Systems of Greek and Roman Antiquity, Philadelphia, 1955
Wilberforce, R. J. und Wilberforce, S. W.: The Life of William Wilberforce, London, 1838
Wilbur, M.: Slavery in China during the former Han Dynasty, Chicago, 1943
Williams, Eric: Capitalism and slavery, Chapel Hill, 1944
Williams, Eric: Capitalism and slavery, London, 1967
Winnington, Alan: The slaves of the Cool Mountains, London, 1959
Wiltgen, R. M.: Gold Coast Mission History 1471–1880, Techny (Ill.), 1956

Zanda, Adolph: Russische Zustände im Jahre 1850, Hamburg, 1855

Bildernachweis

Deutsches Archäologisches Institut, Rom 54

Deutsches Institut für Filmkunde, Wiesbaden-Biebrich 270

Fackelverlag, Bildarchiv 124, 154, 197, 204, 238

Görlich, Bildarchiv 53, 108, 252

Photographie Giraudon, Paris 17, 251, 269 (Mit freundlicher Genehmigung der »Walters Art Gallery«, Baltimore, USA)

Staatsbibliothek Preußischer Kulturbesitz, Bildarchiv, Berlin 18, 36, 153, 169, 172 (2), 198, 215 (2), 216 (2), 231, 233 (2), 234 (2), 245, 272, 287, 297

Staatliche Museen Preußischer Kulturbesitz, Museum für Indische Kunst, Berlin 35

Ullstein Bilderdienst, Berlin 18, 54, 69, 71, 72, 107, 125 (2), 126, 143

Verlag Ars Sacra, München 89, 90

Wilberforce Museum, Kingston upon Hull 170/171

Süddeutscher Verlag, Bilderdienst, München 144, 270, 277, 288